REMIX ALMANYA

Eine postmigrantische HipHop-Geschichte

Murat Güngör und Hannes Loh
Produced by Uh-Young Kim

hannibal

Murat Güngör

Hannes Loh

RE MIX ALMAN YA

Eine postmigrantische HipHop-Geschichte

Produced by Uh-Young Kim

hannibal

Impressum

Deutsche Erstausgabe 2024

Hannibal Verlag, ein Imprint der KOCH International GmbH, A-6604 Höfen
www.hannibal-verlag.de

ISBN: 978-3-85445-777-0
Auch als E-Book erhältlich mit der ISBN 978-3-85445-778-7

Coverdesign: Kels Design & Partner, Dirk Kels
Buchgestaltung, Produktion und Satz: bw-works.com, Michael Bergmeister

Printed in Germany

Für unsere Familien

Die Autoren

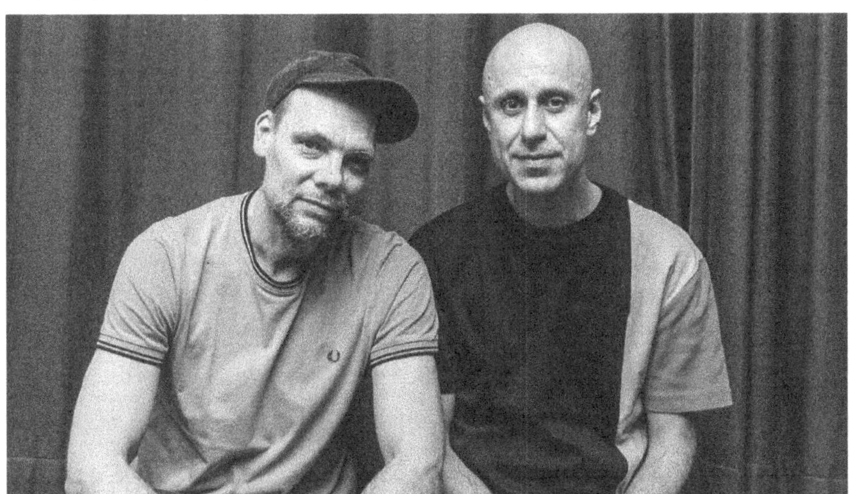

Murat Güngör, *1969 (rechts) ist Mitbegründer des antirassistischen Netzwerks *Kanak Attak* und hat u.a. eine internationale Konferenz zu Gangsta- und Queerrap kuratiert. Anfang der 1990er Jahre war er an der Entstehung von Rap in türkischer Sprache beteiligt. Mit Hannes Loh verfasste er das Sachbuch „Fear of a Kanak Planet – HipHop zwischen Weltkultur und Nazirap". Er ist Lehrer und pädagogischer Mitarbeiter der Goethe-Universität Frankfurt.

Hannes Loh, *1971 (links) beschäftigt sich als Autor und Journalist mit der Entwicklung der globalen HipHop-Kultur und legt dabei einen Schwerpunkt auf Migration, Empowerment und Didaktik. Zu diesen Themen hat er mehrere Bücher veröffentlicht. Mit seiner Band Anarchist Academy war er in den 1990er Jahren als Rapper aktiv. Hannes Loh ist Gesamtschullehrer und Systemischer Berater. Er lebt in Köln.

www.muratundhannes.de
www.remixalmanya.de
@muratundhannes

Der Produzent

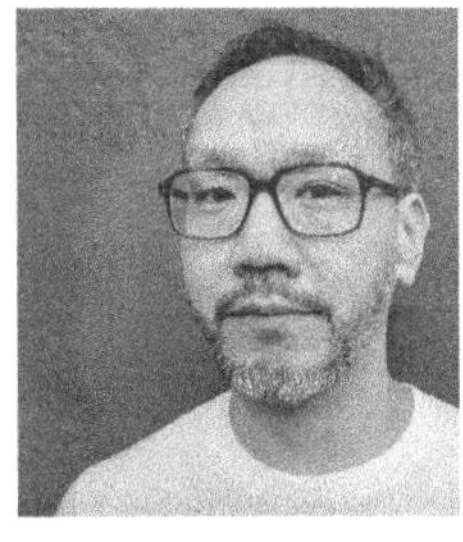

Uh-Young Kim (*1975) ist Journalist und Autor an der Schnittstelle von Popkultur und Diversität. Er war der erste deutsch-koreanische Rapper, hat als Redakteur bei *SPEX* gearbeitet, internationale Ausstellungen für das Goethe-Institut kuratiert und begeistert sich als DJ für Clubmusik aus der Diaspora. Uh-Young Kim ist Redakteur beim Westdeutschen Rundfunk und lebt mit seiner Familie in Köln.

INHALT

#04 REMIX COMMUNITYS

#05 REMIX KONTROVERSE

#06 REMIX REVIEWS

#07 REMIX UTOPIA

INTRO

These Are The Breaks

Vor über zwanzig Jahren crashten wir mit unserem ersten Buch über HipHop in Almanya die „Deutschrap“-Party. In „Fear of a Kanak Planet“ (2002) machten wir auf alarmierende Entwicklungen am rechten Rand aufmerksam. Zum anderen ließen wir jene Menschen zu Wort kommen, die nicht auf die Party eingeladen waren, und die man aus der *weißen*, bürgerlichen „Deutschrap“-Erzählung entfernt hatte. In der Szene und im bürgerlichen Feuilleton war man darüber not amused und empfand solche Kritik als Nestbeschmutzung. Unsere Perspektive passte nicht zur nationalen Erfolgsgeschichte. Weil wir außerdem die in Teilen rassistischen, homophoben und sexistischen Metaphern der neuen Battle-Kultur problematisierten, galten wir auch in der aufstrebenden Berliner Szene als Spielverderber.

Zeiten ändern sich. Heute ist „Fear of a Kanak Planet“ unverzichtbar in der HipHop-Literatur von Almanya und wird regelmäßig zitiert. Die Auseinandersetzung mit Rap und Rassismus ist zu einem eigenen Arbeitsfeld der HipHop-Forschung geworden und Vielfalt zum Modewort in der Werbung. Kritik an gruppenbezogener Menschenfeindlichkeit ist selbst im Rap-Journalismus keine Ausnahme mehr und führt dazu, dass nicht alle Äußerungen hingenommen werden.

Warum also ein neues Buch? Wir sind seit 2003 mit unserer Lecture in Almanya unterwegs. In dieser Zeit haben wir viel gelernt. Wir haben Thesen korrigiert, unseren Blick geweitet und sind von anderen Menschen inspiriert worden. Auf unzähligen Lesungen wurden wir immer wieder kritisch von unserem Publikum herausgefordert. Und in den letzten Jahren haben wir HipHop in Almanya noch einmal in einer umfassenden, historischen Dimension neu verstanden.

Die Geschichte von Rap in Deutschland wurde bisher als Geschichte der Konstanz und Kontinuität erzählt. Unser Remix ist eine Geschichte der Brüche und Barrieren. Dieser Raum entfaltet sich vor dem Hintergrund bedeutender gesellschaftlicher Kämpfe, die in der Arena einer postmigrantischen Gesellschaft ausgefochten werden. Unsere Perspektive weist weit über den Tellerrand der Szene hinaus. Dies ist auch der Grund, warum wir unser Buch REMIX ALMANYA nennen. Denn wir verstehen Kultur und Identität als globale, hybride und fragmentierte Gebilde, die sich vor allem in Einwanderungsgesellschaften durch Praktiken der Gegenüberstellung und Rekombination neu formieren. Wir sind überzeugt, dass dieser Remix Deutschland sprachlich, kulturell und auch politisch in den letzten 60 Jahren maßgeblich verändert hat, so dass wir hier von Almanya anstatt Deutschland sprechen möchten. Unser Almanya ist eine wilde, überraschende und wunderschöne Collage in ständiger Bewegung und Veränderung. HipHop war die erste postmigrantische Jugendkultur in Westdeutschland und trägt bis heute ein unberechenbares transnationales und multilinguales Potenzial in sich, das diese Gesellschaft herausfordert und mitgestaltet.

Mit REMIX ALMANYA schlagen wir hierfür u.a. eine historische Periodisierung vor und teilen die HipHop-Geschichte in Almanya in vier Abschnitte ein. Die Abschnitte sind jeweils durch einen entscheidenden gesellschaftlichen Break voneinander getrennt: HipHop landet zu Beginn der 1980er Jahre als afro-diasporisches Stargate in einer Gesellschaft der verschlossenen Türen und öffnet überraschend einen Raum der postmigrantischen Begegnung. Mit der *Weiß*waschung von HipHop im Zuge der Wiedervereinigung wird dieser Raum verschlossen und weicht dem nationalen Erfolgsprodukt „Deutschrap“. Nach dem Ausbleiben der blühenden Landschaften tritt Aggro Berlin als migrantische Antithese und Abrissbirne auf den Plan. Erst die Renaissance von Straßenrap ab 2010 öffnet erneut die Tür zum dritten Raum. Diese vierte Phase schließt die postmigrantische Klammer und löst die antithetische Verkeilung auf:

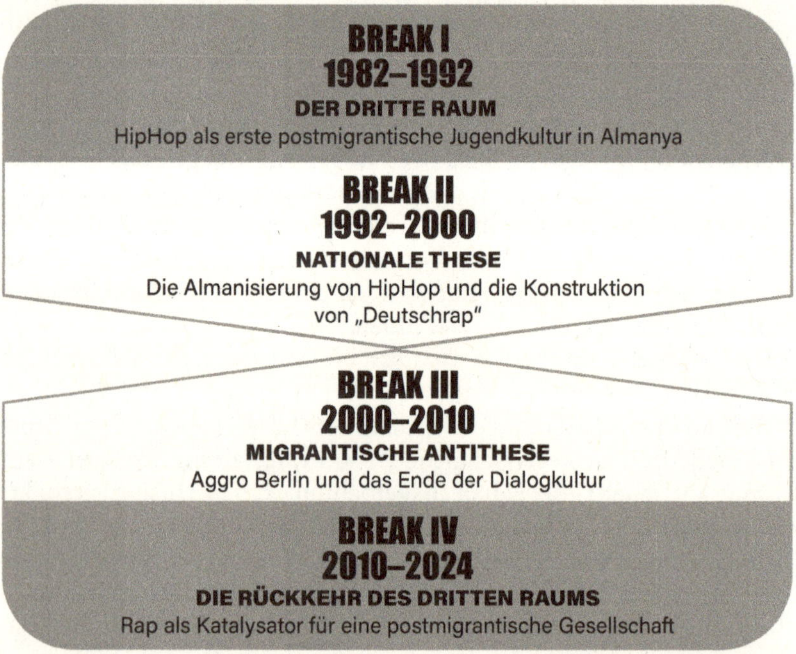

BREAK I
1982–1992
DER DRITTE RAUM
HipHop als erste postmigrantische Jugendkultur in Almanya

BREAK II
1992–2000
NATIONALE THESE
Die Almanisierung von HipHop und die Konstruktion von „Deutschrap"

BREAK III
2000–2010
MIGRANTISCHE ANTITHESE
Aggro Berlin und das Ende der Dialogkultur

BREAK IV
2010–2024
DIE RÜCKKEHR DES DRITTEN RAUMS
Rap als Katalysator für eine postmigrantische Gesellschaft

Unsere Periodisierung stellt die Wechselwirkung zwischen (post-)migrantischem Empowerment und den Reaktionen der Mehrheitsgesellschaft in den Mittelpunkt, da wir der Überzeugung sind, dass diese Dynamik die besondere Entwicklung von HipHop in Almanya am besten erklärt. Uns ist bewusst: Ein solcher Fokus blendet andere spannende Phänomene aus. Die Geschichte von Rap in der ehemaligen DDR sowie die Entstehung verschiedener Subgenres werden in diesem Buch nicht besprochen. Auch ist uns klar, dass es über unsere Fokussierung auf Schwarze, türkeistämmige und deutsch-kurdische Musikgeschichten hinaus weitere relevante Rapströmungen gibt. Ob es der italienische oder osteuropäische Einfluss auf HipHop in Almanya ist oder die asiatisch-deutschen Geschichten, die noch unerzählt sind – sie alle verdienen es, in Zukunft eigenständig behandelt zu werden.

In REMIX ALMANYA zeigen wir, dass HipHop-Kulturtechniken schon in der ersten Generation so genannter Gastarbeiter:innen genutzt wurden. Wir lassen Stimmen aus Communitys zu Wort kommen, die HipHop hier maßgeblich geprägt und weiterentwickelt haben, die aber zum Teil aus den vorherrschenden Narrativen herausgestrichen wurden. Wir zeigen, wie an vielen Stellen die Bedeutung von Frauen in der HipHop-History verschwiegen wurde – und wie sie heute die Kultur verändern. Dabei schauen wir explizit von den Rändern her auf das Zentrum. Wenn wir von „Schwarz" und „*weiß*" sprechen, meinen wir keine Hautfarben, sondern soziokulturelle (Eigen-)Bezeichnungen, in denen sich Machtverhältnisse spiegeln. Wir verwenden die Begriffe „Rap" und „HipHop" synonym. Wenn wir uns auf HipHop als kulturelles System beziehen, benennen wir das im Text.

Mit REMIX ALMANYA verabschieden wir uns von einer glatten Geschichte des Erfolgs und der Kontinuität, wie sie in der aktuellen Welle der Rap-Historisierung erzählt wird. HipHop ist ein Motor der postmigrantischen Gesellschaft. Vierzig Prozent der Jugendlichen haben heute einen internationalen Hintergrund. Hybride, grenzüberschreitende, multilinguale Biografien sind 2024 in Almanya eher die Regel als die Ausnahme. Homogene Alman-Partys auf Sylt dagegen sind Minderheitenphänomene nicht-integrationswilliger Randgruppen.

Murat und Hannes

#01

RE MIX PIONIER: INNEN

Das postmigrantische Kontinuum

VOM GASTARBEITER ZUM RAPSTAR

Unsichtbare Skills der ersten Generation

Als wir anfingen, uns mit Rap-History zu beschäftigen, wollten wir die Entwicklung von HipHop mit der Migrationsgeschichte in Almanya verbinden. Uns fiel auf: Es waren viele Kinder der so genannten Gastarbeiter:innen, die sich in den 1980er Jahren zu Rap und Breakdance hingezogen fühlten, und die wesentlich dazu beitrugen, dass sich in Deutschland eine postmigrantische HipHop-Szene entwickelte. Doch in den Texten und den Erinnerungen dieser jungen Künstler:innen waren die Kämpfe, der Struggle und die Errungenschaften der Elterngeneration überhaupt nicht präsent. Gruppen wie *Kanak Attak* hatten dieses Wissen schon Ende der 1990er Jahre aus den Kellerarchiven der Mehrheitsgesellschaft geborgen und als postmigrantisches Erbe sichtbar gemacht. Die Häuserkämpfe in Frankfurt, der Ford-Streik in Köln, die Arbeitskämpfe in Pierburg und viele andere Aktionen, an denen maßgeblich auch Migrant:innen beteiligt waren, ließen die erste Generation in einem neuen Licht erscheinen.

Wir wollten die Entstehung der transnationalen HipHop-Kultur in eine historische Kontinuität mit diesen Kämpfen stellen. Unsere These lautete: Die erste Generation empowerte sich vor allem über die dringenden Probleme des sozialen und ökonomischen Alltags, also Wohnen und Arbeit. Die zweite Generation hingegen drängte auch auf das Feld der kulturellen Teilhabe, äußerte sich über Musik, Kunst und politische Lyrics. Mit diesem Narrativ waren wir ziemlich zufrieden. Auf unzähligen Lesungen verbreiteten wir diese Geschichte. Das änderte sich erst 2013. In diesem Jahr erschien auf dem Label Trikont die CD „Songs of Gastarbeiter“, eine Compilation von Liedern, die die Berliner Imran Ayata und Bülent Kullukcu zusammengestellt hatten. Auf ihrer Homepage schreiben die beiden Künstler und Autoren:

> *„Mit unserer Compilation dokumentierten wir die Musik unserer Eltern, die zum Alltag von Millionen Menschen in diesem Land gehörte, in der deutschen Öffentlichkeit aber völlig unbekannt war. (...) Unser Blick auf die erste Generation ist häufig noch immer geprägt von Vorurteilen und Klischees. (...) Wir richten den Blick auf diese Pioniere, die mit ihrer Musik ihre Lebens- und Arbeitsbedingungen thematisierten, sich nicht nur leidend, sondern auch kämpferisch und ironisch gaben und scharfsinnige Beobachter der deutschen Gesellschaft und Politik waren – oder einfach nur eine Party feiern wollten.“*

Das *Intro* Magazin bezeichnete „Songs of Gastarbeiter Vol. 1“ als „popmusikarchäologische Sensation des Jahres“. Für uns war es weit mehr als das. Wir mussten anerkennen, dass unser Empowerment-Narrativ nicht stimmig war. Die Compilation veränderte unseren Blick auf die erste Generation grundsätzlich. Die erste Generation war kulturell nämlich höchst produktiv. Die Musiker:innen der 1960er und 1970er Jahre äußerten sich in ihren Lyrics politisch selbstbewusst, sie thematisierten den Rassismus der deutschen Gesellschaft, sie waren witzig und ironisch. Was wir heute Consciousness- oder Party-Rap nennen – all das gab es schon bei den Gastarbeiterliedern. Aber nicht nur das. Patchworktechniken, Multilingo, hybride Sprache – das waren übliche Methoden der Musiker:innen der ersten Generation.

Mit „Songs of Gastarbeiter“ begann für uns eine neue Reise. Wir machten einen Deep Dive in die musikalische Welt der ersten Generation und uns wurde klar: Viele Kulturtechniken des HipHop tauchen schon hier auf. Viele Empowermentstrategien sind bereits angelegt. MCs wie Tachi von Fresh Familee, Advanced Chemistry, Haftbefehl, Celo & Abdi oder SXTN stehen in der Tradition dieser Künstler:innen. Nur: Sie wissen es in den seltensten Fällen. Die Überlieferungskette ist zerschlagen. Man muss sich auf die Suche machen und die versunkenen Schätze heben, sie neu entdecken und als Teil einer postmigrantischen History in einem neuen Kanon der Kulturgeschichte in Almanya sichtbar machen. Xatar erzählte uns im Gespräch, wie wichtig es für seine Generation gewesen wäre, früher von diesem kulturellen Reichtum zu erfahren:

> *„Das ist alles an mir vorbeigegangen. Wahnsinn! Das hätten wir alle wissen müssen, als wir mit Rap angefangen haben. Dann hätten wir andere Beats gehabt, wir hätten andere Samples gepickt. Wir haben uns so oft abgefuckt darüber, dass wir nichts zum Samplen haben, das aus unserer Migrationskultur stammt.“*

Aber wer weiß, was passieren wird, wenn sich das kollektive Gedächtnis erweitert? In einer Kulturgeschichte, die allen gehört, steht eine Sängerin wie Yüksel Özkasap gleichberechtigt neben einer Katja Ebstein und ein Cem Karaca neben einem Udo Lindenberg – ein postmigrantisches Kontinuum, innerhalb dessen sich Generationen von Musiker:innen inspirieren und Techniken, Strategien und Sounds überliefern und weiterentwickeln.

Denn schon Metin Türköz, Yusuf, Ozan Ata Canani und viele andere haben sich gegen den Widerstand der Mehrheitsgesellschaft die deutsche Sprache als Musik-, Kunst- und Kultursprache angeeignet. Sie haben ihr eigenes, postmigrantisches Deutsch daraus geformt, ein Deutsch, das in vielen Punkten moderner und zeitgemäßer war als der steife Alman-Talk, der noch tief im Wirtschaftwunder-Sprech der 1950er Jahre steckte. Diese sprachliche Flexibilität, Hybridität und Raffinesse werden im Kontext der HipHop-Kultur fortgesetzt und verfeinert bis zu dem Punkt, da sich das Verhältnis umkehrt und die deutschen Jugendlichen den Sprachspielen migrantischer Rap-Stars hinterherlaufen. Und die Irritationen gleichen sich: So wollte der Journalist Michael Pilz von der Tageszeitung *Die Welt* nicht glauben, dass die Texte von Aykut Anhan tatsächlich das Deutsch der Jugend auf der Straße widerspiegeln und entgegnet skeptisch: „So spricht doch niemand, in diesem künstlichen Kreol." Darauf Haftbefehl: „Doch. Ich habe die Wörter ja von der Straße. Manche habe ich auch selbst erfunden und hinausgeschickt auf die Straße, um sie wieder einzusammeln." Liedermacher der ersten Generation wie Yusuf und Haftbefehl sprechen beide „Kanakisch", und sie verwirren damit ihre Zuhörer:innen. Der Unterschied ist, dass Sprachzauberer wie Haftbefehl oder Xatar mit ihren Worten die jungen Leute hypnotisieren, dass diese ihnen nachpilgern wie einst die Hamelner Kinder dem zerlumpten Flötenspieler.

Kanaken im Fernsehgarten

2016 führte der Schriftsteller und Journalist Moritz von Uslar ein Interview mit den beiden Rapstars Xatar und Haftbefehl. Dort behauptete der Offenbacher Haftbefehl: „Deutschland hat sich verändert. In der deutschen Geschichte kommen jetzt auch Kanaken vor." Stimmt das? Aus der Perspektive von Aykut Anhan ist die Aussage nachvollziehbar. Seine Generation ist ohne ein Wissen über die postmigrantische deutsche Geschichte aufgewachsen. Haftbefehl hätte sich ein kleines Video auf YouTube anschauen können, in der eine Band vorgestellt wird, die 1981 zu Gast im ZDF-Fernsehgarten war. Dort sieht man einen schnauzbärtigen Moderator, der auf einer Wiese steht. Er fragt den Leadsänger der Band: „Ich begrüße Sie als Gruppenmitglied der Kanaken. Was für ein Lied hören wir?" Cem Karaca, der ebenfalls schnauzbäurtige Sänger und Gitarrist der Band, antwortet: „Von Kanaken werden wir jetzt einen Song spielen mit dem Namen ‚Gülişan'." Zufrieden wendet sich der Moderator an sein Publikum: „Okay, liebe Zuschauer. Die Wiese frei für die Gruppe Kanaken mit ‚Gülişan'."

Der ZDF-Fernsehgarten war und ist das Zentralorgan des Deutschen Schlagers. Die Ausstrahlung der Sendung erreichte in den 1980er Jahren Millionen von Zuschauer:innen. Man kann also mit Fug und Recht behaupten: Kanaken kamen mindestens 35 Jahre vor Haftbefehls Statement in der deutschen Geschichte vor. Aber was hatte dort eine Gruppe zu suchen, die sich „Die Kanaken" nennt? Und wieso performen sie einen Song mit einem türkischen Titel? Wer dieser Frage nachgeht, landet im aufregenden Rabbit Hole der postmigrantischen Musikkultur aus der ersten Einwanderergeneration.

Metin Türköz – Haftbefehl der Ford-Werke

Im Januar 2019 rief Murat mich an: „Brudi, ich habe die Adresse von Metin Türköz im Telefonbuch gefunden. Der wohnt in Rodenkirchen in Köln. Wir müssen den besuchen und ein Interview mit ihm machen." Am Telefon meldete sich Metin Türköz' Frau Necla. Sie freute sich über unsere Anfrage und an einem verregneten Nachmittag im Januar standen wir vor dem Reihenhaus der Familie Türköz. Wir, zwei neugierige Fremde, wurden von Necla Türköz mit großer Herzlichkeit empfangen und bewirtet. Sie wusste, dass ihr Mann selbst im hohen Alter noch etwas zu sagen hatte, das erzählt werden musste. Ihr haben wir ein wunderbares Interview zu verdanken, das wir Anfang 2019 mit Metin Türköz führen durften.

Als wir an den reich gedeckten Tisch der Familie Türköz gebeten wurden, saß Metin Türköz noch auf dem Sofa. Er wirkte alt und abwesend. Doch als wir begannen, Fragen zu stellen und ihn baten, von seiner großen Zeit als Musiker und Sänger zu erzählen, passierte etwas Erstaunliches. Der Schleier der Müdigkeit fiel von ihm ab, und es kam ein vitaler, gewitzter Mann zum Vorschein, der uns auf eine außergewöhnliche Reise mitnahm. Wir erfuhren von der Sehnsucht der Ford-Arbeiter:innen nach Liedern, die ihr Leben und ihre Gefühle besangen, von dem wundersamen Aufstieg des Musiklabels Türküola und von Metins Karriere als Aşık, als Sänger, dem viele Menschen in ganz Europa zuhörten. Türköz erzählte von dem ungeliebten deutschen Vorarbeiter, den er „Mayistero" nannte, und der alle immer nur zur Arbeit antrieb.

Metin Türköz startete seine Karriere als Musiker schon in den 1960er Jahren und war einer der erfolgreichsten Künstler der ersten Generation. Er war der erste, der das so genannte Gastarbeiter-Deutsch als Stilmittel in seinen Liedern benutzte. „Metin Türköz ist für mich sowohl von der Attitude als auch von der Herangehensweise der erste HipHopper", sagt Imran Ayata. „Zum einen, weil er seine Musik sehr collagenhaft arrangiert hat, ähnlich wie das später im Sampling stattfindet, zum anderen, weil er immer wieder mit einem deutsch-türkischen Sprachmix experimentiert hat." Häufig kommt die Figur des deutschen Vorarbeiters, des „Mayistero", in seinen Liedern vor, den er augenzwinkernd aufs Glatteis führt. In einem seiner Songs spricht Metin Türköz seinen Vorarbeiter direkt an:

Guten Morgen, Mayistero
Heute ich bin sehr müde, morgen vielleicht nicht mehr so
Heute für mich schöne Tag, morgen meine Geburtstag
Guten Morgen, Mayistero
Ich arbeite nicht für geringen Lohn

Dabei pendelt er zwischen gebrochenem Deutsch und Türkisch hin und her, so dass dem angesprochenen Vorarbeiter nicht klar sein kann, ob er von Türköz vorgeführt wird. Die türkischen Kolleg:innen allerdings wissen genau, worum es geht. Der fröhliche und leichte Song animiert eher zum Tanzen als zur Akkordarbeit und unterläuft so auch musikalisch das Klischee des fleißigen und unterwürfigen Türken.

Im Interview erzählte uns Metin Türköz, wie der Song „Mayistero" entstanden ist: Nachdem der Vorabeiter ihn und seine Kollegen mal wieder angeschrien hatte, meldete sich Metin zum Toilettengang ab. Er hatte die Schnauze voll von dem arroganten und unverschämten Ton des „Mayistero". Auf der Toilette schnappte er sich ein paar Lagen Klopapier, nahm seinen Kugelschreiber aus der Tasche und schrieb sich den Frust von der Seele. Direkt am nächsten Tag nahm er den Song „Mayistero" im Türküola-Studio auf. „Dieses Lied war sehr beliebt", verrät uns Metin Türköz lächelnd. „Ich habe ein Lied gemacht, in dem ich in diesem Sprachmix auch etwas Schlechtes über den Meister gesagt habe. Das konnten alle türkischen Kollegen verstehen." In einem anderen Lied, in dem es auch um den Vorarbeiter geht, singt Türköz:

> Du sollst malochen wie ein Schwein
> Wenn dir das nicht passt, dann mach, dass du nach Hause kommst
> hol' dir die Papiere

Im nächsten Vers wechselt Türköz die Sprache und singt auf Türkisch weiter (Übersetzung):

> Ach ja? Das wollen wir ja mal sehen
> Ich bin für das Abenteuer gekommen
> Geld bedeutet mir nichts
> Du ungehobelter Deutscher, nicht einmal deine Frau hört dir zu

Der deutsch-türkische Regisseur, Musiker und Autor Nedim Hazar nennt Metin Türköz „die Stimme der türkischen Arbeiter in Deutschland". Türköz spielt geschickt mit Ironie, Mehrsprachigkeit und Neuwortschöpfungen in seinen Liedern, um so Machtverhältnisse in den Betrieben zu unterlaufen. Er füllte die kulturelle Leerstelle der Menschen in den Gastarbeiter-Wohnheimen und verlieh den Ungleichheiten, die sie in den Betrieben erlebten, ein Ventil. Lange bevor das Wort Empowerment zur Modevokabel wurde, bot Metin Türköz seinen Kolleg:innen kluge Strategien zur Selbstermächtigung an.

Tachi, MC bei der Old-School Formation Fresh Familee, erzählt in der *arte*-Dokumentation „We Wear The Crown", wie der legendäre Rap-Track

„Ahmet Gündüz“ entstanden ist. Tachi arbeitete 1989 in einem Supermarkt zur Aushilfe. An einem Tag wurde er Zeuge, wie ein türkeistämmiger Kollege vom deutschen Vorarbeiter gegängelt und als „Kanake“ beschimpft wurde. Dieses Erlebnis nahm Tachi als Folie für sein Intro von „Ahmet Gündüz“ und lässt den Kollegen die rassistische Beleidigung mit einem türkischen Schimpfwort kontern. Wie bei Metin Türköz' „Mayistero“ entstand „Ahmet Gündüz“ am Arbeitsplatz und aus einer Wut über den rassistischen Vorarbeiter. Beide Songs empowern ihre Leute mit einem gewitzten Sprachmix, der die deutschen Vorgesetzten alt aussehen lässt. Man kann noch weiter gehen und behaupten: Alles, was das deutsche Feuilleton heute an einem Rapstar wie Haftbefehl bewundert, ist bei Metin Türköz schon angelegt: ein postmigrantischer, artifizieller Sprachmix, eine multilinguale Semantik und ein selbstbewusstes Aufbegehren. Außerdem erinnern diese sprachlich-musikalischen Empowerment-Spiele an Henry Louis Gates' Theorie vom Signifying Monkey: Die Sprache wird zum verwirrenden Spiel, in dem sich Bedeutungen verschieben; die rassistische Mehrheitsgesellschaft wird hinters Licht geführt, weil sie die Täuschungen und Provokationen nicht erkennt. Auch wenn eine Übertragung dieses Konzeptes auf die postmigrantische Bundesrepublik schwierig ist – es ist bemerkenswert, wie zielsicher sich die erste Generation der deutschen Sprache als Mittel der Selbstbehauptung bedient – einer Sprache, die sich die „Gastarbeiter:innen“ in wenigen Jahren mühsam selbst aneignen mussten.

Metin Türköz war in der Zeit, als er für das Plattenlabel Türküola von Yılmaz Asöcal arbeitete, einer der erfolgreichsten postmigrantischen Künstler in Almanya. 1967 erschien Türköz' erste Single „Turist/Almanya Destani“. Während seiner Karriere als Liedermacher veröffentlichte er 13 Alben und 72 Singles, auf denen er die Sehnsucht und das Heimweh der ersten „Gastarbeiter:innen“-Generation besingt, den Arbeitsalltag darstellt und die Bedingungen, unter denen die Ford-Arbeiter:innen ihr Geld verdienen müssen. Allerdings erreichten seine Texte fast ausschließlich Menschen der migrantischen Communitys. Die Almans schafften es, von all dem nichts mitzubekommen. Und wenn wir ehrlich sind: Sie taten auch nicht viel dafür.

Yüksel Özkasap - die Nachtigall von Köln

Wenn über die Pioniere in der Geschichte der Migration gesprochen wird, stehen meist männliche Erzählungen im Vordergrund. Dabei waren Frauen in der Musik oft erfolgreicher als Männer. Metin Türköz war ohne Zweifel ein sprachlich gewitzter Sänger, aber die Herzen der so genannten Gastarbeiter:innen erreichte Yüksel Özkasap, die als „Nachtigall von Köln“ bekannt wurde. Sie verkaufte beim Musiklabel Türküola die meisten Tonträger und wurde auch in der Türkei zum Star. Als ich, Murat, meine Mutter fragte, ob sie Metin Türköz kenne, verneinte sie. Doch die Songs von Yüksel Özkasap hörte sie gerne. Özkasaps Themen waren nicht die Arbeit, nicht das Soziale und auch nicht der Rassismus, sondern der Schmerz über den Verlust der geliebten Heimat. Sie gab der Sehnsucht, der Zerrissenheit und dem Schmerz in der Fremde eine Stimme. Dies war der Erkenntnis geschuldet, dass man sich in der Fremde veränderte. Und auch die alte Heimat war nicht mehr dieselbe. In dem Buch „Fremde Heimat – Eine Geschichte der Einwanderung aus der Türkei", 1989 herausgegeben von Aytaç Eryilmaz und Mathilda Jamin, beschreibt Özkasap ihre Innenperspektive:

> *„Ich bin unglücklich in Deutschland, war hier nie glücklich. Es konnte meine Heimat nicht ersetzen. Aber ich fahre hin und kann auch dort nicht glücklich sein, auch dort fühle ich mich fremd. Alles, was ich in Malatya zurückgelassen habe, ist anders geworden. Die Stätten meiner frühen Erinnerung haben sich völlig verwandelt."*

Özkasap kam aus Malatya, einer Provinzstadt im Südosten der Türkei mit einer ursprünglich christlich-armenischen Prägung. Aus Malatya stammen u. a. der bekannte armenische Journalist Hrant Dink, der kurdische Sänger Ahmet Kaya, die deutsch-türkische Autorin Emine Sevgi Özdamar und mein Lieblingsschauspieler Kemal Sunal. Yüksel Özkasaps ursprünglicher Künstlername war Malatyalı Yüksel Özkasap, was so viel bedeutet wie die aus Malatya stammende Yüksel Özkasap. Den Bezug zur eigenen Stadt brachten nicht erst Straßenrapper ins Spiel, er ist in der Türkei weit verbreitet. Eine der ersten Fragen, die man in der Türkei Fremden stellt, lautet: Nerelisin? Woher kommst du? Diese Frage hat mit der fragilen nationalen Identität in einem Vielvölkerstaat zu tun, bei der die lokale Herkunft eine übergeordnete Kategorie darstellt. Man will keine Andersartigkeiten feststellen, sondern Gemeinsamkeiten herstellen und das Gegenüber einordnen.

Özkasap kam 1965 wie viele Frauen eigenständig nach Almanya, um ihre Familien in der Türkei zu versorgen. Zu jener Zeit war die gängige Frauenrolle in Almanya noch die der Hausfrau. Für die Migrant:innen war dies ein emanzipatorischer Akt Zugang zu Kapital zu erlangen und darüber zu entscheiden. Özkasaps Weg führte sie in die Nähe von Wuppertal, wo sie in einer Metallfabrik für drei Monate arbeitete. In Almanya lernte sie den aufstrebenden jungen Yılmaz Asöcal kennen, der später das Label Türküola gründete. Die beiden wurden ein Paar und bekamen zwei Kinder. Im Gespräch mit dem türkischen Journalisten Doğan Pürsün erzählt er die Entstehungsgeschichte der Musikkarriere seiner Frau. Seine Frau sang zuhause stets sehnsuchtsvolle Lieder über die Heimat, auch hatte sie ein Herz für Lyrik und Literatur. Daraufhin schrieb Asöcal ihr das Lied „Nasıl Oldu

Yolum Düştü Köln'e" – „Wie kam es, dass mein Weg mich nach Köln führte". Asöcal erzählte, dass er seine Frau bekniete, den Song aufzunehmen. Er erkannte, dass diese Sehnsucht nicht nur seine Frau umtrieb, sondern ein Bedürfnis der „Gastarbeiter:innen" stillte. Ganz Geschäftsmann sah er, dass ein solches Lied Hitpotenzial hatte. So sang Yüksel Özkasap (Auszug mit Übersetzung):

Nasıl oldu yolum düştü Köln'e
Bir alman kızına gönlümü verdim
Bir sarışın mavi gözlü geline
Ağlayı ağlayı bitmiyor derdim

Wie kam es, dass mein Weg mich nach Köln führte
Ich habe mein Herz an ein deutsches Mädchen vergeben
Eine Braut mit blonden Haaren und blauen Augen
Weine und weine, doch meine Sorgen enden nicht

Der Schmerz darüber, nicht mehr dazuzugehören und keine Heimat zu haben, saß tief. Traurig besang Yüksel Özkasap die Entscheidung, nach Almanya gekommen zu sein. Ursprünglich war der Aufenthalt nur für eine kurze Zeit gedacht. Heimat wird hier über die Imagination hergestellt. Die verblassten Erinnerungen vermengen sich mit Nostalgie. Die Sehnsucht nach der Heimat ist bis heute ein wiederkehrendes Motiv in Songtexten von postmigrantischen Künstler:innen. Auch in Raptexten wie bei Celo & Abdis Song „Diaspora" (2017) wird dieses Gefühl verarbeitet:

Daimler-Benz in weiß, von der Heimat weit
999.000 Kilometer Verschleiß
Ach, sogar der Tacho hat kein' Bock
Und es geht wieder von vorn, alles ist auf Null, Zero, O
Bis zur Rente Arbeit, hier bin ich Mensch, hier darf ich sein
Diaspora, Diaspora, Diaspora-a-a
Mit Familie vereint, sechs Wochen Urlaub, wieder bye bye
Diaspora, Diaspora, Diaspora-a-a

Auch der Rapper Kurdo greift die Sehnsucht nach der Diaspora auf. So rappt er auf dem Song „Heimweh" von 2014:

Ja genau, ich hab jetzt Sachen, die sind wertvoll
Doch ich hab nicht vergessen, wo ich herkomm
Ich weiß, irgendwann werd ich wieder da sein
Denn irgendwann steht hier mein Grabstein

Ich hab's gesagt, ja ich bleib dabei man
Denn die Hälfte von mei'm Herz bleibt in der Heimat
Kann dich nicht vergessen, von dir hab ich die Narben
Ich träume von dir, dass ich wieder da bin
Fühl mich fremd hier, ich seh das in ihr'n Augen
Ich fühl mich wie ein kleines Kind, als hätt ich mich verlaufen
(...) Ich wünsche mir, ich könnte an der Zeit dreh'n
Es ist lange her, ich hab Heimweh

Musikalisch begann Özkasap mit dem Genre Gurbet Türküleri, das zu den türkischen Volksliedern zählt und von Gesang, Saz und der Blechtrommel Darbuka geprägt ist. Später wechselte sie zum Arabesk, dem beliebtesten Genre aus den 1970er und 80er Jahren in der Türkei. Arabesk ist ein Remix aus arabischen Rhythmen, türkischen Musikstrukturen und westlicher Popmusik. Es ist der Sound der Binnenmigration, der von Stars wie Orhan Gencebay, Müslüm Gürses, Ferdi Tayfur oder İbrahim Tatlıses geprägt wurde. Die Songs handeln von unerfüllter Liebe, Weltschmerz und der Sehnsucht nach der ländlichen Heimat. Özkasap knüpfte damit an einen neuen Sound an, den sie inhaltlich mit der Situation in Almanya kurzschloss. Und musikalisch experimentierte sie damit weiter, als sie z.B. 1967 das Chanson „Merci Cherie" von Udo Jürgens coverte.

In der Türkei wurde Yüksel Özkasap anders als Metin Türköz wahrgenommen. In der auflagenstärksten Musikzeitschrift *Hey* konnte man von ihren Verkaufsrekorden lesen, die sie in ganz Europa und vor allem in der Türkei mit insgesamt 4,5 Millionen Tonträgern erzielte. Man erfuhr Details aus ihrem Privatleben, und dass sie über den Journalisten des WDR Ausländerprogamms, Mustafa Örsan Öymen, das Lied „Ay dolana dolana" im WDR Programm singen durfte, woraufhin Asöcal auf sie aufmerksam wurde. Ähnlich wie Jahrzehnte später die Rapgruppe Cartel wurde Yüksel Özkasap über den Umweg Almanya zum Star in der Türkei. Im Unterschied zur Rapgruppe Cartel wurde Yüksel Özkasap weder missverstanden noch nationalistisch instrumentalisiert. Denn sie knüpfte mit ihrem Sound und ihren Texten an eine Musiktradition an, die in der Türkei anschlussfähig war und auch von dort stammte. Ebenfalls brachte sie Glamour in den tristen Arbeiteralltag in Almanya.

Yusuf – „Ich türkisch Mann, nix Deutsch sprechen kann"

Als Murat und ich den Song „Türkisch Mann" des Singersongwriters Yusuf aus dem Jahr 1977 hören, waren wir sofort begeistert. Zum einen wegen der Musik. Der hypnotische Gitarrenloop könnte die Grundlage für einen Wu-Tang-Track sein. Aber noch mehr beeindruckte uns der Text. In einem klischeehaft gebrochenen Deutsch dekliniert Yusuf stoisch alle rassistischen Stereotype durch, die die Mehrheitsgesellschaft für die türkischen Gastarbeiter bereit hält:

Ich türkisch Mann, nix deutsch sprechen kann
Kümmel, Knoblauch, Paprika ess ich auch
Mir sagen Leute: du nix Knoblauch heute
Ich türkisch Mann, nur türkisch essen kann
Ich kommen Deutschland, arbeiten am Fließband
Viel viel gesparen, danach Türkei fahren
Ich türkisch Mann, viel Arbeit kann
Kollegen haben Bier, fragen „Du trinken auch mit mir?"
Ich sagen „Nein, nein, nein, Allah sehr böse sein"
Ich türkisch Mann, nix Bier trinken kann
Wir Kinder lieben, ich habe schon sieben
Achtes kommt bald auf Welt, dann geben mehr Kindergeld
Ich türkisch Mann, viel Kinder lieben kann

Dieser Song von Yusuf findet sich auch auf der ersten „Songs of Gastarbeiter"-Compilation wieder. Als Imran Ayata und Bülent Kullukcu diesen irritierenden Sprechgesang zum ersten Mal hörten, waren sie unsicher. Imran Ayata erinnert sich: „Bei Yusuf waren wir uns nicht sicher, ob es sich da nicht um einen Fake handelt, einen Karnevalssong, der von Deutschen verfasst wurde, um sich über die anatolischen Gastarbeiter zu amüsieren." Auch wir hatten Fragen. War das gebrochene Deutsch von Yusuf ein Stilmittel? Was war seine Motivation, diesen Song zu schreiben? Also machten wir uns auf die Suche nach einer Telefonnummer. Schließlich erreichten wir Yusuf, der schon seit langer Zeit in Süddeutschland am Kaiserstuhl wohnt. Yusuf war schon früh gewerkschaftlich aktiv und in diesem Kontext auch viel als Musiker unterwegs. In bestem Hochdeutsch mit leicht badischem Akzent erzählt er uns, was es mit „Türkisch Mann" auf sich hat: Es ging ihm darum, alle Vorurteile der Almans über „Gastarbeiter:innen" in einem Song zu bündeln und der Gesellschaft einen Spiegel vorzuhalten. Das gebrochene Deutsch war ein Stilmittel und imitierte das Stereotyp, das Deutsche von so genanntem Gastarbeiterdeutsch haben – also der Sprachduktus, in den Almans verfallen, wenn sie anderen Menschen mitteilen wollen, dass diese Deutsch nur unzureichend beherrschen.

Yusuf nimmt in „Türkisch Mann" einige Dinge vorweg, die später in der HipHop-Kultur wieder auftauchen. Sein gebrochenes Deutsch findet man 1990 bei Tachis „Ahmet Gündüz" wieder. Nura von SXTN nutzt 2016 eine ähnliche Strategie: Sie konfrontiert die *weiße* Mehrheitsgesellschaft mit ihren Klischees über Schwarze Menschen und zeigt damit die Absurdität einer rassistischen Weltsicht. Bei Nura heißt es nicht „Türkisch Mann“, sondern „Ich bin schwarz“:

Ich bin schwarz, ich bin schwarz
Ich bin nie leise, schreie laut rum
Hab' 'ne junge, reine Haut
Ich rauch' Gras
Ich fick' deine Bitch, hab' 'nen Heidenspaß
Und jetzt hab' ich einen deutschen Pass
Ich fahr' schwarz
Is' kein Spaß, ich bin schwarz
Bin musikalisch und beherrsch' den Bass
Und du siehst mich twerken mit meinem fetten Arsch
Ich bin schwarz
Ich hab Arsch, ich bin schwarz
Hab' ich schon erwähnt, dass ich nur Chicken mag?

Der gleichnamige Song des Rappers Ah Nice, der ein Jahr später erscheint, kombiniert den Spiegeleffekt eines Yusuf mit der ironisch-verschmitzten Haltung eines Metin Türköz und der Poesie einer May Ayim, jener afrodeutschen Dichterin, die das Schwarze Bewusstsein in Almanya maßgeblich geprägt hat:

Ihr wisst Bescheid, ich komm' aus Afrika
„Kannst du Afrikanisch?" „Nein!", „Alles klar!"
Ich hab 'ne große Nase, ich habe dicke Lippen
Ich bin so stark wie ein Gorilla
Hab' ne helle Handfläche - „Das ist wahr",
Bei mir gibt's keine Schwäche (wuff wuff aaaaah)
Ich habe Superkräfte, auch wenn du es nicht glaubst
Check das - Mach das Licht aus (Shit, man sieht den nicht)
Nenn' mich unsichtbar

Unzählige andere Rap-Artists bedienen sich heute dieser Strategie. Sie stehen auf den Schultern einer Generation, die ihre kulturellen Empowermentstrategien unter völlig anderen Bedingungen realisieren musste. Metin Türköz oder Yusuf hatten keine Zugänge zu den deutschen Leitmedien. Sie hatten kaum eine Chance, für ein deutsches Publikum sichtbar zu werden. Und trotzdem haben sie ihre Gefühle durch Musik ausgedrückt und die Erlebnisse in Almanya in Songs verarbeitet, die wenig an Aktualität eingebüßt haben.

Ozan Ata Canani - unsere deutschen Freunde

Ozan Ata Canani gehört zu einer Zwischengeneration. Er ist 1963 in der Türkei geboren und kommt 1975 als 12-Jähriger nach Deutschland. Er fängt früh an, Musik zu komponieren, und als er an den Häuserwänden immer häufiger die Parole „Ausländer raus!“ las, beschloss er, sich gegen den rassistischen Hass zu wehren. Er schreibt im Alter von 15 Jahren das Lied „Deutsche Freunde“. Der Song ist mitreißend und spricht die deutsche Gesellschaft unverblümt an. Ozan Ata Canani stellt Fragen, und er begründet mit seinem Text eine Tradition der Oral History postmigrantischer Geschichte:

> Arbeitskräfte wurde gerufen
> Aber Menschen sind gekommen
> Nicht Maschinen sondern Menschen
> Unsere deutsche Freunde
> Sie haben am Leben Freude
> Aus Türkei, aus Italien
> Aus Portugal, Spanien
> Griechenland, Jugoslawien
> Kamen die Menschen hierher
> Unsere deutsche Freunde
> Freunde, Freunde
> Sie haben am Leben Freude
> Als Schweißer, als Hilfsarbeiter
> Als Drecks- und Müllarbeiter
> Stahlbau und Bandarbeiter
> Sie nennen uns Gastarbeiter

1979 wird Ozan Ata Canani in die Aktuelle Stunde vom WDR eingeladen und performt dort den Song gemeinsam mit seiner Band. Später tritt er auch bei Alfred Biolek im Fernsehen auf. Canani schildert lakonisch die Ausbeutungs- und Ausgrenzungserfahrungen ausländischer Arbeiter:innen und richtet sich im Refrain mit feinem Spott an seine einheimischen Mitbürger:innen: „Unsere deutschen Freunde, sie haben am Leben Freude.“ In der letzten Strophe thematisiert er die Frage, die für die zweite Generation entscheidend wird. Die zentrale Metapher der multikulturellen Erzählung der 1980er Jahre klingt hier bereits an: Wo gehören sie hin, die Kinder der „Gastarbeiter:innen“ zwischen den zwei Stühlen? Das Spannende bei Ozan Ata Canani ist, dass er diese Frage an seine „deutschen Freunde“ richtet und von ihnen eine Entscheidung fordert. Dadurch lässt er sich nicht, wie das in den 1980er und 1990er Jahren passieren wird, zum

Adressaten und damit zum Objekt eines paternalistischen Diskurses um kulturelle Zerrissenheit machen:

> Und die Kinder dieser Menschen
> Sind geteilt ins zwei Welten
> Ich bin Ata und frage euch
> Wo wir jetzt hingehören
> Unsere deutsche Freunde
> Ich bin Ata und frage euch
> Wo wir jetzt hingehören
> Unsere deutsche Freunde
> Freunde, Freunde
> Sie haben am Leben Freude

Ozan Ata Canani ist auch auf einer musikalischen Ebene interessant: Er kombiniert Elemente türkischer Volksmusik mit Rock. Seine Stimme setzt er – ähnlich wie viele postmigrantische Rapper nach 2010 – als Stilmittel ein und lässt in seine Betonungen Sprachmuster und Klangvariationen seiner Muttersprache sowie Gesangstechniken des Arabesk einfließen. Seinen Auftritt in der Aktuellen Stunde kann man sich auf YouTube anschauen. Die Energie und die Präsenz sind beeindruckend, und man bekommt eine Ahnung davon, was für eine musikalische Innovation und textliche Provokation dieser Auftritt 1979 in der Bundesrepublik gewesen sein muss – und das von einem Teenager mit gerade mal 16 Jahren. Umso bezeichnender ist es, dass die deutsche Mehrheitsgesellschaft sich dazu entschied, nicht weiter auf Ozan Ata Canani einzugehen. Weder bekam der junge Kölner einen Plattenvertrag, noch wurde er in weitere Shows oder auf große Konzerte eingeladen.

Erst 2013 organisierten Bülent Kullukcu und Imran Ayata einen Studiotermin mit der Kölner Gruppe Electro Hafiz und sorgten dafür, dass „Deutsche Freunde“ aufgenommen wurde. Dem ging eine lange Suche nach dem Künstler voraus. Dabei entpuppte sich der Musiker als Phantom in Almanya. Über Facebook wurde eine letzte Anfrage gestellt, und Ozan Ata Canani antwortete prompt zurück. Ayata und Kullukcu waren glücklich und dachten, dass sie nun vom Musiker ein Masterband bekämen. Nur: Ozan Ata Canani hatte kein Masterband. Das war bei seiner Ex-Frau, zu der er keinen Kontakt mehr hatte. Kurzerhand entschlossen sich die beiden, den Song nochmal professionell im Studio aufzunehmen. Mit dieser Compilation bekam Ozan Ata Canani die Aufmerksamkeit in Almanya, die ihm jahrzehntelang verwehrt wurde.

Cem Karaca – von „Baba" bis Apsilon

Die Türkei wurde 1971 und 1980 von Militärputschen erschüttert, die maßgeblich dafür sorgten, dass politische Aktivist:innen das Land verließen. Die Repression betraf auch Musiker:innen, besonders jene, die in der Tradition der Aşık standen. Das waren Bard:innen und Volkssänger:innen, die Bezug nahmen auf gesellschaftliche und politische Themen. Viele türkische, alevitische und kurdische Musiker:innen verließen deshalb die Türkei, um für einige Jahre im Kölner Transit zu leben, darunter auch Künstler wie Cem Karaca.

Auch wurde Cem Karaca 1983 während seines Aufenthaltes in Almanya ausgebürgert und von der türkischen Polizei per Haftbefehl gesucht. In Köln vernetzte er sich schnell mit anderen Exilant:innen, aber auch mit der linken Szene der Stadt. Anfangs arbeitete Karaca auch mit Türküola zusammen. Seine wichtigste Platte im Exil – „Die Kanaken" – entstand jedoch in Zusammenarbeit mit dem linken Dortmunder Label Pläne. Lange bevor Rapper in den späten 1990ern und 2000ern sich mit dem Begriff „Kanake", dem Lieblingsschmähwort der Deutschen, beschäftigten, unternahm Karaca den Versuch, diese rassistische Zuschreibung zu untergraben. Für das Westfälische Landestheater Castrop-Rauxel entstand 1984 ein Musical, das Karaca auch für ein deutsches Publikum sichtbar machte, wie der Musikethnologe Martin Greve in seinem Buch „Die Musik der imaginären Türkei" 2003 betont. Das Musical hieß wie das Album: „Die Kanaken". Karaca wurde hierbei zur Stimme der „Gastarbeiter:innen", obwohl er als Intellektueller eine ganz andere Geschichte hatte. Aber er kannte ihre Geschichten. Cem Karaca hat bis heute eine enorme Bedeutung für die türkeistämmige Musikkultur. Junge Bands wie Engin fühlen sich von ihm inspiriert. Er vereinte musikalisches Talent und politisches Bewusstsein. Sein Herz schlug links und dementsprechend sang er gegen soziale Ungerechtigkeiten an, thematisierte aber auch persönliche Konflikte.

Als ich, Murat, zum ersten Mal „Baba" von Apsilon hörte, berührte mich dieser Song direkt. Apsilon setzt sich warmherzig mit einer Vater-Sohn-Beziehung auseinander. Er rappt darüber, dass Väter nicht über Emotionen sprechen können – das kannte ich auch von meinem Vater. Auch Cem Karaca schrieb einen Song über seinen Baba, in dem er das Nicht-Sprechen-Können zwischen den Generationen thematisiert. In dem Song beklagt Karaca, dass so viele Songs für Mütter geschrieben wurden, doch nicht für Väter. Im Rap ist es heute nicht anders: Es gibt unzählige Songs für die Mutter; der Vater bleibt eine Leerstelle. Erstaunlich ist dies vor allem im Rap, da die Inszenierug von Männlichkeit eine zentrale Rolle spielt. Karaca singt in seinem Song (Auszug mit Übersetzung):

Ellerinle anlatır, dilinle söylerdin
Gözlerinle sever, belli etmezdin
Biliyor ve inanıyorum şimdi yukarda
Koruyor ve gözetiyorsun beni hâlâ
Bir dolu şey söylendi analar için
Bu da benim ağıtım olsun ardından baba

Mit deinen Händen hast du erklärt, mit deiner Zunge gesprochen
Du liebtest mit deinen Augen, ohne dass es andere bemerkten
Weiß es und glaube daran, nun bist du oben
Beschützt und beobachtest mich noch immer
Es sind so viele Sachen zu Müttern gesagt worden
Dies soll nun mein Klagelied an dich sein, Baba

Nedim Hazar - Widerstand und Solidarität

Neben Cem Karaca kam auch der Musiker und Schauspieler Nedim Hazar – der Vater von Eko Fresh – als Exilant nach Köln und fand schnell Anschluss in der Domstadt. Mit Geo Schaller gründete er die Band Yarınistan, die sich gut mit der lokalen Musikszene vernetzte. Stefan Brings spielte anfangs bei ihnen Bassgitarre. Nedim Hazar beschäftigte sich in seinen Texten mit der Situation der Arbeitsmigrant:innen in Deutschland und warb für ein multikulturelles Miteinander. Karaca, Hazar und andere Exilant:innen brachten wichtige Themen der deutsch-türkischen Gastarbeiter:innen auf die Agenda, obwohl sie andere migrationsbiografische Erfahrungen hatten. Als Intellektuelle und Künstler:innen waren sie von den dringendsten Themen der migrantischen Malocher:innen nicht betroffen: Sie arbeiteten nicht in Fabriken, hatten Zeit, sich die deutsche Sprache anzueignen und bewegten sich in Kreisen, in denen sie weniger Anfeindungen aufgrund ihrer Herkunft ausgesetzt waren.

Aber als politische Künstler:innen, als Aşık, griffen sie die Themen auf, die sie in ihrer Umgebung vorfanden. Und das war im Deutschland der 1980er Jahre vor allem der wachsende Rassismus gegenüber den Arbeitsmigrant:innen. „Die Türküola-Künstler haben sich damals bewusst an ein türkisches Publikum gewandt", erklärt Kutlu Yurtseven, Musiker, Aktivist und Mitbegründer der Initiative *Keupstraße ist überall*. „Es waren die politischen Exilanten, die zum ersten Mal die deutsche Bevölkerung angesprochen und ganz bewusst auf Deutsch getextet haben." Damit übernahm die Gruppe der Exilant:innen eine wichtige Brückenfunktion zwischen „Gastarbeiter:innen" und einem breiten Bündnis aus Kirchen, Gewerkschaften und alternativen Bewegungen, die in den 1980er Jahren

Widerstand gegen die „geistig-moralische Wende“ unter Bundeskanzler Helmut Kohl leisteten.

Yılmaz Asöcal - Türküola, das erste Independent-Label in Almanya

Dies ist keine klassische Vom-Tellerwäscher-zum-Millionär-Story. Yılmaz Asöcal stand nie in der Spülküche, er ist auch kein Gastarbeiter, der nach Almanya kam, um in der Schwerindustrie oder auf dem Bau zu arbeiten. Seine Geschichte begann lange vor dem deutsch-türkischen Anwerbeabkommen. Er kam 1955 als junger Mann, um in Köln Philologie zu studieren. Bis er die Chance erkannte, ins Musikgeschäft einzusteigen. Asöcal baute als Erster in Deutschland umfangreiche Independent-Strukturen auf. Doch sein Name und sein Label Türküola werden nicht erwähnt, wenn es um die Historisierung unabhängiger Musiklabels in Almanya geht. Dies kritisiert der Kulturwissenschaftler Holger Lund in seinem Aufsatz „The hidden history of Turkish independent labels in Germany from the 1960s to the 1980s“ (2021). Denn nach Lund werden gemeinhin David Volksmund Produktion (1971) oder Trikont (1972) als erste Independent Gründungen in Almanya genannt. Doch die Geschichte beginnt richtigerweise mit Türküola (1964) in Köln.

Dabei erschuf Asöcal einen eigenen Sound und war ungemein erfolgreich. Der Musikethnologe Martin Greve und Holger Lund betonen, dass Asöcal keinen Zugang zu den etablierten Vertriebsstrukturen hatte und deshalb eigene aufbauen musste – mit Gemüsegeschäften als Plattenläden und türkischen Zeitungen als Werbeflächen. Denn zu jener Zeit teilten sich die großen internationalen Plattenfirmen den Musikmarkt in Almanya auf.

Seine Lebensgeschichte beschreibt Yılmaz Asöcal eindrucksvoll in dem Buch „Nasıl Kazandilar“ („Wie haben Sie gewonnen?“) von Doğan Pürsün. Um sein Studium zu finanzieren, war er als Dolmetscher für deutsche Arbeitgeber:innen tätig und lernte dabei das Leben und die Bedürfnisse der so genannten Gastarbeiter:innen aus der Nähe kennen. Und anders als deutsche Unternehmer:innen sah er das riesige ökonomische Potenzial dieser Bevölkerungsgruppe. Und so gründete er 1964 sein erstes Unternehmen: „Türkisch-Deutsch-Export“, die Blaupause für die zahllosen Import-Export-Läden in deutschen Städten, deren Warenangebot sich vorwiegend an Migrant:innen richteten. Als er schließlich eine Genehmigung zur alleinigen Unternehmensgründung erhielt – für Migranten:innen wie ihn eine Ausnahme –, schuf er innerhalb von wenigen Jahren ein musikalisches Imperium. Seine Kölner Firma Türküola wurde zum wichtigsten Label für migrantische Musik in Europa und Asöcal zu einem erfolgreichen Unternehmer, der mehrere Millionen Tonträger verkaufte.

Er machte Künstler:innen aus der Türkei wie İbrahim Tatlıses, Zeki Müren, Emel Sayin oder Barış Manço in Almanya zu Stars. Seine Plattenveröffentlichungen wurden von großen Werbekampagnen in türkischen Zeitungen begleitet. Menschen wie Asöcal haben nicht darauf gewartet, dass ihnen die Zivilgesellschaft eine Plattform anbot. Er hat eigenständig die Initiative ergriffen und Köln zum Epizentrum für Migranten:innen-Musik gemacht, die Stadt, die durch das Fordwerk eine große türkische Community und durch die türkischsprachige Sendung Köln Radyosu (Das Kölner Radio) vom WDR eine enorm wichtige Bedeutung für Einwanderer:innen als Schaufenster in die Heimat hatte. Die Zuhörer:innen wünschten sich hier täglich den Türkuola-Song „Beyaz Atlı" („Der mit dem weißen Pferd") von Yüksel Özkasap und machten ihn zum Bestseller bei Türküola mit knapp 800.000 verkauften Tonträgern.

Vom geplatzten Multikulti-Traum zum HipHop-Klartext

Die Künstler:innen von Türküola richteten sich mit ihren Songs an die erste Generation von Arbeitsmigrant:innen. Als die ersten politischen Exilant:innen aus der Türkei wie Cem Karaca oder Nedim Hazar eintrafen, machten sie die Probleme der „Gastarbeiter:innen"-Familien in Deutschland für ein hiesiges Publikum sichtbar und verbanden ihre antirassistische Kritik mit einer multikulturellen Vision. Diese war auch für die Kinder der so genannten Gastarbeiter:innen attraktiv, die in der damaligen Bundesrepublik pauschal als „Ausländer" bezeichnet wurden, und für die die Mehrheitsgesellschaft keinen Ort vorgesehen hatte. Es war die zweite Generation, die mit großer Vehemenz einen gleichberechtigten Platz in der deutschen Gesellschaft einforderte. Sie knüpften selbstbewusst an die Frage an, die der Kölner Liedermacher Ozan Ata Canani in seinem Song „Deutsche Freunde" 1979 formuliert hatte: „Und die Kinder dieser Menschen sind geteilt in zwei Welten, ich bin Ata und frage euch, wo wir jetzt hingehören?" Die zweite Generation schlug einen anderen Ton an. Sie fanden im Rap ihre Ausdrucksform und sprachen Klartext, wenn sie Themen wie gesellschaftliche Teilhabe, Staatsbürgerschaft und Rassismus neu verhandelten.

Als zu Beginn der 1990er Jahre der multikulturelle Traum in den Flammen von Rostock, Mölln und Solingen verkohlte, knüpften junge Rapper:innen an die Erzählungen der ersten Generation an. „Mölln und Solingen, das waren Ereignisse, die meine Eltern lähmten und schockierten", erinnert sich der Kölner Rapper Kutlu Yurtseven von der Microphone Mafia. „Für uns hingegen war es das Signal: Jetzt erst recht! Jetzt sind wir dran!" Auch Türküola-Artists wie die experimentelle Disco-Folkgruppe Derdiyoklar bezogen Stellung zum zunehmenden Rassismus der 1980er und 90er Jahre mit Songs wie „Hop Hop Dazlaklar" („Halt! Ihr Skinheads") und „Liebe Gabi". In diesen Liedern geht es um neonazistische Skinheads und die geistigen Brandstifter: „Helmut Kohl und auch Strauß wollen Ausländer raus. Sind wir keine Menschen, liebe Gabi?" Die Wut über die brennenden Häuser und die Ermordeten brachte auch ein Interesse an der Geschichte der eigenen Eltern mit. So schrieb Yurtseven 2002 für seinen Vater den Song „Denkmal", in dem er dessen Migrationsbiografie erzählt und die Arbeitskämpfe der ersten Generation sichtbar macht wie etwa den großen Kölner Ford-Streik 1973.

Auch Nedim Hazars Sohn widmet der Migrationsgeschichte seiner Familie einen Song. Der Kölner Rapper und Schauspieler Eko Fresh erzählt in „Der Gastarbeiter" von der Familie seiner Mutter, die im Alter von 15 Jahren nach Deutschland kam. In seiner Biografie kreuzen sich die beiden wichtigen Strömungen der Migration türkeistämmiger Menschen: Sein Vater gehört zu den politischen Exilant:innen, die Familie seiner Mutter kam im Zuge der Anwerbeabkommen mit der Türkei nach Deutschland. „Der Gastarbeiter" war der Startschuss für eine beeindruckende Reihe von Songs, in denen sich Eko bis heute mit den Themen Integration, Rassismus und Repräsentation auf innovative, mal humoristische und immer optimistische Weise auseinandersetzt. Auch die neue Generation postmigrantischer Artists hat das Thema auf dem Schirm. Künstler wie Apsilon schreiben die orale Erinnerungskultur der Migrationsgeschichte in Almanya fort. Und sie schlagen neue Töne an. Selbstbewusst sprechen sie die kühl kalkulierte Ausbeutung der migrantischen Arbeiter:innen durch deutsche Industrielle an, die noch wenige Jahre zuvor Zwangsarbeiter:innen aus Osteuropa in ihren Firmen schuften ließen. Ausgrenzung und Rassismus entlarven sie als kapitalistische Strategie der Spaltung und bringen die soziale Frage mit einem postmigrantischen Ausrufezeichen auf die Agenda.

Apsilon: Köfte

Opa für drei Groschen am Tag malochert
Jeden Monat bis zur Ohnmacht für den Tagelohn, ah
Kohlenstaub geschluckt für euren Nachkriegswohlstand
Minusgrade draußen, Minusgrad im Torax

Einsame Kanaken in 'ner Arbeiterbaracke, ah
Tag für Tag am Ackern für das Kapital in Taschen vom
Gleichen Pack, das dreißig Jahre vorher ohne
Wimpernzucken Menschen in die Gaskammern verfrachtet hatte

Und während Molotows auf die Unterkünfte prasseln
Auf der Arbeit und beim Amt immer lachen, immer lachen
Und der Enkel kriegt kein' Job und keine Wohnung wegen des Namens
Bei den Enkeln der Fabrikbesitzer, die die Großeltern damals ausgebeutet hab'n

Und sie fragen, und sie fragen
„Warum ticken Kanaks Päckchen und renn' weg vor der Police?"
„Warum suchen Kanaks Action und sind immer aggressiv?"
„Warum tun sie schon mit 16 auf Mafioso und Bandit?"
„Warum häng'n sie in der Spielo, im Café und auf der Street
Statt die Zeit und Energie in die Zukunft zu investier'n?"
Unverständnis in der Presse und beim Familienessen
Keiner will es checken, aber keiner hält die Fresse und sie fragen

„Warum könn' denn deine Großeltern kein Deutsch
nach fünfzig Jahr'n in diesem Land?" Ja
Schon ziemlich enttäuschend
Leitkultur, oh, Leitkultur, ich weiß nicht, was sie woll'n
Leitkultur in Hanau, Leitkultur, „Wir sind das Volk"

Sie seh'n Einzeltäter oder Psychos mit 'nem Colt
Ich seh' nur, wie es leibt und lebt, euer schönes Schwarz-Rot-Gold, ah
Man kann doch ein braver Deutscher sein, wenn man nur möchte
Doch ich möchte nicht, nein, danke, trinke Çay und esse Köfte, ist man gewohnt, ja

Von Prosperität noch nichts geseh'n, niedriger Lohn ist man gewohnt
Gossengehege, Normalität, Kanaks sind broke, ist man gewohnt
Mutter Problem, Immigration, ist man gewohnt, ja, ja
Ist man gewohnt, ja
Da, wo ich wohn, ja

Ich brauchte 23 Jahre, bis ich merkte, dass ich statt zweien
Keine Heimat habe, außer meine eigene Straße und den Kiez, in dem wir war'n, ja
Die Beats, auf die ich sprach, nein
Keine Heimat eins und auch keine Heimat zwei, nur der
Streit mit dem, was sich in beiden Ländern so rumtreibt
Ich hab' mein Herz am rechten Fleck, aber Deutschland rechter Fleck
Ganz Europa rechter Fleck, ganze Welt ein rechter Fleck
Seit Corona Zunge taub, aber weiß, wie Hetze schmeckt
Immer noch down, ja, mit meiner Squad
Immer noch da, wo du nicht guckst
Immer noch laut, auch wenn du nichts sagst
Immer noch klar, auch wenn du stutzt
Deutsch steht auf unserem Pass
Doch wenn's ihn' passt, ja, sind wir nur Schmutz
Ich bin nicht enttäuscht, ich hab nix erwartet
Ich bin nicht Deutsch, wenn du mich fragst
Ich integrier' mich nicht in einen Markt
Man kann doch ein braver Deutscher sein, wenn man nur möchte
Doch ich möchte nicht, nein, danke, trinke Çay und esse Köfte
Ich esse Köfte
Ich trinke Çay und esse Köfte, esse Köfte

Brüche und Lücken in der Geschichtsschreibung

Dieser historische Längsschnitt der postmigrantischen Musikszene ist nur ein Puzzleteil einer großen Erzählung. Die griechischen, spanischen, italienischen, osteuropäischen oder koreanischen Einwanderungsgruppen haben nicht weniger spannende Geschichten zu erzählen und Lieder zu singen. Und auch die Menschen, die in den 1980er Jahren aus Iran, Irak oder Libanon geflohen sind, die Geflüchteten aus Syrien, Nordafrika, Afghanistan oder der Ukraine, die in den vergangenen Jahren nach Deutschland kamen — sie alle bringen ihre Kultur, ihr Wissen, ihre Lieder und Erfahrungen mit und beeinflussen und verändern dadurch die Gesellschaft.

Die Kulturgeschichte der ersten Einwanderungsgeneration ist voller Brüche und Lücken. Dagegen wurde die History von Rap in Deutschland bisher als Geschichte der Konstanz und Kontinuität erzählt. Wir sind der Überzeugung: Es sind auch hier die Breaks, die HipHop in Almanya ihren Stempel aufgedrückt haben. Wer die seltsamen Wendungen dieser ersten postmigrantischen Jugendkultur verstehen möchte, darf den rassistischen Puls der Mehrheitsgesellschaft, die nationalistische Welle der Wiedervereinigung und den rechten Terror gegen die postmigrantischen Communitys nicht ausblenden. Wie schon die erste Generation hat auch HipHop von Beginn an auf diese Ereignisse reagiert und war immer mit dem Herzschlag der Migration verbunden. Die Wechselwirkungen mit den sozialen und politischen Entwicklungen der Bundesrepublik erklären die Besonderheiten der Entwicklung der HipHop-Kultur in Almanya. Sie helfen auch zu verstehen, warum sich Rap in postkolonialen Gesellschaften wie Frankreich oder Großbritannien anders entwickelt hat. Im folgenden Abschnitt erzählen wir die Geschichte der HipHop-Kultur in Deutschland entlang von vier Brüchen.

#02

RE MIX HIPHOP HIST ORY

Eine Geschichte der Brüche

BREAK I: DER DRITTE RAUM 1982–1992

HipHop als Sternentor in den postmigrantischen Raum

Der deutsche Regisseur Ilker Çatak, dessen Film „Das Lehrerzimmer" als bester internationaler Beitrag bei den Oscars nominiert wurde, stellt im Februar 2024 in einem Beitrag für die *Zeit* ernüchtert fest: „Es geht um ein größeres Problem, ein strukturelles Problem. Es geht darum, wie Menschen mit Migrationsgeschichte vernachlässigt und ignoriert werden." Çatak gehört zur dritten Generation so genannter Gastarbeiter:innen. Ihm und vielen anderen, die in Almanya als nicht-*weiße* oder zugewanderte Menschen gelesen werden, weht der faule Wind einer alten, aber wirkmächtigen Tradition ins Gesicht: „Über die nächsten vier Jahre wird es notwendig sein, die Zahl der Türken um 50% zu reduzieren. (...) Die Türken in ihrer gegenwärtigen Zahl zu assimilieren", sei unmöglich, da diese eine „sehr andersartige Kultur" hätten.

Diese sehr konkreten „Re-Migrationspläne" wurden nicht von Björn Höcke oder Alice Weidel von der AfD erdacht, sondern von Helmut Kohl. Sie stammen aus dem Herbst des Jahres 1982. Kohl war zu diesem Zeitpunkt seit 27 Tagen Kanzler der Bundesrepublik Deutschland und teilte diese Ansichten seiner britischen Amtskollegin Margaret Thatcher mit. Kohl ergänzte gegenüber Thatcher, er könne über dieses Vorhaben zurzeit noch nicht öffentlich sprechen. Reporter des Wochenmagazins *Der Spiegel* waren 2001 in Besitz des geheimen Protokolls gekommen und veröffentlichten Kohls Aussagen. Als Reaktion auf diese Enthüllung gab das Büro des Altkanzlers zu Protokoll, dass die „im britischen Papier insoweit korrekt wiedergegebene Position (...) Teil einer hinreichend und breit geführten Debatte zur Ausländerpolitik" in Deutschland gewesen sei.

Vier Monate vor Kohls Amtsantritt rief die 25-jährige Semra Ertan aus Hamburg beim NDR an. Sie las ihr Gedicht „Mein Name ist Ausländer" vor und kündigte für den nächsten Tag ihren Suizid als Protest gegen den steigenden Rassismus in Almanya an. Am nächsten Tag, dem 24. Mai, setzte sich Semra Ertan an der Kreuzung Simon-von-Utrecht-Straße/Detlev-Bremer-Straße im Hamburger Stadtteil St. Pauli selbst in Brand. Sie verstarb zwei Tage später im Krankenhaus.

Ignoranz und Rassismus waren nicht nur unter Helmut Kohl die beiden wichtigsten Antworten der deutschen Mehrheitsgesellschaft auf die

Frage: Wie lässt sich eine moderne Einwanderungsgesellschaft gestalten? „Deutschland ist kein Einwanderungsland" – diese Fehleinschätzung stand dann auch 1983 in der Koalitionsvereinbarung von Union und FDP. Obwohl zu diesem Zeitpunkt schon seit mindestens zehn Jahren klar war: Almanya ist nicht nur ein Einwanderungsland, Almanya ist auf dem Weg in eine postmigrantische Gesellschaft. Ein Blick in die Schulen, die Fußballvereine, die Firmenbelegschaften, die Fußgängerzonen hätte genügt, um diese parteipolitische Propaganda der schwarz-gelben Koalition als Lüge zu entlarven. Die zweite Generation der so genannten Gastarbeiter:innen wuchs in Almanya auf, aber Deutschland tat alles, um diese Menschen unsichtbar zu halten oder zu stigmatisieren.

Old School schafft Räume

Erst die HipHop-Kultur zeigte unmissverständlich: Helmut Kohl hatte gelogen. HipHop machte zu Beginn der 1980er Jahre gesellschaftliche Umbrüche sichtbar, die von der Politik und von den Medien bis dahin ignoriert und geleugnet worden waren. Mit der HipHop-Kultur entstanden neue Sozialräume in der Öffentlichkeit, in denen sich erste Ansätze einer postmigrantischen Gesellschaft abzeichneten. HipHop ab den frühen 1980er Jahren – in der so genannten Old School – war der erste gesellschaftlich relevante postmigrantische Kulturraum nach 1945. Er wurde maßgeblich mitgestaltet und geformt von den Kindern der so genannten Gastarbeiter:innen, aber auch von Schwarzen Jugendlichen. In diesem neuen Möglichkeitsraum trafen sich *weiße* Jugendliche aus bürgerlichen oder proletarischen Milieus mit Jugendlichen aus Familien, die erst vor vergleichsweise kurzer Zeit nach Almanya eingewandert waren. Sie kamen an öffentlichen Plätzen zusammen, in Jugendzentren oder Clubs und Diskotheken. Sie wurden an manchen Orten stark beeinflusst von amerikanischen G.I.s und traten mit ihnen in Kontakt. Manchmal führten diese Begegnungen zu einem transatlantischen Kulturaustausch und zu lebenslangen Freundschaften.

HipHop in den 1980er Jahren war das postmigrantische Stargate inmitten einer Gesellschaft der verschlossenen Türen. Es öffnete Zugänge zu Kultur- und Sozialräumen, in denen sich Jugendliche mit sehr unterschiedlichen Biografien plötzlich treffen konnten. Jugendliche, die in Kohls Anti-Einwanderungsland eigentlich nicht zusammenkommen sollten und bisher durch ökonomische und rassistische Strukturen weitgehend getrennt voneinander lebten. HipHop bot diesen Jugendlichen einen neuen, völlig überraschenden Identifikationsmoment: Eine transnationale, hybride, Schwarze Jugendkultur, in der es darum geht, durch Übung und Training verschiedene Kunstfertigkeiten zu vervollkommnen und im öffentlichen Raum zu performen. HipHop stand außerhalb einer westlichen, bürgerlichen Kulturtradition und versprach den Aktivist:innen eine aktive Deutungshoheit über ihre neue Leidenschaft. Das führte schon in den frühen 1980er Jahren dazu, dass sich HipHop-affine Jugendliche in Deutschland als Teil einer transnationalen Kultur begriffen, die ihren Ursprung in New York hatte. Die Autorin Issa Franke zitiert in ihrem lesenswerten Buch „HipHop – die vergessene Generation Westberlins" den Regisseur Charlie Ahearn, der 1983 im Rahmen der Erstaufführung seines legendären HipHop-Films „Wild Style" in Berlin dem *Laut Magazin* ein Interview gab:

> *„Als ich in Berlin war, traf ich durch Zufall eine Gruppe Teenager, Türken. Ich habe sehr lange mit ihnen geredet. Woher zum Teufel wissen diese Typen eigentlich so gut Bescheid? Wo haben sie diese Sophistication her? Die wissen mehr darüber, was in den letzten zwei Monaten in New York los war, als ich. Und ich habe gesagt: Verdammt noch mal, ihr Typen seid junge Türken, 13 oder 14 seid ihr, wo habt ihr die Informationen her (...)? Und ich frage mich auch, warum sie mit dieser Bewegung, die sich in der Bronx abspielt, so mächtig viel zu tun haben wollen. Wo liegt der Zusammenhang?"*

Was Ahearn schon 1983 auffällt, wird in späteren Schilderungen bestätigt: HipHop in Almanya ist besonders attraktiv für Jugendliche, für die in der BRD der 1980er Jahre kulturell kein Platz vorgesehen ist, und die sich regelmäßig mit strukturellem Rassismus und sozialer Ausgrenzung auseinandersetzen müssen. Die früheste Beschreibung einer typischen Old-School-Jam stammt von dem Hamburger Intellektuellen Günther Jacob und geht in eine ähnliche Richtung. 1989 besuchte Jacob eine Jam in Hamburg-Barmbek und fasste seine Beobachtung für sein Buch „Agit-Pop. Schwarze Musik und weiße Hörer" 1992 zusammen. Jacob beschreibt die Veranstaltung als eine selbstgenügsame Talent-Show mit einem hohen Grad an Partizipation und einem starken Bewusstsein dafür, Teil einer globalen Jugendkultur zu sein:

> *„Der Anteil junger Immigranten und von Leuten mit wenigstens einem Elternteil aus Afrika, Asien oder Südeuropa ist auffallend hoch. Das und auch die internationalen Kontakte zu anderen europäischen Rapszenen und zu US-Rappern lässt diese Posses angenehm weltoffen wirken. Man macht einfach, was man liebt, und betrachtet es eher als Zufall, in Germany zu leben. An einen ‚deutschen HipHop' denkt dabei niemand."*

Nicht nur Außenstehende beschreiben die frühen Jahre der HipHop-Kultur in Almanya als postmigrantischen Raum. Für unsere vergangenen Bücher haben wir viele Protagonist:innen der Old School interviewt und immer wieder gehört: HipHop wurde häufig aufgegriffen von Jugendlichen, die am Rand der Gesellschaft standen, und für die eine Partizipation im herkömmlichen Kulturbetrieb nicht vorgesehen war. Auch deshalb schilderten uns viele Rapper:innen oder B-Boys und B-Girls den ersten Kontakt mit HipHop als ein für sie einschneidendes Erlebnis. Als Murat und ich mit dem Frankfurter Rapper D-Flame für unser erstes Buch sprachen, erzählte er uns in Hinblick auf Ahearns Kultfilm „Wild Style": „Da war es sofort klar, dass sich die Türken mit den Puertoricanern und die Afrodeutschen mit den Schwarzen identifizieren."

Nachdem 1985 der große mediale Hype um Breakdance vorbei war, schrumpfte der Kreis der HipHop-Begeisterten auf eine überschaubare Zahl. Es gibt hierzu keine Daten, aber es ist wahrscheinlich, dass die Epoche der so genannten Old School mit nur wenigen Tausend Aktivist:innen startete. Diese Jugendlichen saßen alleine irgendwo zuhause, sie organisierten sich in Graffiti-Crews oder trafen sich an zentralen öffentlichen Plätzen, in Jugendzentren oder in Clubs, die Black Music spielten. Die anfangs noch verstreuten HipHop-Crews vernetzten sich in den Jahren 1987/88 immer mehr, so dass man bald von einer gemeinsamen Szene sprechen konnte, die innerhalb von Almanya vernetzt war, aber auch mit vielen Aktivist:innen in Europa und in den USA in Kontakt stand.

Perfekt wie ein Kreis

Die zentrale Gestalt der Old School ist der Kreis. Sein Rand symbolisiert die Gemeinschaft der Aktivist:innen, seine Mitte das Battle, den unermüdlichen Motor der Kultur. Darin ist alles enthalten, was die Old School in Almanya in den Jahren zwischen 1985 bis 1992 ausmacht. Oder mit den Worten von Torch gesprochen: „Perfekt wie ein Kreis, dreihundertsechzig Grad / umschließt mein Leben und begründet jede Tat." Die Bedingung für die Aufnahme in den Kreis der HipHop-Kultur waren nicht Status, Herkunft oder Hautfarbe, sondern die Hingabe an eines der fünf Elemente: Graffiti, B-Boying, Rapping, Beatboxing und DJing. Damit war HipHop in den 1980er Jahren für viele Kinder der ersten Generation die Antwort auf die Frage des Musikers Ozan Ata Cananis aus dem Jahr 1979, „(...) wo wir jetzt hingehören."

Diese Beschreibung der HipHop-Old-School hört sich sehr schön an. Fast zu schön, um wahr zu sein. Und tatsächlich sollten wir an dieser Stelle vorsichtig sein. Denn weder war die Old School in Almanya ein stets kreativer und niemals gewalttätiger Raum, noch war er frei von Sexismus, Homophobie oder Rassismus. Auch das Bild eines „postmigrantischen Möglichkeitsraums" darf an dieser Stelle realistisch betrachtet werden. Denn auch wenn dieser anders war als die kulturellen Orte, die von der Mehrheitsgesellschaft dominiert und bewacht wurden, gab es auch hier Widersprüche, Streit und Gewalt. Die Idee, dass der gute alte Jugendhaus-HipHop eine dauerhaft befriedete Kreativwerkstatt war, ist ein sozialromantischer Mythos. Torch erinnert sich an die frühe Formierungsphase der Old School:

> *„Du hattest auf einmal einen Haufen von Menschen, die völlig verschieden und alle der Meinung waren, das würde ihnen gehören. Das ist richtig aufeinandergeprallt, und zwar eine Zeit lang richtig heftig. (...) Am Anfang sind hier ein paar G.I.s rumgerannt, die haben einen auf Amis gemacht, dann waren da hinten irgendwelche Türken-Cliquen, die jahrelang nichts anderes als diesen Scheiß gemacht haben, dann gab es irgendwelche Mittelstandsdeutsche, die sich einen kleinen Computer gekauft hatten, und das hat alles nicht zueinander gepasst. Das waren verschiedene Welten."*

Torch schildert hier das abrupte Entstehen eines postmigrantischen Raums nach dem Ende des Breakdance-Hypes. Wie in diesem Raum Differenzen, Teilhabe oder Zugehörigkeit ausgefochten wurden, bleibt offen. Der gewaltige Unterschied zu den kulturellen und sozialen Räumen davor ist jedoch: Die Mehrheitsgesellschaft hatte hier keinen Fuß in der Tür. Es gab in der HipHop-Old-School (noch) kein *weißes*, nationales Masternarrativ. Insofern verursachte die Landung des Sternentors HipHop in der Mitte der deutschen Gesellschaft einen ersten tiefen Riss im Firmament der reaktionären und anti-migrantisch geprägten „geistig-moralischen Wende" der Kohl-Ära. Es war der erste Break in der Geschichte von HipHop in Almanya und machte postmigrantische Kultur und Lebensentwürfe sichtbar.

Postmigrantischer Debattenraum

Spätestens Ende der 1980er Jahre wurde die HipHop Old School auch zu einem postmigrantischen Raum des Austauschs über gesellschaftliche Fragen. Kofi Yakpo aka Linguist von der Heidelberger Crew Advanced Chemistry schrieb den Text für den Song „Fremd im eigenen Land" 1989 zunächst auf Englisch als „Stranger In My Own Land". Im Interview mit Murat und mir beschreibt er, wie der Switch zur deutschen Sprache zustande kam:

> *„Wir haben bei dem Song ‚Stranger In My Own Land' 1990 in Bern auf der CH-Fresh unsere grünen Pässe gezeigt, und die Leute sind ausgeflippt. Die haben verstanden, worum es ging. Irgendwann merkst du, während du da mit dem grünen Pass stehst und auf Englisch rappst, dass dein Publikum größtenteils deutschsprachig ist. Und dann merkst du: Hier stimmt was nicht. Wir haben gemerkt, dass wir so viel zu sagen haben und all diese Sachen für die Leute im Publikum enorm relevant sind. Das war der Zugang zu deutschem Rap."*

Etwa zur selben Zeit nahmen Fresh Familee aus Ratingen ihre erste Platte auf. Der einzige Song, den sie auf „Coming from Ratinga" auf Deutsch performten, war „Ahmet Gündüz" – jener legendäre Track, auf dem Tachi zuerst auf gebrochenem Deutsch und dann auf Hochdeutsch über Rassismus in Almanya und die Utopie einer multikulturellen Gesellschaft rappt. Der Zugang zu Deutsch als Rap-Sprache war sowohl bei Advanced Chemistry als auch bei Fresh Familee politisch motiviert. Die Debatten im postmigrantischen Raum der Old School hatten sich zu Beginn der 1990er Jahre auf gesellschaftliche Themen ausgeweitet: Fragen nach Zugehörigkeit, Teilhabe, Staatsbürgerschaft und Rassismus wurden in der HipHop-Old-School diskutiert, lange bevor führende deutsche Politiker:innen überhaupt bereit waren zu akzeptieren, dass Deutschland ein Einwanderungsland ist.

Nach der deutsch-deutschen Wiedervereinigung häuften sich rassistisch motivierte Anschläge auf Einzelpersonen, Asylbewerberunterkünfte und Wohnungen von nicht-*weißen* Menschen. Rapperinnen und Rapper waren mit die ersten, die den tödlichen deutschen Nationalismus thematisierten und in ihren Texten kommentierten. Die Maxi-Single „Fremd im eigenen Land" von Advanced Chemistry erschien 1992 bei MZEE Records und war eine unter vielen Reaktionen der postmigrantischen HipHop-Community auf die neue Normalität im wiedervereinigten Almanya.

No matter what language

Zu Beginn der 1990er Jahre entwickelte sich die Old School zu einem Grenzen überschreitenden, multilingualen Raum. Als „deutsche" HipHop-Szene hatten sich die migrantischen, Schwarzen und *weißen* Jugendlichen in München, Mainz, Heidelberg, Frankfurt, Lüdenscheid, Hamburg oder Berlin eh nie verstanden. In dem COSMO Podcast „Unter Almans" erzählt der Comedian Özcan Cosar der Moderatorin Salwa Houmsi wie wichtig für ihn als Jugendlicher HipHop als hybride, transnationale Kultur war:

> *„Ich komme aus einem sozialen Brennpunkt. Und für mich war der Ausweg aus diesem sozialen Brennpunkt Breakdance und HipHop. Da habe ich gemerkt: Herkunft, Rasse, Religion, Sexualität – das hat uns nie gejuckt. Wir waren auf irgendwelchen Battles, da waren Franzosen, du konntest mit denen nicht reden. Ich konnte kein Französisch und die kein Englisch. Aber wir konnten beide tanzen. Wir haben miteinander kommuniziert und haben uns den ganzen Abend tot gelacht, obwohl wir uns nicht verstanden haben."*

Viele Rapper:innen oder B-Boys und B-Girls hatten Kontakte zu amerikanischen Tänzer:innen oder MCs. Es gab eine starke Verbindung mit der

Universal Zulu Nation und vor allem in Frankfurt, Stuttgart, Berlin und München über die dort stationierten G.I.s Beziehungen nach New York. Man rappte ganz selbstverständlich in verschiedenen Sprachen und war über Ländergrenzen hinweg miteinander verbunden. In unserem Buch „Fear of a Kanak Planet" erinnert sich Linguist an diesen Spirit am Ende der Old School:

> *„Es war eine neue Identität, es war ein neues Ding. Auf dem Flyer für das CH-Fresh stand natürlich hinter Advanced Chemistry ein D. Auf der Liste waren insgesamt dreizehn verschiedene Länder drauf, da wurde in allen möglichen Sprachen gesprochen! Die Deutschtürken haben Türkisch mit den Schweizer Türken geredet, Torch hat Französisch mit den Leuten aus Bern geredet und Toni Italienisch mit irgendwelchen anderen Leuten. Das war alles internationalistisch."*

In der Zeit zwischen 1990 und 1993 entstanden viele multilinguale Songs, die den transnationalen Charakter und die Sprachenvielfalt der ausgehenden Old School unterstrichen. Einer der ersten Sampler, der Artists aus ganz Deutschland vereinte, versammelte 1991 Songs auf Englisch, Deutsch und Französisch – was in Kontrast zu seinem verunglückten Titel „Krauts With Attitude" stand. Ko Lute, DJ Defcon, Rick Ski und sein Bruder Future Rock zimmerten 1991 von Köln aus das epochale Album „Watch Out For The Third Rail" zusammen, auf dem Ko Lute ausschließlich auf Englisch rappt, und das über die Grenzen Almanyas hinaus Beachtung fand. Die Crew Exponential Enjoyment releaste gemeinsam mit Advanced Chemistry 1993 den Song „Polyglott Poets", der fünf verschiedene Sprachen featurte: West African Pidgin, Englisch, Deutsch, Französisch und Italienisch. Der Frankfurter MC Azad rappte 1993 bei den Asiatic Warriors auf Kurdisch (Kurmancî), und auf dem ersten Album von Anarchist Academy – der Band von mir, Hannes – gab es 1993 Lines auf Englisch, Deutsch, Türkisch und Persisch zu hören. Es wurde zu der Zeit sogar auf Koreanisch gerappt („Das Gelbe vom Ei"). Im Mai 1993 veröffentlichten Matthias Lanzer und Chris Maruhn im Musikmagazin *Bad* eine „German HipHopGraphie". Dort waren 29 Rap-Platten aufgelistet, von denen lediglich elf tatsächlich deutschsprachige Lyrics enthielten.

Die sprachliche Diversität entsprach der Vielfalt der Menschen, die sich Anfang der 1990er Jahren auf den immer größer werdenden Jams trafen. Auf dem CH-Fresh in Zürich waren 1990 über tausend HipHopper Teil der Veranstaltung. Und auf der legendären ersten Frankfurter Spring Jam 1992 drängten sich 5000 Menschen im Publikum. Die Szene hatte ihren Underground-Charakter überschritten. Die ersten Plattenfirmen schickten ihre Scouts auf die Suche nach MCs und Rapcrews, die das Zeug für den großen

Verkauf haben könnten. In dieser Zeit lag viel in der Luft, und es wäre viel möglich gewesen. Es gab talentierte, charismatische MCs, politisch mutige und hellsichtige Gruppen und mit Crews wie Konkret Finn erste Ansätze eines innovativen Straßenrap, der in seiner sprachlichen Varianz und ästhetischen Wucht einen Vorgeschmack auf die Qualität eines Haftbefehls gab.

Nationalistischer Nebel

Dass es schließlich Die Fantastischen Vier sein sollten, die aus dem Melting Pot der postmigrantischen Old School als die Gründer der neuen Ära „Deutschrap" hervorgingen, lässt sich nicht über ästhetische Kategorien erklären. Auch, dass die Fantas auf Deutsch rappten, war nicht der ausschlagende Grund. Viele Gruppen taten das zu dieser Zeit. Die Fantastischen Vier waren *weiße*, deutsche Jungs aus dem (klein-)bürgerlichen Mittelstand. Sie machten einen Bogen um politische Themen und kommentierten den neuen Nationalismus und die wachsende rassistische Gewalt gegenüber postmigrantischen Lebensräumen im wiedervereinigten Deutschland in den ersten Jahren ihres Erfolgs kaum. Sie waren Krauts mit einer Party-Attitude, die zum neuen nationalen Narrativ Almanyas passten. In seinem Buch „Wie klingt die neue Mitte?" beschreibt der 2010 verstorbene Autor und Poptheoretiker Martin Büsser diesen Prozess, der in der ersten Hälfte der 1990er Jahre begann:

> *„Um nämlich in Deutschland eine breite Akzeptanz (...) zu erhalten, muss Pop von allen fremdartigen Bildern gereinigt werden, muss von allem Public-Enemy-Artigen gesäubert, also nationalisiert werden. (...) Damit Pop als Leitkultur der Neuen Mitte Bestand hat, muss er vor allem von all jenen politischen Implikationen gereinigt werden, die einmal dafür sorgten, mithilfe von Popmusik sehnsuchtsvoll von Deutschland fort in andere Länder zu sehen."*

HipHop hatte in Deutschland die ersten postmigrantischen Kulturräume geöffnet. Seine Protagonist:innen hatten vor allem am Ende der Ära der Old School antirassistische Kritik gepusht, Diversität sichtbar gemacht und erste Utopien für eine hybride Gesellschaft entworfen. Sie blickten über die Grenzen und verstanden sich als Teil einer afro-diasporischen Kultur. Und doch konnte diese Szene keine tiefen Wurzeln ausbilden. Sie hatte – anders als in Frankreich – noch keine ausreichende Hausmacht bei den Kids aus jenen Vierteln, die im wiedervereinigten Deutschland nach 1990 im nationalistischen Nebel verschwanden. Der postmigrantischen Vielfalt fehlte das Fundament einer selbstbewussten, postmigrantischen Jugend – einer Jugend, die weiß, dass sie die Zukunft der Gesellschaft verkörpert, und die sich in prominenten Vertreter:innen in Sport, Medien und

Gesellschaft wiedererkennen kann. Almanya war 1992 im Fernsehen, im Journalismus und in der Fußball-Nationalmannschaft sehr *weiß* und sehr unpolitisch. Wie wichtig Repräsentation für migrantische Kids in diesem Zusammenhang ist, betonte Eko Fresh, als wir mit ihm über den Zeitgeist der 1990er Jahre in Almanya sprachen:

> *„Als migrantisches Kind hast du immer noch eine Frage mehr: Was ist meine Identität in diesem Land? Wenn ein Kind sieht: Wow, der sieht aus wie ich, der kommt aus einer ähnlichen Gegend wie ich – und der hat's geschafft. Dann fühlt man sich gesehen und glaubt daran, dass man es schaffen kann."*

Die sichtbaren Menschen dieser Zeit bildeten in keiner Weise die postmigrantische Realität Almanyas ab. „Deutschrap" war die *weiße* Hülle dessen, was HipHop in Almanya einmal war und der sehnsuchtsvolle Blick auf den eigenen nationalen Bauchnabel. „Deutschrap" war gereinigt von fremdartigen und irritierenden Komponenten und taugte so als frischer Soundtrack für die Neue Mitte. „Deutschrap" repräsentierte die politische Monokultur der neuen Berliner Republik und wurde spätestens in der zweiten Hälfte der 1990er Jahre zum Lieblingskind des bürgerlichen Feuilletons.

Geht ein Alman ins Jugendzentrum

Ich, Hannes, bin im Sauerland groß geworden. In Iserlohn, einer mittelgroßen Kleinstadt. Allein, dass es möglich ist, eine Stadt gleichzeitig mit den Attributen mittel, groß und klein zu beschreiben, sollte einen beunruhigen. Iserlohn war kein Zentrum der Old School in Almanya. Lüdenscheid schon. Zwischen den beiden Sauerländer Städten lagen lediglich ein paar waldige Täler. Ich hätte mich 1987 nur in den 130er Bus setzen müssen und wäre in einer anderen Welt gelandet, wo die Innenstadt übersät war mit Tags und Throw Ups, wo es Writer gab, MCs, B-Boys und B-Girls, und wo im Jugendzentrum vor Ort regelmäßig HipHop-Partys stattfanden.

Stattdessen war ich, ein bürgerlicher Alman, von 1986 bis 1990 der einzige Rapper in Iserlohn. „Raising Hell", die dritte LP von RUN DMC, hatte mich gepackt. Ich begann die Texte nachzurappen und suchte in der Cash Box, dem einzigen Vinyl-Laden in Iserlohn, nach Rap-Platten. Da ich kaum Gruppen kannte, kaufte ich meist nach Cover-Ästhetik, was erstaunlich gut klappte.

Mein *weißer* Gymnasiasten-Freundeskreis hörte ausschließlich Rockmusik aus den Seventies. Weil ich dort mit niemandem meine HipHop-Leidenschaft teilen konnte, traute ich mich irgendwann ins Jugendzentrum am Karnacksweg. Dort hingen Kids ab, die Rap hörten, mit denen ich allerdings bisher keine Berührungspunkte hatte. Die Jugendlichen, die regelmäßig im JuZ chillten, kamen fast ausschließlich aus Familien, die aus der Türkei, Libanon, Portugal oder Jugoslawien eingewandert waren. Obwohl wir in derselben kleinen Stadt lebten, hatten wir bisher nichts miteinander zu tun gehabt, denn wir bewegten uns in unterschiedlichen Kultur- und Sozialräumen. Die nicht-*weißen* Kids, die in Iserlohn in den späten 1980er Jahren das Gymnasium besuchten, konnte man an einer Hand abzählen. Juden- und Türkenwitze waren unter *weißen* Jugendlichen nichts Anstößiges. Und die postmigrantische Utopie der Erwachsenen um uns herum erschöpfte sich mit einem Restaurantbesuch beim Italiener um die Ecke.

Früher erzählte ich die Geschichte meist so, dass ich von den Kids im Jugendzentrum wegen meiner Rapskills akzeptiert wurde. Das hört sich schön an: Die HipHop-Kultur als die große Gemeinsamkeit, die Almans und Ausländer zusammenbringt. Ein utopischer Ort, an dem Menschen alleine aufgrund ihrer Fertigkeiten im Tanz oder im Rap akzeptiert werden. Das ist natürlich nicht ganz falsch, aber die Wahrheit ist banaler und radikaler zugleich. Heute bin ich überzeugt: Auch ohne meine HipHop-Begeisterung wäre ich dort Teil der Community geworden. Es war einfach der Weg dorthin, das Überwinden des unsichtbaren Grabens und des strukturellen Rassismus, der einem *weißen* Mittelstandskid wie mir suggerierte: Da gehörst du nicht hin. Da sind die anderen. Ich habe im Jugendzentrum Karnacksweg neue Freundschaften geschlossen – weil ich dorthin gegangen bin. Ich habe mich wohl gefühlt, und wahrscheinlich hat HipHop es mir leichter gemacht, dort ein zweites Zuhause zu finden.

Auch im JuZ war die Welt nicht in Ordnung. Es gab immer wieder Schlägereien und Leute, die sich wie Arschlöcher verhielten. Es gab Sexismus und Homophobie und Leute, die zu sexistischen und homophoben Sprüchen schwiegen. Dazu gehörte ich. Es gab aber auch Solidarität, Zärtlichkeit und Zuneigung. Es gab Helfer:innen, die zu dir kamen, wenn es dir schlecht ging. Es gab einen Transjungen aus einem türkischen Elternhaus, der auf seinem Weg von allen ohne große Worte unterstützt wurde, und den niemand verächtlich machte oder ausgrenzte. Nicht nur in Iserlohn waren Jugendzentren in den 1980er Jahren wichtige Sozialräume für die Herausbildung postmigrantischer Identitäten. Jugendliche, die wussten, dass Almanya ihre Heimat war, entwickelten hier Haltungen, Meinungen und Ideen von einer Gesellschaft, in der sie später einmal als Erwachsene leben würden. HipHop gab diesen Entwürfen einen Rahmen und manchmal auch ein Koordinatensystem, in dem sich Werte und Ideale abzeichneten.

Als ich 1991 endlich in den 130er Bus nach Lüdenscheid stieg, um gemeinsam mit meinem Homie Zoid Two die von dem B-Boy und Writer Trickz organisierte Europe Wide HipHop Jam im Jugendzentrum Schillerbad zu besuchen, war das für mich erhebend und niederschmetternd zugleich. Erhebend, weil ich alles, was ich mir unter einer HipHop-Szene immer vorgestellt hatte, hier auf einem ganz anderen Level vorfand: Steve, Sonny, Speedy, JBK, Trickz, Advanced Chemistry auf der Bühne, DJ Cutsfaster am Mix. Niederschmetternd, weil ich realisierte: Das alles gab es hier schon seit 1986. Und ich hab's verpennt.

Zurück in Iserlohn stellte ich fest: Auch wenn unser Jugendzentrum nie Teil der pulsierenden HipHop-Old-School war, so war es dennoch ein wichtiger Ort. Ein Ort, der uns ein anderes Deutschland zeigte. Ein Ort, der voneinander getrennte Menschen zusammenbrachte und einen Blick freigab auf ein zukünftiges, postmigrantisches Almanya.

Funkadelic – Keimzelle der Frankfurter Old School

Wenn das Universal HipHop Museum bald am Geburtsort der Kultur in der New Yorker Bronx seine Pforten öffnet, wird darin ein Frankfurter Club und dessen Rolle für HipHop in Almanya gewürdigt werden: das Funkadelic. Der Club in der Brönnerstraße zog G.I.s an und gab den US-Soldaten einen Ort, um ihre Musik von Funk bis HipHop auszuleben. Das Funkadelic wurde so zum Sprungbrett für Künstler wie Moses Pelham und viele andere. Komplementär zur Bedeutung von Jugendzentren übernahm der Club eine entscheidende Rolle in dieser Frühphase von HipHop, gab er doch der Gruppe mit dem größten musikalischen Knowhow eine Heimat und ein Labor. Die amerikanischen Soldaten wurden im Club zu musikalischen Lehrmeistern, die den unmittelbaren Zugang zur aufstrebenden Jugendkultur HipHop im Handgepäck mitbrachten.

Das Funkadelic wurde von einem jungen Mann ins Leben gerufen, der als Kind 1972 von Istanbul nach Frankfurt zog. Gründer Kerim Saka schrieb seine hybride Biografie von Anfang an in den Club ein. Er stammt aus einer binationalen Familie. Sein Vater kam als Bierbrauer zu einem Lehrgang nach Deutschland und lernte dabei seine Frau kennen. Ende der 1950er Jahre war das in Deutschland und in der Türkei nahezu unerhört. In Almanya lernte Kerim, wie das deutsche Schulsystem mit Kindern aus Einwandererfamilien umging. Seine Familie wollte für ihn das Gymnasium, eingruppiert wurde er jedoch zunächst in die Hauptschule. Irgendwann fiel ihm auf dem Schulweg in der Straßenbahn eine Papiertüte auf, die ein G.I. dort vergessen hatte. Darin waren Schallplatten von Funkbands wie Earth, Wind & Fire oder den Ohio Players. Diese Musik wollte Kerim fortan unbedingt in den Clubs der Stadt hören und erfüllte sich diesen Traum mit dem Funkadelic, das zum Hotspot für Schwarze G.I.s und ihre Musik wurde.

Für mich, Murat, war die Präsenz der amerikanischen Streitkräfte in Frankfurt in den 1980er Jahren unübersehbar. Ich sah die wuchtigen amerikanischen Autos auf den Straßen mit ihren grünen Kennzeichen. Außerdem gab es den PX Store, ein großer Supermarkt für G.I.s und ein faszinierender Ort. Auf dem Weg zu meinem Onkel, in der Nordweststadt fuhren wir auf der Miquelallee immer am PX vorbei und sahen die amerikanischen Familien, die dort einkauften. Man kam nur herein, wenn man Angehöriger der amerikanischen Streitkräfte war oder ein G.I. für einen bürgte. Ende der 1980er Jahre war es endlich soweit – über einen Kontakt zu einem G.I. kamen wir in den PX rein. Dort entdeckten wir Pink Champagne in Tetrapacks. Wir dachten nur: Wie krass ist das denn? Und kauften gleich eine ganze Palette davon für eine Party ein. Auf unserer Party kam das Getränk aus dem PX überschaubar gut an. Es hatte nicht wirklich viel mit Champagner zu tun.

Mein Weg ins Funkadelic führte über Prince. Ich wusste, dass Prince nach seinen Konzerten eine Aftershow-Party in einem Club seiner Wahl veranstaltete. Dementsprechend fuhren wir einer Wagenkolonne hinterher, in der wir den Star vermuteten. Am Ende landeten wir im Funkadelic. Natürlich war Prince nicht da. Doch ich sah, dass das Funkadelic Ähnlichkeiten mit dem Club hatte, in dem ich regelmäßig meine Wochenenden verbrachte: Tenne. Dort legte in den 1980er Jahren CC Claude auf – ein DJ aus Mauritius, der ein großes Herz für Schwarze Musik hatte und mit dem Mikrofon in der Hand umgehen konnte. Als er auflegte, war der Funk im Haus.

One Nation Under A Groove

Am 15. April 1983 eröffnete Kerim mit 22 Jahren das Funkadelic in einem ehemaligen Weinkeller mit einer typischen Gewölbestruktur. Ein Schwarzer G.I. namens Crazy D. war der erste DJ und nahm bei seinen Sets auch das Mikrofon in die Hand, um der Menge einzuheizen. Relativ schnell ging es von Funk zu HipHop. Rapper wie Moses Pelham oder Turbo B, der später mit Snap! den Welthit „The Power“ landete, waren Stammgäste, wie sich Kerim erinnert:

> *„Moses war noch ein Kind, ungefähr 14 oder 15 Jahren alt, als er zu uns in den Club kam. Er ist bei uns im Club aufgewachsen. Es hieß dann später immer, dies wäre sei sein zweites Wohnzimmer gewesen, denn er wollte nie gehen.“*

Zu den bekanntesten Clubgästen des Funkadelic gehörte Frank Farian. Hier hörte er zum ersten Mal den Song „Girl You Know It´s True“ von der HipHop-Crew Numarx aus Baltimore. Kerim erinnert sich daran, dass Farian sofort neugierig wurde und den DJ fragte, welche Band das sei. Er sicherte sich kurz darauf für wenig Geld die Rechte an dem Song und startete Milli Vanilli. Kerim steuerte später als Produzent einen Song zu ihrem Album bei. Darauf angesprochen, ob das für ihn ein Problem gewesen sei, dass Fab Morvan und Rob Pilatus die Songs nicht gesungen hätten, antwortet Kerim, dass die beiden gewusst hätten, auf was sie sich einließen.

Der Frankfurter Rapper D-Flame bezeichnet das Funkadelic in der Dokumentation„Dichtung und Wahrheit“ als wichtigsten Club für Schwarze Musik in Deutschland. In seinen Erinnerungen war dieser Ort wie ein zweites Amerika. Vor allem ein DJ legte den HipHop-Schalter im Funkadelic um: Eddy Action, ein US-Soldat mit puertoricanischem Hintergrund, der sich später Rico Sparx nannte. Eddy Action war ein Universalkünstler, wie man sie in der Old School oft antraf: MC, DJ, Produzent und auch B-Boy – gemeinsam mit dem Frankfurter HipHop-Urgestein Pino Caruso und ihrer Crew Universal Movement gewannen sie 1984 die Breakdance-Europameisterschaft in Stuttgart und nannten sich fortan We Wear The Crown. Cutmaster GB war ebenfalls ein früher DJ im Club, der eine Brücke zwischen den USA und Deutschland baute und mit seiner Crew Bionic Force 1986 die erste Rap-Schallplatte in Almanya herausbrachte. Regelmäßig fanden im Funkadelic DJ-Battles statt. Als Preis versprach Kerim eine Clubnacht in seinem Club:

> *„Cutmaster GB hatte ein DJ-Battle gewonnen, und er konnte auch die Gäste unterhalten. Eddy Action war auch so einer, der sowohl auflegen als auch die Gäste unterhalten konnte. Das waren Aktivposten, da sie auch immer ein Mikrofon in der Hand hatten. So haben das dann auch die Deutschen gelernt mit ‚Say hoho'. Wir hatten auch einen weiblichen DJ, das war Lady D. Sie kam sensationell als DJ an, und sie hatte auch das Mikrofon in der Hand. Wir hatten eine Lady's Night, die in unserem Programm sehr erfolgreich war."*

Das Funkadelic ist nicht zuletzt durch das Publikum zu einer Wiege der postmigrantischen Szene geworden. Kerim beschreibt die Mischung aus „zum größten Teil G.I.s, Migranten, deutsche Frauen und zum Schluss deutsche Männer." Dies war auch dem Umstand geschuldet, dass Schwarze G.I.s in anderen Frankfurter Clubs oft abgewiesen wurden. Die Erfahrung einer rassistischen Türpolitik teilten sie mit türkeistämmigen Clubgänger:innen:

> *„Natürlich kamen auch die ersten Türken ins Funkadelic, da sie eine größere Affinität zu Schwarzer Musik hatten. Da gab es direkt eine Wärme zueinander. Das hat sich schnell zu einer festen Freundschaft gerade zwischen Amerikanern und Türken entwickelt. Schnell kamen dann auch damals Jugoslawen, Italiener und Griechen."*

„One Nation Under A Groove", den Songtitel von George Clintons namensgebender Formation Funkadelic, haben Kerim und seine Crew gelebt. G.I.s standen nicht nur hinter den Plattenspielern und bevölkerten den Dancefloor zusammen mit Tanzenden internationaler Herkunft. Auch die Türsteher waren G.I.s, die eine neue Art von Zugang und Einschluss an diesem Ort signalisierten. So wurde das Funkadelic zur Keimzelle für transatlantische Begegnungen in der HipHop-Kultur – ein postmigrantischer Möglichkeitsraum, an dem sich entscheidende Entwicklungen kreuzten.

BREAK II: ALMANISIERUNG 1992-2000

Deutschland einig Deutschrapland

Die Nationalisierung von Rap zu Beginn der 1990er Jahre ist der folgenreichste Break für HipHop in Almanya. Aus ihm ergeben sich alle weiteren Brüche und die blinden Flecken in den aktuellen Historisierungsbemühungen der Kultur. Der postmigrantische Resonanzraum der Old School zerreißt unter den patriotischen Trommelschlägen der Wiedervereinigungseuphorie und muss dem Erfolgsprodukt „Deutschrap" weichen. Die Mehrheitsgesellschaft und ihre Medien wünschen sich schwarz-rot-goldene Rapstimmen, die bei der Einheitsfeier mitmachen wollen, eine „Neue Deutsche Reimkultur", die Spaß macht und mit deren Gesichtern sich eine *weiße*, bürgerliche Jugend identifizieren kann. In ihrer Geschichte des B-Boying „Lerne nicht, aber ..." (2023) schreiben Christine Stöger und Michael Rappe, Professor:innen an der Hochschule für Musik und Tanz in Köln, über den HipHop-Break in den 1990er Jahren:

> *„Damit setzte ein Narrativ ein, wodurch das bisherige Selbstverständnis von Teilhabe an dieser Kultur bedroht wurde – nämlich die Möglichkeit, sich jenseits ethnischer Zuschreibung oder Positionierung durch Wissen und Können zu beweisen. Aus einer europäischen und in Teilen schon global vernetzten komplexen Kultur, die Jugendliche aus unterschiedlichen sozialen Schichten und Herkünften zusammengebracht hatte, wurde innerhalb weniger Jahre ein Musikgenre, das über Sprache und ein nationales Narrativ homogenisierte. Hierbei wurden diejenigen schrittweise unsichtbar gemacht, die grundlegend und von Anfang an die Kultur begründet, mitgetragen und am Leben erhalten hatten."*

Aus einer afro-diasporischen Kultur wurde in den 1990er Jahren ein *weiß*-gewaschener, bürgerlicher deutscher Sprechgesang. Bis heute wird dieser Einschnitt in der Historisierung von Rap in Almanya kaum vor dem Hintergrund der massiven politischen und gesellschaftlichen Veränderung der Wiedervereinigung erklärt, sondern vorwiegend als ästhetischer Umbruch oder szene-interner Streit zwischen Keep It Real und Sellout missverstanden. Ein Vergleich mit der Entwicklung von Rap in Frankreich soll an dieser Stelle helfen.

Public Enemy im Vorort

HipHop traf die Vororte von Paris, Marseilles und Lyon wie das Streichholz den trockenen Strohhaufen im Hochsommer. Die Schwarzen und maghrebinischen Kids knüpften sofort an die afro-diasporischen Narrative der amerikanischen Rapper:innen an und übertrugen sie auf ihre Erfahrungen mit Polizeigewalt, strukturellem Rassismus und sozialer Ausgrenzung im postkolonialen Frankreich. Ende der 1980er Jahre verstärkte sich dieser Trend mit dem Native Tongue Movement und Gruppen wie Public Enemy, die verstärkt Blackness und afrozentrische Ideen pushten und auch unter französischen Jugendlichen populär machten.

Im Kontrast zu Deutschland waren sich die französischen Eliten durchaus darüber bewusst, dass Frankreich ein Einwanderungsland war. Die Menschen aus den ehemaligen Kolonien hatten einen französischen Pass. In der französischen Öffentlichkeit und im politischen Diskurs tauchten sie als Staatsbürger:innen auf. Dass es aufgrund von Herkunft und Hautfarbe gegenüber diesen Neubürger:innen Rassismus und eine Dynamik systematischer Ausgrenzung gab, leugnete das bürgerliche Frankreich. In seinem Buch „Between New York and Paris: A Transatlantic History" schreibt der Historiker Samir Meghelli über die durch HipHop angefachten Diskussionen über Race und die dadurch produzierte soziale Ungerechtigkeit:

> *„Die französische republikanische politische Tradition der race-blindness, die traditionell die Anerkennung von ‚Race' ausschließt, betrachtet die Diskussion darüber oft als ‚antifranzösisch'."*

Diese Ignoranz schlug in Furcht um, als Public Enemy im April 1990 im Zénith in Paris auftreten sollten. Die Nationalpolizei befürchtete „Rassenunruhen" und entwickelte einen Sicherheitsplan, um mögliche Ausschreitungen in den Vororten zu verhindern. Maghelli zitiert in diesem Zusammenhang den Journalisten Olivier Cachin, der auch die französischen Medien für die Stimmungsmache verantwortlich machte: „Die Medien spielten eine zentrale Rolle bei der weiteren Förderung des bereits vorherrschenden Gefühls der Angst." Und DJ Fab von der Rapcrew EJM erinnerte sich 2008 an die Reaktion der Öffentlichkeit auf das Public-Enemy-Konzert: „Es war, als ob Frankreich angegriffen würde!"

Das republikanische Frankreich hatte zu Beginn der 1990er Jahre eine sehr reale „Fear of a Black Planet". HipHop drohte die postkoloniale Jugend auf eine „antifranzösische" Weise zu empowern und zu politisieren. Der Fokus auf Blackness und afrozentrische Positionen ließen die Polizeigewalt und die für alle sichtbare Ausgrenzung von Staatsbürger:innen mit Schwarzer und maghrebinischer Herkunft in einem anderen Licht erscheinen. Plötzlich konnten die brutalen Einsätze *weißer* französischer Polizeibeamter in den Banlieues als Rassismus benannt werden. Und die Abschiebung der Familien aus den ehemaligen Kolonien in die Trabantenstädte weit vor Paris oder Marseilles erschien als systematische Ausgrenzung durch die *weiße* Mehrheitsgesellschaft. „HipHop wurde", so Samir Meghelli, „zunehmend im Zusammenhang mit ‚Race'-Fragen und Segregation in Frankreich gesehen und wurde zu einem zentralen Prisma, das diese Ängste fokussierte."

Mit HipHop bekam Frankreichs postkoloniale Jugend ein mächtiges Werkzeug in die Hand, mit der es die republikanische Lüge von der angeblichen Gleichheit aller französischen Staatsbürger:innen auseinandernehmen konnte. Dieses sehr bewusste Moment der Selbstermächtigung zeigte sich auf beiden Seiten: Die *weiße* französische Mehrheitsgesellschaft reagierte panisch und stemmte sich mit aller Kraft gegen die vermeintliche Amerikanisierung der Culture Française. Die Kids erkannten sofort die politische Macht dieser Kultur, die weit über die künstlerisch-kreativen Elemente hinausging, und es war klar, dass sie dieses Tool nicht wieder aus der Hand geben würden. Dieses empowernde, politische Momentum durchzieht Rap in Frankreich bis heute. Es ist ein Element der Kontinuität in der französischen HipHop-Geschichte.

Ausgegrenzt, geduldet und verstreut

Ganz anders in Almanya. Im Gegensatz zu Frankreich leugnete das politische Establishment bis weit in die 2000er Jahre, dass Deutschland überhaupt ein Einwanderungsland sei. In den 1980er Jahren, als das Stargate HipHop in Almanya landete, beschäftigte sich die Regierung Helmut Kohl noch mit „Re-Migrationsplänen". Die Menschen, die faktisch zu Neubürger:innen geworden waren, stigmatisierte man in diesem Sinne konsequent als „Ausländer" – ein Unwort, das bis heute durch das Meer der deutschen Sprache segelt.

Migrant:innen in Almanya befanden sich in einer völlig anderen Situation als die Schwarzen und maghrebinischen Kids westlich des Rheins. Zum einen waren die meisten der einst als „Gastarbeiter:innen" gerufenen Menschen keine Staatsbürger:innen und verfügten dementsprechend kaum über politische Rechte, um das Land mitzugestalten. Zum anderen gab es keine ernstgemeinten Angebote zur Teilhabe an einer „deutschen Identität" oder einer „deutschen Idee". Als Schüler erlebte ich, Murat, was es bedeutet, wenn politische Entscheidungen sich in die Familien und in die eigene Haltung einschreiben. Der Aufenthaltsstatus meiner Familie war geknüpft an ein Beschäftigungsverhältnis, das mit einem Stempel im Pass beglaubigt und regelmäßig durch Ausländeramt und Konsulat bestätigt wurde. Die Behördengänge gaben mir jedes Mal zu verstehen: Du bist Gast in Almanya, solange du nützlich bist. Der Weg zur Staatsbürgerschaft führte über Aufenthaltserlaubnis zur Aufenthaltsberechtigung, die einen vor Ausweisung schützte – Drohszenarien, die nicht gerade förderlich sind, um sich anerkannt und zugehörig zu fühlen. Am Tag meiner Einbürgerung wurde ich dann noch vom Sachbearbeiter gefragt, ob ich der deutschen Sprache mächtig sei.

Frankreich war in diesem Punkt progressiv und übergriffig zugleich: Die Rèpublique Française drückte ihren postkolonialen Neubürger:innen den französischen Pass in die Hand, stülpte ihnen ungefragt die westlichen Werte der Großen Republik über und ging davon aus, dass die Themen Herkunft, Integration und Rassismus damit ein für alle Mal erledigt seien. Das führte zu einer explosiven Ambivalenz von Teilhabe und Ausgrenzung, die der Schriftsteller Behzad Karim Khani in einem Gastbeitrag für die *Süddeutsche Zeitung* im Juli 2023 so formulierte:

> *„Interessanterweise sind aber gerade die Ansprüche an Staat und Staatsgewalt, die den Krawallen in Paris vorangestellt sind, ein Zeichen der Zugehörigkeit der Randalierenden zur französischen Gesellschaft. Sie sind eingebunden in einem Set politischer Forderungen nach sozialer Gerechtigkeit und einem Selbstbewusstsein, das den ‚color of class'-Zusammenhang längst sieht."*

Die Auftritte von Public Enemy in Frankfurt, München oder Berlin führten auch zu Momenten der Selbstermächtigung. Viele Rap-Artists haben uns davon erzählt, wie der militante Aufmarsch von Chuck D, Flavour Flav und der S1W sie empowert und für immer aus der Opferhaltung geholt hat. Aber HipHop traf in Almanya auf eine fragmentierte migrantische Community, die sich nicht einmal auf eine ambivalente Weise mit einer „deutschen Identität" verstrickt sah. Anders als in England oder in Frankreich blickten die türkischen, kurdischen, portugiesischen, italienischen oder jugoslawischen „Gastarbeiter:innen" und ihre Kinder nicht auf gemeinsame Kämpfe der Dekolonisation zurück, aus denen sich eine selbstbewusste postkoloniale Identität hätte entwickeln können. Sicher, sie teilten die Gemeinsamkeit rassistischer Ausgrenzung und kapitalistischer Ausbeutung als negative Erfahrung. Das aber führte eher dazu, dass Almanya als Zukunftsort in Frage gestellt wurde und der Traum vom eigenen Haus im Herkunftsland stur weiter geträumt wurde. Warum für die Zukunft in diesem Land kämpfen, das einen erklärtermaßen loswerden wollte?

Und ein zweiter, wichtiger Punkt darf nicht vergessen werden: Auch wenn es in Deutschland eine sichtbare und fortschreitende Segregation, also eine räumliche Trennung von *weißen* bürgerlichen und proletarisch migrantischen Familien gegeben hat, so erreichte diese Absonderung nie ein Ausmaß wie zum Beispiel in Frankreich. Behzad Karim Khani vergleicht die französischen Trabantenstädte mit den Arbeiter-Siedlungen im Ruhrgebiet, die weniger dicht gebaut waren und immer eine gute Verbindung zum Zentrum der Stadt hatten:

> *„In Frankreich sind diese Siedlungen massiver und enger gebaut worden, weitab von der Stadt, beinahe hermetisch. (...) Eine Trabantenstadt hat eine andere Psyche. Peripher zu leben und vergessen worden zu sein, sind verwandte Zustände. Sie besitzen ein Potenzial zur Autonomie, aus der heraus sich die Staatsgewalt ganz anders infrage stellen lässt."*

Mithilfe von HipHop erschuf sich die postmigrantische Jugend in Almanya erste autonome Kulturräume. Sie thematisierte Alltagsrassismus und stellte Forderungen nach politischer Teilhabe, z.B. wenn Advanced Chemistry rappten: „Ich habe einen grünen Pass". Was dieser sehr diversen Generation auch vor dem Hintergrund eines erstarkenden deutschen Nationalismus noch nicht gelang, war, mithilfe von HipHop eine neue Sprache und eine gemeinsame Identität zu finden, die mächtig genug ist, um die Mehrheitsgesellschaft herauszufordern und zu irritieren. Es sollte noch einmal zwanzig Jahre dauern, bis die Azzlacks und Chabos der Generation Haftbefehl in dieser Mission einen neuen Anlauf unternehmen sollten.

Enfants Du Ghetto vs. Krauts With Attitude

1990 und 1991 erscheinen in Frankreich und in Deutschland zwei wegweisende Sampler. Zum einen die legendäre französische Compilation „Rapattitude", auf der unter anderem Suprême NTM, Assassin, IAM, EJM und New Generation MCs versammelt sind. Zum anderen „Krauts With Attitude", ein Sampler, der einen soliden Überblick gibt über die postmigrantische Rapszene in Almanya zu Beginn der 1990er Jahre. Beiden Samplern ist gemeinsam, dass sie jene Generation von Rapper:innen repräsentieren, die in den 1980er Jahren in Frankreich und in Deutschland HipHop aus den USA als Schwarze Kultur in Empfang genommen und auf die Verhältnisse vor Ort übertragen haben. Beide Szenen waren divers und multikulturell. Beide Szenen verstanden sich als Teil einer afro-diasporischen Kultur – die Franzosen vehementer und vor allem politischer als ihre Kolleg:innen in Almanya.

„Rapattitude" war mit 40.000 verkauften Exemplaren ein Erfolg und öffnete Gruppen wie Assassin, IAM oder Suprême NTM die Tür zum kommerziellen Erfolg. „Rapattitude" machte jene Schwarzen und maghrebinischen Kids sichtbar, die HipHop in Frankreich aufgebaut hatten. Bei „Krauts With Attitude" verursachte schon der Titel Stirnrunzeln. Wollten sich hier ausgegrenzte Almans im Ernst in Anlehnung an N.W.A empowern? In seinem Buch „French Connection" schreibt der Autor und Journalist Sascha Verlan:

> *„Wo werden Deutsche heute noch als Krauts beschimpft, wo werden sie erniedrigt, unterdrückt, ihrer Rechte beraubt wie die Afroamerikaner? Was für eine absurde Idee, dem Selbstbewusstsein der Engländer und Amerikaner irgendwie entgegenzutreten. Das ist schiere Großmannssucht, die zudem die Gruppen auf dem Sampler missbraucht. (...) Politisch steht ‚Krauts With Attitude' am Anfang einer Nationalisierung der Szene, die letztendlich dazu führte, dass HipHop in Deutschland und nur hier, zu einer Mittelschichtsbewegung wurde."*

Kulturelle Aneignung mit Ansage

Was die Macher hinter „Krauts With Attitude" vorhatten, konnte man im Booklet der Compilation nachlesen. Der Münchener DJ und Journalist Michael Reinboth, der gemeinsam mit dem Old-School-Writer Katmando den Sampler zusammengestellt hatte, schreibt in den Liner Notes:

> *„Es ist Zeit, dem Selbstbewusstsein der Engländer oder Amerikaner irgendwas entgegenzusetzen. [...] Es war schwer genug, als Nicht-Amerikaner und*

*Bleichgesicht im HipHop akzeptiert zu werden. Ich glaube, hier liegt die Schuld deutlich bei den großen Plattenfirmen, die vorzugeben meinen, ohne einen N***r (im Original ausgeschrieben, Anm. M&H) kein HipHop verkaufen zu können. Snap, Splash und so, das funktioniert nur mit einem Blackie als Aushängeschild, meinen sie.“*

„Krauts With Attitude“ featurete zwar viele Schwarze und postmigrantische Artists, war aber in seiner kulturellen Ambition ein anti-Schwarzes Projekt, das die Idee eines deutschen, *weiß*gewaschenen Rap ohne Bezug zu seinen transnationalen, afro-diasporischen Wurzeln vorwegnahm. Auf dem Albumcover prangte dann auch gut sichtbar der Stempel „100% German HipHop“. Letztendlich war es eine kulturelle Aneignung mit Ansage. Besonders unappetitlich ist in diesem Zusammenhang die Tatsache, dass weder die Covergestaltung, noch die rassistischen Liner Notes mit den Künstler:innen abgesprochen waren. Katmando, der an der Erstellung des Samplers beteiligt war, erinnert sich im Interview mit dem HipHop-Magazin *All Good*:

„Nach einer durchzechten Nacht auf der Popkomm mit Oliver von Felbert und Co. kam Michael Reinboth dann aber zurück und meinte: Das Ding heißt jetzt ‚Krauts With Attitude‘ – super, oder? Und wir so: Nein, ist nicht super! Dann hat er auch noch das Wort ‚Blackies‘ in die Linernotes geschrieben. Herrlich, hihi. Wir waren total gepisst. Natürlich zurecht, aber an diesen Details merkt man auch, wie viele No-Gos es damals noch in der Szene gab. Eine deutsche Fahne auf dem Cover einer Compilation war undenkbar. Das war alles so mega-korrekt. Wir waren unglaubliche HipHop-Spießer!“

Das Unbehagen gegenüber der anti-Schwarzen, nationalistischen Stoßrichtung, das Katmando hier als „spießig“ verniedlicht, verspüren viele der Artists, die auf dem Sampler vertreten sind, bis heute. Als wir Rick Ski von der Old-School-Gruppe L.S.D., die auch auf dem Sampler vertreten waren, darauf ansprechen, ist er wenig begeistert. „Krauts With Attitude“? Ein CD-Cover in schwarz-rot-gold? Rick Ski stellt klar: „Das entsprach meiner Vorstellung von HipHop überhaupt nicht.“ Viele der aufmerksamen Zeitgenoss:innen, die die Transformation von Rap in Sprechgesang, von einer transnationalen, Schwarzen Kultur in „deutschen HipHop“ und schließlich in „Deutschrap“ beobachteten, erkannten früh, dass hier eine massive kulturelle Aneignung vor sich ging, die letztendlich in einen Ausschluss vieler Protagonist:innen der postmigrantischen Old School mündete. Der Hamburger Journalist und Intellektuelle Günther Jacob widmete der „Krauts With Attitude“-Geschichte schon im Juni 1993 ein Kapitel in seinem Buch „Agit-Pop. Schwarze Musik und weiße Hörer“. Dort hält er mit Blick auf den Erfolg der Fantastischen Vier fest: „Wenn aber Deutsche ‚exotische Kulturen‘

imitieren, und sei es noch so perfekt, verfallen sie gerne in Rosenmontagslaune, in den Stil von Frank Zander." In seinem 1996 veröffentlichten Artikel „Vom neuen deutschen Sprechgesang zu Oriental HipHop" markiert der Musikwissenschaftler Dietmar Elflein die Veröffentlichung des „Krauts"-Samplers gar als Epochenschwelle:

> *„Mit Krauts With Attitude beginnt die Schaffung eines neuen nationalen Genres. Aus HipHop in der BRD wird über den noch etwas verschämten Zwischenschritt ‚100% German Hip Hop' ‚Deutscher HipHop'. Mittels des kurze Zeit später einsetzenden Erfolges der auf ‚Krauts With Attitude' vertretenen ‚Fantastischen Vier' kann dann der pur nationalistische Begriff ‚Neuer deutscher Sprechgesang' oder auch ‚Neue deutsche Reime' durchgesetzt werden. Einem kopierten, adaptierten Stil wird so eine nationale Identität aufgepfropft, die viele der Mitwirkenden faktisch aussperrt. Verschärfend wirkt dabei noch, dass sich (...) die besondere Attraktivität von HipHop für ‚jugendliche Immigranten' gerade aus dem Unterschied zu als deutsch angesehenen Mustern speist."*

Reinboths Narrativ der „Bleichgesichter", die sich gegen eine Schwarze oder migrantische Dominanz im HipHop durchsetzen müssen, ist nicht tot zu kriegen und taucht immer wieder als nationalistischer Wiedergänger auf. 2011 erscheint bei *Arte* die HipHop-Dokumentation „The World Is Yours". Darin greift der *weiße* Rapper Joe Rilla Reinboths These auf und behauptet: „Es wurde in Deutschland lange kein weißer Rap zugelassen, weil Rap immer ein Migrantenthema war. Rap musste von Migranten sein."

Ein HipHop-Wettbewerb in Frankfurt

Im Juni 1993 fand in der Music Hall in Frankfurt der Annual Newcomer HipHop Award statt. Eine Reihe lokaler Künstler trat auf, wie Ebony Prince und auch D-Flame mit den Asiatic Warriors. Dem Sieger des Wettbewerbs winkte ein Plattenvertrag bei einem Major Label. Bei diesem Contest traten außer Konkurrenz als Special Act Die Fantastischen Vier auf. Die Band hatte ein Jahr zuvor ihr Album „4 gewinnt" mit ihrem Hit „Die da!?!" herausgebracht. Als die vier Stuttgarter zu ihrem ersten Song ansetzten, flog alles, was nicht niet- und nagelfest war, auf die Bühne, Das Publikum buhte sie aus. Frankfurt schenkt dir nichts. Knapp dreißig Jahre später erfuhr ich, Murat, von Ebony Prince, dem Gewinner des Rapcontest, wie Smudo ihn nach der Show ansprach:

> *„Hinter der Bühne kam Smudo zu mir und beschwerte sich darüber, dass die HipHop-Szene sie nicht akzeptieren würde. Ich hatte sie abgewunken, und sie*

stehen lassen, da ich keine Zeit hatte, mir das anzuhören, zumal ich sie auch nicht leiden konnte. Was aber meinen Eindruck bestätigt hat, war, dass sich Jahre später Thomas D im TV darüber gewundert hat, dass sich Schwarze Menschen untereinander Bruder nennen würden, da er auch nicht zu jemandem wie Boris Becker Bruder sagen würde. Damit zeigte er, dass er überhaupt kein Verständnis von dieser Kultur hatte."

Die Szene wies die Fantastischen Vier zurück. Diese dachten sich: Wenn ihr uns nicht akzeptiert, ändern wir die Spielregeln davon, wie HipHop von der breiten Masse wahrgenommen werden soll. Im Rückblick beschreibt Smudo 2007 im *Spiegel* die Homogenisierung der HipHop-Kultur nach deutschen Kriterien:

„Ab diesem Moment übersetzten wir alles. Wirklich alles. Wir sagten nicht mehr ‚scratchen', sondern ‚Platten kratzen'. Unsere Musik hieß natürlich nicht mehr Rap, sondern Sprechgesang. Es war eine Mission. Es diente unserer Selbstfindung. Noch vor wenigen Jahren hat sich Thomas D geweigert, ein englisches Wort in seine Texte zu schreiben. Wir verstanden uns als erste konsequent deutschsprachige Rapband, und bisher hat keiner diesen Titel für sich zurück reklamiert. Wer etwas zu sagen hat und es ernst meint, so unsere Meinung, der macht es in der Sprache, in der er auch denkt oder fühlt."

Diese Definition von HipHop passte zum Zeitgeist nach der Wiedervereinigung und dem Bedürfnis nach einer nationalen Erzählung, die Ost – und Westdeutschland zusammenführen sollte. In diesem Kontext waren Die Fantastischen Vier die Nutznießer der geistig-moralischen Wende der Kohl-Regierung, die ihren Widerhall im sogenannten deutschen Sprechgesang fand. Die Erfolgsformel lautete fortan: humorvoll, unpolitisch, technisch solide, radiotauglich und vor allem deutsch. Rap, der nicht in dieses Modell passte, wurde an den Rand gedrängt. Und so sprach die eingedeutschte, bürgerliche Version von Rap bestimmte Leute auch nicht mehr an. Der Berliner Rapper Megaloh dazu: „Die Leute, die von der Straße sind, hatten lange keinen Bock auf ‚Deutschrap'. Das hat nicht ihrer Lebensrealität entsprochen und nicht der Art und Weise, wie diese Menschen sich ausgedrückt haben."

Diese Erfahrung machte auch Ebony Prince, dem als Sieger des Rap-Contests eine Plattenproduktion zustand. Noch heute gerät Ebony Prince in Wallung, wenn er an ein Treffen mit dem damaligen A&R Manager bei Sony Music zurückdenkt: „Ich bin damals mit D-Flame in sein Büro gegangen, und wir haben ihm richtige HipHop-Musik vorgespielt und nicht so etwas Fanta-Vier-mäßiges. Das mit der Platte war dann Pustekuchen bei Sony.". Die Ablehnung, die Ebony Prince beschreibt, steht exemplarisch für viele Künstler:innen, die zwischen 1993 und 2000 ein Verständnis von HipHop hatten, das an eine postmigrantische und afrodeutsche Identität gekoppelt war, gesellschaftliche Themen aufgriff, multilingual, multiethnisch und vor allem keine Popmusik war. Auch der Rapper Haftbefehl hätte in dieser Epoche mit großer Wahrscheinlichkeit weder einen Plattenvertrag bekommen, noch wertschätzende Rezensionen in den Feuilletons wegen seines multilingualen Rapstil erhalten. Vielmehr hätte man die Nase gerümpft und ihm übertriebene Aggressivität unterstellt, die nicht authentisch wäre, da Almanya es sich zu jener Zeit im national-kulturellen Reihenhaus gemütlich machte.

Die Almanisierung von Rap

Im Almanya der Gegenwart wird viel über das Thema der kulturellen Aneignung diskutiert und geschrieben. So führte zum Beispiel die Kritik des Journalisten Malcolm Ụzọma Ohanwe in Hinblick auf den Track „Zukunft Pink" von Peter Fox zu einer Debatte darüber, was passiert, wenn *weiße* westliche Künstler sich an Stilen und Genres des Globalen Südens bedienen. Was kulturelle Aneignung ist und wie sie funktioniert, kann man inzwischen regelmäßig in den Feuilletons der großen bürgerlichen Medien nachlesen.

Umso bemerkenswerter ist, dass die Frage der kulturellen Aneignung in der Geschichte von HipHop in Deutschland bislang kaum thematisiert und angewandt wurde. Dabei lässt sich ganz nüchtern feststellen: Die ersten Gewinner der Almanisierung von Rap waren in Deutschland Die Fantastischen Vier, die mit ihrem *weiß*gewaschenen „deutschen Sprechgesang" die ersten kommerziell erfolgreichen Popstars aus dem „Deutschrap" wurden. Keine der großen Dokumentationen, die Rap in Almanya mit dem Anspruch einer historischen Rückschau behandeln, kommt aber auf die Idee, die brisante Frage nach kultureller Aneignung zu stellen. Weder die *Arte*-Doku „We Wear The Crown", noch „HipHop Made in Germany" vom *NDR* oder die HipHop-Geschichte „Könnt ihr uns hören?" aus dem *Ullstein Verlag*. Der massive Einschnitt und die Eindeutschung einer Schwarzen Kultur zu Beginn der 1990er Jahren werden schlicht übergangen. Die Geschichte wird nicht als Bruch, sondern stattdessen als Weiterentwicklung erzählt: Weiterentwicklung des Rapstyles, Weiterentwicklung der Nutzung kommerzieller Strukturen, Weiterentwicklung der Stories, die man zu erzählen hat. Kontinuität ist King in der nationalen Erzählung. Breaks aber sind schmerzhaft, sie durchziehen die Geschichte von HipHop in Almanya genauso wie die Biographien der von Flucht und Ausgrenzung geprägten Artists.

Die deutsche Angst vor Fluten und Flammen

Das Konzept „Gastarbeit" endete am 23. November 1973 mit einem bundesweiten Anwerbestopp, ein Jahr später beginnt die so genannte Ölkrise. Nicht-deutsche Arbeitnehmer:innen sind in den Folgejahren überdurchschnittlich häufig von Arbeitslosigkeit betroffen. Von 1980 bis 1988 steigt die Arbeitslosenquote unter Migrant:innen von 3,9% auf 13,9% und liegt damit um 5,8% höher als der Durchschnittswert. Der Migrationsforscher Mark Terkessidis bemerkt hierzu in seinem Buch „Migranten":

> *„Damals entstand eine Sichtweise, welche die vermehrte Anwesenheit von ‚Ausländern' in einem Stadtteil mit zahlreichen Schwierigkeiten in Verbindung bringt – in jeder Beziehung übertrieben sprach man von gefährlicher ‚Gettobildung' und beschwor die berühmt-berüchtigten ‚amerikanischen Zustände'."*

Nicht mehr die Fremdheit des „Türkisch Mann" befeuert die Ängste der Deutschen, sondern der als „Kanake" verschmähte Jugendliche im Aggregatzustand des Bandenmitglieds. Im November 1984 stellt das Nachrichtenmagazin *Der Spiegel* fest:

> *„Und wie es in New York einst die Gettos der Schwarzen und Puertoricaner waren, die den Nährboden für die Bandenbildung abgaben, so sind es in der Bundesrepublik von heute die Großstadtviertel, wo sich Arbeitslose und Gastarbeiter ballen. Fast alle Straßenbanden haben junge Türken und/oder Griechen, Jugoslawen, Portugiesen als Mitglieder; viele Gangs werden von Ausländern dominiert."*

Zu den Angstbildern „sozialer Brennpunkt" oder „sozialer Sprengstoff" kommt in den deutschen Medien Ende der 1980er Jahre das Szenario der „Asylantenflut" hinzu. Schon vor 1990 steigt die Zahl rechtsradikaler Übergriffe auf „Ausländer" kontinuierlich an. Nach der Wiedervereinigung kommt es dann zu einer Reihe von Pogromen. Zwischen 1990 und 1994 sterben in Deutschland 56 Menschen durch rassistische Übergriffe. Die politische Botschaft, dass Deutschland kein Einwanderungsland sei, hat den Nährboden für die rassistischen Anschläge von Rostock-Lichtenhagen über Mölln bis Solingen bereitet. Die Gewalt, die sich gegen Migrant:innen entlud, war eine Folge der diskriminierenden Diskurse und Gesetze, die sich in politischen Reden der Bundesregierung und vor allem in der Springer Presse Bahn brachen. Unverzeihlich ist auch die Antwort von Dieter Vogel, der Pressesprecher Helmut Kohls war, warum der Bundeskanzler nicht zur Trauerfeier im November 1992 nach Mölln kam, bei der

Bahide Arslan, Yeliz Arslan und Ayşe Yilmaz durch einen rechtsradikalen Anschlag ihr Leben verloren. Vogel antwortete, man wolle nicht in einen „Beileidstourismus“ verfallen.

In dieser Zeit geht die Ära der Old School zu Ende. Der Erfolg der Fantastischen Vier verhilft einer verspielten, unpolitischen Form des Deutschrap zum kommerziellen Durchbruch. Auf der anderen Seite politisieren sich in Folge der Anschläge von Rostock, Solingen und Mölln viele HipHopper und nehmen an sozialen und antirassistischen Kämpfen teil. Abseits dieser Szenerie erreicht ein musikalisches Beben aus Los Angeles die „sozialen Brennpunkte“ der bundesdeutschen Städte: Gangsta Rap und G-Funk werden zum Soundtrack einer Generation, die einen anderen Weg wählt, einer Generation, die sich weder für Deutschrap noch für Multikulti interessiert, und die zehn Jahre später als jener „Azzlack Stereotyp“ ins Rampenlicht treten wird, vor dem sich die deutsche Gesellschaft schon gefürchtet hat, noch bevor es ihn überhaupt gab.

Streetgangs: Wo die unsichtbaren Kids sind

Mit dem Erfolgsprodukt „Deutscher Sprechgesang" zog sich ein Vorhang vor den multiethnischen und multilingualen HipHop in Almanya. Diese Version passte nicht in die aktuelle Erfolgsformel von „Deutschrap". Auch fehlte ein kaufkräftiges migrantisches Publikum, um ihr Auftrieb zu verleihen. Die maßgebliche Zielgruppe waren *weiße* bürgerliche Jugendliche, die das Produkt „deutscher Sprechgesang" in den Mainstream katapultierten. Dass *weiße* bürgerliche Jugendliche für den Erfolg entscheidend sind, wusste schon Ice-T, einer der Begründer von Gangsta Rap. Auf dem Cover seines Albums „Home Invasion" von 1993 ist ein *weißer* Jugendlicher zu sehen, der Schwarze Musik konsumierte und sich dabei in tabuisierte Szenerien hinein fantasierte. Allerdings galt dies zu jener Zeit nicht für Almanya. Hier fehlte das breite Interesse am humanistischen Ansatz des ersten Rapsongs auf Deutsch mit „Ahmed Gündüz" (1990) von Fresh Familee oder am Antirassismus von Advanced Chemistrys „Fremd im eigenen Land" (1992). Vor allem wollte sich die bürgerliche Mitte nicht kritisieren lassen, war man doch gerade dabei, kulturelle Brücken zwischen Ost- und Westdeutschland zu bauen.

Doch wo waren die jungen „Schwarzköpfe" und Afrodeutschen? Wie hat sich der Gegenentwurf zum so genannten deutschen Sprechgesang weiterentwickelt? Sie blieben in den Jugendhäusern der Republik und arbeiteten außerhalb des kulturellen Radars weiter an ihrer Version von HipHop. Ihr Gegenentwurf hätte nicht weiter weg vom Erfolgsprodukt deutscher Sprechgesang sein können. Ihr Rap war eng an soziale Realitäten und erlebten Rassismus gekoppelt. Auch war es nicht die Perspektive aus dem Reihenhausfenster in die Gesellschaft hinein, sondern das Sprechen von den Rändern. Das Jugendhaus erfüllte hier weiterhin eine tragende soziale Rolle – gerade für Jugendliche aus prekären Verhältnissen. Es war weiterhin der Ort, wo HipHop stattfand, Netzwerke aufgebaut, Konflikte ausgetragen und verarbeitet wurden.

Das wohl bekannteste Jugendhaus in Almanya dürfte die Naunynritze in Berlin gewesen sein. In Kreuzberg gelegen war es eine Scharnierstelle zwischen der Gangkultur der 36 Boys und der Entstehung des türkischen HipHop. Die Übergänge zwischen Streetgang und HipHop waren fließend, da viele Mitglieder der 36 Boys auch Breaker, Sprüher, Rapper oder Beatboxer waren. Fast alle waren Kinder von „Gastarbeiter:innen", die in den 1980er Jahren in beengten und unsanierten Altbauwohnungen in Berlin wohnten und ihre zweite Familie bei den 36 Boys fanden. Kreuzberg war Ende der 1980er Jahre noch kein Ort für Hipster, Touristen oder

Immobilienentwickler, sondern ein Stadtteil, in dem die strukturelle Gewalt der Vernachlässigung existierte, die vor allem so genannte Gastarbeiter:innen und deren Kinder alltäglich erfuhren. In der Dokumentation „Die Kings von Kreuzberg" des RBB beschreibt 36-Boys-Mitglied Şenol Kayacı die soziale Dimension für migrantische Familien in Kreuzberg.

> *„Wir waren ganz unten. Es gab die Mittel- und Oberschicht und zwischen der Mittelschicht und uns war noch eine dicke Betonschicht, da haben sie sich eingerichtet. Wir waren für ganz unten vorgesehen. Doch wir waren die Generation und die Crew, die diese Schicht aufgebrochen und damit in die Mitte geboxt hatte."*

Armut ist ein chronischer Schmerz

Die 36 Boys und andere Streetgangs formierten sich Ende der 1980er Jahre als Antwort auf konkret erlebte rassistische Gewalt durch Skinheads. Im Sammelband „Down Town Berlin" erzählt die Sozialarbeiterin Hanna Biamino vom 20. April 1989, dem Tag, an dem Adolf Hitler 100 Jahre alt geworden wäre. Neo-Nazi-Gruppen hatten in Berlin zur Jagd auf Türk:innen aufgerufen. Biamino beschreibt, dass an jenem Tag migrantische Eltern ihre Kinder aus Angst nicht zur Schule schickten. Allerdings wollten sich viele junge Migrant:innen nicht verstecken: „Sie versammelten sich in großer Zahl vor allem in den Bezirken Kreuzberg, Wedding, Neukölln und wollten sich gegen Angreifer wehren – auch mit Gewalt." Staatliche Stellen versagten an dieser Stelle und konnten nicht für die elementare Sicherheit in den Stadtvierteln sorgen. Streetgangs entstanden in prekarisierten Stadtteilen, in denen Ohnmacht und Wut auf die Verhältnisse zusammenkamen, in Vierteln die von hoher Arbeitslosigkeit, fehlender Perspektive, unsaniertem Wohnraum und einer hohen Migrationsdichte geprägt waren. Prekäre Stadtteile und soziale Realitäten: Genau das kam im deutschen Sprechgesang dieser Zeit nicht vor.

Auch in Frankfurt gab es zahlreiche Streetgangs wie Turkish Power Boys, La Mina oder die Amigos. Es waren Jugendliche, die mit US-Filmen wie „Colors" oder „The Warriors" aufwuchsen und darin Parallelen zu ihrem Leben sahen. Erkennungszeichen der Streetgangs waren Bomberjacken der Marke Alpha Industries, die vor allem militärische Bekleidung herstellte. Dementsprechend war die Bomberjacke Anfang der 1990er Jahre noch kein Accessoire für Großstadthipster, sondern eine Frage der Haltung: Abrippen war angesagt, falls beim Träger nicht die richtige Haltung erkennbar war. Anfang der 1990er Jahre wuchs ich, Murat, in einem Mehrfamilienhaus auf, das bei einigen Nachbarn „das Türkenhaus" hieß. Nebenan gab es ein Einfamilienhaus einer deutschen Familie, deren Sohn in meinem Alter war. Eines Tages traf ich diesen Nachbarsjungen in der Straßenbahn, er kämpfte mit den Tränen. Auf meine Frage, was los sei, sagte er, dass seine Bomberjacke gerippt wurde. Ich dachte mir nur: Warum trägst du auch eine Bomberjacke? Was ich damals nicht realisierte: Es gab eine bürgerliche Faszination an einer proletarischen Ästhetik, die mit Stärke und Coolness verknüpft wurde. Ablehnung und Faszination mit Blick auf die Ränder der Gesellschaft waren für bürgerliche Jugendliche zwei Seiten einer Medaille – immer mit dem nötigen sozialen Sicherheitsabstand. Doch für marginalisierte Jugendlichen waren Bomberjacken, Jogginghosen, Waistbag oder Army-Westen nicht bloß Modeaccessoires, sondern Ausdruck ihres Lebensgefühls, das oft von Armut geprägt war. Der Stadtsoziologe und Pulitzer-Preisträger Matthew Desmond beschreibt Armut in der *Zeit* als chronischen Schmerz, der sich in fehlender medizinischer Betreuung, Obdachlosigkeit, Drogenmissbrauch, Zwangsräumung, Schulden und einer Vielzahl von zu erleidenden Schikanen ausdrückt. Chronischer Schmerz, der auf Herablassung und Ablehnung trifft, schlägt in Wut und Aggression um. Dieser Schmerz ist die Hintergrundmelodie von Straßenrap, mit dem die Wut der Ränder in die Mitte zurückschlägt.

Für die Berliner Polizeibehörden waren Streetgangs nicht Opfer, sondern Täter. Anfang der 1990er Jahre gab es in Berlin laut einer Dokumentation von Spiegel TV eine Sonderkommission, die sich explizit mit Berliner Streetgangs beschäftigte und sich rühmte, besonders fleißig gewesen zu sein, da sie allein in den ersten drei Monaten ihres Bestehens mehr als vierzig Jugendliche festsetzte. Neco Celik, ein Filmemacher und ehemaliges Mitglied der 36 Boys, kritisiert in der Dokumentation „Die Kings von Kreuzberg" die Vorgehensweise der Polizeibehörden: „Es wurde derart kriminalisiert, als wären diese Leute Terroristen. Damals waren das nur Jugendliche, die Mist gebaut haben." In einer Studie des Kriminologischen Forschungsinstitutes Niedersachsen wurde festgestellt, dass Migrant:innen häufiger als Deutsche angezeigt werden. Dabei ist laut Studie die Wahrscheinlichkeit, bei einem Verdacht angezeigt zu werden, doppelt so hoch, wenn der Tatverdächtige als fremd wahrgenommen wird.

Demgegenüber stand das Selbstverständnis der 36 Boys – sie fanden Stärke im Zusammenschluss, um sich gegen die alltägliche soziale Erniedrigung und den erlebten Rassismus zu schützen und die Benachteiligung in der Schule, beim Arbeitsplatz und im Wohnungsmarkt ein wenig aufzufangen. Wie man sich selbst als 36 Boy sah, erklärt Şenol Kayacı: „Hier ist der Widerstand, der migrantische Widerstand gegen die Nazis entstanden." Und dieser Widerstand wurde durch Allianzen mit der migrantischen Antifa Gençlik mitgetragen. Doch der Kampf richtete sich nicht nur gegen Skinheads, sondern auch gegen andere rivalisierende Streetgangs. Elvira Berndt, Leiterin von *Gangways*, einem Verein für

Straßensozialarbeit, beschreibt 2010 im Rückblick in der *taz* die Rolle der Streetgangs für die Jugendlichen: „Es soll nicht verniedlichend klingen, aber Gruppen sind immer auch Familienersatz. Dieses Gefühl, irgendwo dazuzugehören, gemeinsam eine gewisse Stärke zu haben – diese Funktion von Gruppen haben wir immer gesehen."

Die Geburt von türkischsprachigem Rap

Dem Soziologen Ayhan Kaya fiel in einer Studie zu türkeistämmigen Jugendlichen in Berlin auf, wie Musik unterschiedliche Bedürfnisse der Jugendlichen in der Naunyritze ansprach:

> *„Arabesk, HipHop, türkischer Folk – und Popmusik sind die beliebtesten Musikstile unter den Jugendlichen. Der Pessimismus von Arabesk, die Romantik von Türkpop und die Coolness von Rap passte zu den Gefühlen, die sie hatten."*

Für die 36 Boys war die Naunynritze ein Zuhause und ein Rückzugsort. Şenol erinnert sich an das Jugendhaus als Keimzelle von türkischem Rap: „Hier fanden die ersten HipHop-Jams statt, auch der türkische Rap hat seinen Ursprung an diesem Ort." Rap in türkischer Sprache hat seinen Ursprung hier in Almanya und wurde erst danach in die Türkei exportiert. Die Naunynritze war das Zuhause der Rapcrew Islamic Force, den Mitbegründern des türkischsprachigen HipHops: Boe B, Maxim und DJ Derezon. Die Entscheidung, die Band Islamic Force zu nennen, war eine Provokation, da sie mit stereotypen Zuschreibungen gegenüber Migrant:innen irritieren wollten. Die Mitglieder der Band hatten mit einem radikalen Islamverständnis nichts zu tun. Es wäre vermeintlich naheliegend gewesen, wenn die Crew Straßenrap produziert hätte. Doch Islamic Force positionierte sich universalistisch und humanistisch. Inhaltlich orientierten sie sich an Conscious Rap aus den USA. Boe B formulierte eine postmigrantische Perspektive, die nicht die Herkunft in den Mittelpunkt stellte, sondern einen antirassistischen Humanismus, der sozial verankert war. Rassismus, Polizeigewalt und Drogenmissbrauch wurden eher beschrieben, als angeprangert. Islamic Force verließen dabei die Enge des eigenen Stadtteils und wandten sich an ein Publikum auf der ganzen Welt, dem diese sozialen Realitäten nur zu bekannt waren. Auf ihrer ersten EP „The Whole World Is Your Home" rappte Boe B: „It really doesn't matter where you're from". Die EP wurde auf Englisch eingerappt. Auf Deutsch zu rappen, war keine Option. Englisch bot sich als globale Sprache an, über die Rassismuserfahrungen verhandelt werden konnten – anders als das Deutsche, das mit Ausschluss und fehlender Anerkennung verbunden wurde. Die Zerrissenheit zwischen Ein- und Ausschluss in der Kohl-Ära und die daraus resultierende Spannung führte so ironischerweise zur Entstehung von multilingualem Rap. Bundeskanzler Helmut Kohl und sein Mantra, dass Deutschland kein Einwanderungsland sei, kann somit als Geburtshelfer wider Willen des heute dominierenden Straßenraps angesehen werden.

Respektiert wurde Islamic Force auch, da sie immer wieder ihren Sprecherort klar machte: „We are the voice of the streets / The media do not present life in the streets / What we do is to bring the street life onto the stage / We express ourselves through rap." Allerdings kritisierte Boe B nicht nur deutsche Medien, sondern auch türkische, die ihrerseits eine sehr einseitige Perspektive auf Migrant:innen hatten. Im Gespräch mit Kaya kritisiert er, dass hierbei der Fokus auf den gut integrierten und erfolgreichen Migrant:innen liegen würde. Demgegenüber würden migrantische Arbeiterkinder aus Kreuzberg ausgeblendet werden. Für Boe B war diese Mittelschichtorientierung türkischer Medien auch ein Grund dafür, warum die Leistungen der migrantischen Arbeiterkinder nicht gesehen wurden. Ihr einziges Rap-Album „Mesaj" erschien 1997. Im Gegensatz zu ihrer EP wurde es auf Türkisch eingerappt. Schon davor gab es türkischsprachige Rap-Alben, aber Islamic Force gehörten zu den ersten Crews, die sowohl Arabesk wie auch Samples aus dem Anadolu Rock in ihre Musik integrierten und dadurch einen neuen Sound in Almanya schufen – ein neuer musikalischer Kosmos entstand, in dem türkische Künstler wie Barış Manço mit US-Soulmusikern wie Isaac Hayes verschmolzen.

Mitte der 1990er Jahre veröffentlichte auch die Rapperin und Schauspielerin Aziza A. ihr erstes Album „Es ist Zeit". Auf dem Album kamen deutsch- und türkischsprachige Songs mit klassischen türkischen Instrumenten wie der Langhalslaute Saz oder der Trommel Darbuka vor. Aziza A. bezeichnete ihre Musik als Oriental Rap und machte damit auf ihre musikalische Hybridität aufmerksam. Ihr Alleinstellungsmerkmal zu jener Zeit war, dass sie Fragen von geschlechtlichen Rollenzuschreibungen selbstbewusst thematisierte und Kritik an patriarchalen Strukturen übte. Damit erlangten Aziza A., Islamic Force und viele weitere migrantische Rapcrews in den 1990er Jahren allerdings keine breite Wahrnehmung außerhalb von migrantischen Communitys. Ihre Version von Rap klang für den Mainstream zu fremdartig, vielleicht nicht deutsch genug. Und ihre Kritik war unbequem für ein Deutschland, dessen Freude über die friedliche Revolution der Wiedervereinigung nicht vom hässlichen Bild des Rassismus getrübt werden sollte. Eine weitere türkischstämmige Rapformation war Cartel, die eigentlich keine Band war, sondern ein Zusammenschluss dreier unterschiedlicher Crews. Cartel bestand aus Erci E., Da Crime Posse und Karakan. Sie gelten vor allem in der Türkei als Pioniere von Rap auf Türkisch. Ihr erstes und erfolgreichstes Album veröffentlichten Cartel 1995. Damit gelang es ihnen, in der Türkei ein Fußballstadion mit Fans zu füllen.

„Fremd im eigenen Land" - ein Slogan wandert nach rechts

1979 erscheint im Fischer Verlag ein Sammelband mit Beiträgen jüdischer Autor:innen, die über ihr Leben in der Bundesrepublik schreiben. Die Herausgeber, Henryk M. Broder und Michael Lang, geben ihrer Anthologie den Titel „Fremd im eigenen Land“. Im Spiegel sagt Broder 1981: „Für Juden gibt es keine Normalität in Deutschland.“

1992 erscheint die Maxi-Single „Fremd im eigenen Land“ von Advanced Chemistry. Torch, Toni L und Linguist reflektieren in dem gleichnamigen Song ihre Erfahrungen als Schwarze und migrantische Kids im wiedervereinigten Deutschland. „Fremd im eigenen Land“ beeinflusst eine ganze Generation von HipHop-Aktivist:innen und schreibt der Bewegung für lange Zeit eine antirassistische Tendenz ein.

2008 erreicht der Berliner Rapper Fler mit seinem dritten Soloalbum die Top 10 der Albumcharts, es heißt: „Fremd im eigenen Land“. Dort stilisiert sich Fler als „deutscher Bad Boy“ und sagt: „Ich bin Deutscher, denn ich hab' Identität.“ Er betont, es gehe ihm um Ehre und Selbstbewusstsein, und dass ihm seine „ausländischen Freunde“ Respekt dafür zollen würden, wenn er sich mit Stolz zu seinem Deutschsein bekenne.

2016 tragen Demonstranten ein großes Transparent auf dem steht: „Heute sind wir tolerant, morgen fremd im eigenen Land.“ Sie kommen aus Clausnitz und protestieren gegen die Unterbringung von Geflüchteten in ihrer Stadt.

Heute googelt man „Fremd im eigenen Land“ und findet neben Hinweisen auf Fler und Advanced Chemistry vor allem Links, die auf rechtsradikale Seiten verweisen. Anders als bei dem Begriff „Kanake“ zeigt diese Geschichte, wie ein vormals emanzipatorischer Slogan einer Minderheit von Rechten gekapert und zu einer rassistischen Parole umgeformt werden kann.

Was von Deutschrap übrig blieb

In den 1990er Jahren schlägt die Entwicklung von Rap in Deutschland einen Sonderweg ein. In Almanya etabliert sich eine deutsche, *weiße* und bürgerliche Version von HipHop. Postmigrantische, proletarische und transnationale Stimmen werden unsichtbar und fallen aus der neuen deutschen Verwertungslogik. Die afro-diasporische Verwurzelung und das Bewusstsein, Teil einer globalen Schwarzen Kultur zu sein, verschwinden mehr und mehr. Formen der plumpen, Gottschalk-liken kulturellen Aneignung nehmen zu. Rap wird als Sprechgesang kommerzialisiert und damit zu einer Hülle, in die sich Showmaster und Schlagersänger:innen kleiden, weil sich damit Geld verdienen lässt.

Gleichzeitig entwickelt sich im Windschatten der Fantastischen Vier eine größer werdende Szene von Crews und Artists, die sich zum Teil ganz bewusst in die Tradition der postmigrantischen Old School stellen. Die Beginner (damals noch Absolute Beginner), Die Coolen Säue, Fettes Brot, Fischmob, Kinderzimmer Productions, Spax und DJ Mirko Machine, Das Duale System, Massive Töne, Der Tobi und das Bo/Fünf Sterne Deluxe, F.A.B. mit Ferris MC und Flowin Immo, Freundeskreis und viele andere Acts (auch Anarchist Academy, in der ich, Hannes, Rapper war) profitieren von dem nationalen Produktdesign „Deutscher Sprechgesang“, sie bekommen Plattendeals und werden im Mainstream sichtbar.

Sie waren allerdings mit der zunehmenden Nationalisierung keineswegs einverstanden. Viele dieser Künstler:innen positionierten sich antirassistisch und vertraten die Idee einer offenen Gesellschaft, für die sie sich auch öffentlich stark machten. Sie entwickelten Styles weiter und nahmen zum Teil großartige Alben auf. Gleichzeitig waren sie getrennt von jenen Teilen des postmigrantischen Kontinuums, das die Szene in den späten 1980ern und frühen 1990er Jahren geprägt hatte. Ihr Erfolg spielte sich auf einem anderen Planeten ab, von dem die Kids in der Naunynritze keine Ahnung hatten. „Deutschrap“ wurde in Kreuzberg, im Wedding, in der Nordweststadt oder in Chorweiler nicht gehört. Als wir Killa Hakan von Islamic Force 2001 in Berlin trafen und ihn auf den ersten Deutschrap-Hit ansprachen, schaute er uns nur ungläubig an: „Wie heißt der Song? ‚Die Da‘? Ich kenn’ das nicht. Was ist das?“

Wenn es nicht hart ist

Im Meer der Nationalisierung der 1990er Jahre und der Verdeutschrappung der HipHop-Kultur gibt es ein gallisches Dorf, das zumindest auf der Ebene von Attitude, Style und Slang eine Ausnahme vom Zeitgeist darstellt. Dem erfahrenen Old-School-MC Moses P. gelingt eine kommerziell erfolgreiche Spielart von deutschsprachigem Rap, die einige Elemente aus der transnationalen Epoche sichtbar hält: Ansätze von Slang, eine Street-Attitude, Elemente aus dem Battle. Moses P. und sein Rödelheim Hartreim Projekt sowie später auch Schwester S. behalten eine postmigrantische Ästhetik bei. Viele Menschen, die mit dem *weißen* Sprechgesang der 1990er Jahre nichts anfangen konnten, benennen rückblickend Moses Pelham und Sabrina Setlur als die einzigen deutschsprachigen Rap-Protagonist:innen, denen sie in den 1990er Jahren überhaupt Aufmerksamkeit geschenkt haben.

Moses P. konstruierte sehr bewusst eine medientaugliche Antithese zur bürgerlichen Reimkultur der Fantastischen Vier. Die Rödelheimer traten rough und hart auf und gaben sich eher proletarisch. Moses startete gezielt Beef mit den Fantas und wurde so als Gegenentwurf zu den seichten Stuttgarter Traum-Schwiegersöhnen auch für die Medien interessant. Er blieb im medialen Diskurs über „Deutschrap" als Bad Boy sichtbar. Hinzu kommt: Moses P. hat sehr früh eigene Strukturen aufgebaut. Er wusste, wie das Business funktioniert und spielte klug mit den Erwartungen und Klischees der Mehrheitsgesellschaft. Gleichzeitig war er nicht bereit, für einen *weißen* Medienbetrieb den Clown zu geben. Als sich Stefan Raab in einem Song über das Rödelheim Hartreim Projekt lustig machte, verpasste ihm Moses nach der Echo-Verleihung im März 1997 eine Kopfnuss. Zehn Jahre später kommt Bushido in eine ähnliche Situation. Raab äfft ihn in seiner Sendung nach und macht ihn lächerlich. Das Publikum grölt und lacht sich schlapp. Bushido stimmt verlegen in das Gelächter ein.

Auch Artists wie Tone aus Frankfurt oder Curse aus Minden passen nicht in das „Deutschrap"-Klischee ihrer Zeit. Sie zeigen am Ende der 1990er Jahre, wie postmigrantischer Rap klingen kann, der beides ist: poetisch und straßentauglich. Curse' Album „Feuerwasser" ist ein Meilenstein der postmigrantischen Ästhetik und wird heute viel zu selten als Vorläufer des Straßenrap 2.0 genannt, der sich ab 2010 Bahn brach. „Feuerwasser" ist ein großartiges transnationales Rap-Album, auf dem zum ersten Mal ein multilingualer Slang anklingt. Wörter aus dem Romanes stehen hier neben englischen Begriffen und Straßen-Slang. Curse' eigene transnationale Biografie schimmert durch: Das Aufwachsen in Minden mit der Mindener Buttjersprache, sein Aufenthalt in den USA, seine multikulturelle Community. Tone, einer der besten MCs seiner Dekade, wird viel zu selten genannt, wenn wir über die Vorläufer des postmigrantischen Straßenrap reden. Seine Kombination von Technik und Style mit Straßenslang war auch in den frühen 2000er Jahren seiner Zeit weit voraus. Auch eine Gruppe wie Skills en Masse mit den Geschwistern Meli und Marcy ist im kollektiven HipHop-Gedächtnis kaum mehr präsent. Dabei brachten die beiden Schwarzen Artists mit dem Track „Wie Wir" schon 1999 eine straßentaugliche Single mit empowernden Lyrics in die Charts.

Explosion der Vielfalt

Die Ironie an dieser Geschichte ist: Einerseits sprengt der nationalistische Sonderweg in Deutschland – anders als in Frankreich und England – zunächst die postmigrantische Vielfalt der Szene. Andererseits führt diese Entwicklung ab Mitte der 2000er Jahre über einen Jojo-Effekt zu einer überraschenden Vielfalt von Protagonist:innen, Stilen und Subgenres, die plötzlich alle neben- und miteinander existieren. Artists wie Casper bringen ab 2006 eine völlig neue Authentizität und Emotionalität ins Rapgame, die sich jenseits von „migrantischen" oder „deutschen" Zuschreibungen und Klischees positioniert, und zu denen Menschen mit ganz unterschiedlichen Biografien relaten können. Crews wie die Antilopen Gang beweisen, dass eine Punk-Attitude und ausgefeilte Rapstyles sich keineswegs ausschließen. K.I.Z. oder Audio 88 & Yassin entwickeln einen anspruchsvollen und streckenweise politischen Post-Battle-Rap-Style. Und die Berliner Rapperin und Aktivistin Sookee sowie viele andere Artists machen queerfeministische Themen im Rapkontext sichtbar. Heute hat das postmigrantische HipHop-Kontinuum in Almanya ein Spektrum, das in Europa einzigartig ist.

Bis es dazu kommt, gibt es jedoch einen weiteren, folgenreichen Break: In Berlin braut sich Ende der 1990er Jahre eine grimmige Antwort auf den *weißen*, bürgerlichen Sprechgesang zusammen. Eine obszöne, aggressive Antithese, auf die plötzlich alle abfahren: Die urbane postmigrantische Jugend, die *weißen* Kids auf den Pausenhöfen der Gymnasien und die abgehängten ostdeutschen Jungs aus den Plattenbauten. Gemeinsam mit dem „Deutschrap" der 1990er Jahre hat der neue Aggro-Rap vor allem eins: Er ist ein sehr gut designtes Produkt und hält sich aus gesellschaftlichen Debatten heraus. Mit dem dritten Break schwingt das Pendel zurück. Jetzt kommen die New Kids from the Block.

BREAK III: DIE AGGRO-ÄRA 2000-2010

Ende der Dialogkultur

Im Sommer 2003 verirrte ich, Hannes, mich beim Schlendern durch mein Veedel eher zufällig auf ein Rap-Festival, das auf dem Neptunplatz in Köln-Ehrenfeld stattfand. Neben einigen bekannten Deutschrap-Acts, die in den 1990er Jahren ihre große Zeit hatten, traten dort auch die Aggro Berlin Allstars auf: Sido, B-Tight und Bushido mit einigen Homies von Die Sekte. Im Januar war der Sampler „Aggro Ansage Nr. 2" erschienen. Als ich auf den Platz kam, performten Sido, Bushido und B-Tight gerade den ersten Song des Albums. Vor der Bühne drängte sich eine Crowd, die ziemlich textsicher war und fast ausschließlich aus *weißen* Deutschen bestand. Im Refrain skandierten die Aggro-Rapper in klassischer Call-and-Response-Tradition: „Wer hat seinen Schwanz in deinem Loch?". Die Almans vor der Bühne waren außer sich und schrien: „Aggro Berlin! Aggro Berlin! Aggro Berlin!"

Ich hatte schon vorher interessiert den Aufstieg von Kool Savaş und den Royal-Bunker-Artists verfolgt. 2003 war allen klar, dass der klassische Deutschrap der 1990er Jahre in eine Krise geraten war. Indie-Labels aus Berlin verkauften seit einiger Zeit mehr Kassetten als Major Labels CDs von Rap-Acts. Auf dem HipHop-Open 2001 in Stuttgart skandierten fünfzehntausend Kids den Savaş-Refrain: „Alle MCs sind schwul in Deutschland". Trotzdem begriff ich erst hier auf dem Neptunplatz: Rap in Almanya erlebt einen entscheidenden Bruch. Plötzlich tauchten Gesichter und Geschichten auf, die im bürgerlichen Deutschrap der 1990er Jahre nicht sichtbar waren. Schulabbrecher, Maler und Lackierer wurden zu Popstars und trafen einen Nerv bei jenen Kids, die vor kurzem noch Beginner gehört hatten. Ein Jahr später hatten Murat und ich eine Lesung in einem Jugendhaus in Mönchengladbach. Als wir dort ankamen, fanden wir die Kids gebannt vorm Fernseher versammelt. „Mein Block" von Sido hatte es in die Heavy Rotation bei VIVA geschafft, und alles an diesem Video schien diese Jugendlichen zu fesseln:

> Du in deinem Einfamilienhaus lachst mich aus
> Weil du denkst, du hast alles, was du brauchst
> Doch im MV scheint mir die Sonne aus'm Arsch
> In meinem Block weiß es jeder, wir sind Stars

Kein anderer Song prägte diese Phase im HipHop mehr als Sidos „Mein Block". Der Song aus dem Jahr 2004 markierte eine Zeitenwende, die den deutschen Sprechgesang entsorgte und die Wahrnehmung dessen verschob, wie Rap in Almanya zu klingen hat. Ein Jahr vor der Straßenrap-Hymne aus Berlin war ein gleichnamiger Song von Blumentopf aus München erschienen. Der Kontrast hätte nicht größer sein können. Wo es bei Blumentopf noch darum ging, dass man dienstags nicht lange schlafen kann, weil die Müllabfuhr vor der Garage steht, präsentierte Sido eine sexualisierte Version des Märkischen Viertels voller Drogen. Die Bilderwelt von „Mein Block" kannte man aus den Videos des Frankfurter Rappers Azad: Beton, Kampfhunde und viele Männer. Doch wo Azad noch eine düstere und bedrohliche Atmosphäre inszeniert hatte, verknüpfte Sido die Plattenbausiedlung Märkisches Viertel mit Sex und Ironie. Wuchtig und zwingend landeten diese Bilder von den Rändern der Gesellschaft im kulturellen Mainstream. Es war die verspätete Antwort auf Smudo, der noch einige Jahre zuvor behauptet hatte, Rap in Deutschland müsse mittelständisch geprägt sein. Aggro Berlin veränderte die Koordinaten der Wahrnehmung von Rap nachhaltig. Nicht mehr das Bürgertum aus dem Reihenhaus, sondern das Prekariat aus dem Block verschaffte sich hier Gehör.

Almanya ist krank

Auf ihrem bahnbrechenden Debütalbum verkündete der Wu-Tang Clan eine unumstößliche Wahrheit aus dem HipHop-Kosmos: „Cash Rules Everything Around Me". Raekwon, Inspectah Deck und Method Man verknüpften das Straßenleben mit dem Kampf ums Geld. Hier war Geld noch kein Fetisch für den Materialismus, der etwas später im Rap dominieren sollte. Beim Wu-Tang Clan ging es 1993 noch ums Überleben und die Abhängigkeit vom Geld. Doch nicht nur Künstler sind abhängig vom Geld, sondern auch Staaten. Als „kranker Mann Europas" wurde Almanya 1999 vom Wirtschaftsmagazin *Economist* bezeichnet. Diese Vorlage griff Hans-Werner Sinn vom einflussreichen *ifo Institut* dankbar auf und veröffentlichte 2003 seinen Bestseller „Ist Deutschland noch zu retten". Die ökonomische Kritik, die Sinn zu jener Zeit formulierte, ließ sich in wenigen Sätzen so formulieren: zu hohe Sozialausgaben, zu starke Arbeitnehmerrechte, zu hohe Steuern auf Kapital, zu viele staatliche Reglementierung. Aus seiner Sicht lagen die Gründe für das geringe Wirtschaftswachstum und die hohe Arbeitslosigkeit in Almanya zur Jahrtausendwende am Sozialstaat, der die Menschen vom Arbeiten fernhielt und gleichzeitig die Leistungsträger zu sehr belastete. Die ökonomische Formel lautete dabei: weniger Staat, mehr Privatwirtschaft. Zur Jahrtausendwende hatte Almanya noch einen robusten Sozialstaat, starke

Arbeitnehmerrechte und relativ hohe Steuern auf Kapital. Dies änderte sich, als die rot-grüne Koalition unter Bundeskanzler Gerhard Schröder sich dem Zeitgeist des Neoliberalismus unterwarf. Die hohe Arbeitslosigkeit sollte nun mit den Mitteln des freien Marktes angegangen werden. All das bekam den Namen Agenda 2010, umgangssprachlich auch in seiner gesetzlichen Ausprägung als Hartz IV bekannt geworden.

Nun könnte man denken, dass solche Entwicklungen geschlossen von der Arbeiterschicht abgelehnt wurden. Allerdings war dem nicht so. Meine Eltern waren ungelernte Arbeiter:innen, die als Hilfsarbeiter:innen tätig waren, zu einer Zeit, als es noch keinen Niedriglohnsektor gab. Als Jugendlicher führte ich, Murat, in den 1990er Jahren Diskussionen mit meinem Vater über die Ausbeutung von Arbeiter:innen. Die Antwort meines Vaters war stets: „Solange es meinem Chef gut geht, geht es auch mir gut." Man könnte diese Antwort vorschnell als Naivität abtun. Der verblüffende Trick, der in Teilen der Arbeiterschaft aufging, war, die Idee den Neoliberalismus auch der Arbeiterschicht schmackhaft zu machen. Nach dem Trickle-Down-Effekt sollte der Wohlstand der Reichen durch Konsum und Investitionen auch in die Arbeiterschicht herunter rieseln. Gleichzeitig ging dies mit einer Diffamierung von Gruppen der Gesellschaft einher, die von der Arbeiterschicht nicht in Schutz genommen wurden. Ein bewährtes Prinzip war dabei, die Schwächsten in der Gesellschaft zu beschuldigen. In den USA waren dies alleinerziehende Mütter, die Sozialleistungen bezogen und vermeintlich als „Sozialschmarotzer" auf Kosten der Gesellschaft leben würden.

Verspätete Wiedervereinigung

Auffallend ist, dass alle Aggro-Berlin-Rapper Söhne von Alleinerziehenden waren. Kinderarmut ist unter Alleinerziehenden am stärksten verbreitet, vor allem betrifft dies Alleinerziehende mit einem Migrationshintergrund. Die Erfahrungen, arm und abgehängt zu sein, übersehen und diffamiert zu werden, teilten migrantische Jugendliche in den Blocks der Republik mit einer anderen Gruppe: Jugendliche in Ostdeutschland. Ihnen hatte Kohl noch blühende Landschaften versprochen, wo heute die Tristesse regierte. Im Rückblick erinnert sich der Fotograf Werner Mahler im *Zeit Magazin* an seine Fotostory zum 10-jährigen Jubiläum der Wiedervereinigung „Blühende Landschaften". Die Auftragsarbeit wurde damals nicht veröffentlicht, da sie dem *Stern* zu düster erschien. Für Mahler sprach daraus die westliche Arroganz und die Haltung, ob die im Osten nicht mal dankbarer sein könnten. Diese herablassende Art des Westens und die Gefühle von Scham und Schwermut, die Mahler in der ostdeutschen Stadt Berka zehn Jahre nach der Wiedervereinigung vorfand, kannte man auch in prekären migrantisch geprägten Stadtteilen nur zu gut. Das Ventil, um der Wut darüber Luft zu verschaffen, war in beiden Fällen der Straßenrap. Hier wurde das Stigma der Armut in eine Ästhetik der Härte transformiert – und damit auch für ostdeutsche Jugendliche anschlussfähig gemacht.

Kurioserweise entstanden dabei Brücken zwischen Lagern, die sich eigentlich feindlich gegenüberstanden. In einem Streitgespräch, das wir 2005 mit Bushido für die *Süddeutsche Zeitung* führten, erwähnte er eine Begegnung mit Skinheads bei einem Konzert in Ostdeutschland:

> *„Als ich dann auf die Bühne kam, haben sich die Typen die T-Shirts aufgerissen und gejubelt. Als ich danach Autogramme gab, kamen diese 2-Meter-Ochsen, und dann nimmt mich einer von denen in den Arm und ist sooo glücklich, und je mehr ich den auf die Glatze haue, desto geiler findet der das. Er sagt, komm, schreib mir Bushido auf meinen Kopf. War schon komisch."*

Es war die verspätete Wiedervereinigung von migrantischen und ostdeutschen Jugendlichen, und Aggro Berlin kanalisierte die Wut auf die gesellschaftlichen Verhältnisse erfolgreich. Für die Soziologin Naika Foroutan wurden Migrant:innen und Ostdeutsche aus einer westdeutschen Perspektive ähnlich abgewertet:

> *„Wenn wir Ähnlichkeiten feststellen zwischen zwei Bereichen, die sich nicht berühren, dann schauen wir auf eine dritte Dimension. Wenn wir zum Beispiel entdecken, dass es bei Westdeutschen Ähnlichkeiten in der Abwertung gänzlich unterschiedlicher Gruppen gibt, z.B. gegenüber Ostdeutschen und Muslimen – sagen dann die Stereotype, die gegenüber beiden Gruppen verwendet werden, möglicherweise mehr über die Westdeutschen aus, als über die beiden anderen Gruppen? In einer großen Studie wollten wir herausfinden, wie die Sicherung von Privilegien durch die multiple Abwertung anderer Gruppen funktioniert. Dafür haben wir den Fokus auf Menschen aus Ostdeutschland und auf Muslime gelegt. Heraus kam: Beiden Gruppen werden ähnliche Eigenschaften zugeschrieben: Demokratiefeindlichkeit, Aggression, Noch-nicht-angekommen-sein im Deutschland von heute. Veröffentlicht haben wir das unter dem Titel „Ostmigrantische Analogien". Bei einer solchen Erkenntnis wünscht man sich, die Underdogs mögen sich zusammentun und gemeinsam gegen die hegemoniale Logik aufbegehren. Solche Allianzen entstehen leider selten. Meistens kommt es zu einer Konkurrenz und zu einem Kampf um die begrenzten Ressourcen – und die Mehrheitsgesellschaft kann beide Gruppen gegeneinander ausspielen. Wir haben das als „Kampf um den zweiten Platz" bezeichnet – weil es viele Studien gibt, die bezeugen, dass Ostdeutsche sich auch 35 Jahre nach der Wiedervereinigung als Bürger zweiter Klasse fühlen."*

Aggro Berlin hat mit seinem frontalen Angriff auf den bürgerlichen Sound von Deutschrap zuerst junge Migrant:innen und Ostdeutsche elektrisiert. Der grobschlächtige Sound von Aggro Berlin und die aggressive Härte der Texte setzten der Ohnmacht und der Scham, arm zu sein, eine starke Antwort entgegen. Für die Jugendlichen in Kreuzberg, Chorweiler, Nordweststadt, Marzahn, Bitterfeld oder Rostock waren die Aggro-Rapper Helden, die sich mit viel Lärm bemerkbar machten und sich vor allem für ihren prekären Hintergrund nicht mehr schämen mussten. Dies verstanden sowohl migrantische als auch ostdeutsche Jugendliche. Aggro Berlin schaffte es, die Scheinwerfer der Kulturindustrie umzureißen und auf die Ränder der Gesellschaft zu richten.

Team toxische Männlichkeit

Spaiche, Halil und Specter, die das Label Aggro Berlin gründeten, wussten auch, dass sie die bürgerliche Mitte nicht mit gutgemeintem Humanismus verlocken würden, sondern für ihre kaufkräftige Zielgruppe etwas Verbotenes anbieten mussten: sexuelle Allmachtsfantasien und Tabubrüche, die materiellen Erfolg versprachen. Dieses Angebot war über soziale Grenzen hinweg attraktiv. Für bürgerliche Jugendliche war es eine Möglichkeit, die Eltern zu schocken. Und prekarisierten Jugendlichen versprach es Zugang zu Kapitalressourcen und Anerkennung. Rapper und Buchautor Hendrik Bolz beschreibt in seinem Roman „Nullerjahre“ die Anschlussfähigkeit von Aggro Berlin für ostdeutsche Jugendliche:

> *„‚Meine Stadt, mein Bezirk, mein Viertel, meine Gegend, meine Straße, mein Zuhause, mein Block‘ – ich kannte jede Zeile auswendig, spätestens mit diesem Song hatte Aggro Berlin mich total gekriegt, gerade die Geschichten aus dem Märkischen Viertel in Berlin trafen meinen Nerv. Das waren Typen, die über genau das rappen, was mich so beschäftigte, Sex, Drogen, Gewalt, Arbeitslosigkeit, scheiß Bonzen – und die damit auch noch schweinereich und berühmt wurden und die ganze Republik gegen sich aufbrachten.“*

Skurrilerweise passte Aggro Berlin damit perfekt in das Programm der Agenda 2010, als klar wurde, dass das Erfolgsmodell der deutschen Industrie Schwierigkeiten bekam und eine Generation, die sich im deutschen Sprechgesang spiegelte, den eisigen Wind der Krise zu spüren bekam. Ernüchterung machte sich wegen der fehlenden blühenden Landschaften breit. Arbeitslosigkeit griff in weiten Teilen der Gesellschaft um sich. Der Sound des deutschen Sprechgesangs galt als Sound der Gewinner, doch in der ökonomischen Krise änderte sich das.

Humorvolle oder gar ironische Texte in glatt produzierten Songs wirkten auf einmal deplatziert. Die Angst vor dem gesellschaftlichen Abstieg ging um – vor allem auch bei Männern in bürgerlichen Kreisen. Und hier verschafften sich die Rapper aus dem Block Gehör. Sie klopften nicht länger an die Tür, sondern schlugen sie ein. Der Schlüssel zum Erfolg Aggro Berlins war nicht nur die ästhetische Härte und das unpolitische Moment, sondern auch eine toxische Männlichkeit, die sich in ungefiltertem Sexismus und krasser Homophobie äußerte. Die Härte, die Aggro Berlin als Männlichkeit stilisierten, verdeckte auch die Auseinandersetzung mit der eigenen Scham und der eigenen Verletzlichkeit. Theodor W. Adorno schrieb in „Erziehung nach Auschwitz" über autoritäre Männlichkeit:

> *„Wer hart ist gegen sich, der erkauft sich das Recht, hart auch gegen andere zu sein, und rächt sich für den Schmerz, dessen Regungen er nicht zeigen durfte, die er verdrängen musste."*

Die Härte Aggro Berlins bekamen vor allem Frauen zu spüren. Sexuelle Allmachtsfantasien schufen Momente der Rückversicherung eines verängstigten Patriarchats, das ökonomisch und gesellschaftlich bedroht war. Ein- und Ausschluss in der Kulturindustrie funktionieren in der Regel über partielle Teilhabe. In der wirtschaftlichen Krise Anfang der 2000er Jahre rückten die Rapper bei Aggro Berlin mit ihren meist männlichen Zuhörern zusammen. Dieses Phänomen beschreibt Ibram X. Kendi für die USA und beruft sich dabei auf die Schwarze Literaturwissenschaftlerin und Feministin Bell Hooks.

> *„Rassismus wohnte schon immer die Kraft der Spaltung inne, die Schwarze und weiße Männer trennte, der Sexismus dagegen ist eine Kraft, die beide Gruppen vereint."*

Diese Beschreibung der Verhältnisse in den USA passt auch zur Situation in Almanya. Auf dem Rücken von Frauen und zu Lasten von homosexuellen Menschen manövrierte sich Aggro Berlin in die Mitte der Gesellschaft. Die toxische Männlichkeit, die ihre Privilegien über den weiblichen Körper verhandelt, war der symbolische Kitt, der Männer aus unterschiedlichen sozialen Milieus in der ökonomischen Krise zusammenrücken ließ. Diese kompensierten dadurch auch ihre Angst vor Frauen, die seit den 1970er Jahren in Almanya aufholten und Männer aus allen sozialen Schichten in Fragen der Bildung überholten und herausforderten.

Besonders deutlich bekam dies die einzige weibliche Künstlerin bei Aggro Berlin zu spüren: Kitty Kat. In der Musikdokumentation „Made in Germany" des NDR und SWR beschreibt sie, dass ihr lang angekündigtes

Album auf Aggro Berlin nie veröffentlicht wurde und sie jahrelang nirgendwo mit ihrem Gesicht auftauchen durfte. Die Begründung war ihr Körper, der nicht in das sexualisierte Bild passte, das der Plattenfirma vorschwebte. Aggro Berlin ging es also nicht nur um die Objektivierung des weiblichen Körpers in den Songs der männlichen Rapper, sondern auch um den realen Körper der einzigen Rapperin des Labels. Katja Kuhl, Fotografin und Regisseurin von Videos u.a. mit Azad, drehte auch mit Kitty Kat:

> *„In letzter Konsequenz ist es immer noch so, dass Frauen, wenn sie im Musikgeschäft wahrgenommen werden wollen, es definitiv schwerer haben, wenn sie nicht einem stereotypen Frauenbild entsprechen. Das ist weiterhin ein großes Problem. Demgegenüber konnte Kitty Kat sich in meinem Video abseits von stereotypen Körperlichkeiten als selbstbewusste, coole Frau mit ihren Freundinnen darstellen – völlig authentisch und sehr stark."*

Ein Label wie Aggro Berlin macht natürlich keinen politisch korrekten Straßenrap. Ihre Rapper stilisierten sich zu Prototypen gewissenloser Ich-AGs, die Regeln brachen, Gewinne auf Kosten anderer maximierten und stets auf den eigenen Vorteil fokussiert waren. Diese Haltung war kompatibel mit der neoliberalen Politik der Agenda 2010. Aggro Berlin wurde zum Soundtrack einer Zeit, in der die kapitalistischen Widersprüche zwischen popkultureller Verlockung und sozialer Realität maximal ausgereizt wurden.

Eroberung der Kinderzimmer

Die Entwicklung von deutschem Gangsta Rap war lange durch zwei Diskurse blockiert: Zum einen hatte der *weiße*, bürgerliche Mainstream mit dem Erfolg der Fantastischen Vier eine Idee von Rap etabliert, die mit Deutschland und Mittelstand zu tun hatte. Lange konnte man in den Feuilletons lesen, dass es in der Bundesrepublik an den sozialen Voraussetzungen fehle, um glaubwürdigen Rap von der Straße hervorzubringen. Auf der anderen Seite unterstellte der multikulturelle Diskurs den Rapper:innen mit Migrationshintergrund, dass sie auf der Suche nach ihrer zerrissenen Identität seien und HipHop als emanzipatorisches Sprachrohr zu nutzen hätten – als migrantischen CNN sozusagen.

Diese Bezugnahme der Gesellschaft auf Rap sowie der wachsende Nationalismus im Zuge der Wiedervereinigung (der auch zum Erfolg des Modells Deutschrap beitrug) führten dazu, dass das *weiße* Deutsch als Rapsprache von den meisten Migrantenkindern zunächst abgelehnt wurde. Spätestens mit der Veröffentlichung von Sidos „Mein Block" und mit dem Erfolg von Bushidos „Vom Bordstein bis zur Skyline" verschob sich die Sprecherposition von Rap in Almanya. Jetzt rückte das „Ghetto", der „soziale Brennpunkt" in den Fokus und konfrontierte die Mehrheitsgesellschaft mit den realen und imaginierten prekären Orten und Menschen im eigenen Land. *Weiße* mittelständische Kids schauten durch Sidos Songs wie durch ein Schlüsselloch fasziniert und erschrocken zugleich in ein imaginiertes Märkisches Viertel.

Damit passierte, was US-Rapper Ice-T schon 1993 als „Home Invasion" charakterisiert hatte: eine Begeisterung der *weißen* bürgerlichen Kids für die Musik der Gangsta-Rapper und damit der große kommerzielle Erfolg. Außerdem regionalisierte und demokratisierte Gangsta Rap nun auch in Deutschland den Zugang zu kulturellem Kapital. Jede:r konnte zur billigen Handkamera greifen und die Zuhörer:innen in die verwegenen Ecken des eigenen Viertels führen. „Jetzt konnte jedes Viertel Compton sein", schreibt Jeff Chang in Hinblick auf den Erfolg von N.W.A, der ersten erfolgreichen Gangsta-Rap-Gruppe in den USA, „jeder hatte eine Geschichte zu erzählen." Es gab jetzt Rapstars, auf die sich die Kids im Viertel beziehen konnten, und in denen sie einen Habitus wiedererkannten, der ihnen vertraut war.

Mit Sido, Bushido und B-Tight wurden Rapper erfolgreich, die andere Biografien hatten, die anders aussahen und andere Storys erzählten. Diese neue Generation erreichte sowohl die Kids in den Jugendhäusern und den „sozialen Brennpunkten", als auch die bürgerlichen Jugendlichen auf den Pausenhöfen der Gymnasien. Sie war die Antithese zur Generation „Deutschrap" und arbeitete sich genussvoll und verbissen an den MCs dieser Epoche ab. Gleichzeitig blieb sie ihnen auf seltsame Art verbunden, weil sie keinen eigenen Fixstern hatte.

Die Generation Aggro wusste sehr genau, was sie nicht sein wollte. Sie hatte wenig Vorstellung davon, wofür sie selbst steht und was sie verkörpert. Die postmigrantischen Kids, die sich im „Deutschrap" der 1990er Jahren nicht wiederfanden, und die stattdessen kalifornischen Gangsta Rap hörten, erkannten in einem Bushido einen Verbündeten. Gleichzeitig fehlte den Aggro-Figuren etwas. Sie waren glatt entworfen, ohne Ecken, Kanten und Widersprüche. Sie funktionierten nicht als postmigrantische Projektionsfläche, deren Reflexion etwas Neues widerspiegelt. Royal-Bunker-Gründer Marcus Staiger beschreibt das im Interview mit uns so:

> *„Aggro Berlin hat seine Rapper als widerspruchsfreie Produkte designt und behauptet: Diese Typen repräsentieren genau das, was sie rappen. (...) Aggro Berlin hat von vornherein darauf geachtet, dass der Verdacht von ironischer Brechung, Mehrdeutigkeit und Irritation überhaupt nicht erst aufkommt."*

Was Staiger hier beschreibt, lässt sich auf die Sprache dieser ersten Straßenrap-Generation übertragen. Bushido, Baba Saad, B-Tight oder Bass Sultan Hengzt benutzten zwar jede Menge Schimpfwörter sowie sexistische und homophobe Beleidigungen – diese aber waren, bis auf wenige Ausnahmen, in eine einwandfreie deutsche Grammatik gekleidet. Weder die Wörter, noch die Satzstrukturen waren gebrochen. Im Gegenteil: Sie stechen hervor durch eine bemerkenswert pointierte und klare Aussprache. Slang, hybride Grammatik, Code-Switching, multilinguale Spielereien als echte Stilmittel tauchen erst Jahre später mit Haftbefehl und Xatar auf.

Bürgerschreckdebatte über die neuen Schmuddelkinder

Kommerziell erfolgreicher Straßenrap in Almanya entwickelt sich erst zu Beginn der 2000er – also zehn Jahre später als in Frankreich. Auch wenn die Aggro-Macher Specter, Halil und Spaiche sich die Ästhetik des französischen Straßenrap angeeignet hatten, konnten die beiden Versionen verschiedener nicht sein. Besonders gut lassen sich die Unterschiede nachvollziehen, wenn man die gesellschaftlichen Debatten vergleicht, die Straßenrap einerseits in Deutschland und andererseits in Frankreich in dieser Zeit ausgelöst hat.

Im Jahr 2005 empörten sich Politiker:innen und Journalist:innen in Almanya über die mutmaßlich jugendgefährdenden, pornographisch-sexistischen Texte deutscher Gangsta-Rapper. Monika Griefahn, SPD-Politikerin und Vorsitzende des Medienausschusses im Deutschen Bundestag, wird zur Leitfigur dieser durch und durch moralischen Debatte. Es geht um den Schutz der Kinder und Jugendlichen und die Frage, welche Folgen ein häufiger Konsum solcher Inhalte für den Nachwuchs haben könnte. Die Debatte konnte diese Intensität vor allem deshalb erreichen, weil die *weißen* bürgerlichen Kids deutschen Gangsta Rap erfolgreich gemacht hatten und zuhause Sidos „Arschficksong" pumpten. Und diese galt es nun zu beschützen. Die Bundesprüfstelle für jugendgefährdende Medien bekam es ab 2005 mit einer Fülle von Rap-Veröffentlichungen zu tun, die vor diesem Hintergrund geprüft und möglicherweise indiziert werden sollten. In der Öffentlichkeit versuchte man die Produzent:innen von Straßenrap – allen voran Aggro Berlin – in die Verantwortung zu nehmen und machte ihnen moralische Vorwürfe. Dabei ging es vor allem um die Wahl der Worte, die als anstößig empfunden wurden, weniger um die Befürchtung, dass die Lyrics der Rapper politisch-gesellschaftliche Relevanz haben könnten. Die Aggro-Verantwortlichen ließen sich von solchen moralischen Appellen nicht beeindrucken und reagierten mit moralischen Gegenappellen: In einem Statement des Labels heißt es:

> *„Die Interpreten wollen unter anderem durch Provokation gesellschaftliche Missstände thematisieren; dazu benutzen sie zum Beispiel Spott, Hohn, Verzerrung und Überspitzung als künstlerische Stilmittel. (…) Bemühungen der Kunst Vorschriften zu machen, sie zu instrumentalisieren oder gar zu verbieten (sind) immer der erste Schritt in Richtung Diktatur und Faschismus."*

Frankreich: Koloniale Konterrevolution gegen Straßenrap

Während man sich in Deutschland ziemlich beschaulich um vergleichsweise banale Fragen wie „Was darf Kunst?" und „Was sollten Heranwachsende hören?" versammelte, mobilisierte das politische Establishment in Frankreich im November 2005 den Staat zum Großangriff gegen den französischen Straßenrap. Der im französischen Exil lebende tunesische Intellektuelle Sadri Khiari bezeichnete diesen Krieg unter der Führung des damaligen Innenministers Nicolas Sarkozy gar als „koloniale Konterrevolution".

Nachdem die Jugendlichen Zaid Benna (17) und Bouna Traoré (15) in Paris auf der Flucht vor der Polizei zu Tode gekommen waren, kam es zu drei Wochen lang anhaltenden Riots, die sich auf große Teile Frankreichs ausweiteten. In französischen Banlieues wurden 4.800 junge Männer, vorwiegend nicht-*weiße* Angehörige der postkolonialen Jugend, verhaftet. Die Politik reagierte aggressiv und klagte in diesem Zusammenhang auch einige bekannte französische Rapper an. Das Hauptargument gegen die

Stars der Vororte lautete: „Antiweißer Rassismus“ und „Hass auf Frankreich“. Diesem Vorgehen lag die Logik zugrunde: Im republikanischen Frankreich kann es keinen Rassismus geben, weil alle Staatsbürger:innen politisch gleichgestellt sind. Also müssen die Ausschreitungen und die Wut der postkolonialen Jugend ein Akt des Rassismus sein – ein anti-*weißer* Rassismus, da er sich ja gegen das *weiße* republikanische Frankreich richtet.

In dieser Dynamik verstärkte sich die „ghettozentrische“ Identität der postmigrantischen Jugendlichen aus den Vorstädten und inszenierte den Banlieue-Raum zu einem stereotypen, aber empowernden Sprechort. Anders als die neue Generation der Straßenrapper bei Aggro Berlin oder dem Bushido-Label „Ersguterjunge“ verstanden sich die französischen Rapper sehr bewusst als Sprecher:innen einer postkolonialen Jugend. In ihren Texten kommentierten sie aktuelle politische Ereignisse, verurteilten Polizeigewalt und formulierten gezielte Angriffe gegen die heilige französische Nation – oft unter Zuhilfenahme von sexistischen und homophoben Bildern. Darüber hinaus empfanden sich die französischen Straßenrapper:innen von Beginn an als Teil einer afro-diasporischen Weltkultur. Sie standen mit den Füßen fest auf dem Boden der mikro-lokalen Realität ihrer Banlieues. In ihrem Kopf verband sie eine transnationale Solidarität über Ghettoräume hinweg mit anderen Menschen, die unter ähnlichen Umständen litten. Auch verwiesen sie in ihren Lyrics auf andere Vorbilder, vor allem auf solche, die vom bürgerlichen Frankreich gefürchtet und verachtet wurden. Schon 1993 hatte MC Solaar den Anfang von Serge Gainsbourgs Klassiker „Bonny and Clyde“ gesampelt und deutlich gemacht, dass postkolonialer Rap selbstbewusst genug ist, sich auch an Heiligtümern des französischen Chanson zu bedienen. Viel wichtiger aber ist in diesem Kontext: Diese Generation von Rapper:innen schrieb sich bewusst in eine Geschichte des Widerstands ein, in eine Geschichte der Nichtprivilegierten, der Verdammten dieser Erde. Der Anthropologe Professor Paul A. Silverstein, schreibt in seinem Artikel „Ghetto Patrimony“ (2020) über die französischen Riots von 2005:

> *„Rapper bekunden immer wieder ihre Solidarität mit ihren durch Polizeigewalt getöteten ‚Brüdern‘ sowie mit anderen, die sich dazu entschließen, aus Protest auf die Straße zu gehen. Sie geloben, sich an die Kämpfe ihrer Eltern zu erinnern, an die blutigen Jahre kolonialer Gewalt, zehrender Fabrikarbeit und Kriegsgewalt gegen Einwanderer – und sie versprechen, die Schläge zurückzuzahlen, die ihre Eltern erlitten haben. Schließlich hoffen die Rapper auf eine Zukunft des ‚städtischen Friedens‘ und wünschen sich, dass ihre Kinder mit größeren Lebenschancen aufwachsen als ihre Eltern.“*

Das „Mein Block“-Phänomen in Almanya blieb dagegen vorerst ein hermetisches Projekt. Weiter als bis an die Grenze des eigenen Viertels reicht die Vorstellungskraft kaum. Bushido und Co. stehen in keinem Kontinuum des Widerstands – zumindest machen sie sich dieses Kontinuum nicht bewusst. Schon gar nicht fühlen sich diese Rapper solidarisch mit anderen Menschen. Diese erste Generation von Straßenrappern erinnert sich an nichts, sie liegt in einem geschichtlichen Wachkoma. Es gibt keinen Bezug zu politisch-sozialen Kämpfen der Elterngeneration, keine Thematisierung von Polizeigewalt oder Racial Profiling, keine Stellungnahme zu politisch-gesellschaftlichen Entwicklungen. Im Gegenteil – Artists wie Bushido distanzierten sich bewusst von politischen Themen und sahen sich als Einzelkämpfer. Politische Ansätze hatten für Bushido nichts im Rap verloren:

> *„Ich würde nie politischen Rap machen. Die Leute können sagen, du klingst rassistisch, nationalistisch, sexistisch, kriminell, damit kann ich leben. Aber wenn sie sagen würden: Du machst politischen Rap – oh mein Gott!"*

Selbst wenn es die Möglichkeit gegeben hätte, sich als Teil einer postmigrantischen Geschichte zu inszenieren und an rote Fäden aus der Vergangenheit anzuknüpfen, wäre der deutsche Gangsta Rap dieser Zeit ein gesellschaftlich isoliertes Phänomen geblieben. Es fehlte eine starke Klammer, die die Protagonist:innen als gemeinsamen Rahmen hätten spüren können. Die postmigrantischen Communitys waren fragmentiert und betrachteten Almanya aus unterschiedlichen Brillen. Der Ansatz einer übergreifenden Identität – einer postmigrantischen Community – entstand erst später. Die Generation Haftbefehl und Xatar brachte hierfür andere lebensgeschichtliche Voraussetzungen mit. Ihre Biografien sind weniger Almanya verhaftet, sie sind transnational und gebrochen. Sie bringen eine grundsätzliche Skepsis gegenüber Deutschland mit und gleichzeitig ein großes Selbstbewusstsein. Die neuen „Azzlack Stereotype" suchen nach Gemeinsamkeiten und gestalten den postmigrantischen Raum neu.

Crime City Berlin

Am 21. März 2007 wurde eine Crew von fünf Berliner Gangstern vom Landgericht Berlin zu einer Bewährungsstrafe von einem Jahr und vier Monaten verurteilt. Die Gang trieb in den späten 1990er Jahren ihr Unwesen und flog 2001 auf. Clan-artige Strukturen und enge Beziehungen zu kriminellen Netzwerken halfen den Verbrechern dabei, ihre Machenschaften über Jahre geheim zu halten. Sie fügten damit den unbescholtenen Berliner Bürger:innen großen Schaden zu.

Die Bankenkrise in Berlin im Jahr 2001 und der Zusammenbruch der landeseigenen Bankgesellschaft Berlin (BgB), führten dazu, dass das Land

Berlin sich um viele weitere Milliarden verschulden musste. Rüdiger Landowsky, die graue Eminenz der Berliner CDU, war mit dafür verantwortlich, dass das Land Berlin Milliarden von Euro verlor und in den kommenden Jahrzehnten ein massiver Kahlschlag im Bildungs- und Sozialbereich stattfand. Öffentliche Dienstleistungen wurden zum Schaden aller Bürger:innen – insbesondere derjenigen, die wenig hatten – gestrichen und eingespart. Landowsky, hoch dekorierter Träger von drei Bundesverdienstkreuzen, musste für seine Taten keinen Tag ins Gefängnis. Kein Cent seines Vermögens gab er ab, um für die dramatischen finanziellen Folgen des Bankenskandals aufzukommen.

Lange bevor die ersten Berliner Gangsta-Rapper ins Licht der Öffentlichkeit traten, hatten die Original Gangstaz aus Wirtschaft und Politik Berlin fest im Griff. Sie spekulierten mit Geld und Immobilien, fädelten Scheingeschäfte ein, arbeiteten mit Bilanzierungstricks und zeigten am Ende, als es um die Frage ging, wer den Scherbenhaufen aufräumt, der Öffentlichkeit den Mittelfinger. Alle Kosten wurden vergesellschaftet und auf die Steuerzahler:innen abgewälzt. OG Landowsky sieht sich bis heute als innovativer, mutiger Politiker, der bereit war, Risiken einzugehen.

Der Nihilismus, die Aggressivität und die Wut der Berliner Gangsta-Rapper, die zu Beginn der 2000er die Bühne betraten, entfalteten sich vor dem Hintergrund einer korrupten und bankrotten Stadtgesellschaft. Auf die Wiedervereinigungs-Party und die Versprechen von Wohlstand, Aufstieg und blühenden Landschaften folgte die ernüchternde Realität: Arbeitslosigkeit, Kürzungen, Einsparungen und ab 2005 Hartz IV. Sündenböcke waren vom *weißen* Establishment schnell identifiziert: Arme, Arbeitsunwillige und Migrant:innen. 1999 starteten die CDU/CSU und die NPD eine Unterschriftenkampagne gegen den Doppelpass. Und im Jahr 2000 brach Friedrich Merz die Debatte um eine „deutsche Leitkultur“ vom Zaun – als ideologischen Angriff auf die Idee einer multikulturellen Gesellschaft. Im Sound von Aggro Berlin erkennt sich unter anderem eine postmigrantische Jugend wieder, deren Zukunft in den 1990er Jahren von einflussreichen *weißen* Männern hemmungslos heruntergewirtschaftet wurde.

In seiner fünfteiligen Dokumentation „Capital B“ erzählt der Regisseur Florian Opitz diese Geschichte mit einem feinen Gespür für die Wechselwirkung zwischen der Hybris und der Arroganz der politisch-ökonomischen Player, die Berlin nach der Wiedervereinigung an Investoren verscherbelten, und den kulturellen Szenen der Stadt. Auch Artists aus der HipHop-Szene kommen zu Wort. Wer das gesellschaftliche Grundrauschen des Straßenrap 1.0 der Nullerjahre verstehen will, der sollte sich alle fünf Folgen von „Capital B“ anschauen und im Hintergrund „Vom Bordstein bis zur Skyline“ von Bushido hören.

Grauer Beton - vom MV zur Gartenstadt

Entscheidend für den Erfolg von Straßenrap Anfang der 2000er ist die Bilderwelt gewesen, die in den Videos von Aggro Berlin oder Azad inszeniert wurde. Die so genannten sozialen Brennpunkte mit ihrem grauen Beton und den Plattenbauten, die in den Himmel ragen, wurden zu dystopischen Kulissen im Straßenrap. Fotografin und Regisseurin Katja Kuhl hat eng mit Moses P. zusammengearbeitet und viele Rapvideos gedreht – darunter auch das stilprägende „Napalm" (2000) von Azad:

> *„Diese Urbanität hat mich schon Ende der 90er Jahre – abseits von HipHop – als Fotografin interessiert. Bereits damals fotografierte ich Hochhaussiedlungen, die im Nachhinein betrachtet eine ähnliche Ästhetik wie Rapvideos haben. Es mag sein, dass diese starke Ästhetik der Hochhaussiedlungen auch in Frankreich in Rapvideos geschätzt wurde, doch für mich war das nicht meine Inspirationsquelle. Beton und Hochhaussiedlungen sind für mich die personifizierte Form von Urbanität und Klarheit."*

In zahlreichen Videos wurden diese Orte zugespitzt stilisiert und konnten so zur Projektionsfläche für den bürgerlichen Mainstream werden. Der Blick der kaufkräftigen Zielgruppe bürgerlicher Jugendlicher schwankte zwischen Faszination und Angst vor einem unbekannten Ort des Prekären, den man durch Straßenrap aus sicherer Entfernung konsumieren konnte. Und der Plattenbau-Topos im Rap hat sich bis heute gehalten. Erst 2023 veröffentlichte Apache 207 sein drittes Album „Gartenstadt" und landete damit in Almanya und Österreich direkt auf Platz 1 der Musikcharts. Warum das Album „Gartenstadt" heißt, beantwortet Apache gleich im Opener:

> Was weißt du schon von meinem Block
> Telefon vibriert, denn sie will telefonieren
> Ich kann nicht rangehen, denn ich weiß,
> Sie will mit zu mir
> Und wenn sie vorm Plattenbau steht
> Ist sie plötzlich schockiert

Apache 207 beschreibt in dem Song die Schwierigkeit von Liebesbeziehungen über soziale Grenzen hinweg. Scham über die Wohnverhältnisse spielt dabei eine Rolle. Volkan Yaman aka Apache 207 wuchs in der Gartenstadt in Ludwigshafen auf und reiht sich mit dem gleichnamigen Album in die

Tradition zahlreicher Künstler:innen ein, die ihr Wohnquartier musikalisch verarbeitet haben. Ob in Azads Nordweststadt, Sidos Märkischem Viertel oder Apaches Gartenstadt – die Perspektive zieht sich aufs Lokale zurück. Zu Beginn der 2000er Jahre prägte das Wohnquartier maßgeblich die Identitäten der relevanten Rapfiguren. Die Identifikation über den eigenen Block vereinte auch ethnische Unterschiede, so dass über nationale Zuschreibungen hinweg eine Gruppenzugehörigkeit entstehen konnte. Zwar verengte sich der Blick auf die Begrenzungen des Viertel. Aber von nun an konnte der konkrete Alltag und das Leben mit seinen sozialen Beziehungen in den Vordergrund rücken. Trettmann erzählt 2017 in „Grauer Beton“ von der Plattenbausiedlung Fritz Heckert in der damaligen Karl-Marx-Stadt:

> Ich denk' heut noch oft zurück an meine Straße
> An die Alten und die Kids aus meiner Straße
> Aus der Platte, die aus meiner Etage
> Man hat uns vergessen dort, Anfang der Neunziger Jahre

Eine Utopie kippt

Apaches Gartenstadt ist nicht das Märkische Viertel, Köln-Chorweiler oder Neuperlach in München. Doch es ist ein Wohnquartier für die Arbeiterschicht. Das Konzept der Gartenstadt ist schon im 19. Jahrhundert zu Zeiten der Industrialisierung entstanden und sollte durch genossenschaftliches Bauen ein menschenwürdiges Wohnen für die größer werdende Arbeiterschicht ermöglichen, die vom Land in die Stadt strömte. Es sollten bezahlbare und moderne Wohnungen gebaut werden, die in ihrer Struktur Reihenhaussiedlungen mit Grünanlagen waren. Ebenfalls sollte durch Genossenschaften Immobilienspekulation ausgeschlossen werden, da die Träger dieser Wohnquartiere nicht in privater Hand lagen. Die soziale Entwicklung dieser Quartiere war eng an Lohnarbeit gebunden und geriet in Zeiten hoher Arbeitslosigkeit entsprechend unter die Räder. Auch die Gartenstadt in Ludwigshafen gilt heutzutage als so genannter sozialer Brennpunkt.

Zwischen einer Ästhetik in Videoclips, die mit Zuspitzung, Maskierung und Irritation arbeitet, und der Wirklichkeit liegen allerdings Welten. Eine gestandene Integrationskraft aus meiner letzten Schulklasse kam aus der Frankfurter Nordweststadt – eine ältere Frau, die Zeit ihres Lebens in der Nordweststadt gelebt hat. Ich, Murat, sprach sie auf ihre Perspektive auf das Wohnquartier an. Sie schaute mich an und sagte energisch: „Wir sind kein Ghetto.“ Für sie ist die Nordweststadt eine gut funktionierende Gemeinde, in der sie sich wohl fühlt, zur Kirche geht und aus der sie niemals wegziehen würde. Ihre Erfahrungen im Block unterscheiden sich deutlich von der Inszenierung des Straßenraps.

Neue Heimatliebe

Aktuelle Rapvideos von Sil3a, NGEE, Capital Bra oder HoodBlaq spielen häufig vor der Kulisse von Wohnquartieren, die zwischen 1950 und 1982 erbaut wurden. Dabei ist das Bauunternehmen Neue Heimat mit diesen Orten wie Nordweststadt, Neuperlach, Vogelstang in Mannheim, Darmstadt-Kranichstein oder Mümmelmannsberg in Hamburg verbunden. Die Neue Heimat war europaweit die größte nicht staatliche Wohnungsbaugesellschaft, die allein in Almanya über 460.000 Wohnungen baute. Hilde Strobel schreibt im Sammelband über die Neue Heimat, die dem *Deutschen Gewerkschaftsbund* gehörte:

> *„Und wer nicht bei der Neuen Heimat wohnte, besuchte einen von ihr entwickelten Kindergarten, eine Schule, ein Schwimmbad, eine Universität oder ein Krankenhaus – oder kaufte in einem Einkaufszentrum der Neuen Heimat ein."*

Das Ziel war, die soziale Frage zu lösen, indem die Wohnungsnot angegangen wurde. Und hierbei war das Wohnungsunternehmen sehr erfolgreich, denn Anfang der 1970er Jahre war der Wohnungsmarkt weitgehend gesättigt, wie Strobel erwähnt. Ein Zustand, der angesichts der heutigen Wohnungsnot skurril erscheint. Orte wie die Nordweststadt wurden als Entwürfe für ein besseres Leben geplant und beworben, wie Strobel hervorhebt.

> *„Denn das verhieß Wachstum der Familien, Wohnen im Grünen trotz großer Wohnanlagen, modernes Design, technischer Komfort und Fortschritt – auch als Sozialwohnung. Unter retardierender Nennung von enormen Zahlen an fehlendem Wohnraum, die weiterhin in die Millionen gingen, wurde ein modernes Leben als Gegenbild zum Wohnen in den noch bis in die 1960er Jahre von den Kriegserschütterungen geprägten Altstädten, Notwohnungen und Nissenhütten regelrecht beworben."*

Diese Orte wurden aus einer utopischen Idee heraus erdacht, als standardisierte moderne Wohnungskonzepte, die die Begrenzungen der alten Stadt auflösen sollten. Die Nordweststadt wurde an die erste U-Bahnlinie in Frankfurt angeschlossen, alle Wohnungen wurden mit Fernwärme versorgt, was einen erheblichen Mehrwert zu jener Zeit darstellte. Eine weitere Besonderheit war das moderne „Nordwestzentrum" zum Einkaufen. Dieser Ort war nicht nur eine Shopping Mall, sondern beherbergte ein Schwimmbad, ein Theater, ein Bürgerhaus, eine Bibliothek, ein Hotel sowie einen U-Bahnanschluss. Zeit im Nordwestzentrum zu verbringen, empfand ich, Murat, als Jugendlicher als aufregend. Nun könnte man vermuten, dass vor allem grauer Beton in dem Stadtteil dominierte, doch dem war nicht so. „Über 50 Jahre nach dem Baubeginn ist die Nordweststadt heute einer der grünsten

Stadtteile Frankfurts“, so Sina Brückner-Amin, eine Mitarbeiterin am Lehrstuhl für Architekturgeschichte der Technischen Universität München. Die Begrünung war an das Modell der Gartenstadt aus den 1920er Jahren angelehnt. Apache 207 würde in der Nordweststadt viele Parallelen zu seiner Gartenstadt entdecken.

Ein Baustil erobert Europa

Die Architekten, die dieses standardisierte und monumentale Bauen prägten, waren internationale Größen wie Le Corbusier in Frankreich oder Ernst May in Deutschland. Der Leitgedanke war, Urbanität durch Dichte herzustellen. Konzeptionell entstand dieser Baustil schon in den 1920er Jahren und war unter Stadtplaner:innen nicht unumstritten, wie Oliver Schwedes, Wissenschaftler an der Technischen Universität Berlin, deutlich macht. Die Kritik fokussierte sich auf den Aspekt, dass das Soziale nur bedingt über die Verdichtung der Baustruktur hergestellt werden könne und sich eher an den Bedürfnissen seiner Bewohner:innen orientieren sollte, so Schwedes. Allerdings war der Bedarf an modernem Wohnraum nach den Verwüstungen des Zweiten Weltkrieges in Europa enorm. Der Architekt und Stadtplaner Thomas Sieverts schreibt dazu.

> *„Die Neue Heimat war nicht der Erfinder dieser Großanlagen, aber ein wichtiger, von der Aufgabe überzeugter Vollstrecker einer städtebaulich ideologischen Strömung, die ganz Europa erfasst hatte. Es ist dies auch die Zeit, in der Ost und West – und innerhalb des Westens auch quer zu verschiedenen politischen Strömungen in den einzelnen Ländern – eine gewisse Konvergenz im Städtebau festzustellen ist.“*

Eine Zäsur war 1973 die Wirtschaftskrise, die durch einen Ölpreisschock ausgelöst wurde. Im Zuge dessen verloren vor allem die so genannten Gastarbeiter:innen ihre Erwerbsarbeit und gleichzeitig beendete die Bundesregierung das Anwerbeabkommen. Für die „Gastarbeiter:innen“ bedeutete dies Arbeitslosigkeit und häufig auch die Rückkehr in die jeweiligen Herkunftsländer. Auch für die Bauwirtschaft war die Wirtschaftskrise eine Zäsur, wie Michael Mönninger im Sammelband zur Neuen Heimat feststellt: „Tatsächlich zählte die Bundesrepublik infolge von Ölpreisschock und Rezession seit 1974 ein Überangebot von 400.000 Wohnungen.“ Dieses Überangebot sorgte für einen Preisverfall bei den Wohnungen, die mit einer Kritik an dem standardisierten Bauen einherging. Im Umkehrschluss gewannen die alten Stadtkerne mit ihren gewachsenen sozialen Strukturen für die Mittelschicht wieder an Attraktivität. Durch den Wegzug der Mittelschicht aus den neu entstandenen Stadtteilen wurden diese Orte sozial homogener. Diese Entwicklung sollte später bei den Enkelkindern dieser Generation ein Gefühl der Isolation und des Abgehängtseins auslösen und sich im Sound und Look des Straßenrap widerspiegeln.

Hochhausschluchten in Paris

Da dieser Baustil vor allem ein europäischer Baustil war, der den Kontinent nach dem Zweiten Weltkrieg prägte, orientierte sich der deutsche Straßenrap ästhetisch nicht an Compton aus den USA mit seinen Reihenhäusern und Vorgärten, sondern vor allem an Frankreich. Die Parallelen zwischen den Baustilen sah ich, Murat, als ich 1996 Teil eines deutsch-französischen Austauschs war, der sich „Le Fonque Connection" nannte. Wir reisten mit zahlreichen Frankfurter Rapcrews wie NuStyle, Die Zweite Generation, Doc Tone, DJ Mahmut und Thenkof nach Paris, um dort mit französischen Rappern Kontakte zu knüpfen sowie Konzerte und Radio-Interviews zu geben. Es war ein beeindruckendes Gefühl in den Banlieues unterwegs zu sein, die man aus Rapvideos oder dem Film „La Haine" kannte. Wären wir nicht mit Rapper:innen, die in diesen Banlieues zuhause waren, unterwegs gewesen, hätten wir dort sicherlich nicht so entspannt rumlaufen können.

Allerdings erkannte ich einen Unterschied zur Nordweststadt: die monumentale Dimension, die ich in diesem Ausmaß eher aus ostdeutschen Städten wie Bitterfeld kannte. Beton, Beton und nochmals Beton prägten den Blick bis in den Himmel der Pariser Banlieues. Diese Häuserschluchten ließen mich immer kleiner werden und erzeugten ein Gefühl von Schwere und Melancholie, die ich mit französischem Rap verbinde. Ein Apache 207 würde seine Gartenstadt in diesen Pariser Wohnquartieren nicht wiederfinden. Trotzdem richtete sich der Blick aus Deutschland in den 2000er Jahren – und vor allem von Aggro Berlin – nach Frankreich, da die französischen Crews in ihren Produktionen, Haltungen und Visualisierungen immer ein paar Schritte voraus waren.

IAM aus Marseille, Booba und Kaaris aus Paris haben visuell vieles von dem vorgemacht, was später im Straßenrap in Almanya zu sehen war. IAM legten mit ihrem Video zu „Red, Black and Green" (1993) die Blaupause für europäischen Straßenrap vor. Etwa zur selben Zeit zeigten Suprême NTM aus Paris im Video „Authentik", wie man die Pariser Banlieues in Szene setzt. Ihre Ästhetik wirkt bis heute nach: Einstellungen aus der Froschperspektive, schnelle Kamerabewegungen und Close-Ups sind typisch für die Videos des französischen Straßenrap und tauchen später bei Azad, Bushido und Sido auf. Auch mein HipHop-Radar richtete sich nach Frankreich. IAM verknüpften musikalisch elegant Einflüsse aus dem Maghreb mit dem französischen Chanson und zeigten damit, dass Rap in Europa einen multiethnischen Unterbau hatte.

BREAK IV: STRASSENRAP 2.0 2010-2024

Rückkehr des postmigrantischen Möglichkeitsraums

Am 9. Juni 2004 war mein 33. Geburtstag. Nachmittags hatte ich, Hannes, einen HipHop-Workshop in einer Grundschule gegeben und war auf dem Heimweg. Ich wohnte damals auf der Keupstraße in Köln-Mülheim direkt neben dem legendären CD-Laden Music Gala. Als ich in die Keupstraße kam, war der obere Bereich von der Polizei weiträumig gesperrt. Von weitem konnte ich Krankenwagen und Löschzüge der Feuerwehr erkennen. Am Abend erfuhr ich von meinen Nachbarn: Eine Bombe war explodiert. Der Friseursalon von Özcan Yildirim, wenige Häuser weiter, war völlig zerstört. Es gab viele Verletzte, möglicherweise auch Tote. Zu dem Nagelbomben-anschlag auf der Kölner Keupstraße bekannte sich 2011 der so genannte Nationalsozialistische Untergrund (NSU). Der NSU hatte bis 2004 bereits fünf Menschen kaltblütig ermordet. Fünf weitere Morde sollten folgen. Der NSU wählte seine Opfer willkürlich aus. Gemeinsam war allen: Sie wurden von ihren Mördern als „Nichtdeutsche" bewertet und mussten deshalb sterben. Der NSU startete seinen tödlichen Frontalangriff auf die post-migrantische Realität in Almanya im Jahr 2000. Im selben Jahr brach der CDU-Politiker Friedrich Merz eine Debatte um die „deutsche Leitkultur" vom Zaun. Merz forderte damals als Oppositionsführer im Bundestag: „Es geht im Wesentlichen darum, dass die in Deutschland lebenden Ausländer bereit sind, sich einer deutschen Leitkultur anzuschließen." Sein Kollege Horst Seehofer von der Schwesterpartei CSU legte nach: „Wir als Union treten für die deutsche Leitkultur und gegen Multikulti ein."

Die NSU-Morde: Neue Qualität des Rassismus in Almanya

Uwe Mundlos, Beate Zschäpe und Uwe Böhnhardt sowie ein umfangreiches Unterstützer:innen-Netzwerk konnten über viele Jahre unentdeckt ihren Feldzug „gegen Multikulti" führen. Währenddessen wurden die Angehörigen ihrer Opfer von deutschen Behörden verhört, stigmatisiert und beschuldigt. Obwohl den Betroffenen sofort klar war, dass diese Attacken rassistisch motiviert waren, wollte das niemand hören. Die Bewohner:innen der Keupstraße glaubten weder an einen Schutzgeldhintergrund noch an angebliche kurdisch-türkische Auseinandersetzungen. Und auch den Behörden muss früh klar gewesen sein, dass mindestens ein Alman in diesen Anschlag verwickelt war. Es gab nämlich Aufnahmen einer Überwachungskamera, die einen etwa 30-jährigen Mann „mitteleuropäischer Herkunft" zeigte, der ein Damenrad mit einem Paket in Richtung Keupstraße schob. Ich war zu diesem Zeitpunkt Anfang 30, und am 12. Juni klingelten zwei Kriminalbeamte an meiner Tür. Sie verhörten mich in meiner Wohnung in der Keupstraße 78 und wollten wissen, wo ich am 9. Juni 2004 gewesen war. Nach etwa 30 Minuten war die Befragung beendet. Erst sieben Jahre später, nach dem Tod der beiden Terroristen Böhnhardt und Mundlos, wurde klar: Der NSU war die Spitze eines rassistischen deutschen Terrornetzwerks, das über zehn Jahre unbemerkt im Untergrund agieren konnte.

Die Enttarnung des NSU im Jahr 2011 und das Bekanntwerden seiner rassistischen Morde machten eine Sache deutlich: Menschen, die als „nichtdeutsch" gelesen werden, sind in Almanya nicht sicher. Deutsche Behörden sind offenbar strukturell rassistisch geprägt und nicht bereit, alle Menschen ausreichend zu schützen. Postmigrantische Räume in Almanya sind grundsätzlich bedroht. Unser Freund, der Kölner Aktivist und Rapper Kutlu Yurtseven, sagte dazu: „Als Betroffener denkst Du: Es kann dir immer wieder passieren, und keiner glaubt dir. Nein, noch schlimmer: Du wirst auch noch zur Täterin und zum Täter gemacht."

Auch in der Rap-Szene hinterließen die Taten des NSU Spuren. Es gab einige MCs, die die Ereignisse textlich aufgriffen und verarbeiteten. Vor allem aber zeigte sich mehr und mehr eine veränderte Haltung. Das von Aggro Berlin geprägte HipHop-Jahrzehnt wurde dominiert von Rapper:innen, die eine gleichermaßen trotzige wie unterhaltsame und gut vermarktete Antithese zum *weißen*, bürgerlichen Deutschrap der 1990er Jahre zur Schau stellten. Was es bisher kaum gab: Eine wirkliche Abbildung und Auseinandersetzung mit der postmigrantischen Realität in Almanya und eine selbstbewusste, kreative Wut über die Verhältnisse, die einen NSU überhaupt möglich gemacht hatten.

Sarrazins Attacke

Zu diesen Verhältnissen zählten vor allem die Debatten der Mehrheitsgesellschaft, die sich im deutschen Mainstream seit der Veröffentlichung von Thilo Sarrazins Buch „Deutschland schafft sich ab" 2010 Bahn brachen. Punchlines vom Stammtisch wurden zu „wissenschaftlich und statistisch fundierten" Positionen der bürgerlichen Mitte erklärt. Im Schatten der Brandanschläge der 1990er Jahre hatten Advanced Chemistry damals schon festgestellt, dass „jeder Hans oder Franz ein Urteil fällt, Krach macht und bellt, sich selbst für den Fachmann hält.“ Zwanzig Jahre später hieß dieser Fachmann Thilo. Allerdings war Sarrazin SPD-Mitglied und bis 2009 Finanzsenator im Berliner Senat. Mit seinen Thesen zielte Sarrazin auf das Herz der postmigrantischen Gesellschaft.

Dass Deutschland ein Einwanderungsland geworden war, konnte man nicht mehr leugnen. Umso stärker pushte er die binäre Logik: Wir, die fleißigen und rechtschaffenen Deutschen vs. Ihr, die faule, ausländische Unterschicht. Schon 2009 schrieb Sarrazin in einem Artikel: „Die Araber und die Türken haben einen zwei- bis dreimal höheren Anteil an Geburten, als es ihrem Bevölkerungsanteil entspricht. Große Teile sind weder integrationswillig noch integrationsfähig. Die Lösung dieses Problems kann nur heißen: Kein Zuzug mehr, und wer heiraten will, sollte dies im Ausland tun.“ Letztendlich sind hier die „Re-Migrationspläne“ der AfD angelegt, über die sich die deutsche Öffentlichkeit 25 Jahre später so überrascht zeigte. Bei Sarrazin verbinden sich rassistische mit klassistischen Vorurteilen, weshalb seine Ausführungen sich immer auch kulturkämpferisch gegen den Lebensstil und die Ästhetik seiner Feindbilder richten. Schon 2002 beschwerte er sich über die hohe Anzahl der Menschen, die in Berlin Trainingsanzüge in der Öffentlichkeit tragen. Sarrazins Buch „Deutschland schafft sich ab“ verkaufte sich innerhalb weniger Monate über eine Millionen Mal – Zahlen, von denen selbst die erfolgreichsten Rapper:innen nur träumen können. Während HipHop sich mehr und mehr zu einem Raum hybrider, postmigrantischer Identitäten entwickelte und Menschen mit transnationalen Biografien sichtbar machte, rüstete sich ein großer Teil der deutschen Gesellschaft mit rassistischen und anti-muslimischen Ressentiments, die versprachen, Almanya wieder zu dem zu machen, was es in der kollektiven Erinnerung einmal war: Ein Land der Deutschen, die nur mit sich selbst solidarisch sind.

Rap als Gegenöffentlichkeit

Auch wenn Sarrazin viel Zustimmung und große Teile der Öffentlichkeit erreichte: In der Rapszene, die inzwischen zum erfolgreichsten Teil der Popkultur geworden war, bildete sich eine postmigrantische Gegenöffentlichkeit heraus. Sarrazin wurde zur Metapher in Raplyrics. In Trainingshosen und im Rauch ihrer Shisha-Pfeifen konterten und karikierten viele MCs seine Thesen. Der Rapper Massiv, der ein gutes Gespür für Sarrazins antimuslimischen Unterton zeigte, verbrannte in seinem Video zum Track „Ghettolied 2011“ ein Plakat des SPD-Politikers. Diese neue Generation von Rappern reagierte agil, selbstbewusst und teilweise humorvoll auf den pseudo-wissenschaftichen Rassismus des Ex-Senators und machte allen klar: Wir sind nicht nur ein Teil dieser Gesellschaft, wir verändern Almanya mit unserer Sprache und mit unserem Lebensstil. Und nicht nur das. Eure Alman-Kids wollen so sein wie wir! Sie tragen unsere Klamotten und sprechen unsere Sprache. Wir schaffen euch ab! Haftbefehl, Xatar, Massiv, Kurdo, Celo & Abdi, Milonair, Mosh36, Crackaveli, Veysel und viele andere konstruierten neue multilinguale und transnationale Realitäten. Und die deutsche Jugend folgte ihnen fasziniert und begeistert.

Aykut Anhan aka Haftbefehl aus Offenbach gilt zu Recht als Torwächter einer neuen Epoche im Straßenrap. Seine Wortschöpfungen, sein Multilingo, seine offensive Haltung gegenüber Almanya öffnen einen unerwarteten postmigrantischen Möglichkeitsraum, den in den kommenden Jahren viele Menschen betreten und gestalten werden.

> Ich hänge ab mit Kurden, Türken und Araber
> Marocs aus Nador, Jugos und Habescha
> Illegale Arnauts direkt aus Kosova
> Mit Azzlack Kanacken, also Opfer, komm mal klar
> *(„H.A.F.T." 2009)*

Exemplarisch für den Übergang in diese neue Zeit ist der acht Minuten lange Remix seines Hits „Chabos wissen wer der Babo ist", auf dem Hafti acht junge MCs featured, und der im Dezember 2012 exklusiv als Video auf YouTube hochgeladen wird. Die Kommentare unter dem Video geben einen Eindruck von der Bedeutung, die dieser Track für Rap in Almanya hatte, und von der postmigrantischen Vielfalt, die sich darin spiegelt:

- *Ich werde nie vergessen, wie dieses Video damals eingeschlagen hat wie eine Bombe und ganze Schulhöfe mit Sprüchen und Kleidungsstilen revolutioniert hat!*
- *Bin der größte Alman und es ist das geilste Lied ever. Nostalgie pur.*
- *Haftbefehl hat für so viele Leute die Tür geöffnet.*
- *Ich pumpe das Lied immer noch! Damals mit 14 Shisha geraucht, selbstzündende Kohle und Ultimate Tabak. Die Jungs haben eine Generation geprägt.*
- *Haftbefehl ist einfach ein neues Zeitalter, was Deutschrap angeht.*
- *Dieses Video war der Grund, warum es so viele Newcomer gibt.*
- *Ein Meisterwerk der deutschen Kultur.*
- *Ich höre diesen Remix seit Release mindestens täglich und er wird von Tag zu Tag besser.*
- *Hafti, eine Ikone für eine Generation!*
- *Bruder Celos Part ist deutsche Kulturgeschichte.*
- *Man kann Hafti mögen oder nicht, aber seinen Respekt hat er (...) verdient für alles, was er für Deutschrap getan hat, für so viele Türen, die er für Newcomer eingetreten hat.*

- *Ich werde dafür sorgen, dass meine Enkel den größten Schrein bauen werden (für den) Frankfurter Mozart.*
- *Ich weiß noch, wie es die Coolen in der Grundschule gesungen haben.*
- *Raptechnisch ein Meisterwerk. In 100 Jahren wird dies im Musikunterricht gelehrt und anschließend gesungen.*
- *Der Track hat das Rap Game komplett verändert und geprägt.*

Straßenslang 2.0 – „Diese Sätze brechen Wände"

Mit der Generation Haftbefehl relativiert sich die Bedeutung Berlins für das Rapgame in Almanya. Es setzt eine Regionalisierung ein, die neue Städte und Viertel sichtbar macht. Tannenberg in Bonn, Ossendorf in Köln, Emmertsgrund in Heidelberg oder Mainpark in Offenbach. Die Protagonist:innen dieser neuen Generation von Straßenrap sprechen eine neue Sprache, die den Jugendlichen auf der Straße vertraut ist. Die Masse der Fans sind Almans aus bürgerlichen Haushalten, die sich bemühen, Slang und Haltung ihrer Vorbilder nachzuahmen und in ihren Habitus einfließen zu lassen. Damit drehen sich die Verhältnisse um: Hans und Franz wollen plötzlich reden wie die Straßenrapper:innen in den Videos, doch nicht alle verstehen die Begriffe und Wortspiele ihrer Stars. Mit dem Straßenslang schaffen die Rapper:innen ihrerseits eine Kunstsprache, die aus unterschiedlichen Quellen schöpft: Deutsch, Kurdisch, Arabisch, Türkisch, Romanes, Englisch, Kanak-Slang, Kiezsprache, etc. Der Literaturwissenschaftler Thomas Ernst schreibt in seinem Buch „Literatur und Subversion“: „Zwar können die meisten Angehörigen der zweiten Migrantengeneration noch immer nicht ihre minoritäre Position innerhalb der Gesellschaft verlassen, allerdings haben sie – teilweise – eine größere sprachliche Auswahl als die Jugendlichen der ‚deutschen Mehrheitsgesellschaft'.“

Rapper:innen wie Azad, Xatar, Haftbefehl, Kurdo, Eno, Schwesta Ewa und viele andere haben eine Fülle neuer Worte wie „Para“, „Baba“, „Chabo“, „Cho“, „Xalas“, „Amcas“ in Umlauf gebracht, die dem Türkischen, Kurdischen, Arabischen, Polnischen oder Romanes entlehnt sind. Wer hier den Anschluss nicht verlieren will, muss viel Rap hören und ist im Vorteil, wenn er multilingual unterwegs ist oder türkische oder arabische Freunde hat. 2011 veröffentlichte der Kölner Rapper Eko Fresh den Song „Türkenslang / Straßendeutsch“, in dem er genüsslich die neu eroberte semantische Dominanz auskostet und seinen deutschen Fans die It-Worte erklärt. Nur ein Jahr später legen die Frankfurter Rapper Celo & Abdi mit dem Song „Hinterhofjargon“ nach, auf dem sie weitere Straßenvokabeln „für Hans und Franz“ erklären. Wie sich die Zeiten geändert haben, spiegelt sich auch in der augenzwinkernden Inszenierung der MCs als Oberlehrer des „Kanakendeutsch“:

Frankfurter Jungs leben von Tijara
Ghettosuperstar, Block-Vokabular
Aka Doktor Professor ultralingual
Wortakrobat, Azzlacks, asoziale Kanacks
Nummer 6, gekochtes Flex, Azrou-Steine, Taş
Çaktırma, halt dein Göt gebunkert
Vor Ib3ash, Bullen, Amcas oder Murija
Der Rakle mit der Duba, der Typ da mit dem Stoff
Nummer 7, 8, 9, Ganja, Trava, Ott
Und die Zehn folgt, hier und heut, nur für euch
Çarşaf versene gib mal Paper auf Kanakendeutsch.

Auch im Elfenbeinturm universitärer Forschung ist man sich inzwischen einig: Der Sozio-Ethnolekt der postmigrantischen Rapjugend ist mittlerweile die wichtigste Quelle für das urbane Kiezdeutsch, wie dieser Slang mittlerweile in den Sprachwissenschaften genannt wird. Hier zeigt sich der große Unterschied zur Ära Aggro Berlin. Mit Bushido und Co. traten zwar neue Protagonisten auf den Plan, die in ihrem Auftreten und ihrer Erscheinung als Antithese zum deutschen Spaßrap der 1990er Jahre gelesen wurden. Ihre Sprache jedoch war erstaunlich deutsch, geradlinig und klar. Slang und Multilingualität waren die Ausnahme. Rückblickend auf diese Phase stellt Xatar in einem Interview bei *Radio Sputnik* in der Sendung Rapperlapapp verwundert fest:

> *„Wir sind eine der ersten Rapcrews gewesen, die mit Slang überhaupt reingekommen sind. Es gab Massiv, dann gab es uns und die Azzlacks. Das war zwischen 2006 und 2011, als das alles gestartet hat. Vorher haben Straßenrapper das nicht gemacht. Ich weiß nicht warum. Es war für uns sehr wichtig, denn immer, wenn wir vorher Rap gehört haben, dachten wir: Hä, warum reden die so klares Deutsch wie bei einem Referat in der Schule? Wir müssen so rappen, wie man wirklich redet auf der Straße.“*

„Azzlacks sterben jung, Reiche leben lang“

Es gibt einen weiteren großen Unterschied zu den Straßenrappern der 2000er Jahre. Die Aggro-Artists und ihre Nachahmer:innen waren zwar aggressiv und unterhaltsam. Ihrem Habitus und ihren Lyrics fehlte aber das Spielerische und Reflexive (Sido ist hier die große Ausnahme). Sie hatten wenig Gespür für die Wechselwirkung ihrer Kunst mit der gesellschaftlichen und politischen Wirklichkeit in Almanya. Ihre Wut war eine Antihaltung, eine nihilistische Reaktion auf eine ignorante und überhebliche Mehrheitsgesellschaft. Ihre Aggression hatte keine Richtung und wirkte deshalb seltsam geschichtslos. Gleichzeitig hofften sie, einmal erfolgreich, Almanya würde ihnen die Hand reichen und ihnen einen Platz in der Loge anbieten. Sie machten Angebote, wie Bushido, der im Interview mit der *Süddeutschen Zeitung* 2005 betonte: „Ich habe einen tunesischen Vater, einen deutschen Pass, ich lebe in Deutschland, ich spreche gutes Deutsch, und meine Mama ist deutsch, also bin ich auch deutsch. Ich bin im Moment der deutsche Rapper in Deutschland."

Trotzdem wurden sie vom bürgerlichen Feuilleton gehasst und von Almans wie Stefan Raab oder dem Rapblogger Julien Sewering lächerlich gemacht. Exemplarisch hierfür steht der Auftritt Bushidos bei Stefan Raab im Jahr 2007. Man merkt: Dem Straßenrapper bedeutet es etwas, dass er hier zur Primetime sitzen darf und das deutsche Publikum ihm zuhört. Er zeigt sich sympathisch, kooperativ und will mitspielen. Bushido wird von Raab auf seinen Beef mit einem anderen Rapper angesprochen. Er antwortet: „Die Beleidigungen haben mich eher peripher tangiert." In dem Moment fährt Raab ihm ins Wort, wendet sich ans Publikum und äfft seine Formulierung verächtlich nach: „‚Peripher tangiert' hat sie ihn, die Beleidigung!" Das *weiße* Publikum grölt und spendet fanatischen Applaus. Raab kostet den Moment aus und wiederholt seinen Kommentar: „‚Peripher tangiert' haben ihn die Beleidigungen. Ich estimiere es als suboptimal, wenn man altera linguale Synonyme iterativ apportiert, wenn ich das mal hier sagen darf." Bushido ist von dieser Attacke sichtlich überrascht. Erst wirkt er irritiert, dann stimmt er verlegen in das Gelächter ein, das nichts anderes sagt als: „Deine Versuche, so zu klingen wie wir, sind lächerlich. Du Ausländerkind aus der Gosse gehörst nicht zu uns."

Die Generation Haftbefehl dagegen lässt sich nicht am Ring durch die Manege führen. Sie spielt souverän mit den Vorurteilen und Erwartungen der Mehrheitsgesellschaft und hält Almanya immer für verdächtig. Sie will kein Spiegel der Gesellschaft sein. Wenn überhaupt ein Zerrspiegel seiner Stereotype. Allein die Wortschöpfung „Azzlack" als Kompositum aus „asozial" und „Kanake" war ein Affront und beschäftige sowohl die Kids auf den Schulhöfen, als auch die Journalist:innen in den Redaktionen. Überhaupt hatte diese neue Generation von Rapper:innen feine Antennen für das, was sich im Land veränderte. Mit „Hinterhofjargon" reflektieren Celo & Abdi letztendlich eine soziologische Beobachtung: Straßenrap hat die Jugendsprache erobert. *Weiße* Kids machen sich nicht mehr gemeinsam mit Mundstuhl oder Super Richie über „Migrantendeutsch" lustig, sondern wollen Teil einer neuen, postmigrantischen Jugendbewegung sein. Sie wollen arabische, türkische oder kurdische Vokabeln verstehen und wie Baba Haft sprechen.

JuliensBlog und die „Dreckskanacken"

Haftbefehl gilt heute als Türöffner für eine neue postmigrantische Ära der Rap-Kultur in Almanya. Doch auf jeder Schwelle zu einer neuen Epoche hocken auch die Zweifler:innen und Hater, die sich mit Händen und Füßen gegen das Künftige stemmen. Es ist lehrreich, sich diese Kritiker:innen genauer anzuschauen. Ihr Hass und ihre Überheblichkeit erzählen etwas über die Beharrungskräfte der Vergangenheit, über die Deutungshoheit, die ihnen zu entgleiten droht. In diesem Sinne ist Julien Sewering ein Anti-Haftbefehl. Der YouTuber startete seine Karriere mit „Juliens Hateblog", aus dem 2011 der Kanal „JuliensBlog" wurde. Zeitweise hatte der YouTube-Channel mehr als eine Millionen Abonnent:innen. Sewering inszenierte sich früh als zynischer Rapkommentator. Seine rassistischen und klassistischen Beiträge etikettierte er als Satire. In der Folge „#Dreckskanacken" erzählt Sewering die Migrationsgeschichte aus seiner ganz persönlichen Perspektive:

> *„Dreckskanacken sind zwischen 12 und 30 Jahre alt und wurden zunehmend in den 70er und 80er Jahren in Deutschland bemerkt. (...) Sie lebten von Sozialhilfe und beuteten unser System aus, um nicht arbeiten zu müssen (...). Und als die arbeitslosen Sofapenner bzw. Kanacken Kinder zeugten, haben sie auch wiederum eine neue Spezies gezeugt: Die Rasse, die wir heutzutage als Dreckskanacken kennen. Dreckskanacken lassen sich nicht nur von unserem Staat aushalten, sondern versuchen auch noch, wo sie können, uns Deutschen ein Dorn im Auge zu sein. Was fällt euch ein, euch in meinem Land aufzuhalten, meine Steuergelder zu kassieren, meine Schlampen zu bumsen und dann auch noch die Frechheit zu besitzen, mich als ‚Scheißdeutschen' zu bezeichnen?"*

Auf dem Sylter „Ausländer Raus"-Rave der German Rich Kids im Mai 2024 wäre dieses Narrativ sicher sehr gut angekommen. Juliens Geschichtsstunde liest sich wie eine Übersetzung der Kernthesen aus Thilo Sarrazins Bestseller für ein Flugblatt der NPD. Möglicherweise hatte Sewering sogar Sarrazins Artikel von 2009 in der deutschen Ausgabe der Zeitschrift *Lettre International* gelesen und als Folie für seinen Clip genommen. Dort schreibt der ehemalige Berliner Finanzsenator: „Ich muss niemanden anerkennen, der vom Staat lebt, diesen Staat ablehnt, für die Ausbildung seiner Kinder nicht vernünftig sorgt und ständig neue kleine Kopftuchmädchen produziert."

Sarrazin wie Sewering bringen sehr gut den Geist der Verachtung und Arroganz auf den Punkt, der sich vermehrt seit Ende der 1990er Jahre auch im deutschen Kulturbetrieb gegenüber jenen aufmüpfigen und selbstbewussten postmigrantischen Kids entwickelte, die den paternalistischen Zirkus nicht mehr mitmachten, und die später in der Figur des Straßenrappers zum Albtraum des bürgerlichen Mainstreams avancierten. Die Oliver Pochers und Stefan Raabs versuchten dieser Entwicklung Herr zu werden, indem sie die neuen Protagonist:innen ihrem vorwiegend *weißen* Publikum vorführten und sich über sie lustig machten. Mit einem Baba Haft funktionierte das nicht mehr:

Frankfurter Jungs, hungrig und stur, man
Anstatt Sturmmaske: Bankraub im Turban
Lade die Guns durch, Blutbad, zu brutal
Immigrant, Herkunft Kurdistan.
(„Hungrig & stur", 2010)

Haftbefehl ist in seiner ganzen Existenz die Antithese zu Sewerings Stammtisch-Logik. Es dauerte nicht lange, da reagierte „JuliensBlog“ auf den rasanten Erfolg des Offenbacher Rappers in der Tradition des „Dreckskanacken“-Beitrags:

> *„(...) Aber Haftbefehl hat nicht nur keinen Hauptschulabschluss, sondern auch keinen Sonderschulabschluss, den man, soweit ich weiß, schon nach der 8. Klasse bekommt. Das bedeutet, dass Haftbefehl der mit Abstand dümmste Mensch ist, von dem ich jemals gehört habe und das spiegeln auch seine Texte wider. (...) Haftbefehl kann nicht mal einzelne Wörter reimen oder einfachste Texte schreiben. Und wenn sich doch etwas reimt, benutzt er wahrscheinlich ein Reimlexikon.“*

Diese kolossale Fehleinschätzung markiert auf seine Weise den Beginn einer neuen Rap-Epoche und den Anfang eines tiefgreifenden postmigrantischen Wandels der Pop- und Jugendkultur in Deutschland. Denn die Almans, die eben noch über Sewerings „Satire“ gelacht haben, wollen plötzlich auch Babos sein und kaufen sich in Haftis Online-Store „Azzlack“-Sweater und „Brudi“-Badelatschen. Sewerings „Dreckskanaken“ werden zu Trendsettern, die der deutschen Jugend die Mode und die Slangvokablen diktieren. Sie kommen aus aller Frauen Länder und tragen ihre Migrations- oder Fluchtbiografien in die Charts, wo sie als postmigrantische Rolemodels in all ihrer Widersprüchlichkeit die nächste Generation inspirieren. Und wie reagierte Hafti auf die Kritik des Oberprimaners Julien Sewering? In einem kurzen YouTube-Video kontert Baba Haft lapidar:

> *„Ich bin ein Kanake und was ich mache ist kanakisch. Ob's dir gefällt oder nicht, ich mach mein Geld. Auf Juliens Blog, der kleine Hurenschmock, er macht immer noch Parodien, trotzdem mach ich Euros, Para, Kies.“*

Biopics, Bambis und Brüche

Wer den ästhetischen Unterschied zwischen der Generation Aggro Berlin und dem postmigrantischen Straßenrap der 2010er Jahre unmittelbar erleben möchte, der sollte sich zwei Filme anschauen. Zuerst den Bernd Eichinger Film „Zeiten ändern dich“ von 2010, der von der Biografie des

Berliner Rappers Bushido inspiriert ist. Und direkt danach „Rheingold“, die Verfilmung des Lebens von Giwar Hajabi aka Xatar von Regisseur Fatih Akin, die 2022 in die Kinos kam. Das Bushido-Biopic erzählt eine deutsche Erfolgsgeschichte, folgt einer klaren, bruchlosen Dramaturgie, und am Ende singt Bushido zusammen mit dem Schlagersänger Karel Gott „Die Biene Maja“ vorm Brandenburger Tor. Karel Gott ist der Held von Bushidos Mutter und steht für die alte Bundesrepublik. Durch den gemeinsamen Auftritt am Ende des Films verspricht der Sohn seiner Mutter und allen, die den Film sehen: Ich bin ein Kind dieses Landes. Ich bin harmlos. Dass Bushido ein Jahr später den Integrations-Bambi verliehen bekommt, ist in diesem Sinne nur konsequent. Bushido, die Symbolfigur der Generation Straßenrap 1.0, lebte trotz des Lärms und all der Skandale ein erstaunlich geradliniges Leben in Deutschland.

Fatih Akins „Rheingold“ ist kein Biene-Maja-Movie, und Xatar wird für sein Leben niemals den Integrations-Bambi bekommen. Der Film „Rheingold“ erklärt den Bruch zum ästhetischen Prinzip. Giwar Hajabis Biografie schickt uns auf eine vielfach gebrochene, transnationale Reise, die viel mehr der postmigrantischen Wirklichkeit vieler Menschen entspricht, als Eichingers biederes Integrationsportrait. Xatar überschreitet ständig Grenzen: innere Grenzen, sprachliche Grenzen, Generationsgrenzen, Ländergrenzen und Grenzen des bürgerlichen Gesetzbuchs. In Xatars Biopic können sich ganz andere Gesichter spiegeln als in Bushidos Lebensgeschichte.

Erfahrungen von Flucht und Vertreibung

Diese neue Generation von Straßenrappern ist zwischen 1980 und 1990 geboren und drückt spätestens ab 2010 dem Genre seinen Stempel auf. In ihren Biografien spiegeln sich die Krisen in Nordafrika und im Nahen Osten wider, die Millionen von Familien zwangen, ihre Heimat zu verlassen und in ein ungewisses Exil zu fliehen. Die jungen MCs repräsentieren nicht in erster Linie die dritte Einwanderergeneration, sondern sind oft selbst erst in den 1980er oder 1990er Jahren als Geflüchtete nach Deutschland gekommen. So kam KC Rebell als Flüchtlingskind mit seinen Eltern nach Deutschland, ebenso wie Fard, Kurdo, Xatar, Bero Bass, Nazar, Nura, Eno, Zuna, Farid Bang, SSIO oder Majoe. Rapper wie Manuellsen, PA Sports oder Massiv wurden als Kinder nach der Flucht ihrer Eltern in Deutschland geboren. Keiner dieser MCs wuchs mit Deutsch als Muttersprache auf, und doch prägen sie mit ihrem urbanen HipHop-Ethnolekt den Slang der deutschen Jugend. Viele der aktuell erfolgreichen Rapper:innen stammen aus Familien, die in den 1980er Jahren aus dem Nahen Osten eingewandert sind. Ihnen folgt eine Generation von Jugendlichen, deren Eltern aus afrikanischen Staaten nach Deutschland gekommen sind. Und wir können davon ausgehen, dass sich im Straßenrap bald die ersten syrischen und ukrainischen Stimmen zu Wort melden werden.

Dieser Zusammenhang macht deutlich, dass Straßenrap (nicht nur in Deutschland) seine Erneuerungskraft aus der hybriden und transnationalen Biografien seiner Protagonist:innen schöpft. Erfahrungen von Flucht und Vertreibung sind in ihrer Kunst präsent, was nicht bedeutet, dass sich diese Themen zwangsläufig in konkreten Schilderungen dieser Ereignisse niederschlagen. Anders als bei Bushido und Co. ist Deutschland nicht der Leitstern dieser Künstler:innen. Der deutsche Straßenrap ist zu einem lebendigen, widersprüchlichen, postmigrantischen künstlerischen Medium geworden, das die Folgen von Neoliberalismus, Globalisierung und Vertreibung offenlegt, indem es die Gesellschaft mit neuen, transnationalen Lebensgeschichten konfrontiert.

Auf der anderen Seite speisen die Texte und Videos dieser Rapper:innen neue Bilder einer prekären, lumpenproletarischen Realität in den medialen Mainstream und irritieren die Erzählung von grenzenlosem Wachstum und Wohlstand. Seine Protagonist:innen präsentieren sich oft provokant als selbstbewusste Hedonist:innen, die an den Versprechen des Kapitalismus teilhaben wollen. Gleichzeitig erzählen sie Geschichten über die Folgen und Kollateralschäden kapitalistischen Wirtschaftens. Trotzdem wird im Straßenrap der Ruf nach einer Überwindung der neoliberalen Ordnung leiser. Stattdessen werden immer wieder reaktionäre Konzepte von Ehre, proletarischer Männlichkeit und Familie aktualisiert und gleichzeitig durch die hybride und postmoderne Dynamik der HipHop-Kultur irritiert und in Frage gestellt.

Faszination „Migrantenjugend"

Spätestens mit der Nationalisierung von HipHop und der monolingualen Transformation von Rap in den „deutschen Sprechgesang" stieg die Berichterstattung über die „neue deutsche Reimkultur" in den bürgerlichen Leitmedien rasant an. Das ist keine große Überraschung – haben doch *Spiegel*, *Süddeutsche Zeitung*, *Zeit* und Co. die nationale Euphorie nach der deutsch-deutschen Wiedervereinigung journalistisch massiv flankiert und vorangetrieben. In den Underground-Redaktionen der Szenemedien, in denen fast ausschließlich *weiße* junge Männer mit bürgerlichem Background arbeiteten, gab es gegen diese Entwicklung keinen Einspruch. Das *MZEE* Magazin, *Backspin* und später *Juice* konzentrierten sich auf ästhetische Kategorien und begleiteten vor allem die Entwicklung von Beats und Reimtechniken.

Spätestens Mitte der 1990er Jahre war der Nährboden für die erste postmigrantische, multilinguale Utopie der HipHop-Old-School ausgetrocknet. Die Übriggebliebenen, die optisch und sozial nicht in das nationale Erfolgsnarrativ passten, verschwanden in den Sparten Turkish Rap oder Oriental HipHop. Rap etablierte sich im Mainstream als vorwiegend *weiß* und bürgerlich gelesenes Kulturphänomen einer deutschen Jugend. Die *Juice* selbst bot der Berliner Republik devot die Hungervokabel „Deutschrap" an, die von den führenden Medien dankbar übernommen wurde. „Der Sprechgesang aus dem schwarzen Getto ist deutsch geworden", freute sich im Jahr 1999 Thorsten Stecher in der *Zeit* und stellte beruhigt fest: „Schön, dass auch HipHop in Deutschland zur neuen Mitte gefunden hat." Und 2001 schreibt Ariane Barth im *Spiegel* entzückt: „Die verrückte Bewegung hat eine Art romantische Renaissance bewirkt: Pubertierende Knaben führen ein Reimbuch mit und tragen alle naslang ihre Inspirationen ein, genau wie die bewunderten Rapgrößen."

Bedrohung von der Straße

Mit dem Erfolg des Berliner Independent-Labels Aggro Berlin und dem Aufstieg von Rap-Artists, die in die schwarz-rot-goldene Zigarrenschachtel nicht mehr hineinpassten, drehte sich der Wind in den bürgerlichen Leitmedien. In den Jahren 2001 bis 2011 ist die Berichterstattung über Rap in Deutschland zwar weiterhin groß. Der Ton ändert sich jedoch gewaltig. In seiner Untersuchung „Die bösen Rapper sind schuld. Das Image von HipHop in den deutschen Printmedien" stellt Stefan Burkard fest: In den Jahren zwischen 2000 und 2011 berichten *Spiegel*, *FAZ*, *Süddeutsche Zeitung*, *Welt*, *Focus* und *Zeit* häufig über das neue Phänomen Gangsta Rap – allerdings „bei jedem zweiten Artikel (rund 52 %) mit einer negativen Konnotation. (...) Nur bei rund 5 % der Artikel über Gangsta-Rap wurde HipHop als positive Kultur dargestellt." Die Journalist:innen, die hier gegen das neue migrantisch gelesene Rap-Lumpenproletariat anschreiben, sind enttäuschte Almans. Mit aller Kraft stemmen sie sich gegen die Rückkehr einer postmigrantischen Jugend, die plötzlich auf Deutsch rappt, und zu der die pubertierenden deutschen Mädchen und Jungen aus der Obersekunda bewundernd aufschauen. Der neue, migrantisch geprägte Straßensound wird als Bedrohung empfunden. Das *weiße* Bürgertum zog deshalb zwei Brandmauern – eine soziale zum Schutze der Hochkultur gegen die Gossensprache der Unterschicht und eine ethnisch-kulturelle gegen die muslimisch gelesenen „Ausländer", die nicht Teil einer nationalen Erzählung werden sollten.

Exemplarisch kann man das bei Joachim Lottmann in der Tageszeitung *Die Welt* nachlesen. Der Schriftsteller Lottmann, Jahrgang 1956, schreibt dort im Dezember 2014 ein „kulturkritisches Pamphlet" über den Zustand der Musikcharts. Er stellt fest, dass Rap zum neuen Mainstreamtrend geworden ist und wundert sich: „Gibt es überhaupt noch einen Trend, einen Mainstream außerhalb der Migrantenjugend?" Kool Savaş' Song „Märtyrer" bewertet er als „Hassgebrabel". Warum Jugendliche solche Musik hören, erschließt sich dem *weißen*, 58 Jahre alten Autor nicht: „Als Vertreter der westlichen Zivilisation frage ich mich schon: Was finden Jüngere so gut an dem Typ?" Zu guter Letzt rückt Lottmann die Ästhetik und das Auftreten der rappenden „Migrantenjugend" in die Nähe der Terrororganisation Islamischer Staat. Lottmanns Kommentare aus dem Jahr 2014 sind zu diesem Zeitpunkt schon Rückzugsgefechte. Im bürgerlichen Feuilleton hatte sich in den letzten Jahren eine neue Wertschätzung gegenüber den postmigrantischen Rap-Protagonist:innen entwickelt.

Die Feuilletonisierung von Haftbefehl

Die Kulturschreiber:innen werden didaktisch und beginnen, ihrem Publikum „Gangsta Rap" zu erklären. Und Haftbefehl ist zu ihrem absoluten Liebling geworden. Daniel Haas stellt im November 2014 in der *Zeit* fest: „Der Rapper Haftbefehl ist der deutsche Dichter der Stunde" – und behauptet, Diskursanalytiker Michel Foucault hätte Aykut Anhans Künstlername auf jeden Fall geliebt. Im selben Jahr untersucht der Kultursoziologe und Straßenrap-Experte Marc Dietrich „Haftbefehls Einbruch in den Feuilleton-Olymp" in einem weitsichtigen Artikel im *All Good* Magazin. Dietrich stellt eine Veränderung im Vergleich zu der überwiegend negativen Berichterstattung über Straßenrap der letzten Jahre fest:

> *„Viele Alben-Rezensionen, die von Rappern mit Migrationshintergrund handelten, verrieten oft mehr über die tendenziöse Haltung des Autors als über das Album und seine Qualitäten. Man konnte den Eindruck gewinnen, dass hier auch gewisse Vorbehalte am Werk waren, welche Menschen mit Akzent selten gute Musik – und schon gar keine Kunst – zugestanden. Das ist im Moment, wo es auch ‚in' ist, Haftbefehl gut zu finden, anders."*

Tatsächlich ist Haftbefehl bis heute der Liebling des Feuilletons geblieben. Das mag zum einen daran liegen, dass in den Kulturredaktionen der bürgerlichen Leitmedien eine neue Generation von Journalist:innen angekommen ist, die mit Rap und eben auch Straßenrap groß geworden ist. Zum anderen haben die Redakteur:innen offenbar Freude am postmigrantischen Sprachspiel und der gebrochenen Ästhetik des Straßenrap 2.0. Rapper:innen werden in diesem Kontext nicht mehr als authentische Drogendealer oder Kleinkriminelle aus der Hood vorgestellt, sondern als „Dichter der Neuzeit", wie Moritz von Uslar 2016 in der *Zeit* sein Gespräch mit Haftbefehl und Xatar betitelt. In diesem Gespräch wird auch deutlich, dass sich die postmigrantischen Rapstars – anders als ihre Vorläufer – durchaus darüber bewusst sind, dass das bürgerliche Interesse an der Ästhetik ihrer Kunst ein zweischneidiges Schwert ist. So sagt Haftbefehl an Xatar gerichtet: „Merkst du was? Wir werden hier gerade feuilletonisiert, Brudi!"

Die Skepsis ist angebracht. Schließlich stürzen sich hier Almans aus dem bürgerlichen Lager auf ein postmigrantisches Pop-Phänomen der Unterschicht. Bei allen Hurra-Rufen aus den Kulturredaktion darf die Frage gestellt werden: Was entzückt das bürgerliche Publikum an der Ästhetisierung subproletarischer Sprache? Welche Reize befriedigt der Konsum postmigrantischer Geschichten aus den Vierteln, die man selbst niemals betreten würde? Hellsichtige Antworten auf diese Fragen findet man nur zum Teil in der bürgerlichen Presse. Auch die Fernseh-Dokus des *Hessischen Rundfunks* oder von *Amazon Music* bleiben im Bann der bourgeoisen Faszination stecken. Im Gegenteil scheint das Medium Film die eindimensionale Ikonisierung der Figur Haftbefehl noch zu befeuern. In der Amazon-Doku „Du weißt, dass es Haft ist" überschlagen sich prominente Menschen aus der Musik- und Kulturbranche mit Superlativen. Haftbefehl wird wahlweise als außerirdischer Rockstar oder als ultra-charismatischer Leader beschrieben. Neben Jan Böhmermann kommt auch Moritz von Uslar zu Wort, wobei man dem Schriftsteller seine Begeisterung für den Offenbacher Rapper wirklich abnimmt: „Als jemand, der mit Sprache zu tun hat, ist das Stakkato der verbotenen Begriffe bei Haftbefehl ein Hochgenuss." Und ist nicht auch das ein Echo aus dem postmigrantischen Raum? Ein Alman aus der Hochkultur und ein Straßenrapper erkennen sich, weil sie als Künstler beide mit Sprache arbeiten.

Einer von uns

In der Kausa Haftbefehl sollte man aber andere Kronzeug:innen zu Wort kommen lassen. Die Wiener Journalistin Melisa Erkurt zum Beispiel. In einem Artikel für die *taz* schreibt sie im Mai 2021:

> *„Die Doku wird dem Einfluss, den Haftbefehl auf eine ganze Generation hat, nicht gerecht. Ich hätte statt Böhmermann lieber Jugendliche über Haftbefehl sinnieren gehört. (...) Wenn meine ehemaligen Schüler Haftbefehl gehört haben, hielt man sie für Sexisten und Antisemiten. Wenn ein Kulturjournalist Haftbefehl hört, ist er revolutionär, indem er Haftbefehls Sprache analysiert, als wären wir in einer Germanistikvorlesung. Es brauchte also Intellektuelle ohne Migrationsgeschichte, damit Haftbefehls Musik und alle, die sie hören, nicht verteufelt werden."*

Es sind vor allem junge Journalistinnen mit transnationalen Biografien, die dem postmigrantischen Phänomen Haftbefehl einen überzeugenden soziokulturellen Rahmen geben. Sie setzen den Offenbacher Künstler und mit ihm den Straßenrap 2.0 in einen sozialen und politischen Kontext. Sie wissen, welche Bedeutung die postmigrantischen Geschichten aus der Hood für Kinder haben, die in Armut aufwachsen. Für Jugendliche mit Fluchtbiografien, deren Zukunftsperspektive in Almanya ungewiss ist. „Wenn nicht mit Rap, dann mit der Pumpgun" – solche Zeilen wecken, je nach gesellschaftlichem Status, ganz unterschiedliche Assoziationen. Und mit Blick auf die Feuilletonisierung von Straßenrap merkt die Journalistin Miriam Davoudvandi kritisch an:

> *„Es herrscht ein schwieriges Spannungsverhältnis zwischen der Exotisierung des Fremden und der Faszination dafür, vielleicht liegt es auch an der jahrelangen Unterschätzung des Potenzials von Rap."*

Ein Schlüsseltext zum Verständnis von Straßenrap 2.0 im Allgemeinen und von Haftbefehl im Besonderen ist Davoudvandis Artikel „Weil er unsere Sprache spricht", der im Juni 2020 als Gastbeitrag im *Spiegel* erscheint und aus dem dieses Zitat stammt. Die Berliner Journalistin reflektiert die Bedeutung, die der Rapper mit seiner persönlichen Geschichte, aber auch mit all seinen erzählten Geschichten für die postmigrantische Jugend in Almanya hat:

> *„Haftbefehl wurde im Zuge seines Erfolgs für viele Migranten und Migrantinnen zu einer essenziellen Identifikationsfigur. Weil er unsere Sprache spricht. Weil er sich in seiner Kunst zu vielem positioniert, was uns beschäftigt, darunter Rassismus und das in der Rap-Welt oft tabuisierte Thema Depression. Er*

> *hat es geschafft, binnen einem Jahrzehnt von einer großen, bürgerlichen Masse akzeptiert zu werden – ohne sich anzubiedern, ohne weniger unbequem zu sein. (…) Er ist, wenn auch wider Willen, politisch höchst relevant.*"

In dieser Beschreibung offenbart sich ein wichtiger Unterschied zu der ersten Generation von Gangsta-Rappern in Almanya: Die Aggro-Artists haben zu gesellschaftlichen Themen nie Stellung bezogen. Sie bedienten Stereotype und spielten eine Rolle, die gut zum Design ihrer Kunstfigur passte. In gewisser Weise war ihr Verhalten im Rahmen dieser Koordinaten angepasst. Das Unberechenbare, Anarchische – im Verhalten, in den Themen, aber auch in der Sprache – kam erst mit der postmigrantischen Wende zurück ins Rapgame. Ein Xatar und ein Haftbefehl lassen sich auf das feuilletonistische Süßholzraspeln nicht ein. Sie schauen sich das Treiben vom Rand aus an. Sie beteiligen sich nicht – und wenn doch, dann mit einem Augenzwinkern. Miriam Davoudvandi deutet dieses Sich-Nicht-Verhalten als aktive Stellungnahme und starkes Zeichen gegenüber den Erwartungen der Mehrheitsgesellschaft: „Was Haftbefehl für mich so faszinierend macht: Das Bürgertum feierte ihn ab, aber von ihm kommt keine Regung, keine Anpassung, nix. Während ich mich noch um Assimilierung bemühte, schien ihm das alles total egal zu sein."

Als Aykut auf Miriam trifft

Anders als die *weißen* Kulturjournalist:innen der bürgerlichen Leitmedien, deren Begeisterung für die Kunstfigur Haftbefehl mit Sicherheit aufrichtig ist, teilt Miriam Davoudvandi ein Erfahrungswissen mit Aykut Anhan. Die Journalistin, die beim *splash! mag* angefangen hat und den „Danke, gut"-Podcast für Pop und Psyche hostet, weiß, wie es ist, in Armut aufzuwachsen. Sie wurde in Bukarest als Tochter eines Iraners und einer Rumänin geboren. Seit ihrer Jugend in einer baden-württembergischen Kleinstadt kennt sie die großen und die kleinen Schikanen, die eine strukturell rassistische Gesellschaft für Menschen mit transnationalen Biografien bereithält. Sie hat Antennen für die Klischees und die positiven Stereotype der Mehrheitsgesellschaft. Sie weiß, kognitiv wie emotional, was Hanau für die postmigrantische Community bedeutet, und dass Almanya für Menschen wie sie und Aykut kein sicherer Hafen ist. Noch nicht.

In einem Gespräch zwischen Moritz von Uslar und Haftbefehl passiert etwas anders als in einem Gespräch zwischen Miriam Davoudvandi und Aykut Anhan. Im ersten Fall findet eine Übersetzung statt. Die ambivalente und faszinierende Ästhetik postmigrantischen Straßenraps wird in seiner künstlerischen Bedeutung einem *weißen* bürgerlichen Publikum erläutert und damit genießbar gemacht – und zwar von jemandem, der selbst mit

Sprache arbeitet und der einen Haftbefehl tatsächlich versteht. Im zweiten Fall entsteht eine andere Form eines postmigrantischen Dialogs.

„Depression ist ein Teil meines Lebens. Ich gehe damit offen um, ich habe kein Problem damit. Mein Vater ist an Depression gestorben." Diese Sätze spricht Aykut Anhan aka Haftbefehl in einem Videointerview nach 25 Minuten und 43 Sekunden. Das Interview des *Diffus* Magazins wird von der Berliner Journalistin Miriam Davoudvandi geführt. Es beginnt verhalten. Die beiden haben es sich in einer gepolsterten Sitzecke im Barbereich eines Hotels in Frankfurt bequem gemacht. Miriam Davoudvandi stellt zunächst allgemeine, eher harmlose Fragen. Sie spricht ruhig und ist gleichzeitig fokussiert. Ist sie aufgeregt? Man merkt es ihr nicht an.

Je länger das Gespräch dauert, desto freier und ungezwungener spricht Haftbefehl. An einem bestimmten Punkt verschwimmen die Grenzen zwischen der Kunstfigur und dem postmigrantischen jungen Mann Aykut Anhan. Deutlich wird das spätestens, als die Interviewerin das Thema Armut, Depressionen und Verletzungen anspricht – Themen, die Miriam Davoudvandi außerdem postmigrantisch rahmt. Es wird klar: Hier sprechen zwei Menschen miteinander, die beide transnationale Wurzeln und postmigrantische Flügel haben, die wissen, wie es um die Realität in Almanya bestellt ist.

Nachdem Haftbefehl von depressiven Episoden in seinem Leben und seiner Arbeit erzählt und unterstreicht, dass er kein Problem hat, darüber offen zu sprechen, hakt seine Gesprächspartnerin nach: „Das ist ja unter uns Kanaks so. Das ist nochmal anders. Gerade wenn so ein Zweimeter-Kanak wie du da steht, dann denkt man erstmal nicht daran." „Ich bin ja keine Heulsuse", sagt der Straßenrapper und ergänzt, „aber ich heule auch mal, wenn ich down bin." Am Ende des Interviews kommt Miriam Davoudvandi auf Hanau zu sprechen. Hier wird klar, welche Bedeutung der Terroranschlag im kollektiven Bewusstsein der postmigrantischen Community hat. Haftbefehl kann sich genau an die Situation erinnern, als er in den Nachrichten von der Bluttat erfährt. Er ruft sofort seine Brüder an und will wissen, wo sie sich aufhalten. Er erzählt, dass Freunde im Begriff waren, Waffen zu besorgen, um sich verteidigen zu können.

Das Gespräch zwischen Aykut Anhan und Miriam Davoudvandi ist mehr als ein Musikinterview mit einem Rapstar. Es zeigt Haftbefehl in seiner Bedeutung für die postmigrantische Gesellschaft. Es offenbart die Schönheit und den Schmerz transnationaler Biografien in Almanya. Es dokumentiert Verbundenheit, Solidarität und die Bereitschaft, offen miteinander zu sprechen. Auch über Verluste und Ängste. Die Kommentare unter dem Video greifen diese Dimension auf. Die Menschen fühlen sich mitgenommen und bestärkt.

Next Level Diversity

Die P und Kozarth über die neue Energie in der Szene

Mit dem Kölner MC Kozarth und der Bonner Rapperin Die P haben wir über die neue inhaltliche und biografische Vielfalt der postmigrantischen HipHop-Community gesprochen.

Kozarth: Xatar und Haftbefehl haben eine Form von Straßenrap populär gemacht, die ehrlich und authentisch ist. Es kommt nicht von ungefähr, dass die beiden zu den erfolgreichsten Rappern dieses Genres wurden und heute Kultstatus genießen. Hafti und Xatar haben eine Sprache gesprochen, die wir verstanden haben. Wir sind multikulturell aufgewachsen, und wir haben mit unseren Freunden auch so oder so ähnlich gesprochen in unseren Blocks. Das war das Original. Die haben davon berichtet, wie es wirklich läuft, und was da draußen auf den Straßen abgeht. Bei uns im Block lebten Afrikaner, Kurden, Araber, Türken, Russen, Polen, Italiener, Kroaten, und wir sind alle zusammen aufgewachsen – als marginalisierte Minderheit. Ich kann einen Xatar und einen Haftbefehl verstehen. Nicht weil ich Kurde bin, sondern weil das unser Lingo auf der Straße ist. So haben wir uns im Block unterhalten. Unser Vokabular ist ein Mixtape. Kurdische Wörter, türkische Wörter, Vokabeln aus afrikanischen Sprachen und so weiter. Ich war immer Teil der afrikanischen Community, aber eben auch Teil einer übergeordneten postmigrantischen Kanaken-Community.

Die P: Ich finde, Curse ist auf eine vergleichbare Art ehrlich und authentisch, weil er als MC ein unfassbarer Geschichtenerzähler ist. Für mich ist Curse mehr als nur ein Rap-Artist. Ich hatte die große Ehre ihn kennenzulernen und auch mit ihm im Studio intensiv Zeit zu verbringen. Er ist ein sehr charismatischer, lyrischer Mensch, der wichtige Dinge zu sagen hat. Curse hat mich mit seinen Worten berührt. Wenn man sagt: Die Deutschen sind Dichter und Denker, dann ist Curse für mich der Inbegriff davon.

Kozarth: Wenn man Die P oder mich fragt, wo wir herkommen, dann haben wir natürlich Wurzeln in Angola, der Heimat unserer Eltern. Aber am Ende des Tages sind wir deutsch. Wir sind hier in den Kindergarten gegangen, haben hier die Schule besucht, unsere ganze Sozialisation ist deutsch. Wir tragen auch die deutsche Kulturgeschichte in uns, wir kennen Goethe und Schiller. In unserer Jugendkultur kommt das nur selten vor, das heißt aber nicht, dass wir blöd sind. Bei Curse oder Casper findest du Spuren, die dorthin führen. Casper ist ein krasser Lyriker. Sein erstes

Album „XOXO“ hat mich umgehauen. Da geht es hart zur Sache. Er war seiner Zeit weit voraus. Ich kann vieles, was er beschreibt, nachempfinden, weil ich es so oder so ähnlich erlebt habe. Klar waren das bei mir andere Szenarien, aber lyrisch und emotional war es dasselbe. Und wenn wir uns die vier Künstler, über die wir gerade reden, mal vor Augen halten, dann wird klar: Das sind nicht einfach auf der einen Seite zwei Almans und auf der anderen Seite zwei Kanaken. Nein, das sind total diverse Künstler, die in ihrer Multidimensionalität eine krass vielschichtige Szene repräsentieren: Wir haben Xatar, einen Kurden, der aus dem Iran geflohen ist, wir haben Haftbefehl, einen Kurden, der aus der Türkei stammt, wir haben Curse, der in Minden mit diesem Sinti-Einfluss groß geworden ist, und wir reden von Casper, der einen US-amerikanischen Background hat und teilweise in den USA gelebt hat. Wenn das nicht Ausdruck einer postmigrantischen Szene ist, was dann? Das ist Deutschland!

Die P: Mich hat damals Schwester S. sehr geprägt. Cora E. fand ich auch stark, obwohl ich sie erst spät kennengelernt habe. Was SXTN dann auf die Beine gestellt haben, das hatte eine krasse Energie, die ich hart gefeiert habe. Liz aus Frankfurt repräsentiert für mich eine neue Generation junger Frauen, was auch sehr wichtig ist. Aber am meisten hat mich Schwesta Ewa beeindruckt. Als die um die Ecke kam, war alles vorbei. Ewa war eine der realsten Rapperinnen überhaupt und hatte unglaublich viel zu erzählen. All diese Frauen haben weitere Frauen inspiriert und ermutigt. Das ist sehr wichtig. Die Türen müssen weit geöffnet werden. Auch ich merke heute, dass ich Türen aufgemacht habe für eine Generation, die nach mir kommt, und die sich durch meine Musik ermutigt fühlt – eine Generation junger Schwarzer Frauen, die HipHop leben und repräsentieren möchten. Diese Verantwortung wollte ich lange nicht annehmen, bis ich gemerkt habe, dass meine Community aus genau solchen Frauen besteht. Umso wichtiger ist es, dass viele unterschiedliche Frauen mit unterschiedlichen Backgrounds und Geschichten nach vorne kommen und sichtbar werden.

Das Schwesta-Ewa-Beben

Die postmigrantische Renaissance, die sich spätestens ab 2008 immer deutlicher abzeichnete, löste die eindimensionale und glatt designte „Deutschrap"-Antithese der Aggro-Jahre nach und nach ab. Die neuen Protagonisten waren zwar mit Bushido und Co. aufgewachsen, sie brachten aber andere Biografien ins Game und standen Deutschland gleichermaßen skeptisch wie selbstbewusst gegenüber. Massiv, La Honda Boys, KC Rebell, Animus, Kurdo und viele andere definierten Straßenrap neu. Sie etablierten einen Slang, der zur Jugendsprache wurde und erweiterten den Themenraum im Straßenrap in Almanya gewaltig. Was sie mit den 2000er Jahren verband: Beide Formen pflegten eine aggressive, sexistische und homophobe Grundhaltung. Frauen wurden als Subjekte unsichtbar gehalten, und ein krankhafter Männlichkeitswahn gehörte zum Grundrauschen des Genres.

Ende 2011 rüttelte ein unvorhergesehenes Beben an den Grundfesten dieses hypermaskulinen Raums. Die männliche Selbstverständlichkeit, Herr im HipHop-Haus zu sein, geriet ins Wanken, als Schwesta Ewas erster Song „Schwätza" zum YouTube-Hit wurde. Rappende Frauen hatte es in Almanya von Beginn an gegeben, sie wurden jedoch bis auf wenige Ausnahmen unsichtbar gemacht oder skandalisiert. Sie kamen in der Mainstream-Erzählung nicht vor und wurden von ihren männlichen Kollegen kaum supported. Auch eine Lady Bitch Ray, die mit „Vorhang Auf" schon 2007 eine maximal irritierende EP releaste, wurde von der Szene sichtbar auf Abstand gehalten. Bei Schwesta Ewa funktionierte diese Strategie der Ausgrenzung nicht mehr. Ewa Malanda war als Kind mit ihrer Mutter und ihren Schwestern von Polen nach Deutschland gekommen. Eigentlich wollte die Familie weiter in die USA emigrieren. Als das scheiterte, wuchs Ewa in Kiel auf. Mit 16 Jahren begann sie als Prostituierte zu arbeiten und zog 2004 nach Frankfurt.

Als Ewa plötzlich im Umfeld von Xatar als Rapperin auftrat, sah sich die gefällige Männergemeinschaft gleich von zwei unerhörten Tatsachen gefrontet: Zum einen wilderte hier eine selbstbewusste Frau auf ihrem Grund und performte Straßenlyrik von hoher Qualität. Zum anderen warf diese Rapperin ihren Job als Sexarbeiterin souverän als authentische Story in den Ring. Ewa tat also all das, was ihre männlichen Kollegen schon seit Jahren taten: Sie erzählte anrüchige Gangsta-Geschichten und inszenierte sich als mit allen Wassern gewaschene Kleinkriminelle. Allerdings tat sie das als Frau. Damit rammte sie für alle sichtbar eine Female-Flag in das Territorium der Jungs, die sich dazu nun verhalten mussten.

Jungs kommen nicht mehr klar

Es gab unzählige Reaktionen auf das Erscheinen von Schwesta Ewa im postmigrantischen Männlichkeitsraum. Allein mit den Kommentaren unter ihren ersten Videos ließen sich Wände tapezieren. Was von Beginn an deutlich wird: Die Reaktionen waren heftig, aber die Fassade der männlichen Selbstinszenierung bekam erste Risse. Ewa ließ sich nicht einfach übergehen. Ihr Habitus und ihre Geschichten forderten die Männer heraus und zeigten gleichzeitig die Widersprüche und die Absurdität eines hypermaskulinen Wertesystems auf.

Der Sozialwissenschaftler Malte Goßmann und der Soziologe und Gangstarap-Experte Martin Seeliger haben diese Irritationen in einem klugen Artikel mit dem Titel „Weibliches Empowerment und männliche Verunsicherung im Gangstarap" im Mai 2013 in der *Pop-Zeitschrift* beschrieben. Exemplarisch untersuchten die beiden Autoren dafür zwei Social-Media-Reaktionen von männlichen Straßenrappern auf Schwesta Ewa: ein Gespräch zwischen Manuellsen, Animus und Kurdo, die in einem Handyvideo Ewas erstes Video „Schwätza" kommentieren, und die Reaktion des Essener Rappers PA Sports, der sich in mehreren Beiträgen über ihre Inszenierung als Prostituierte und die unangemessene Wortwahl ihrer Texte empört. Als wir mit Martin Seeliger über diesen Ewa-Moment spreche, unterstreicht er die fundamentale Irritation und Bedrohung, die ihre Songs und Videos bei den männlichen Kollegen ausgelöst haben:

> *„Obwohl Schwesta Ewa eine Eintrittskarte durch ihr Signing bei Xatars Label Alles oder Nix hatte, wird deutlich, wie die etablierten Straßenrapper ihr Steine in den Weg legen. Bei der Reaktion von Animus, Manuellsen und Kurdo wirkt es zwar zunächst so, als hätten sie damit kein großes Problem, aber sie haben natürlich alles getan, um zu verhindern, dass Ewa als eine von ihnen, als Rapperin, akzeptiert wird. Mit ihren belustigten und spöttischen Kommentaren machen die drei Schwesta Ewa zu einer anderen Person. Sie geben sich amüsiert und stellen ständig rhetorische Fragen, ob das wirklich okay ist, was sie da tut und wie sie sich gibt. In dem Video wird deutlich, dass Animus, Manuellsen und Kurdo eigentlich total verunsichert sind. Soziologisch würde man sagen: Sie müssen Ewa delegitimieren, um ihre Souveränität wiederherzustellen. Wenn wir uns umgekehrt einmal die Szene vorstellen, dass Schwesta Ewa sich mit zwei Freundinnen in einem Reaction Video über Manuellsen und seine Story mit den Hells Angels lustig machen würde, dann hätte Manuellsen das mit Sicherheit als Frontalangriff auf seine Persönlichkeit gewertet."*

Die Reaktionen von Animus, Manuellsen und Kurdo wirken vor diesem Hintergrund fast ulkig. Die drei Straßenrapper albern und glucksen herum, als wären sie in der Pause beim Kicken von einem Mädchen getunnelt worden. Sie tun alles, um ihre Irritation zu überspielen. Das gelingt ihnen eher schlecht als recht. Ihre Souveränität wirkt brüchig. Außerdem dürfen wir davon ausgehen, dass die drei mit angezogener Handbremse kommentieren. Denn hinter Schwesta Ewa steht Xatar, eine Raplegende, die wegen eines Überfalls auf einen Geldtransporter zu dieser Zeit im Gefängnis sitzt, und dem Manuellsen in dem Video ausdrücklich seine Hochachtung ausspricht.

PA Sports und die Veränderungskraft des postmigrantischen Raums

Der Essener Rapper PA Sports, der aus einem iranischen Akademikerhaushalt stammt und mit seinem Label Life Is Pain einen mittelständischen Straßenrap-Betrieb aufgebaut hat, reagiert 2012 mit einer anderen Strategie auf Schwesta Ewa. Ausgehend vom Wertesystem eines patriarchalen Weltbilds fällt er ein moralisches Urteil über Ewas Texte und über ihr offensives Auftreten als Prostituierte. PA Sports versucht, seine Souveränität wiederherzustellen, indem er Ewa an ihre Rolle als Frau erinnert: „Schwesta Ewa ist eine Beleidigung für die Ehre einer jeden Frau", schreibt er in einem Post. Als prompte Reaktion auf diesen moralischen Appell droht Ewa PA Sports Schläge an. Wieder handelt Schwesta Ewa nach den üblichen Standards im Straßenrap: Wenn dich jemand beleidigt, dann lass dir das nicht bieten und schlage zurück.

PA Sports sitzt nun in der Klemme. Eigentlich müsste er dieser Logik folgen und die Herausforderung annehmen, d.h. Ewa seinerseits Gewalt androhen. Gleichzeitig verbietet ihm seine Ehre als Mann, sich mit Frauen in dieser ritualisierten Form zu duellieren. Es folgen verschiedene Interviews, in denen sich PA Sports um Kopf und Kragen redet. So stellt er zum Beispiel im Gespräch mit *hiphop.de* verblüfft fest: „Das ist das erste Mal in meinem Leben, dass mir eine Frau gedroht hat, das ist sehr, sehr witzig." Auf der anderen Seite spricht PA Sports erstaunlich ehrlich über seine Verunsicherung und über die Zwickmühle, in die er geraten ist: „Mir selber ist es ein bisschen peinlich. Rapper haben miteinander Beef. Und PA Sports hat jetzt Beef mit Schwesta Ewa. Das ist nicht das, was ich unbedingt will." Er beteuert darüber hinaus, dass es ihm nicht darum gehe, Frauen aus dem Rapgame zu drängen – im Gegenteil: „Es gibt viele Female Rapper in Deutschland, die rappen können, und die auch Support verdient hätten. Und die erste Frau, die einen Spot kriegt, ist eine Nutte?" Dass er als Mann eine Frau als gleichberechtigte Künstlerin akzeptieren soll, obwohl diese als Sexarbeiterin tätig ist, stellt für PA Sports damals die größte Herausforderung dar.

Der Rap-Journalist Toxic, der das Interview führt, hält in diesem Gespräch eine bewundernswerte Balance zwischen Wertschätzung und

Konfrontation, so dass die Widersprüche in PAs Argumentation, aber auch seine Verletztheit sichtbar werden. Man kann ihm dabei zusehen, wie er ins Stocken kommt und über Toxics Fragen nachdenkt. Auch wenn PA Sports seine Haltung in diesem Moment nicht widerruft, ist in dem Gespräch etwas geschehen. Der denkbare Ort für mögliche Lebensentwürfe und Künstler:innenbiografien ist größer geworden. In diesem Interview deutet sich an, dass der neue postmigrantische Raum Platz für viele Geschichten hat. Er kann besetzt und erweitert werden von allen, die vom Rand her kommen und ihre Geschichte erzählen wollen. Und er kann starre Wertesysteme aufweichen. Denn in dem Moment, da traditionelle Männlichkeitsentwürfe im hybriden und dialogischen Rahmen der Rapkultur stattfinden, werden sie auf kurz oder lang in Gespräche verwickelt, hinterfragt, müssen sich rechtfertigen, bröckeln und kommen in Erklärungsnot. Andere Geschichten und neue Lebensentwürfe mit alternativen Wertesystemen drängen von den Rändern in die Mitte des postmigrantischen Raums und berufen sich auf das Versprechen, das Rap allen Außenseiter:innen gibt: Du bist willkommen, so wie du bist. Du darfst deine Geschichte erzählen.

Das Sagbare im HipHop wird vielfältiger

Die weitere Geschichte von PA Sports kann vor diesem Hintergrund als Entwicklung seiner Persönlichkeit gesehen werden, als Auseinandersetzung mit den vielen Fragen, Biografien und Storys, die ihm im wachsenden und vielfältiger werdenden postmigrantischen Raum begegnet sind. Wer für diese Veränderung ein Gefühl bekommen möchte, der darf sich den Podcast „Hayat" von der Journalistin Helen Fares anhören, bei dem PA Sports den Hörer:innen sehr persönliche Gefühle zu den Themen Schmerz und Angst preisgibt. Der Mann PA Sports zeigt sich in diesem Gespräch vom April 2024 verletzlich, er reflektiert und hinterfragt das Handeln seines früheren Ichs – auch sein Bild von Männlichkeit. PA Sports beschäftigt sich im Dialog mit Helen Fares mit der Frage, was ihm dabei geholfen hat, die Schmerzen und Verletzungen aus früheren Jahren zu überwinden:

PA Sports: „*Viele Jahre war es einfach für mich so aussichtslos, weil ich in meinen eigenen Gedanken gefangen war, ich hatte Knoten im Kopf, die mich dazu herausgefordert haben immer so ein Männlichkeitsbild nach außen aufrecht zu erhalten, das meiner Meinung nach essentiell wichtig gewesen ist. Dadurch kam ich auch nie auf die Lösung oder auf irgendetwas, was dazu hätte führen können, dass ich mich irgendwann davon erholen kann. Aber mein eigenes geistiges Wachstum hat am Ende des Tages am meisten Erholung gebracht, so dass ich anfangen konnte, diese Dinge differenziert zu betrachten und mich selbst auch von außen wahrzunehmen.*"

Helen Fares: *„Die Emotion Angst ist im Rap kein viel besprochenes Thema, in toxisch-männlichen Umgebungen, die in der Musikbranche oft gegeben sind."*

PA Sports: *„Bei Kanaks auf der Straße auch nicht."*

Helen Fares: *„Das Äußern von Ängsten wird oft fehlender Männlichkeit gleichgesetzt. Warum hast du dich entschieden, mit mir über Angst zu sprechen?"*

PA Sports: *„Genau deshalb!"*

Im weiteren Verlauf des Gesprächs unterhalten sich Helen Fares und PA Sports über Prozesse der inneren Reifung, über das Überwinden toxischer Männlichkeit und darüber, welche Stärke man zeigt, wenn man Angst, Schmerz und Zweifel zulässt. PA Sports, dem es zwölf Jahre zuvor noch nicht gelang, die Wut und die Verunsicherung zu reflektieren, die eine Schwesta Ewa, die ja eine ähnliche transnationale Biografie mitbringt wie er selbst, in ihm ausgelöst hatte, schaut nun kritisch, aber auch verständnisvoll auf sein früheres Ich. Männer-Sprüche wie „Ich habe nur Angst vor Gott", hinterfragt er souverän und kontert: „Klingt cool, klingt auch maximal maskulin. Es ist aber mehr als das. (…) Wir Menschen haben alle irgendwie Ängste. Ich denke, dass Angst auch viel mit Intelligenz zu tun hat." Das Sagbare in der HipHop-Kultur ist vielfältiger geworden. Und es waren vor allem Frauen, die den postmigrantischen Resonanzraum erweitert haben. Gespräche wie dieses zwischen Helen Fares und PA Sports zeigen: Davon profitieren letztendlich alle – auch Männer.

SXTN: Willkommen im Club, Habibi

Vor einiger Zeit zog meine Tochter ein Buch aus meinem Regal, das ich, Murat, bis dahin selbst noch nicht gelesen hatte. Es war die Autobiografie von Nura. Ihr Buch ist nach der Auflösung des Berliner Duos SXTN veröffentlicht worden. Meine Tochter war damals 14 Jahre alt. Sie kannte schon einige Songs von SXTN, doch sie hörte das eher am Rande. Was sie an der Autobiografie beeindruckte, war der respektvolle Umgang zwischen Nura und Juju auch nach der Trennung. Dass Nura nicht gegen ihre ehemalige SXTN-Partnerin schoss, war für sie wichtiger als die Musikpreise, die die Künstlerin gewann. Auch dass sie aus dem betreuten Wohnen kam und so erfolgreich wurde, fand sie stark. Und dass Nura zunächst eine gute Schülerin war. Was sie ebenfalls beeindruckte, war, dass Frauen sich in einer Männerwelt wie der Rapmusik behaupten konnten.

Diese Perspektive bekommen wir bei unseren Lecture Performances oft gespiegelt. Besonders junge Frauen sehen in SXTN Selbstbewusstsein, Freundschaft und Lebenslust von zwei Freundinnen, die Türen eintraten und Grenzen verschoben. Und SXTN irritieren bis heute. Denn noch immer ist es so, dass Frauen hinterfragt werden, wenn sie nicht einem gesellschaftlich akzeptierten Bild entsprechen. Im Gegensatz dazu werden Männer schnell zu Rebellen stilisiert, wenn sie Regeln brechen – ein Privileg, das Frauen sehr selten zugesprochen wird. Frauen wird dabei abgesprochen, sich als derbe und aggressiv zu inszenieren. Sie werden dann schnell von Männern als hysterisch oder zickig bezeichnet.

SXTN haben eine Zeitenwende im HipHop eingeläutet. In ihrer künstlerischen Bedeutung sind sie mit einem Haftbefehl vergleichbar. Juju und Nura haben den thematischen Korridor von Rap erweitert. Weibliche Lust und Schicksale aus der Innenperspektive von randständigen Frauen und vor allem die Kritik am Sexismus waren vor ihnen eher unbekannt in der kulturellen Mitte von Rap. Damit öffneten SXTN neue Räume für Frauen. Sie haben die inhaltliche Enge der „Mein Block“-Ära gesprengt und Rap für Frauen auf neue Weise attraktiv gemacht. SXTN verteidigten nicht ihr Wohnquartier mit Bulldoggen oder zogen sich ins Lokale zurück, sondern lenkten die Scheinwerfer auf Frauen. Mit derber Haltung und viel Selbstbewusstsein erzählten sie beklemmende Geschichten von Sexarbeiterinnen. Sie hatten etwas zu sagen, und Frauen hörten ihnen zu. Im männerdominierten Rap war es der maximale Affront, dass Typen nur am Rande in ihren Songs vorkamen und dabei meist keine gute Figur machten. Juju und Nura empowerten sich auch durch Style, Coolness und einen eigenständigen Rapstil.

Mit ihrer Musik eröffneten SXTN für Rap in Almanya ein neues Spielfeld, und vor allem fragten sie nicht, ob sie das dürften. Dies war wichtig für die Rapper:innen, die nach SXTN kamen. Von den meist männlichen Gatekeepern im HipHop-Journalismus wird das bis heute nur bedingt wahrgenommen. Juju äußert sich 2024 dazu im Podcast „Queens of Rap" von Nina Damsch: „Ich habe selten so etwas wie Anerkennung gehört. Es gibt auch Rapper, die einen ignorieren. Die zählen dann alle möglichen Rapperinnen auf und lassen mich und auch SXTN dabei aus." Das Patriarchat im Rap ist also noch putzmunter unterwegs. Viele Männer unabhängig von ihrer ethnischen Herkunft haben ein Problem mit SXTN. Das zeigen auch die vielen Hasskommentare unter ihren Videos. Nura kritisiert in ihrem Buch. „Wir wurden als Asiweiber bezeichnet, uns wurde nahegelegt, besser Pornos zu drehen oder wieder zurück in die Küche zu gehen. Vor allem das mit der Küche hatte ich schon zigmal von meinen Brüdern und Cousins gehört. War doch klar, dass mich das nicht mehr verletzte."

Gelebter Feminismus oder Klischee

Allerdings waren SXTN nicht nur eine Provokation für Männer. Bei einer HipHop-Konferenz zur Männlichkeit im Gangsta Rap und Queerrap, die ich 2017 im Mousonturm in Frankfurt gemeinsam mit Markus Gardian kuratierte, gab es auch ein Panel mit ehemaligen Schülerinnen von mir. Dabei ging es um Sexismus im Rap und wie sich Jugendliche dazu in Beziehung setzen. Gezeigt wurden Videos von Nimo, Luis Fonsi, Kollegah und Farid Bang. Spannend wurde es, als sich eine Schülerin positiv zu einem Video von SXTN äußerte. Sie erzählte selbstbewusst, dass sie das F-Wort unter ihren Freundinnen verwenden würde und dies für sie ein Zeichen von Stärke sei. Damit knüpfen SXTN an eine Tradition im Rap an, rassistische oder sexistische Begriffe umzudeuten und sie empowernd aufzuladen. Eine ältere Frau im Publikum kritisierte, dass der Feminismus zerrieseln würde, wenn junge Frauen das F-Wort verwenden würden. Eine ähnliche Diskussion hatten Hannes und ich bei einem Auftritt in Köln, bei dem das Publikum in der Sprache und Haltung von Haftbefehl ein empowerndes Moment erkannte. Jedoch fiel im Gegensatz dazu die Kritik bei SXTN groß aus. Eine Frau sagte empört: „Also, wenn meine Tochter das hören würde, dann wäre ich entsetzt!" Daraufhin entspann sich eine engagierte Diskussion darüber, ob die Verwendung des F-Worts nun empowernd sei oder nicht. Im Publikum saß auch Kutlu Yurtseven von der Microphone Mafia, der sich verwundert zu Wort meldete: „Interessant, als wir eben den Song von Haftbefehl gehört haben, hat sich hier keiner Sorgen um seine Söhne gemacht." Damit brachte er den doppelten Standard in der Diskussion auf den Punkt. Im Gespräch mit Nina Damsch erklärt Juju, warum sich SXTN dazu entschlossen hatten, das F-Wort zu verwenden:

> *„Das hat alles mit dem Lied ‚Fotzen im Club‘ angefangen, das hieß eigentlich ‚Bitches im Club‘. Und ganz ehrlich, ich habe mir die Kommentare angeschaut, und es war richtig schlimm. Jeder zweite hat Fotze geschrieben und: Diese Fotzen dürfen nicht rappen. Dann meinte ich so, okay, dann sind wir jetzt die Fotzen, und die sollen uns nun zugucken, dass wir krasser sind als alle anderen.“*

Der Feminismus, für den SXTN sich stark machten, stammt nicht aus einem akademisch reflektierten Diskurs, der sich in die Tradition der Frauenbewegung einschreibt oder sich theoretisch mit Erkenntnissen einer Simone de Beauvoir auseinandersetzt. Der Feminismus bei SXTN ist performativ, popkulturell, proletarisch und provokativ. Am ehesten stehen SXTN in einer Reihe mit der Riot-Grrrl-Bewegung aus den USA, die in den 1990er Jahre aus dem Hardcore-Punk mit provokativen Bühnenshows und popfeministischen Ansätzen Räume für Frauen und queere Menschen erweitern wollte. Juju über ihre Beziehung zu Feminismus im Gespräch mit Nina Damsch:

> *„Ich hatte damals überhaupt keine Ahnung von Feminismus. Damals war das nicht einfach möglich gewesen, in der Deutschrapszene als Frau akzeptiert zu werden. Hätten wir damals gesagt, wir sind jetzt voll die Feministinnen und räumen hier auf, dann hätte es nicht funktioniert. Es regt mich auf, wenn man das nicht in der Rapszene sieht.“*

Nina Damsch beschreibt Jujus Ansatz als gelebten Feminismus. SXTN hat damit bei jungen Frauen einen Nerv getroffen, der Feminismus, Popkultur und Lebensfreude zusammenbrachte.

Jenseits von Heiliger und Hure

Das popfeministische Angebot, das SXTN präsentierten, ist nicht frei von Widersprüchen und Ambivalenzen. Deutlich wird dies bei dem Song „Hass Frau“ auf ihrem ersten Album „Asozialisierungsprogramm“ von 2016. Bei dem Song wurde Alice Schwarzer gesampelt, die bei einer Talkshow mit King Orgasmus One einen frauenverachtenden Text des Rappers vorlas. Juju und Nura rappen in dem Song aus der Perspektive eines sexistischen Mannes. Ein Song, der auch nach mehrmaligem Hören nachhaltig irritieren kann. Die Medienwissenschaftlerin Marlene Ames beschäftigte sich in ihrer Bachelorarbeit mit weiblicher Selbstinszenierung von SXTN und Schwesta Ewa. In ihrer Arbeit untersucht sie das subversive Potenzial dieser Inszenierung und verknüpft diese mit den theoretischen Ansätzen von Judith Butler. Ames schreibt zu dem Song „Hass Frau“:

> *„Da sich SXTN biologisch als Frauen einordnen lassen, ihr Verhalten nach der allgemeinen Kategorisierung in männlich und weiblich aber nicht zu dieser Einordnung passt, bringen sie zudem die eindeutige Einordnung in Mann und Frau ins Schwanken und stellen somit die gesellschaftlich konstruierte Geschlechterbinarität in Frage. Dies lässt sich mit Judith Butler in Beziehung bringen, die die natürlichen Geschlechterunterschiede zwischen Mann und Frau bezweifelt."*

Nach Judith Butler müssen diese binären Geschlechteridentitäten in einem Sprechakt performativ wiederholt werden. Und für Butler ist etwas subversiv, was diesen performativen Sprechakt stört oder irritiert. Ames stellt dazu fest: „Bezieht man das Lied ‚Hass Frau' auf das Subversionsmodell von Judith Butler, kann gesagt werden, dass SXTN ungeachtet ihres biologischen Geschlechts eine andere Geschlechtsidentität annehmen und diese durch ihr Sprechen und Handeln konstituieren." Bei dem Song wird deutlich, dass es immer darauf ankommt, durch welche Brille der Song wahrgenommen wird. Es sind gerade diese Uneindeutigkeiten und das Spiel mit Bedeutungen, die Pop und Kunst ausmachen. Allerdings bewegt sich jede Kunst und jede Aneignung von Begriffen in einem Machtgefüge, das von Rassismus, Sexismus und Klassismus durchdrungen ist.

Die Politologin Bettina Lösch sprach mit uns in diesem Kontext von einem verinnerlichten Rassismus und Sexismus. Demnach gibt es keine Umdeutung von Begriffen außerhalb des herrschenden Systems. Das Spiel mit den Umdeutungen ist einem Machtgefälle geschuldet, das ein Stück weit die eigene Ohnmacht widerspiegelt. Lösch kritisiert im Sammelband „Awesome HipHop Humans":

> *„Ich kann verstehen, dass es in der binären Gegenüberstellung vielleicht reizvoller ist, mich selbst als Schlampe zu inszenieren, anstatt als grundsätzlich frigide oder passiv (in der Figur der Heiligen) hingestellt zu werden. Aber letztlich bleibt das möglicherweise alles ein Abziehbild maskuliner Herrschaft und Phantasie. Das ist vergleichbar mit verinnerlichtem Rassismus. Solange Rassismus als gesellschaftliches Ordnungssystem und als gesellschaftliche Struktur existiert, bin ich in alltäglichen Rassismus eingebunden. Ich bevorzuge statt dem Entweder (Heilige, passiv) und dem Oder (Hure, Schlampe, rotzige Wörter) die Uneindeutigkeit."*

Auch bei Haftbefehls Umdeutung des rassistischen Begriffs „Kanake" liegen Selbstermächtigung und Reproduktion von Stereotypen nah beieinander. Die Beharrungskräfte der herrschenden Ordnung sind dabei tief in die Institutionen, Gesetzgebungen und auch Schulbücher eingeschrieben und formen damit unser Denken und Handeln. Über Rassismus und Sexismus werden außerdem Zugänge zu gesellschaftlichen Kapitalressourcen reguliert. Die Sportwissenschaftlerin und Breakerin Frieda Frost blickt im Gespräch mit uns ambivalent auf SXTN:

> *„Ich feiere SXTN, aber manche ihrer Texte irritieren mich. Sie benutzen Wörter, die ich nicht als selbstermächtigend empfinde, und die ich nicht für mich übernehmen würde, einfach weil ich sie als Schimpfwörter erlebt habe. Ich sehe aber, dass jüngere Frauen anders reden als ich und solche Worte anders bewerten.“*

Rapperinnen schreiben ihre Geschichte

Unbestreitbar ist, wie einflussreich und erfolgreich SXTN waren. Nura und Juju verkauften mit ihren beiden Alben und den Singles insgesamt über eine Millionen Tonträger allein in Almanya. Das sind Zahlen, die viele männliche Rapkollegen beeindrucken dürften, und die die Tür für andere Frauen in der Musikindustrie öffneten.

Ebenfalls lassen sich in den Biografien von Juju und Nura viele postmigrantische Bezüge ablesen. Juju stammt aus einer binationalen Familie mit marokkanischem Vater, in Nuras Geschichte steckt eine doppelte Fluchterfahrung. Rassismus und Identität spielen eine große Rolle in ihrer Performance. Auch sprachlich wird das bei Nura durch ihre Multilingualität deutlich.

Auffällig ist, dass sich SXTN dabei in die Linie von anderen Rapper:innen einschreiben und Sprecher:innenrollen dabei kollektiviert werden. Sie setzen sich in Beziehung zu Rapper:innen wie Sabrina Setlur, Cora E., Schwester Ewa, Ebow oder Loredana, wo bei vielen männlichen Kollegen eine Geschichtslosigkeit herrscht. Im Gespräch mit Nina Damsch formuliert Juju eine Zukunftsvision für Rap in Almanya. Sie fordert einen Anteil von 50% Frauen im Rap-Mainstream, der dadurch unterschiedliche Formen der Identifikation für junge Mädchen anbietet. Von dieser Utopie sind wir in Almanya aus Jujus Perspektive aber noch weit entfernt.

It's Gucci Time – im Spiegelkabinett der Marken

Vor über 40 Jahren rappte Melle Mel von den Furious Five im epochalen „The Message“: „Don't push me, cuz I'm close to the edge“ – es war ein Song über die soziale Verelendung in der Bronx. Heute haben Jay-Z.und Rihanna Stammplätze in der *Forbes* Liste der Milliardäre, und postmigrantische Rapper wie Capital Bra, Bushido, Kool Savaş und Apache 207 sind längst Millionäre. Als ich vor einiger Zeit in London war, sah ich eine große Werbetafel mit dem ersten offen queeren US-Rapstar Lil Nas X. Er bewarb nicht sein neues Album, sondern trug eine Handtasche der Marke Coach. Rapper:innen sind zu Markenbotschafter:innen mit teils hochdotierten Werbeverträgen geworden – oder sie treiben ganz aus freien Stücken die Fetischisierung von Luxus voran.

Das ist kein Fehler im System, sondern Teil der DNA von HipHop. Diese Kultur kann randständigen Perspektiven eine Stimme verleihen und ist gleichzeitig hochgradig anschlussfähig an eine kapitalistische Verwertungslogik. Den Stein ins Rollen brachte schon Mitte der 1980er Jahre Schoolly D aus Philadelphia, der weltweit erste Gangsta-Rapper. Im Song „Gucci Time“ pries er seine Luxusuhr an. Was Mitte der 1980er Jahre noch als symbolischer Akt verstanden werden konnte, ist längst Realität. Es gibt unzählige Rapsongs auch in Almanya, wo von Chanel über Prada bis zu Louis Vuitton Luxusmarken besungen und zur Schau gestellt werden. Auffällig ist, dass gerade Migrant:innen sich durch Luxus inszenieren. Das Unternehmen, das am meisten davon profitiert, ist LVMH (Louis Vuitton Moët Hennessy). Das Luxusunternehmen LVMH führt Marken, die zum Standardrepertoire zahlreicher Rapsongs gehören. Gerade für postmigrantische Rapper:innen sind sie Zeichen des symbolischen Aufstiegs. Vor allem dieser Umstand macht diese Produkte für migrantische Jugendliche so attraktiv, je kleiner die Chance auf einen sozialen Aufstieg im stark segregierten Bildungssystem in Almanya sind.

Türöffner Social Media

Mit 53 Jahren kaufte ich, Murat, zum ersten Mal die Frauenzeitschrift *Cosmopolitan*. Ich wollte einen Artikel über die Symbiose von Rap, Empowerment und Product Placement lesen. In „Bitches lieben Beauty“ geht es um die Produkte der Rapper:innen Badmómzjay und Loredana. Beide Rapper:innen haben polnische bzw. albanische Wurzeln und zählen heute zu den meistgehörten Acts im deutschsprachigen HipHop überhaupt. Den Grundstein ihres

Erfolgs legten sie mit Rapclips, die auf YouTube und Instagram viral gingen. Beide Rapper:innen veröffentlichen längst nicht mehr nur Musik, sondern haben ihr Portfolio mit Kosmetikprodukten erweitert. Badmómzjay und Loredana inszenieren sich dabei als selbstbewusste und starke Geschäftsfrauen, die Unternehmertum und Feminismus vereinen. Die Soziologin Heidi Süß ordnet in dem Beitrag dieses Phänomen kritisch ein: „Im Rap trifft ein traditionelles Weiblichkeitsbild auf modernes Empowerment."

Badmómzjay schaffte es 2022 auf das Cover der deutschen *Vogue* – als erste Rapperin aus Almanya, die jemals das Titelbild der renommierten Modezeitschrift zierte. Darauf wird sie eingerahmt mit den Sätzen: „Stand Up – Speak Out“. Im selben Jahr wurde sie beim MTV Music European Award zum Best German Act gekürt – und das mit 19 Jahren. Außerdem kündigte sie in der *Vogue* ihre eigene Beauty-Line namens „Bad Cosmetics“ an. Deutlich wird dabei, dass gerade postmigrantische Künstler:innen wie Haftbefehl, Capital Bra, Shirin David oder auch Eko Fresh das Spiel mit dem Product Placement beherrschen. Sie werten Eyeliner oder Tiefkühlpizza auf. Das funktioniert deshalb so gut, weil die Rapper:innen inzwischen selbst zu Marken geworden sind. Dieses doppelte Branding eignet sich besonders gut, um Kapitalismus und Empowerment miteinander zu verknüpfen. Allerdings wird Empowerment hierbei zu einer konsumierbaren Ware, befreit von seinen sozialen und politischen Bezügen.

Schriller, lauter und etwas drüber

2002 verlor ich meinen Job beim Musikvertrieb EFA Medien, weil Jugendliche ihre Musik über Tauschbörsen wie Napster miteinander teilten. Ich führte zu jener Zeit ein Raplabel namens 3Finger Records. Es war noch eine Zeit, in der Plattenfirmen ausschließlich CDs, Schallplatten und Musikkassetten verkauften. Aber die Bereitschaft, Geld für analoge Tonträger zu bezahlen, ging mit den Tauschbörsen rapide zurück. Die Monopole der Musikindustrie gerieten mächtig ins Wanken.

Anfang des Jahrtausends war noch nicht absehbar, wie Social Media alles verändern würde – und wie Rap produziert, konsumiert und vermarktet werden würde. Vor allem öffneten sich die Zugänge zu einer neuen Öffentlichkeit für neue Subjekte und Themen, die vormals nicht repräsentiert waren. Denn oft scheiterten gerade Migrant:innen und Frauen an den Gatekeepern, die in den Verlagen, Agenturen und Musikstudios saßen. Social Media gab Migrant:innen und anderen marginalisierten Gruppen die Werkzeuge in die Hand, um die Machtverhältnisse im Musikgeschäft zu ihren Gunsten ins Schwingen zu bringen. Mit MySpace (2003), Facebook (2004), YouTube (2005), Spotify (2006), Instagram (2010) und TikTok (2016) kamen Plattformen auf, die es Künstler:innen ermöglichten, eigene Reichweiten aufzubauen.

Die Plattformen gaben Künstler:innen einen vermeintlich unregulierten Zugang zum Publikum, der mit kreativen Inszenierungsformen bespielt werden konnte. Dies war ein Paradigmenwechsel, da fortan nicht mehr *weiße* privilegierte Männer aus Musikindustrie und Medien entschieden, wer Zugang zu Konsument:innen bekam, sondern: Influencer:innen.

2016 veröffentlichten die beiden Netzwerk-Kritiker und Soziologen Ole Nymoen und Wolfgang M. Schmitt ihr Buch „Influencer". Darin untersuchten sie die Wirkungsweise von Influencer:innen aus einer soziologischen Perspektive. Eine Erkenntnis der beiden lautet: „Mit der Digitalisierung hat der Körper eine vollkommen neue Sichtbarkeit erlangt". Vor allem postmigrantische Rapper:innen beherrschen dieses Spiel der Körperlichkeit besonders geschickt. Egal, ob es ein Farid Bang oder eine Shirin David ist, die Inszenierung von Körperlichkeit ist seit ein paar Jahren eine zentrale Größe im Rap. Die Regisseurin Katja Kuhl äußert sich dazu im Gespräch:

> *„Shirin David hat durch die Bestätigung von Stereotypen so viel Aufmerksamkeit erzeugt, dass sie quasi nebenbei Empowerment und Selbstbewusstsein bei Frauen förderte, diesen Effekt kann man gar nicht bestreiten. Solche Auseinandersetzungen sind immer sehr viel komplexer und widersprüchlicher, als man sie zunächst wahrnimmt."*

Auffällig ist dabei, dass die Inszenierung nach proletarischen Parametern erfolgt. Die Art, sich zu kleiden, den Körper zu formen, zu stylen, ist immer etwas schriller, lauter und stets etwas drüber. Der Körper dient als Ressource für diese Art der Inszenierung. Die Vorbilder sind dabei Influencer:innen wie Kylie Jenner, die mit ihren fast 400 Millionen Follower:innen auf *Instagram* eine singuläre Marktmacht aufgestellt hat. Die proletarische Ästhetik deutet nichts an, ist nicht verkopft und rutscht auch nicht ins Abstrakte ab, sondern ist direkt, emotional, ungeschliffen und maximal körperlich. Ob es das Sprechen, Kleiden oder auch Performen von Körperlichkeit ist – heute prägt diese Ästhetik die Lebensvorstellungen auch von bürgerlichen Jugendlichen. Dieses Phänomen kann man bundesweit in Schulen und auch an Universitäten beobachten. In der Universität in Frankfurt sieht man längst Jogginghosen und Tanktops, in der Mensa hört man Begriffe wie Bruder, Digger oder Dissen. Die Verknüpfung von Rap und Social Media hat HipHop zur weltweit vernetzten und dominanten Jugendkultur transformiert und dabei die Ego-Maschine heiß laufen lassen.

Ringlight statt Cypher

Im Podcast „Queens of Rap" von Nina Damsch ordnet Badmómzjay ihre ersten Postings auf Social Media ein. Auch wird in dem Gespräch deutlich, wie sehr sich mittlerweile die Machtverhältnisse zwischen Künstlerinnen und Labels verschoben haben: „Ich wusste nicht mal, dass so etwas wie Labels existieren. Ich hatte keine Ahnung, wo Menschen ihre Musik produzieren, wie sie ihre Musik vertreiben, wo sie gesigned sind." Insbesondere Frauen bespielen geschickt die neuen digitalen Räume und eröffnen sich damit Zugänge, die vormals für sie begrenzt waren. Social Media hat Frauen die Möglichkeit gegeben, sich außerhalb einer männlichen Regulierung zu inszenieren.

Allerdings verschieben sich hierbei elementare Kulturtechniken. In der physischen Welt von HipHop praktizierte man Rap, Breakdance und DJing noch im Kollektiv. Heutzutage sind diese Praktiken hochgradig individualisiert und können im eigenen Kinderzimmer stattfinden. Nyomen und Schmitt stellen in ihrem Buch „Influencer" die zentrale Frage: „Doch wie viel Selbst steckt in einer Ermächtigung, die hauptsächlich medial vermittelt wird und von gigantischen Wirtschaftsinteressen durchzogen ist?"

Die heutigen Gatekeeper für Künstler:innen sind nicht mehr die traditionellen männlichen Netzwerke aus Musiklabels, Verlagen und Medienhäusern. Der Algorithmus ist die neue Entscheidungsinstanz, die über Erfolg und Qualität eines Songs entscheidet und die vermeintlichen Bedürfnisse seiner Konsument:innen befriedigt. Dieser Programmcode ist ein Betriebsgeheimnis der Plattformen und sichert ihren Wettbewerbsvorteil. Artists untermauern heute die Monopole der Social-Media-Konzerne, die nicht an der Erneuerung der Kultur durch neue Talente interessiert sind, sondern den Fans das Immerselbe im schnöden Spiegelkabinett der Eitelkeiten servieren.

Postmigrantische Gesellschaft von Rechts

Die enormen Möglichkeiten von Social Media und das Geschäft mit der Emotionalisierung verstehen nicht nur postmigrantische und feministische Rapper:innen, sondern auch Rechte. Ein großer Teil des Erfolgs bei jugendlichen Wähler:innen der AfD geht auf Social Media zurück. In einer Recherche der *Zeit* vom Mai 2024 wird deutlich, dass keine andere Partei so viel Geld in Social Media steckt wie die AfD und dadurch eine enorme Reichweite aufbaut. Ihre Reden im Bundestag werden so geschrieben, dass sie kompatibel für Posts auf *TikTok* sind.

Dass rechtes Gedankengut auch mit Rap möglich ist, haben Hannes und ich schon 2002 mit unserem Buch „Fear of Kanak Planet" formuliert. Und 2024 vereinnahmt rechter Rap auch Formen eines vermeintlichen Empowerments. Der Schwarze Rapper Schwrzvyce, der bürgerlich Kaia Boehm heißt und offen mit der AfD sympathisiert, inszeniert sich in seinen Videos als deutscher Patriot, der zum Widerstand gegen eine vermeintliche linke Herrschaft rappt. Bei dem Song „Spaziergang" von 2022 verpackt er seine Botschaft in ein Popgewand und kollaboriert mit der Schwarzen Sängerin Giovanna Winterfeldt. In ihrem Musikvideo führen die beiden einen bunt gemischten Protestmarsch gegen die Corona-Maßnahmen an. Damit zeichnen sie einen rechten Gegenentwurf zur postmigrantischen Gesellschaft, der klar nationalistisch und hybrid zugleich ist. Mit dem Verzicht auf eine sichtbare völkische Identität wird hier rechtsextremes Gedankengut mit einer vermeintlichen Ästhetik des Widerstands auch für Migrant:innen und Schwarze anschlussfähig. Die Migrationsforscherin Naika Foroutan sieht das Potenzial für rechtes Gedankengut bei Migrant:innen, die keine homogene Gruppe darstellen. Der Krieg in Syrien und die starken Fluchtbewegungen in 2015 stellten auch für alteingessene Migrant:innen einen Wendepunkt dar. Foroutan stellt in einem Beitrag 2024 in der *Zeit* fest.

> *„Grundsätzlich ist das Wählerprofil der türkeistämmigen Erdoğan-Wähler mit ihrem nationalistischen, antifeministischen, homophoben und antisemitischen Repertoire durchaus anschlussfähig an die Wähler der AfD. Syrische Migranten hingegen sind ansprechbar über den Vorwurf, der Westen agiere scheinheilig: ‚Russland wurde nicht boykottiert, als es Syrien bombardiert hat – aber bei der Ukraine sind alle eingeschritten.' Viele iranstämmige potenzielle Wähler teilen die tiefen antimuslimischen Ressentiments."*

Die Politologin Foroutan vermutet sogar, dass die migrantische Wählerschaft der Gamechanger der Bundestagswahl 2025 werden könnten, „indem sie die Partei wählen, die sie am meisten verachtet: die AfD." Aus diesem Grund ist der Ausblick auf eine postmigrantische Gesellschaft offen. Eine postmigrantische Gesellschaft kann auch hybride, nationalistisch und antiliberal aussehen.

#03

RE MIX INTER VIEWS

Postmigrantische Dialoge

XATAR

Coole Kanaks, Anerkennung und Vielfalt

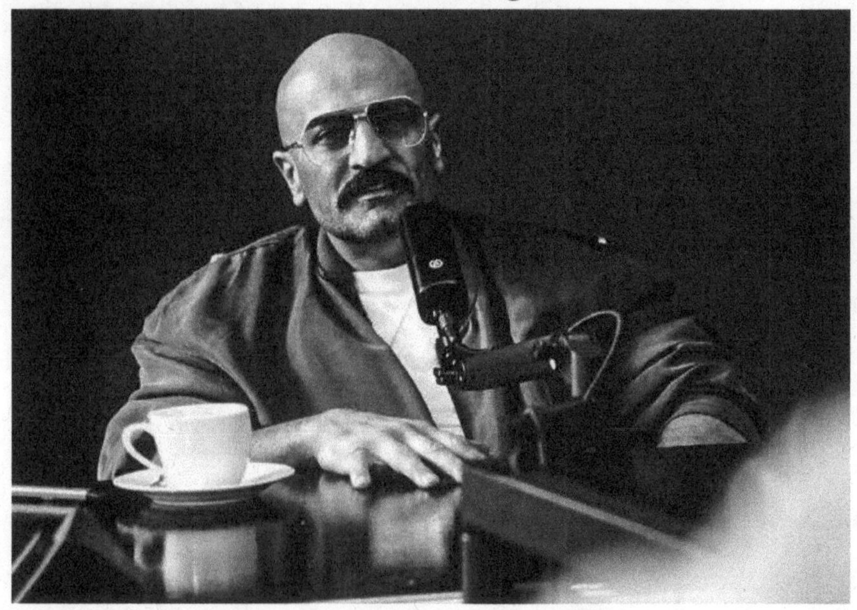

„Es ist ein Traum, den wir leben"

Giwar Hajabi war in seinem Leben schon vieles: Gangsta und Intellektueller, Rapper und Labelboss, Musiker und Produzent, Underground und Mainstream, Firmengründer und Gastronom. Als Xatar hat er den Slang zum Rap gebracht und zwar schon vor Jahren. Seine wechselhafte transnationale Biografie steht exemplarisch für eine neue Dimension des postmigrantischen Möglichkeitsraums in Almanya. Wir sprachen mit Xatar über Kanak-Style, Schwesta Ewa und die empowernde Geschichte der Migrantionskultur in Almanya.

Murat und Hannes: *Du bist in den 1990er Jahren zum HipHop gekommen. Was hat dich in dieser Zeit interessiert?*

Xatar: In den Vierteln, in denen ich groß geworden bin, haben die Kids in den 90ern Eurodance oder Westcoast-Rap aus den USA gehört. Dann aber auch Sachen wie MC Hammer oder Vanilla Ice – denn das war Musik, zu der man tanzen konnte. Für mich ging es los mit „Murder Was The Case" von Snoop. Dazu gab es einen Kurzfilm, der bei uns im Viertel kursierte. Auf dem

Gymnasium, das ich zu dieser Zeit besuchte, gab es ältere Jugendliche, die auch anderen Rap hörten – das war für uns Kanaks nicht so interessant, weil die Beats nicht so melodisch waren. Mit der Sprache konnten wir nicht viel anfangen, weil wir kaum etwas verstanden hatten. Aber mit Dr. Dre, Snoop Dogg und Death Row änderte sich etwas. Das Melodische hat uns gecasht, das war ein Sound und eine Culture , mit der wir connecten konnten. Außerdem war es von der Attitude her „gangsta" und hat uns Identifikationsmomente gegeben, die wir vorher nicht hatten. Was es parallel dazu an Deutschrap gab, hat uns nicht so richtig gepackt. Das haben wir gar nicht verstanden.

Was habt ihr an Deutschrap damals nicht verstanden?

Das ist relativ einfach. Der Rap aus den Staaten war Musik von Schwarzen. Wir selbst waren zwar nicht schwarz, aber wir haben gecheckt, dass es die Kultur der Unterschicht ist, eine Minderheitenkultur. Diese Schicht war zwar arm und stand am Rande der Gesellschaft. Aber mit Rap hatten sie aus dem Nichts etwas Cooles erschaffen, etwas, das cooler ist als alles andere. Das hat uns die Hoffnung gegeben: Wir können das auch schaffen! Denn wir waren damals in dieser Gesellschaft sehr uncool. Kanak zu sein in den 90ern, war nicht angesagt. Es hat Ende der 90er angefangen, dass sich auf der Ebene von Mode und Style etwas geändert hat. Du hast zum Beispiel in Berlin oder in Frankfurt gesehen, dass sich Jugendliche anders gekleidet haben, die Hose in die Socken steckten, bestimmte Jacken trugen und so weiter. Das waren Styles, wo keiner wusste, wie die Kanaks darauf gekommen sind, so etwas zu machen – aber es war cool, weil das kein anderer hatte.

Habt ihr gar keinen Deutschrap gehört?

Deutscher Rap hatte zu dieser Zeit überhaupt nichts mit uns zu tun. Das kam von einem anderen Planeten und hat eine andere Schicht der Gesellschaft repräsentiert. Darin konnten wir uns nicht wiedererkennen. Für uns war das verwirrend: Wir waren die Unterschicht, und wir waren dazu verdammt, daraus etwas Cooles zu machen. Und HipHop, das Tool, das dafür perfekt ist, wurde plötzlich von einer Schicht benutzt, der es gut ging, die keinen Struggle hatte, und die auch nicht am Rande der Gesellschaft stand. Bei den Deutschrap-Artists dieser Jahre ging es um „deine Reime, meine Reime", also viel um Technik und Style. Das war nicht unser Ding. Später, als ich selbst angefangen habe zu rappen, habe ich an einigen Sachen von damals Gefallen gefunden. Afrob hatte einen kranken Flow. Auch Deichkind zum Beispiel hatten Tracks, die richtig geil waren. Meine Gedanken dazu waren: Das ist geil – wenn das jetzt auch noch Straßenjungs wären! Dann gab es Ende der 90er ein paar Momente, wo ich dachte: Jetzt ändert sich was. Timo und Charnell von Da Force zum Beispiel. Die hatten den Track „Komm auf den Punkt“, und das Video dazu hab’ ich auf VIVA oder MTV gesehen. Ich dachte: What? Was macht der Kanake da im Fernsehen? Das war eben kein typischer HipHop-Head, sondern ein Straßentyp, der neben seinem CL stand – einer Karre, die unsere Abis aus dem Viertel fuhren. Die haben auch nicht – wie sonst im Deutschrap – darüber gerappt, wie gut sie rappen, sondern Straßenzeugs erzählt. Danach war wieder Ebbe. Bis Azad kam. Ich kann mich genau daran erinnern. Ich war bei meinem Freund Zekaria aus Äthiopien, mit dem ich Basketball gespielt hab’, und im Radio lief JamFM. Plötzlich höre ich die Stimme von Naser Razzazi, einem kurdischen Sänger aus dem Iran. Naser war für mich wie ein Onkel, mein Vater hat ihn schon in den 1970ern produziert, und er singt auch im Intro für den Film „Rheingold“. Der hat also auf Kurdisch gesungen, und direkt im Anschluss rappt Azad: „Meine Seele weint aus einer Wunde, die nicht zu heilen scheint…“ Ich dachte nur: What the fuck! Was ist das? Ich bin direkt zu meiner Mutter gelaufen und habe ihr das erzählt. Die hat dann herausgefunden, dass Azads Mutter eine alte Bekannte von ihr aus Kurdistan ist. Und dann kam das „Napalm“-Video von Azad: Pitbulls, Skimasken, Bomberjacken, breite Hosen. Da wusste ich: Okay, wir sind gepitcht.

Was hat sich noch verändert, dass es plötzlich nicht mehr uncool war, Kanak zu sein in Almanya?

Das ist ein kulturelles Ding. Wir hatten keine Vorbilder aus dem Fernsehen. Unsere Idole waren unsere Abis, die in den 80ern aufgewachsen sind – für mich bis heute die coolsten Menschen, die ich kenne. Die trugen coole Jacken, hatten coole Locken – die trugen sogar coole Badehosen! Wenn jemand von denen vom Fünfer gesprungen ist, war das ein Ereignis für sich. Das ganze Freibad hat sich versammelt, um die Moves zu sehen. Was es noch nicht gab zu dieser Zeit: Ein kulturelles Selbstbewusstsein, an dem alle teilhatten. Als wir angefangen haben, Musik zu machen, hatten wir keine Hoffnung auf Kohle. Es war vom Feeling eher wie zu der Zeit, als die Schwarzen in den USA ihre Haare geglättet haben, um nicht aufzufallen. Aber wir wollten das ändern. Dem Vertrieb, der sich auf uns eingelassen hat, mussten wir eine Sicherheitskaution zahlen. Die Stimmung damals war: Alles geht den Bach runter. Das Musikbiz ist am Ende. HipHop ist tot. Wir haben trotzdem Geld investiert und uns gesagt: Egal, vielleicht können wir dadurch mehr Gras verkaufen, weil wir Fame bekommen. Und wir haben uns auf YouTube verlassen. Unsere Mission war: Wir wollen Mucke rausbringen, die auch von Straßendealern gehört und gefeiert wird. Denn diese Leute haben auch 2008 keinen Deutschrap gehört – auch nicht Bushido. Wobei Bushido viel verändert hat. Allein die Art, wie er sich gekleidet hat! Das war ein neuer

Style, der in der Mehrheitsgesellschaft nicht als cool galt. Solche Leute, also auch uns, hat man als „Asis“ bezeichnet. Wir dürfen nicht vergessen: Bushido hat etwas repräsentiert, was es in seinem Viertel wirklich gab. Und deshalb hat es funktioniert. Wir wollten das auf der Ebene der Musik und der Sprache weiterführen. Irgendwann fing es an, dass die Dealer, mit denen wir zusammengearbeitet haben, uns nach Kassetten fragten. Die wollten unsere Musik hören! Das war der Punkt, wo wir wussten: Hier fängt was Neues an.

Wie hat sich diese neue Entwicklung auf die Sprache im Rap ausgewirkt?

Der Straßenrap der 2000er hat visuelle Repräsentation gebracht. Aggro Berlin hat Geschichte geschrieben, für mich ist Aggro Berlin unsterblich. Aber auf der Ebene der Sprache war es noch sehr sauber. Klares und deutliches Deutsch zu rappen, war zu der Zeit sehr wichtig im HipHop. Es war noch nicht die Sprache der Kanaken oder der Dealer. Wir haben uns gefragt: Warum redet im Rap keiner so, wie in den Vierteln gesprochen wird? Warum redet keiner wie wir? Als wir unsere Mucke rausbringen wollten, hatten wir regelmäßig Diskussionen mit den Vertrieben: Was ist das für ein Slang? Das wird schwierig, wer soll das verstehen? Das war ein echtes Thema. Es gibt im deutschen Film eine vergleichbare Diskussion in Hinblick auf die Untertitelung von Sprachen. Da tun sich die Produzenten unglaublich schwer mit. Bei „Rheingold“ hat Fatih Akin in 45% des Films Untertitel gesetzt, einfach weil viel in unterschiedlichen Sprachen gesprochen wird. Das ist die Realität. Es ist selbst heute noch schwer, so etwas bei den Filmförderungen durchzusetzen. Die Leute sind daran gewöhnt, dass alles auf Deutsch läuft. Damals war das noch extremer. Wir mussten wegen der Sprache, also dem Slang, alles selbst in die Hand nehmen, independent werden und uns alleine finanzieren. Sonst hätte das niemand herausgebracht. Heute wissen wir: Die Nummer ist aufgegangen. Auch die Deutschen haben das angenommen und den Slang sogar übernommen. Ich finde es großartig, dass diese sprachliche Vielfalt Teil der deutschen Realität geworden ist. In Frankreich ist das viel früher passiert. Slang war dort von Beginn an Teil der Rap-Kultur. Dort gab es allerdings auch kaum sprachliche Barrieren. In den Neunzigern waren viele Kanaken vom Hochdeutsch abgeschnitten und konnten zum Teil selbst nicht so gut Deutsch sprechen. Die französische Jugend hat immer schon Französisch gesprochen. In den ehemaligen Kolonien wie Marokko oder Algerien wurde viel Französisch gesprochen. In Deutschland ist das bis heute ein Thema. Es gibt Kanaks, die machen großartige Musik, die sprechen Slang – aber der Zugang zu Deutsch als Hochsprache ist limitiert.

An der Erneuerung von Straßenrap um 2010 herum waren viele Künstler mit kurdischem Hintergrund beteiligt. Wie erklärst du dir das?

Ist das so? Bei den Kurden ist es so: Die meisten, die aus der Diaspora hier sind, sind in politischen Elternhäusern aufgewachsen, in denen oft Kunst sehr präsent war. Das kannst du vergleichen mit 2Pac, bei dessen Sozialisation auch beides eine Rolle gespielt hat. Dazu kommt, dass die sozialistische Ideologie für viele Kurden wichtig ist. In kurdischen Familien wird häufig über Gesellschaft und Menschlichkeit nachgedacht und diskutiert. Diese Nähe zu Kunst und Musik hat vielleicht damit zu tun, dass die Kurden in ihrer Geschichte von vielen anderen Dingen ausgeschlossen waren. Dass Kurden im Straßenrap besonders präsent sind, weiß ich nicht. Klar, am Anfang waren es schon viele Artists mit kurdischem Background. Aber heute ist das komplett divers geworden.

Was bedeutet Diaspora für dich – also das Leben in einem Land, das nicht die Heimat der Eltern ist.

Für mich als Kurde war es in den 80ern und 90ern ein Kampf, das Wort „Kurde" überhaupt in den Mund zu nehmen. Es gab ständig Reaktionen von Menschen, die dir sagten: Es gibt keine Kurden! Teilweise kam das von Leuten, die selbst kurdische Wurzeln hatten! Die wussten es damals nicht besser. Ich fand das schlimm. Heute kann ich es zum Teil nachvollziehen, weil ich die Hintergründe besser kenne. Dennoch: Identität war für mich ein großes Thema. Ich kann mir heute nicht vorstellen, wie es wäre, in einem Land zu leben, in dem dieser kulturelle Change nicht stattgefunden hat. Als Kanake und als Kurde war es früher wirklich eine ekelhafte Zeit. Zum einen hattest du keinen Zugang zum Coolsein – der wichtigsten Währung, die es für Jugendliche gibt. Dann hattest du keinen, der deinen Humor verstanden hat. Und der Humor, den es gab, war nicht für dich gemacht. Heute hat es diesen Change gegeben, und das ist traumhaft. Mehr noch: Es ist ein Traum, den wir leben. Damals war es nicht gesetzt, dass dieser Traum Wirklichkeit wird.

Gab es einen Moment, wo dir klar wurde: Jetzt verändert sich etwas in Almanya?

Rückblickend gibt es drei einschneidende Momente, wo ich gemerkt habe, dass sich etwas Entscheidendes ändert. Der erste war der Erfolg des deutsch-türkischen Sängers Muhabbet, der 2005 mit seiner Single „Sie liegt in meinen Armen" chartete. Den Song kannten wir alle schon viel länger, weil er auf der Straße im Umlauf war und alle Mädchen Muhabbet-Fans waren. Muhabbet war ein Kanak-Ding, das zuerst von türkischen, kurdischen und arabischen Schwestern gefeiert wurde. Muhabbet ging dann ab 2005 kommerziell durch die Decke. Das hat mich vollkommen überrascht und war für mich wie ein Wendepunkt. Ich komme aus einem sehr musikalischen Haushalt, in dem

Tonleitern eine große Rolle spielten. Und von meinem Vater habe ich gelernt: Vierteltöne im europäischen Raum funktionieren nicht. Aber genau damit wurde Muhabbet zum Star. Dazu kam: Sein Publikum war sehr gemischt , und viele weiße Mädchen haben das gefeiert. In der Zeit habe ich in London studiert, und mir war klar: Da geht was. Der zweite Next-Level-Moment war, als die *Juice* aufgehört hat, uns zu ignorieren. Davor war es so: Egal wie viele Klicks wir mit unseren Artists hatten, egal wie viel Erfolg wir hatten, egal wie krass uns die Straße gefeiert hat – für diese „deutsche“ Deutschrap-Industrie waren wir unsichtbar. Wir wurden damals von denen nicht akzeptiert. Die ersten, die überhaupt den Mut hatten, mit uns zu sprechen, waren Marcus Staiger, Falk Schacht und Tobias Kargoll. Und dafür haben die drei mächtig Gegenwind bekommen. Dann hat sich die *Juice* gemeldet und wollte eine ausführliche Story über SSIO machen. Das war dieser zweite Moment: Als SSIO und dann Hafti von der *Juice* offiziell gefeiert und zum splash!-Festival eingeladen wurden. Ich habe das aus dem Knast verfolgt und konnte danach einfach viel besser schlafen. Der dritte Moment war Rebell Comedy. Das fing schon an mit Kaya Yanar und Bülent Ceylan – ich küsse ihre Füße. Aber mit Rebell Comedy erreichte das ein neues Level. Die haben mit Slangs auf der Bühne gespielt, Haftbefehl oder Schwesta Ewa als Navi-Stimmen imitiert und den Humor, den es schon lange auf der Straße gab, in Kunst verwandelt und auf die große Bühne gebracht. Ich feiere das und finde diesen Bereich unglaublich wichtig. Deshalb habe ich für meine Tour auch schon Comedians ins Vorprogramm eingeladen. Danach konnte ich die schönen Momente kaum mehr zählen – so viele sind es inzwischen geworden.

2010 hast du Schwesta Ewa für Alles oder Nix Records gesignet und damit ermöglicht, dass die erste Frau im Straßenrap-Business erfolgreich wurde. Wie kam es dazu?

Für Alles oder Nix Records hatte ich die Vision, dass jeder Künstler einen remarkable Character hat – so ähnlich wie die Superhelden im Marvel-Avenger-Universum. Ganz am Anfang hatten wir SSIO, Samy und mich. Es war aber klar, dass in diese Reihe auch eine Rapperin gehört. Ewa war eine Freundin aus der Jugend, die wir schon lange kannten. Irgendwann erzählte sie mir, dass sie rappen und ein Video rausbringen will. Ich habe sie dann aus dem Knast heraus am Telefon davon überzeugt, damit zu warten. SSIO ging am selben Abend mit Ewa ins Studio und sagte: „Ja, das kann was werden.“ Daraus entstand die Vision, dass sie die erste Street-Rapperin in Deutschland wird. Ewa war am Anfang skeptisch. Zum einen kannte sie die Mechanismen im Deutschrap, zum anderen hatte sie die Befürchtung, dass sich das negativ auf ihren Job als Sexarbeiterin auswirken könnte. Mit der Unterstützung von Capo (dem Bruder von Haftbefehl), Celo & Abdi, SSIO und seinem Bruder haben wir dann mit Immigrant Cinema in sehr kurzer Zeit das Video zu „Schwätza" gedreht. Ich habe aus dem Knast heraus mit Ewa die Lyrics geschrieben und Beats ausgesucht. Ewa hat, um den Release anzukündigen, ein kurzes Video vor ihrem Bordell gedreht und sagt dort: „Was geht ab, mein Name ist Schwesta Ewa, morgen kommt mein Video und ich geh' jetzt ins Rote Haus arbeiten, ihr Hurensöhne!" Das „Schwätza"-Video kam raus und ging durch die Decke.

Das Video war ziemlich erfolgreich...

Es war insane! So viele Klicks in so kurzer Zeit hatten wir noch nie gehabt! Aber in den Kommentaren gab es nur Hass. Auch einige der ganz großen Rapper haben damals Ewa gehatet und auf ihren Accounts geschrieben, dass es nicht klar geht, dass sie als Frau rappt. Aber eigentlich ging es um etwas anderes: Diese Artists hatten ein Problem damit, dass Ewa so street war, wie kaum ein anderer und direkt kommentiert hat: „Ich komme zu dir und geb' dir eine Schelle, du Hurensohn!" Ich habe dann im Knast plötzlich Anrufe von irgendwelchen Rockerbanden-Chefs bekommen, die meinten: Deine Schwesta Ewa ist auf dem Weg zu unserem Rapper, die macht voll Stress! Als ich dann mit Ewa telefonierte, war sie total aufgebracht: Warum schaltet dieser Rapper denn Rocker ein? Der ist doch ein Mann, der soll das selbst regeln! Schwesta Ewa wurde sehr lange nicht als Künstlerin akzeptiert, und die Hasskommentare gingen immer weiter.

Wie war das für dich, als du diesen Hass Ewa gegenüber mitbekommen hast?

Mich hat das getriggert. Für mich müssen Frauen nicht stark werden, sie sind schon stark. Ich komme aus einer Familie und einer Kultur, in der Frauen kraftvoll sind und als Kämpferinnen gelten. Ewa musste in dieser Zeit eine starke Kämpferin sein. So viel Negatives musst du erstmal wegstecken. Sie konnte das, weil sie eine unfassbare Selfconfidence hatte und von der Straße kam. Wahrscheinlich brauchte es eine wie Ewa, die vorangeht, eine, die in der Lage ist, diesen überdimensionalen Hass zu ertragen und zu managen. An dieser Stelle haben Ewa und Haftbefehl etwas gemeinsam: Beide haben am Anfang ihrer Karriere sehr viel negative Aufmerksamkeit abbekommen. Aber die Art von Hate, die Ewa abbekommen hat, habe ich seitdem nirgends mehr gesehen. Ich weiß, dass auch heute Female Rapper wie Shirin David mit Hate zu kämpfen habe – das ist aber nicht mehr so existenziell, wie es bei Ewa war. Die Wahrnehmung von Schwesta Ewa hat sich geändert, als sich plötzlich andere Frauen für sie interessiert haben.

Was waren das für Frauen?

Es waren überraschenderweise oft studierte Frauen mit Kopftuch, die Ewa Nachrichten geschickt und sich mit ihr solidarisiert haben. Ewa erzählte mir das und sagte: „Giwar, diese Frauen melden sich bei mir und sagen, ich würde ihnen Kraft geben." Ich hatte nicht erwartet, dass plötzlich Frauen, die mit HipHop kaum etwas zu tun haben, so positiv darauf reagieren. Die haben in Ewa eine Schwester gesehen und konnten über das Thema Geschlecht und Herkunft connecten. Natürlich hat Schwesta Ewa eine Tür für Frauen im Straßenrap geöffnet. Trotzdem hat es einige Jahre gedauert, bis andere Frauen, wie zum Beispiel SXTN, diesen Weg großartig weiter gegangen sind. An dieser Stelle dürfen wir aber Sabrina Setlur nicht vergessen. Wir haben den AKA von Ewa ganz bewusst an Schwester S. angelehnt, weil sie für uns die erste Frau im Straßenrap gewesen ist. Credits gehen raus an Schwester S., an Moses, an die Rödelheimer. Ich bin der Meinung, 3P ist das krasseste Label, was es in Almanya je gab. Was die in dieser Zeit gerissen haben, ist absolut unglaublich.

Wie ist der Song „Blick Richtung Sonne" entstanden, den du mit Bero Bass und Şivan Perwer aufgenommen hast?

Meine Mutter hat lange im Büro von Şivan Perwer gearbeitet. Und mein Vater hat ein paar seiner Stücke produziert. Daher kannte ich Şivan. Er ist so etwas wie ein Onkel für mich. Als dann die Anfrage von Bero kam, haben wir „Blick Richtung Sonne" produziert, und Şivan Perwer hat die Hook gesungen. Şivan Perwer ist wahrscheinlich der größte kurdische Sänger. Die 70er und 80er waren eine politisch sehr tragische Epoche für die Kurden und seine Musik hat diese Zeiten begleitet und ihn sehr bekannt und beliebt gemacht, vergleichbar vielleicht mit Udo Lindenberg, der ja auch den Mauerfall begleitet hat mit seiner Musik. Şivan hat immer schon auf Kurdisch gesungen und sich als Künstler bis heute für den steinigen Weg entschieden. Er ist ein sehr inspirierender und intellektueller Mensch. Unter den kurdischen Volkssängern trägt er die Krone. Auf den Song haben wir viele positive Reaktionen bekommen.

Hast du mitbekommen, wie in den 1990er Jahren türkischsprachiger Rap in Almanya entstanden ist?

Killa Hakan habe ich in den 1990ern noch nicht richtig mitbekommen – damals war die Kommunikation sehr eingeschränkt. Als ich den türkischen Rapper Ceza zum ersten Mal gehört habe, war ich total beeindruckt. Übers Internet habe ich natürlich auch türkischen Rap verfolgt und im Rahmen unserer Labelarbeit Touren für unsere Künstler in der Türkei organisiert. Von Ezhel bin ich ein großer Fan und von der Female Rapperin Güneş. So richtig geflasht hat mich dann die Doku „Aşk, Mark ve Ölüm" von Cem Kaya. Den Film habe ich mir bestimmt zehnmal angeschaut. Die Doku hat mich dazu inspiriert, ein ganzes Album soundtechnisch neu zu gestalten. Das ist alles an mir vorbeigegangen. Wahnsinn! Das hätten wir alle wissen müssen, als wir mit Rap angefangen haben. Dann hätten wir andere Beats gehabt, wir hätten andere Samples gepickt. Wir haben uns so oft abgefuckt darüber, dass wir nichts zum Samplen haben, das aus unserer Migrationskultur stammt. Wir haben die Franzosen beneidet, die das immer hatten. Die haben chanson-like Sachen gesamplet, die dann von irgendwelchen Immigrants stammten. Die Bilder, die Sounds, die Menschen – das gab es auch hier, und wir kannten das nicht! Diese Goodfellas-Szenen auf irgendwelchen türkischen Hochzeiten – insane! Der türkische Basar in Berlin. Unglaublich! Migrantische Musiker, die Millionen von Platten verkauft haben! Warum ist das nicht bekannt? Jetzt, wo ich das weiß, bin ich sehr stolz auf diese große, vielfältige Kultur, die es in Almanya einmal gab, und auf deren Schultern wir stehen. Auch die Bedeutung von Islamic Force, von Boe B, von Maxim und von Cartel für HipHop haben wir viel zu wenig gewürdigt. Hätten wir das alles gewusst, hätten diese Leute sehr viel Liebe von uns bekommen. Gott segne die Menschen, die diese Doku produziert haben!

NAIKA FOROUTAN

Postmigrantische Dimensionen

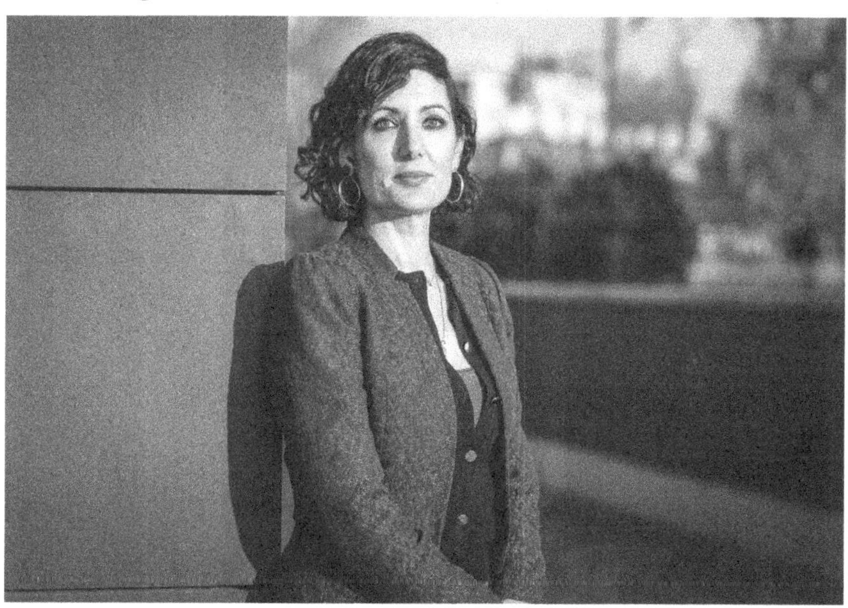

„Straßenrap ist ein Archiv zeitloser Emotionen"

Sie ist eine der wichtigsten Intellektuellen Almanyas und leitet das *Deutsche Zentrum für Integrations- und Migrationsforschung (DeZIM)*. Die Berliner Politik- und Sozialwissenschaftlerin Prof. Dr. Naika Foroutan begleitet seit über zwanzig Jahren die postmigrantischen Debatten des Landes. 2010 griff Foroutan in die Sarrazin-Debatte ein und widersprach vehement dem rassistischen Narrativ des Berliner Senators. Wir tauschten uns mit ihr über Sprache als gegenassimilatorisches Projekt, Straßenrap als Transmitter und die Power des Mainstreams aus.

Hannes und Murat: *Als Migrationsforscherin hast du dich intensiv mit der Einwanderungsgeschichte Almanyas beschäftigt. Was verstehst du in diesem Zusammenhang unter dem Begriff „postmigrantische Gesellschaft"?*

Naika Foroutan: Es gibt drei wichtige Dimensionen, die man auf eine postmigrantische Gesellschaft anwenden kann. Zunächst kann das „post" als ein „danach" chronologisch verstanden werden – also als eine Dimension, die zeitlich alles umfasst, was an Transformation in einer Gesellschaft passiert, nachdem Migration stattgefunden hat. Sowohl auf der individuellen Ebene der Menschen, die migriert sind, als auch in den Familienzusammenhängen, der Interaktion mit den Menschen, die hier leben, bis hin zur Sprache und den übergeordneten gesellschaftlichen Strukturen. Dieses „post/nach" bezeichnet im Weiteren auch die verlassene Lokalität. Es verändern sich auch Dinge in dem Herkunftsland, das die Menschen verlassen haben. Sie hinterlassen als Migrierte eine Lücke in diesem Land. Sie lassen dort nicht weitergeführte Geschichten zurück. Sie bringen neue Geschichten mit, wenn sie zurückkehren usw. Das ist die erste und vielleicht die schlüssigste Definition, die mit „postmigrantisch" verbunden werden kann: Beschreibung, Chronologie, Aushandlung. Dann gibt es eine zweite Dimension der postmigrantischen Gesellschaft: Die performative Idee, die über die binäre Logik von Migrant:in versus Nichtmigrant:in hinausgeht. Hier bekommt das „post" die Bedeutung eines „darüber hinaus" und somit einen eher normativen Charakter. Wie kommen wir an das Spielerische, Verändernde, so dass zum Beispiel der Begriff der Einheimischen sich ausdehnt? Migrant:innen sind längst selbst auch einheimisch in Deutschland. Darüber hat mein Kollege, der Soziologe Coşkun Canan, ein wichtiges Buch geschrieben.

Welche Perspektive nimmt die dritte Dimension ein?

In der dritten Dimension geht es darum, das Meta-Narrativ der Migration in Frage zu stellen. Hier folgt das „post" dem Gedanken eines „dahinter"-Hat all das, was uns in den letzten 20 Jahren unter diesem Label verkauft wurde, etwas mit Migration zu tun? Ist an allem, was in dieser Gesellschaft nicht läuft, wirklich Migration schuld? Wenn es zum Beispiel heißt, dass die Kommunen die Last der Migration nicht mehr tragen können – hat das nur mit Migration zu tun? Oder auch mit einer Politik der Kürzungen und Investitionsstopps der letzten Jahrzehnte, die letztendlich die Kommunen so geschwächt haben, dass sie viele Herausforderungen nicht mehr bewältigen können, vom öffentlichen Nahverkehr und Mobilität bis hin zu Gebäudesanierungen, nachhaltiger Bildung und Gesundheitsinfrastrukturen. Da ist die postmigrantische Aufforderung, „hinter" ein dominantes Meta-Narrativ zu blicken, das alles über Migration erklärt. Aktuell stellt sich die Frage nach einer vierten Dimension: Was passiert, wenn wir alle gehen und dieses Land verlassen? Wir stellen in Umfragen fest, dass dieser Gedanke der Auswanderung in vielen Familien diskutiert wird. Wir spüren an so vielen Stellen Wünsche nach Auswanderung wie noch nie zuvor – auch bei etablierten Leuten, denen es wirtschaftlich gut geht. Es ist spannend zu untersuchen, ob man diese Tendenz im HipHop auch beobachten kann – dieses „Ich kehre Deutschland den Rücken und haue ab!"

Wie gehen Menschen damit um, wenn sie regelmäßig von der Mehrheitsgesellschaft an den Rand gedrängt werden?

Wenn Menschen einer sozialen Gruppe angehören oder ihr zugeschrieben werden, die sozial abgewertet wird, entwickeln sie unterschiedliche Strategien, sich dagegen zu wehren, weil das Streben nach einem positiven Selbstbild für Menschen psychologisch grundlegend ist. Ein Versuch, dem Stigma zu entkommen, ist über den sozialen Aufstieg, um dem Hegemon auf Augenhöhe zu begegnen. Dafür sind jedoch viele Ressourcen nötig, die nicht jeder aufbringen kann. Es gibt laut sozialer Identitätstheorie daher auch andere Strategien. Eine besteht darin, eine neue Vergleichsdimension einzuführen. Wenn Ufo361 z.B. rappt: „Wir machen Cash, ey, du machst Abitur, ey", dann verändert er die Vergleichsdimension. Wenn Bildungsdiskriminierung so beharrlich ist, dass man sie nicht überwinden kann, dann ist Bildung nicht mehr die Dimension, auf der man sich vergleicht, sondern wird in der Line herunter gewertet: Abitur, das ist was für Almans, das brauche ich gar nicht. Ich mache lieber gleich Cash. Eine weitere Strategie ist es, die eigene Gruppe abzuwerten und sich der Mehrheitsgesellschaft darüber anzudienen nach dem Prinzip: Ich bin „ausgestiegen" und informiere euch darüber, wie schlecht meine alte Gruppe ist. Ich bin euer Kronzeuge, euer „Native Informant". Auch der Versuch, die Stereotype weiterzugeben an eine andere soziale Gruppe, die man unter sich stellt, ist eine Strategie mit negativer Identität umzugehen.

Spiegeln sich postmigrantische Dimensionen auch in der HipHop-Kultur in Almanya wider?

HipHop reflektiert meiner Meinung nach alle drei Dimensionen des Begriffs „postmigrantisch". Es gibt einerseits Songs, die erzählen, was nach der Migration passiert ist – auch mit der Dimension der zurückgelassenen Heimat. Aber auch der normative Aspekt taucht regelmäßig in Raptexten auf. Ich denke da zum Beispiel an Samy Deluxe, der in verschiedenen Songs den Versuch startet zu re-definieren, was Deutschland ist. Aber auch der dritte Punkt, der hinterfragt, ob das alles überhaupt etwas mit Migration zu tun hat, taucht im HipHop auf. Rapper:innen legen da den Finger in die Wunde und thematisieren Armut, ein desolates Bildungssystem, Rassismus und so weiter – und sie akzeptieren nicht, dass dafür Migration verantwortlich gemacht wird.

Straßenrap ist heute Mainstream. Artists mit transnationalen Biografien tummeln sich in den Charts. Glaubst du, dass Rap ein Katalysator auf dem Weg in eine postmigrantische Gesellschaft sein kann?

Rap in Deutschland – das ist für mich Xatar, Mero oder Haftbefehl. Rap steht explizit für migrantisches Empowerment. Ich sehe das in meiner eigenen Familie. Diese Musik gibt unseren Kindern Power. Die Tatsache, dass es im HipHop viele Superstars mit migrantischer Geschichte gibt, ist ein starkes Zeichen und signalisiert: „Hier sind wir die Nummer Eins. Und als nächstes holen wir uns das Kanzleramt." Vierzig Prozent der Jugendlichen haben inzwischen einen Migrationshintergrund. Das wird immer wieder unterschätzt. Diese Menschen werden natürlich immer mehr Teil eines Mainstreams – mit all seinen Tücken. Rap hat in der jungen Generation eine neue Haltung etabliert, eine neue Coolness gesetzt. Das kann das bürgerliche Lager nicht liefern. Meine Tochter zum Beispiel hat mit 13 Jahren Loredana gehört. Meine Söhne damals Mero. Natürlich geht es da viel um Marken und um Konsum. Ich als Mutter und bürgerliche Migrantin frage mich: Will ich, dass meine Kinder von Gucci und Automarken überflutet werden? Aber wir dürfen nicht vergessen: Die Jugendlichen haben ihr eigenes Signaling. Sich die Symbole der Elite anzueignen – auch wenn es Fake-Produkte sind –, verändert ihren Gang, ihre Sprache, ihre Haltung und macht Luxus zum Mainstream. Der wird dann wiederum von den alten Eliten verächtlich belächelt – aber aus der Aneignung entsteht etwas Neues.

Wie kann der Mainstream Veränderungen herbeiführen?

Einen Mainstream dieser Art als verändernde Kraft sollte man nicht unterschätzen. Macht konzentriert sich bei sozialen Eliten. Aber Power gibt es auch im Mainstream, und das kann Entscheidungsträger:innen ebenfalls unter Handlungsdruck setzen. Außerdem darf man die emotionale Komponente nicht vergessen: Viele Rapsongs beschreiben aus einer randständigen Position Gefühle und Erfahrungen, mit denen sich migrantische Kids identifizieren können. Und wenn das von Künstler:innen kommt, die so erfolgreich sind, ist das empowernd. Gerade im migrantisch geprägten Gangsta Rap werden auch große Gefühle mobilisiert, was für viele Jugendliche unglaublich wichtig ist – auch wenn viele Kids vielleicht ganz anders aufgewachsen sind. Auf den ersten Blick mag Straßenrap plump wirken, aber dahinter öffnet sich ein Archiv zeitloser Emotionen, ein Erfahrungsraum, der für alle Menschen wichtig ist.

Beziehst du diese Beobachtungen nur auf Straßenrap?

Wir dürfen die Vielfalt nicht vergessen, die es hier gibt. Ich denke zum Beispiel an ältere Rapper wie Eko Fresh oder Blumio, die mit einer anderen Haltung in ihren Texten aufwarten. Alleine „Quotentürke" von Eko Fresh hatte damals mit seiner Ironie, seinem Outcalling und Naming eine enorme Wirkung. Der Song unterstreicht letztendlich, was all die Leute, die er aufzählt, schon erreicht haben. Und schafft zum ersten Mal einen kulturellen Raum, der ohne die Mehrheitsgesellschaft funktioniert. Ein anderer Song von Eko Fresh, „Wo komm ich her?", beschreibt aus einer migrantischen Perspektive die Welt als Kind, als Jugendlicher und als Erwachsener. Dort verhandelt er ganz unterschiedliche postmigrantische Layer in einem Song. Mich persönlich hat dieser Song beim Aufwachsen meiner Kinder analytisch begleitet.

Welche Bedeutung hat die Veränderung der deutschen Sprache durch postmigrantische Menschen für die Gesellschaft in Almanya?

Sprache kommt in der postmigrantischen Gesellschaft eine besondere Bedeutung zu. In der Bildungsforschung gab es lange das Konstrukt der doppelten Halbsprachigkeit – eine Theorie, die den Fokus auf das Defizitäre legte. Inzwischen wissen wir, dass postmigrantische Jugendliche Meister des Codeswitching sind. Sie beherrschen einerseits im Umgang mit ihren Peers einen hoch artifiziellen Kanak-Slang. In anderen Situationen können sie in einen formal korrekten Duktus wechseln und in einwandfreiem Hochdeutsch zum Beispiel den Hergang eines Unfalls schildern. Ich merke selbst, wie ich postmigrantische Sprachvarietäten von meinen Kindern übernehme. Die sagen zum Beispiel zu mir: „Mama, ich bin dir ehrlich" oder „er meinte mir". Das habe ich inzwischen so oft gehört, dass ich mich kaum mehr an die ursprüngliche Formulierung erinnere. Und Kiezdeutsch ist längst – auch in seiner grammatischen Ausprägung – in der bürgerlichen Mitte angekommen. Wenn heute Leute in der U-Bahn telefonieren, dann sagen auch *weiße* Menschen aus einem bürgerlichen Milieu: „Ich bin gleich Wittenbergplatz." Dazu hat meine Kollegin Heike Wiese tolle Bücher geschrieben.

Manche Menschen empfinden es als eine Art von kultureller Aneignung, wenn sich der bürgerliche Mainstream eines migrantischen Slangs bedient.

Da ich selbst aus der Rassismusforschung komme, kenne ich die Diskussionen, die in diesem Zusammenhang über kulturelle Aneignung geführt werden – eine Debatte aus den USA, die ihren Ursprung in einer Schwarzen antirassistischen Kritik hat. Aus meiner Perspektive als Migrationsforscherin mit einem Blick auf die postmigrantische Gesellschaft in Deutschland sehe ich es jedoch als großen Erfolg, wenn „die anderen" unsere Sprache imitieren. Ich sehe darin ein differenzielles Mainstreaming, ein gegenassimilatorisches Projekt. Man muss sich das mal vorstellen: Du kommst „neu" in dieses Land und innerhalb weniger

Jahre etablierst du deinen Slang bzw. Sprachzugang im Mainstream. Rap ist in diesem Kontext ein wichtiger Transmitter und Katalysator. Deutsche können genauso am Kanakx-Deutsch partizipieren, wie alle anderen, weil sie auch die postmigrantischen Rapper:innen hören und von ihnen die Worte und Wendungen lernen. Es ist einfach so: Wenn etwas in den Charts auf Platz 1 geht, dann gehört es allen. Der Zugang zu Slang wird durch diesen Erfolg demokratisiert. Natürlich ist auch wahr: Deutsche Gymnasiast:innen können das beim Vorstellungsgespräch alles weglassen und bekommen den besseren Job, während andere das nicht gleichermaßen performen können. Aber in der postmigrantischen Logik sitzen im Vorstellungsgespräch eben auch migrantische Chefs. HipHop ist ein Motor für all diese Sprachveränderungen. Und als Disclaimer: Ich weiß, dass ich das Wort „deutsch“ hier eindimensional benutze. Natürlich ist mir bewusst, dass mehr als die Hälfte der migrantischen Personen in Deutschland die deutsche Staatsangehörigkeit besitzt, und ich habe auch viel zu diesem neuen deutschen „Wir“ publiziert. Nur aktuell glaube ich nicht mehr daran. Der Aufstieg der Rechten und das permanente Othering – also „zum Anderen machen“ – der Eingewanderten und ihrer Nachkommen, haben Folgen hinterlassen.

APSILON

Wut, Message und sein Baba

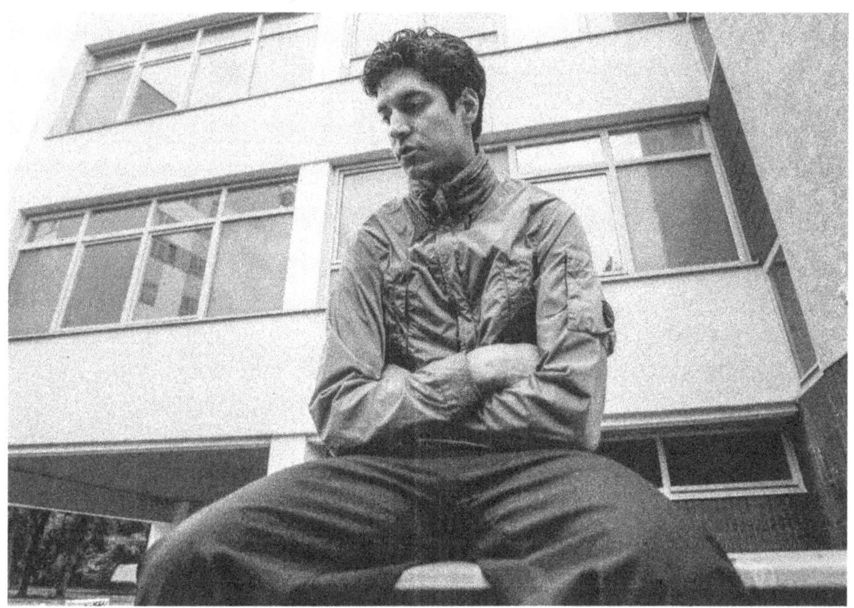

„Ihr seid nicht allein mit euren Gefühlen"

Der Berliner Rapper Apsilon gehört einer neuen Generation von MCs an. Aufgewachsen mit postmigrantischem Straßenrap und einem starken Bewusstsein für die politische Geschichte der Migration in Almanya schreibt Apsilon seine Lyrics mit einer poetischen Wut – kompromisslos und verletzlich zugleich. Wir sprachen mit ihm über Einwanderungsgeschichte, Rap nach Hanau und die Chance, auch auf der Straße Gefühle zu zeigen.

Murat und Hannes: *Auf dem Song „Ein Fuß vor den anderen" rappst du die Zeile „Wir sind Kanaken mit Frust". Wie bist du dazu gekommen, dieses Wort zu verwenden?*

Apsilon: Die Generation meiner Großeltern wurde mit diesem Begriff beleidigt und abgewertet. Und schon in den frühen 1980er Jahren gab es ja mit Cem Karaca und seiner Band Die Kanaken den ersten Versuch einer popkulturellen Aneignung dieses Begriffs. In meiner Jugend war es zwischen mir und den Leuten, mit denen ich groß geworden bin, zunächst keine bewusste Aneignung mit dem Ziel, daraus etwas Empowerndes zu machen. Das Wort war einfach da, und ich habe mich dazu entschieden, es weiter zu benutzen. Denn in dem Begriff steckt automatisch etwas Provokantes. Sobald man das Wort hört, lässt es dich eine politische Dimension mitdenken. Natürlich verfolgt nicht jeder, der das Wort benutzt, eine politische Absicht. Aber der Begriff und die Debatten um den Begriff sind politisch aufgeladen. Die Frage nach der Mehrheitsgesellschaft und welche Stellung man dort hat, schwingt immer mit. Ich rede auch häufig mit meinen Großeltern über diese Sachen. Sie haben mir viel über die Zeit erzählt, als sie nach Deutschland gekommen sind, unter welchen Bedingungen sie gearbeitet und gelebt haben, und wie die Stimmung in der Gesellschaft zu dieser Zeit war. Dabei geht es nicht nur darum, was meine Großeltern individuell erlebt haben, sondern auch um die grundsätzliche gesellschaftliche Realität der so genannten ersten Gastarbeiter:innen. „Kanake" wurde damals von vielen Deutschen genutzt, um die zugewanderten Menschen abzuwerten, auszuschließen und Politik gegen sie zu machen. Der Begriff „Ausländer" wurde in einer ganz ähnlichen Absicht genutzt.

Die Einwanderungsgeschichte der Bundesrepublik nach 1945 kommt in den Lehrplänen der Schulen kaum vor. Einige deiner Songs erzählen diese Geschichte und stehen damit in der Tradition einer Oral History, die schon Ende der 1970er Jahre begann. Wann hast du angefangen, dich bewusst mit diesem Thema auseinanderzusetzen?

In der Schule gab es vielleicht ein oder zwei Stunden, die sich mit der Geschichte der „Gastarbeiter:innen" befasst haben. Aber wenn ich ehrlich bin, dann habe ich nicht mal daran eine Erinnerung. Wenn überhaupt, dann hat es sehr wenig Raum eingenommen. Und es wurde darüber auch nicht so geredet, dass dieses Thema besonders wichtig sei für die deutsche Geschichte. Du hast zwar zu den entsprechenden Jubiläen, wie zum Beispiel 2021 zum 60. Jahrestag des Anwerbeabkommens zwischen der Türkei und der Bundesrepublik, immer etwas Aufmerksamkeit und offizielle Berichterstattung. Aber die Realität der Ausbeutung, die da dranhängt, kommt nicht zur Sprache. Ich persönlich habe eine familienbiografische Auseinandersetzung mit dem Thema, vor allem durch Gespräche mit meinen Großeltern. Mich hat das irgendwann so interessiert, dass ich die Geschichten, die meine Großeltern erzählten, aufgeschrieben habe. Und ich habe Dokumentationen geschaut und Bücher zu dem Thema gelesen, wie z.B. „Ganz unten" von Günter Wallraff.

An einer Stelle rappst du: „Unsere Väter reden nicht über Feelings, das haben sie nie gelernt." Du sprichst an einigen Stellen über Männlichkeit, auch migrantische

Männlichkeit und das Unvermögen, die eigenen Gefühle zu benennen, auch innerhalb der Familie. Was bedeutet dir dieses Thema?

Im November 2023 habe ich den Song „Baba" released, der genau diese Sache anspricht. Dazu habe ich viele Reaktionen bekommen und zwar sowohl von Männern und Frauen als auch von Kanaks und Deutschen. Es mag für migrantische Jugendliche präsenter sein, aber eigentlich ist es ein Thema, das sehr viele heranwachsende männliche Jugendliche betrifft. Und gleichzeitig gibt es hier in den Generationen große Unterschiede. Meine Opas sind nach Deutschland gekommen, um hier zu arbeiten, und ihr ganzes Leben hat sich darum gedreht. Diese Männergeneration war oft lange geografisch von ihren Kindern getrennt, womit das Erleben und Leben von Nähe schwierig wird. Liebe zeigten diese Männer eher durch die D-Marks, die sie in die Heimat schickten und nicht durch eine Umarmung. Das hat sich wiederum auf die Generation meines Vaters ausgewirkt. Ich glaube, dass darunter viele Familien in ganz unterschiedlicher Ausprägung gelitten haben und immer noch leiden. Auch meine Generation hat dieses Thema von ihren Vätern geerbt. Und wir merken, dass wir lernen müssen, mit Gefühlen offen umzugehen. Dahinter steckt das große Thema Mental Health, denn die fehlende Nähe und Offenheit kann auch krank machen und Menschen in die Spielsucht oder den Alkoholismus treiben.

Wie schätzt du das für deine Generation ein? Hat die einen Weg gefunden, mit dem Thema offener umzugehen?

Ich glaube, dass meine Generation ein großes Stück weiter ist. Aber auch die zweite Generation hat hier vieles verändert. Ich habe das an der Reaktion meines Vaters auf meinen Song „Baba" gemerkt. Zuerst war er traurig und hatte die Befürchtung, dass wir als seine Kinder durch seine fehlende emotionale Offenheit Schaden genommen hätten und darunter leiden würden. Ich habe ihm dann gesagt, dass das nicht so ist. Denn ich hätte ja sonst nie diesen Song machen können. Es ist eine Entwicklung: In der Generation meines Vaters gab es schon einen viel größeren emotionalen Raum als in der Generation meiner Großeltern. Auf der anderen Seite, wenn ich mir die 16-Jährigen in Neukölln anschaue, dann gibt es bei den Kids auf der Straße noch viel Luft nach oben, wenn es um mentale Gesundheit geht. Mir ist es wichtig, dass dieses Thema nicht reduziert wird auf Erziehung oder kulturelle Herkunft, denn hier geht es vor allem um sehr reale soziale Bedingungen. Mein Großvater musste den ganzen Tag in der Fabrik arbeiten, da bleibt wenig Platz für Sorgen um die psychische Gesundheit. Und auch heute gibt es viele Eltern, die den ganzen Tag arbeiten müssen, um ihre Familie zu versorgen, und die deshalb weniger anwesend sein können. Kinder, die viel allein unterwegs sind und auf der Straße ihre Zeit verbringen, suchen eher nach Stärke und verstecken Verletzlichkeit. Es geht um soziale Realitäten, die sich ändern müssen.

In deinem Song „Köfte" gehst du auf diese Themen ein und verbindest sie mit den rassistischen Kontinuitäten einer deutschen Mehrheitsgesellschaft, die sich nur dann mit Migrant:innen beschäftigt, wenn sie Sündenböcke für das eigene Versagen sucht. Wie ist der Song entstanden?

„Köfte" ist eine Reaktion auf Hanau. Ich war schon vorher ein politisch aktiver Mensch, aber Hanau hat mich auf einer emotionalen Ebene politisiert. Ich habe eine starke Wut gespürt, und ich glaube, dass diese Wut sehr viele Menschen empfunden haben. Eine Wut auf die Polizei, die Behörden, den Staat. Eine Wut, die plötzlich sehr präsent ist. Das alles hat sich in meinem Kopf mit den Gesprächen verbunden, die ich mit meinen Großeltern hatte, und hat letztendlich zu diesem Song geführt. Auf diese Wut gibt es von der Politik bis heute keine befriedigende Antwort. Im Gegenteil: Der Diskurs in Deutschland zielt wieder auf eine Diskriminierung von Migranten, und die Parteien einigen sich eigentlich nur darauf, dass „der Ausländer" die Ursache für die meisten Probleme ist. Solange das die Antwort ist, wird diese Wut bleiben. Du kannst jeden Tag die Zeitung aufschlagen oder auf Social Media gehen und dir die Kommentarspalten ansehen – diese kapitalistische Gesellschaft spielt immer die Rassismuskarte und findet Sündenböcke. In der Corona-Pandemie waren es die „Ausländer", die sich zu oft in ihren Familien getroffen haben. Und am zunehmenden Antisemitismus sind natürlich die Muslime schuld. Meine Wut ist eine Reaktion auf diese sich wiederholenden Reflexe. Wie kann es sein, dass es nach der Ausbeutung in den 1970er Jahren, nach den tödlichen Pogromen in den 1990er Jahren, nach dem NSU-Terror, nach Hanau – wie kann es sein, dass sich nichts ändert? Wieder werden Flüchtlingsunterkünfte in Brand gesetzt, wieder sprechen Politiker der etablierten Parteien von „Migrantenquoten" und von Abschiebungen im großen Stil, wie Olaf Scholz im *Spiegel*. Diese Ignoranz und diese Blindheit gegenüber den eigentlichen Ursachen erzeugt Wut. Wenn Jugendliche dann an Silvester mit Schreckschusspistolen auf Polizeiautos schießen, dann finde ich das nicht gut, aber ich verstehe die Wut, die dahintersteckt. Und es sind nicht nur die Kanaks frustriert. Der Erfolg der AfD ist nicht vom Himmel gefallen. Wenn in einem Land von heute auf morgen 100 Milliarden Euro für die Bundeswehr mobilisiert werden, aber es bei 3 Euro mehr beim Bürgergeld zu einem langwierigen Streit kommt, dann ist die Politik nicht daran interessiert, allen Menschen gleichermaßen ein gutes Leben zu ermöglichen. Im Gegenteil – die Politiker spielen die Menschen gegeneinander aus. Und das macht mich und viele andere wütend.

Deine Großeltern gehören zur ersten Einwanderergeneration nach 1945. Sie haben ihr Leben lang gearbeitet und konnten die deutsche Sprache kaum lernen. Nun kommt ihr Enkel und erzählt in seinen deutschen Rapsongs unter anderem ihre Geschichte. Welche Reaktionen bekommst du von deiner Oma und deinem Opa auf deine Musik?

Sprachlich ist das für meine Großeltern tatsächlich eine Herausforderung – auch weil ich in meinen Texten Slangworte der Jugendsprache benutze und oft ziemlich schnell rappe. Aber es gibt meine Videos auch mit türkischen Untertiteln, und vor allem spreche ich mit meinen Großeltern über meine Songs. Mein Opa und meine Oma fühlen und verstehen meine Songs, und es erfüllt sie mit Stolz und Anerkennung, dass diese Sachen aufgegriffen werden und andere Leute das mitbekommen – auch visuell, denn beide nehmen in meinen Videos viel Platz ein. Interessant finde ich, dass meine Großeltern in Hinblick auf die Themen, die ich anspreche, ganz andere Emotionen haben als ich. Die Enttäuschung über und die Wut auf den deutschen Staat und die Ausbeutung sind bei Ihnen kaum vorhanden. Es überwiegt eine fatalistische Haltung nach dem Motto: „Das war einfach so." Die Reaktion auf meinen Song „Baba" zum Beispiel war: „Wir mussten so sein, sonst hätte das alles nicht funktioniert." In meiner Folge für das YouTube-Format „Germania" haben meine Großeltern auch eine wichtige Rolle gespielt. Anfangs war ich mir unsicher, ob sie in diesem ungewohnten Setting vor der Kamera überhaupt ein Wort sagen würden, aber diese Sorge war unbegründet. Die beiden wollten reden, weil sie solche Sachen in der Öffentlichkeit sonst niemand fragt. Eigentlich war es sogar so, dass über dieses Thema, seitdem sie in Deutschland sind, nicht wirklich gesprochen wird. Ihre persönliche Sicht wollte einfach niemand hören.

In deinem Song „Ein Fuß vor den anderen" heißt es: „In eurer Normalität gibt es für Kanaken nur Mord im Café". Du beschreibst hier den rassistischen Blick der Mehrheit auf die Minderheit und die gewaltsamen Folgen. Wie gehst du als Künstler an diese Auseinandersetzung und Verarbeitung von Rassismus heran?

Es ist nicht so, dass ich mir theoretische Gedanken darüber mache, wie ich die rassistische Normalität in Deutschland darstellen möchte. Auf emotionaler Ebene ist es mir wichtig, dass man beim Hören der Songs nicht in eine Objektrolle rutscht, in der man sich als Opfer fühlt und nur noch klagen möchte. Ich mache aber auch keine klassischen Protestsongs, wo man die Leute zur nächsten Demo aufruft. Meine Songs sollen empowern und Kraft geben und den Leuten auch emotional zeigen: Ihr seid nicht allein mit euren Gefühlen, wir haben viel gemeinsam! Auf meinen Konzerten erlebe ich das immer wieder. Dort sind Kanaks, Deutsche, Alte, Junge, Männer und Frauen – und alle teilen diese Haltung: „We are in this together!" Diese

Vergewisserung von Zusammenhalt gibt einem letztendlich die Zuversicht, dass wir gemeinsam etwas verändern können.

Und bestimmt ist das, was du beschreibst, auch ein Ausdruck von gelungener Kunst. Wie erklärst du dir grundsätzlich, dass Rap als Kunstform eine so große Affinität zu Diaspora, Herkunft und Migration hat? Bis heute gibt es ja unzählige sehr erfolgreiche Rap Artists, deren Biografien eng mit diesen Themen verknüpft sind.

Rap wurde als schwarze Kultur in den USA geboren und hat von Beginn an auf Ausgrenzung und Rassismus reagiert. Rap hat sich das Wort genommen, weil es keinen Ort gab, an dem diese Menschen gehört wurden. Die Kids wiederum, die dann später Rapmusik aus den USA gehört haben, haben diese Voraussetzungen, diesen besonderen Sprechort gespürt. Auch sozial gesehen ist es viel einfacher, einen Freestyle auf dem Hinterhof zu kicken, als eine klassische Gesangsausbildung zu machen. Rap hat einen niederschwelligen Zugang und lädt vor allem jene Menschen ein, die das Bedürfnis haben, sich direkt mitzuteilen und aus ihrem Leben zu erzählen. Wenn du in einem Umfeld aufwächst, in dem viele Leute Rap hören, dann bist du umgeben von Migrationsgeschichten. Dann ist es normal, sich gegenseitig seine Story zu erzählen.

Wahrscheinlich ist Rap das größte Oral-History-Archiv, das wir zu dem Thema haben. Unzählige Biografien von Flucht, Migration und Empowerment *finden sich hier – und leider nicht in den Lehrplänen der Schulen.*

Und wenn es solche Texte in die Schulbücher schaffen, dann geht es ja meistens darum zu verdeutlichen: „Schaut mal, es geht den Leuten jetzt viel besser. Manche leben noch unter sich in ihren Vierteln, aber das werden wir mit etwas Integration schon ändern." Von den Kämpfen und dem Widerstand der ersten Generation dagegen bekommt man kaum etwas mit. Von dem großen Kölner Ford-Streik im Jahr 1973 habe ich zum Beispiel erst vor drei Jahren erfahren. Bis dahin habe ich eher gedacht, dass die Generation meiner Großeltern und auch die meiner Eltern unpolitisch waren. Ich musste mich selbst auf die Suche machen, um dieses Wissen zu bekommen. Einerseits bin ich froh zu wissen, dass ich und meine Leute in einer Tradition des Widerstands stehen. Andererseits habe ich das Gefühl, dass sich im Laufe der Jahrzehnte nicht viel verändert hat und die Dinge sich wiederholen.

Welche Wahrnehmung hast du als mittlerweile bekannter Künstler darüber, wie dich die Gesellschaft sieht? Hast du das Gefühl, dass du mit deiner Haltung in bestimmten Schubladen landest?

Ich hatte am Anfang tatsächlich die Befürchtung, dass ich in die Schublade „Politischer Rap" gesteckt werde. Meine erste EP war auch sehr politisch. Ich bin aber heute zufrieden mit meinem Standing in der Szene und auch in Hinblick darauf, wie ich von der Öffentlichkeit wahrgenommen und rezipiert werde. Denn es wird gesehen, dass ich eine klare Message mitbringe. Und emotionale Songs wie „Baba" oder „Zufall" bekommen Aufmerksamkeit und werden ernst genommen. Diese Bandbreite gehört zu mir, all diese Dinge fühle ich, und sie machen mich zu einem vieldimensionalen Künstler. Ich bin froh, dass viele da draußen das offenbar ähnlich sehen. Diese Vielschichtigkeit spiegelt mir auch das Publikum auf meinen Konzerten. Ich möchte auch nicht nur als Solokünstler wahrgenommen werden. Mein Bruder bastelt die Beats und produziert auch einige Videos, und bei dem Auftritt im ZDF Magazin Royale waren alle meine Homies dabei, mit denen ich aufgewachsen bin.

Bekommst du Feedback aus dem Straßenrap?

Zum Teil und das ist mir auch wichtig. Ich bin selbst mit Straßenrap groß geworden und höre viele Sachen heute noch. Straßenrap war immer der Teil von Deutschrap, der emotional am meisten mit mir gemacht hat. Nate57, Haftbefehl und die ganzen Azzlack-Leute, die HDF-Videos auf YouTube – das war Teil meiner Jugend. Ich bin zwar nicht in einem klassischen Straßenumfeld groß geworden, aber ich weiß, wie die Straße aussieht, und welche Regeln dort gelten. Man muss auch nicht zwangsläufig biografisch so leben, um einen Nate57 oder einen Haftbefehl zu fühlen. Die Wut, das Destruktive, das Sich-ausgeschlossen-Fühlen – das konnte ich nachempfinden, auch wenn ich daraus andere Konsequenzen gezogen habe. Straßenrap hat mich politisiert und emotional begleitet. Und es wird auch in Zukunft mein Schaffen als Künstler beeinflussen.

Aktuell erleben wir es häufiger, dass auch bekannte Straßenrapper über ihre Verletzlichkeit und ihre Emotionen sprechen.

Hafti hat das ja schon 2015 mit „Depressionen im Ghetto" thematisiert. Und Nate hat früh über Suizidgedanken in seinen Songs gesprochen. Die beiden haben Verletzlichkeit gezeigt und zugelassen, und ich finde Straßenrap in solchen Momenten besonders stark. Ich mache sicher keinen klassischen Straßenrap, aber ich bekomme mit, dass meine Songs Kids aus diesem Umfeld erreichen, die mir dann über Social Media schreiben und sich zum Beispiel für den Song „Baba" bedanken.

MIRIAM DAVOUDVANDI

HipHop, Herkunft und Heilung

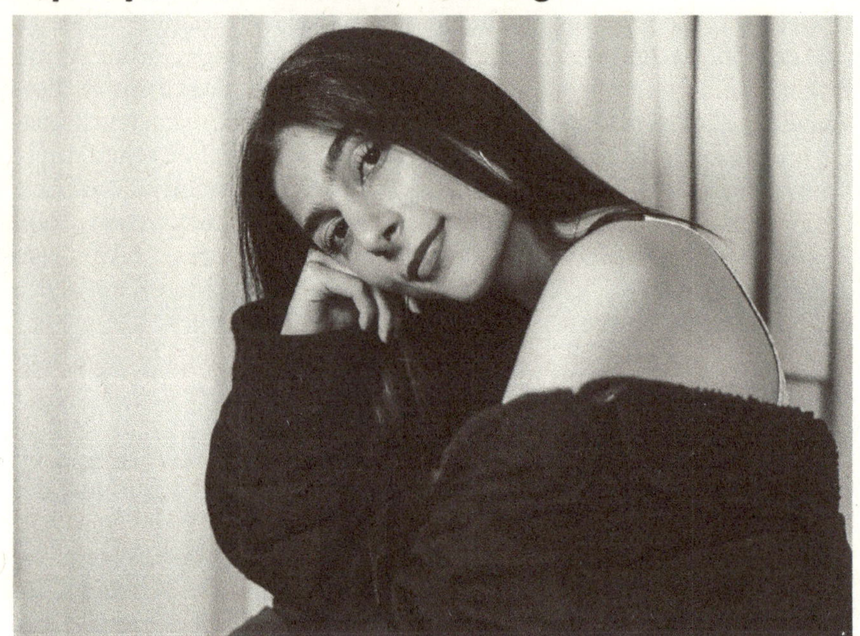

„Rap ist eine schmerzvolle und erfüllende Erfahrung zugleich"

Kaum eine Person hat das Schreiben und Sprechen über Rap in den letzten zehn Jahren so verändert wie Miriam Davoudvandi. Als Journalistin hat sie gemeinsam mit anderen Frauen* den Deutschrap-Fanboy-Journalismus aufgemischt. Mit dem „Danke, gut"-Podcast setzte sie Mental Health auf die Agenda von HipHop und Popkultur – und erinnerte uns daran, dass es sich in dieser Welt besser leben ließe, wenn wir unserer psychischen Gesundheit und der anderer Menschen mehr Aufmerksamkeit schenken würden. Wir sprachen mit Miriam über postmigrantische Umbrüche und ihr vielschichtiges Verhältnis zur Rap-Kultur in Almanya.

Murat und Hannes: *Mit welcher Form von Rap bist du groß geworden?*

Miriam Davoudvandi: Ich bin mit dem US-Rap der 1990er und 2000er Jahre aufgewachsen: 2Pac, Biggie, Snoop und später 50 Cent waren mein

Einstieg. Dann habe ich auch Frauen wie Missy Elliot oder Lil' Kim für mich entdeckt. Deutschrap hat mich zunächst gar nicht interessiert. Ich habe schon im Alter von sechs oder sieben Jahren angefangen, aktiv Musik zu hören und mich mit den Sachen zu beschäftigen. Zeitlich fiel das zusammen mit dem Umzug meiner Familie von Rumänien in eine Kleinstadt in Baden-Württemberg. Rapperinnen und Rapper waren für mich in diesem Alter identitätsstiftend. Ich habe in ihren Struggles Teile meines Alltags und den meiner älteren Brüder gesehen: Arm aufwachsen, nicht gesehen werden, in der Gesellschaft, ausgegrenzt zu werden. Natürlich weiß ich heute, dass meine Lebensrealität eine andere ist als die eines Schwarzen Mannes aus der Bronx. Aber als Kind habe ich dort – auf einer emotionalen Ebene – mehr Parallelen spüren können als zu dem, was in der Kleinstadt passierte. Später habe ich mich mehr nach Atlanta orientiert und Dirty South gehört. Deutschrap wurde für mich interessant, als die Aggro-Phase startete. Ich habe Bushido, Sido und andere Aggro-Artists gehört, aber auch Savaş oder Eko und gemerkt: Okay, die haben zum Teil wirklich ähnliche Sachen erlebt wie ich.

Was hast du im Gangsta Rap der Nullerjahre gesehen, was dich angesprochen hat?

Die Aggro-Berlin-Artists fand ich lustig, habe aber auch einige Sachen kritisch gesehen. Was mich angesprochen hat, war eher das Thema Armut, das mich als Kind und Jugendliche stark belastet hat. Bei Sido habe ich gesehen: Der ist in einem Hochhaus groß geworden. Unser Block in Bukarest sah ähnlich aus, da konnte ich mich mit identifizieren. Aber so wirklich abgeholt hat mich Deutschrap eigentlich erst ab 2010, als Leute wie Haftbefehl oder Celo & Abdi auf den Plan traten. Da war ich in einem Alter, dass ich die Musik reflektieren und besser verstehen konnte.

Wie erklärst du dir die Epochenumbrüche in der Entwicklung von Rap in Deutschland?

Ich glaube, dass diese Veränderung zum einen damit zu tun haben, dass sich Deutschrap immer auch Dinge abgeschaut hat, die in anderen Ländern passiert sind. Zum anderen spielen politische und gesellschaftliche Entwicklungen eine Rolle. Der Zugang zu Rap und zu der Möglichkeit, Rap zu produzieren, war am Anfang in Deutschland noch sehr von der Mittelschicht geprägt. Das hat sich zu Beginn der Nullerjahre geändert. Und der Bruch 2010 ist auch aus einer Wut entstanden. Es waren vor allem junge Migrant:innen, die sich zu Wort gemeldet haben, und die nicht an die lustigen und Style bezogenen Elementen anknüpfen wollten. Jemand wie Hafti hat die Wut einer ganzen Generation kanalisiert. Viele Familien sind damals in der Armut versunken, Hartz IV ging immer weiter, arme Menschen wurden stigmatisiert, der NSU wurde enttarnt und vieles mehr. Ich war damals 17 Jahre alt und meine Generation fing gerade an, sich zu politisieren. Wenn du in diesem Moment einen Haftbefehl-Track hörst, macht das einen großen Eindruck auf dich. Die soziale Herkunft war immer ein Faktor, der die Menschen zusammengebracht hat. Bei den Kids aus dem Block, die ihren Tag auf der Straße verbringen, spielt nicht die nationale Herkunft die größte Rolle, sondern die gemeinsame Lebensrealität. Selbst in meiner Kleinstadt, in der ich aufgewachsen bin, war das so, wenn auch reduzierter. Es gab ein, zwei Ecken am Rand von Wohnkomplexen, wo sich vor allem die Russen, Türken, Italiener und eben die zwei, drei Deutschen, die nicht aus gutem Hause waren und zu den „Asis" gezählt wurden, getroffen haben. Alles Kinder von Arbeiter:innen, von Alleinerziehenden. Warum haben wir da zusammen gechillt? Weil wir die einzigen waren, die nicht in einem fetten Einfamilienhaus gewohnt haben. Diese kleine Szene kannst du auf Deutschrap übertragen. Es ist kein Zufall, dass die Renaissance von Straßenrap zuerst in Berlin und in Frankfurt stattfand. Rap entstand immer in solchen Ecken, Vierteln und Stadtteilen, wo Menschen am Rande der Gesellschaft lebten, und hat sich von dort aus ins Zentrum ausgebreitet. Und natürlich gibt es die Intersektion zwischen der sozialen und ethnischen Herkunft. Es kommt nicht von ungefähr, dass gerade Kinder oder Enkel von ehemaligen Gastarbeitenden sich von Rap in besonderem Maße angesprochen fühlen. Rap verspricht dir, gesehen zu werden und deinem sozialen Status zu entkommen. Das war auch für mich eine große Motivation. Ich wollte raus aus meinem Kaff und ein selbstbestimmtes Leben führen. Der „German Dream", der auf eine Weise jedem migrantischen Kind eingetrichtert wurde, wird im Rap immer wieder aktualisiert.

Was sind deiner Meinung nach die größten Unterschiede zwischen der Aggro-Phase zu Beginn der 2000er Jahre und dem Straßenrap 2.0, der sich ab 2010 entwickelte?

Da sind viele Sachen passiert. Zum einen gab es ab 2010 eine deutliche Politisierung. Vorher gab es zwar auch einzelne politische Elemente im Rap. Nach der Enttarnung des NSU 2011 wurde es richtig laut und eine Wut hat sich artikuliert, die man vielleicht mit der Wut vergleichen kann, die es zu Beginn der 1990er Jahre nach den Anschlägen in Rostock-Lichtenhagen und Solingen gab. Die politische Message wurde im Rap ab 2010 sichtbarer. Dann hat sich die Sprache geändert. Mit Haftbefehl gab es auf einmal einen neuen Slang, der die Mischung ganz unterschiedlicher Kulturen spürbar machte. Das hat eine neue Ruffness verkörpert. Vorher war die Rapsprache auch hart – aber eher sexualisiert, pornografisch und auf der Ebene von konkreten Beleidigungen. Der neue Straßenslang hatte eine politische

Härte und hat all die Dinge eingesammelt und komprimiert, die er auf der Straße gefunden hat.

Mit Haftbefehl wurde Straßenrap zu einem Phänomen, das plötzlich auch für das bürgerliche Feuilleton interessant wurde.

Erstmal muss man dazu sagen: Haftbefehl macht einfach wirklich gute Musik. Das Album „Russisch Roulette“ zum Beispiel ist voller Hits und Ohrwürmer, es bedarf nicht immer einer deepen Anaylse, um zu verstehen, warum jemand erfolgreich wird. Aber klar habe ich auch Gedanken zu diesen vermeintlichen Widersprüchen. Straßenrap wird zu einem großen Teil von bürgerlichen Jugendlichen konsumiert und ist immer mehr Teil der Gesellschaft geworden. Die Mittelschicht ist begeistert davon, die „Affen aus‘m Zoo“ zu beobachten. Das ist eine alte Faszination der bürgerlichen Mitte, die immer schon zweischneidig war. Es geht nicht darum, die Hintergründe und Lebensverhältnisse aufrichtig verstehen zu wollen, sondern um das Entertainment, vergleichbar mit Trash-TV-Formaten, die Armut voyeuristisch ausstellen. So habe ich das damals auch wahrgenommen, als Straßenrap plötzlich im Feuilleton stattfand. Gleichzeitig gab es eine vermehrte Berichterstattung über „kriminelle Clans“ oder „Parallelgesellschaften“. Solange man sich davon aus sicherer Entfernung unterhalten lassen konnte, war alles okay. Wenn man aber jemandem auf dem Bürgersteig begegnete, der vom Aussehen in dieses Klischee passte, wechselte man lieber die Straßenseite. Entertainment, Straßenrap als Kunstform – das ist alles interessant, solange man mit diesen Menschen nichts in der Realität zu tun haben muss. Dahinter steckt ein altes rassistisches Muster: In den USA wurden Schwarze Menschen schon sehr früh mit diesem Prinzip von politischer Partizipation ausgeschlossen: Musik, Unterhaltung, Sport, auf der Bühne stehen – das ist alles schön und gut. In dem Moment, wo sich diese Menschen erlauben, eine Meinung zu haben und Teilhabe einzufordern, endet der Spaß.

Lässt sich das auf Almanya übertragen?

Das hat auch im Deutschrap stattgefunden. Flankiert wurde das von irgendwelchen akademischen *weißen* Dudes, die Straßenrap plötzlich spicy und exotisch fanden und sich Gedanken darüber machten, warum Hafti nun so redet, wie er redet. Eine Sache, die eigentlich gar keiner riesigen Erklärung bedarf: Man redet halt so. Und wenn im Rahmen einer solchen Feuilletonisierung von Straßenrap dann plötzlich der Name „Adorno“ fällt, ist das *weiße* Bürgertum völlig aus dem Häuschen: „Schau mal, diese ganzen Widersprüche. Wie faszinierend!“ Diesen akademischen Voyeurismus sehe ich sehr kritisch. Auf der anderen Seite darf man nicht vergessen, dass viele der erfolgreichen Straßenrapper heute selbst sehr wohlhabend sind und mit ihrer einstigen Realität oft selbst nicht mehr so viel zu tun haben. Aber das lässt sich natürlich nicht verallgemeinern.

Hat sich der Blick der Öffentlichkeit auf Straßenrap verändert?

Rap ist heute so groß und so vielfältig, dass man an dieser Kultur nicht mehr vorbeikommt. Es gibt an vielen Stellen Schnittstellen zum bürgerlichen Lager und fließende Übergänge zu anderen Genres. Dennoch glaube ich, dass die typischen Vorurteile gegenüber dem Rap von der Straße sich kaum verändert haben. Wobei die Vorurteile immer weniger mit Rap zu tun haben, sondern mit der sozialen und ethnischen Herkunft der Rapper:innen. Noch immer hörst du: Die sind dumm, die sind gewalttätig, die rappen nur über Geld und Drogen. Es gibt hier unzählige Beispiele. Um nur eines zu nennen: Capital Bra während seiner Blütezeit. Einerseits ist seine Musik sehr melodisch und mainstreamtauglich, er hatte riesigen Erfolg. Andererseits wird er immer noch als „Asi" aus Alt-Hohenschönhausen gelabelt, der „Lelele"-Musik macht. Dabei hatte Capi auf der Höhe seines Erfolges einen enormen Einfluss auf junge Menschen. Ein politischer Post von ihm hätte vor vier oder fünf Jahren ein echtes Beben ausgelöst. Mehr Follower:innen als damals Angela Merkel hatte er zumindest.

Wie schätzt du den Einfluss des Female-Rap-Duos SXTN auf die Entwicklung von Rap in Almanya ein?

Ich bin der Überzeugung, dass SXTN einen riesigen Impact auf die Szene hatten. Für Frauen* im Rap war es eine der wichtigsten Zäsuren der letzten Jahre. Vorher sind Frauen* vor allem in männlichen Kontexten aufgetaucht. SXTN standen für sich und haben mit einer Selbstverständlichkeit Sachen über den Haufen geworfen – das war außergewöhnlich. Dieses Selbstbewusstsein war neu. SXTN haben für Frauen* extrem viel verändert. Danach kamen immer mehr Female Artists ins Game, die auch auf kommerzieller Ebene sehr erfolgreich waren und die Szene veränderten. Aber natürlich gab es auch vor SXTN Rapperinnen, die Frauen empowert haben. Tic Tac Toe, Sabrina Setlur und Cora E. in den 1990er Jahren waren zum Beispiel sehr wichtig. Und natürlich später Kitty Kat und Schwesta Ewa. Heute könnte ich so viele Namen aufzählen, und ich denke, dass SXTN daran maßgeblich beteiligt waren.

Wie gehst du als Journalistin mit der Widersprüchlichkeit der Rap-Kultur um?

Es gibt eine lange Tradition darüber zu streiten, inwieweit Musikjournalismus überhaupt neutral oder unvoreingenommen sein kann. Ich persönlich bin der Meinung, dass es nicht darum geht, neutral zu bleiben und seine Persönlichkeit außen vor zu lassen. Journalismus darf Gefühle transportieren und Stellung beziehen. Natürlich wird es nicht einfacher, wenn die Musik, die man hört, eine große Bedeutung für einen selbst hat. Ich merke das beim Thema Rap und soziale Herkunft, weil das für mich schon früh identitätsstiftend war. Auch ästhetisch spricht Straßenrap mich an. Gleichzeitig stoßen mich die sexistischen Anteile ab. Es ist kaum möglich, das ohne Widersprüche zu vereinen und eine Schnittmenge zu finden. Ich kann dir aus dem Stand keine Artists nennen, die nicht sexistisch sind und gleichzeitig das Thema soziale Herkunft künstlerisch auf eine Art verhandeln, die mich ästhetisch anspricht. Also bleibt es dabei: Als Rap-Hörerin muss ich Kompromisse finden, Widersprüche aushalten und Abstriche machen. Gleichzeitig widerspricht es meinem Verständnis, von Kunst zu fordern, dass man immer genau das serviert bekommt, was man sehen und hören möchte. Somit bleibt Rap für mich eine schmerzvolle und erfüllende Erfahrung zugleich. Ich beschreibe das gerne mit dem Verhältnis, das ich zu meinem Bruder habe. Wir nerven uns manchmal extrem und sind auch politisch selten einer Meinung. Dennoch sind wir gemeinsam aufgewachsen und lernen dadurch, dass wir mit den Perspektiven des anderen konfrontiert werden. Das kann anstrengend sein, aber auch bereichernd. In Hinblick auf den Sexismus im Rap bedeutet das für mich: Man kann es nicht einfach als gesamtgesellschaftliches Phänomen abtun, wie es oft bei Rap entschuldigt wird, und sich nicht damit beschäftigen, weil ja alles sexistisch und patriarchal ist. Ich als Journalistin kenne diese Kultur sehr gut und kann mit meinem Wissen und meiner Erfahrung dazu beitragen, zwischen verschiedenen Positionen zu vermitteln.

Hat sich deiner Meinung nach in der journalistischen Repräsentation der Themen, die du gerade angesprochen hast, etwas verändert?

Ich finde, dass viele der Themen in den letzten Jahren vor allem von Frauen* eingebracht wurden. Zum einen hat das damit zu tun, dass es im Journalismus mittlerweile viele Frauen* gibt, die explizit feministische Fragen stellen, was ja innerhalb der Rapszene in der Vergangenheit kaum der Fall war. Dann musste man sich als Journalistin nicht so exponieren, wie das zum Beispiel eine Künstlerin machen muss. Man hat eine gewisse Deckung, aus der heraus man die Themen ansprechen kann. Dieser Komfort der Unsichtbarkeit hat möglicherweise Frauen*, die Rap feiern, dazu gebracht, über den Weg des Schreibens eine Teilhabe an der Kultur zu erreichen. Auch wenn es immer heißt: Frauen* müssen sichtbarer werden – es kann eben auch eine kluge und bewusste Entscheidung sein, unsichtbar zu bleiben. Denn der Schritt in die Öffentlichkeit hat für Frauen* unmittelbare Konsequenzen – von schlimmen Beleidigungen über Stalking bis hin zu konkreten Drohungen. Diese Erfahrung haben alle Frauen* gemacht, die sich innerhalb der Rapszene mit ihrem Gesicht präsentiert haben. Es gibt das Klischee des Fan-Girls, das seinen Star verehrt und sonst eigentlich nicht viel weiß über HipHop. Ich habe das anders erlebt. Es waren vor allem die Typen, die ihr Idol angehimmelt und nach dem Konzert krampfhaft versucht haben, in seine Nähe zu kommen. Ich glaube, dass diese Art der Bestätigung Männern wichtiger ist. Das ist auch ein Grund, warum Männer im Rap-Journalismus so krass überrepräsentiert sind: Die wollen gesehen werden und sich gegenseitig auf die Schulter klopfen.

Wie waren die Reaktionen der Artists, wenn du kritische Fragen gestellt hast?

Sehr unterschiedlich. Zum einen waren die Rapper verblüfft, weil sie das überhaupt nicht kannten. Die Künstler waren es nicht gewohnt, dass man ihnen grundsätzlich mit einer positiven Haltung begegnete, weil man ihre Kunst schätzt und dann trotzdem kritische Fragen stellt. Entweder waren sie die totale Anbiederung gewohnt oder die extrem kritische Sichtweise konservativer Journalist:innen der bürgerlichen Presse. Ein Dazwischen gab es eigentlich nicht. Die Idee, dass man aus einer Verbundenheit heraus kritische Fragen stellen kann, hat viele Leute verunsichert.

Du und auch andere Journalist:innen haben früh einen Fokus auf Emotionalität und psychische Gesundheit gelegt. Wie kam es dazu?

Wir haben vielleicht diesen Fokus gesetzt, aber das Thema gab es im Rap schon immer. Neben all der Härte haben Rapper:innen auch über Tod, Trauer und Verlust gesprochen. Sie haben darüber gerappt, dass es Menschen schlecht geht und in ihren Lyrics Schwäche und Zerbrechlichkeit gezeigt. Das ist die eine Seite. Etwas anderes ist es, wenn sie plötzlich in einem Interview auf diese Themen angesprochen werden. Mir war es immer wichtig, das nicht außen vor zu lassen, und ich habe meinen Teil dazu beigetragen, dass es heute für viele Artists normal ist, auch über Mental-Health-Themen zu sprechen. Über die Jahre hat sich bei vielen Künstler:innen ein Vertrauen entwickelt, von dem alle profitieren. Rapper:innen haben realisiert, dass sie nicht vorgeführt werden, sondern dass es – im Gegenteil – dazu beiträgt, sie als vielschichtige Charaktere kennenzulernen. Der Song „Baba" von Apsilon beschreibt das ziemlich gut: Männern, die in bestimmten Verhältnissen groß geworden sind, fällt es schwer, über Gefühle zu sprechen. Aber sie profitieren davon, wenn sie Emotionen zulassen.

Welchen Impact hatte der Terror-Anschlag von Hanau auf die HipHop-Community in Almanya?

Hanau hat dazu geführt, dass sich seit langer Zeit wieder viele Rap-Artists zusammengetan haben. Vor dem Hintergrund, welchen Einfluss Rapper:innen auf die Gesellschaft allgemein und auf junge Menschen im Besonderen haben, fand ich die Reaktion sogar eher bescheiden. Von den wirklich großen Namen haben nur wenige Künstler:innen darauf reagiert. Dennoch war der All-Star-Song von Azzi Memo unglaublich wichtig. Und auch, dass Haftbefehl Hanau in seinen Videos aufgegriffen hat, war ein starkes Zeichen. Dann darf man nicht vergessen: Es gibt eine neue Generation, die mit Hanau aufgewachsen ist, und für die das ein einschneidendes Ereignis war. Die Wut darüber, dass Deutschland Migrant:innen immer noch nicht akzeptiert hat – egal, welche Anstrengungen unternommen wurden –, hat in dieser Generation eine neue Energie entfacht, die auch auf Rap überschwappt. Rap kommt hier als kulturelles Gedächtnis eine große Rolle zu, denn die wiederkehrenden rechtsterroristischen Anschläge werden von der Mehrheitsgesellschaft nicht als Ereignisse erinnert, die miteinander in Zusammenhang stehen. Die Tradition, solche Übergriffe als Einzelaktion psychisch kranker Menschen darzustellen, ist lang, und sie verschleiert den strukturellen Rassismus, der diese Taten ermöglicht. Der Täter von Hanau wurde zu seiner Tat durch eine rechtsradikale Ideologie motiviert, und deshalb ist es auch fahrlässig, Nazis einfach als „psychisch gestört" abzustempeln. Für Femizide gilt dasselbe. Männer, die Frauen* ermorden, machen das nicht, weil sie traurig oder depressiv sind, sondern weil sie eine misogyne Weltsicht verinnerlicht haben. Nicht psychisch erkrankte Menschen sind eine Gefahr für die Gesellschaft, sondern diejenigen, die menschenverachtende Ideologien vertreten und verbreiten.

Wie erklärst du dir, dass die Menschen in den postmigrantischen Communitys nicht automatisch solidarisch miteinander sind, obwohl alle vom Rassismus der Mehrheitsgesellschaft betroffen sind?

Wir leben in einem kapitalistischen System und haben dessen Spielregeln verinnerlicht. Die neoliberale Illusion, dass wir es alle individuell schaffen können, wenn wir uns nur genügend anstrengen, ist das Hauptnarrativ unserer Gesellschaft. In migrantischen Communitys ist diese Vorstellung sehr wirkmächtig – gerade, weil die Menschen dort in besonderem Maße von Armut und Ausgrenzung betroffen sind. In vielen Familien gibt es den Traum vom eigenen Auto, eigenem Haus und finanzieller Unabhängigkeit – und das kann ich gut verstehen, auch wenn meine politische Utopie vielleicht anders aussehen mag. Migrant:innen sind nicht automatisch links, nur weil sie von der Gesellschaft an den Rand gedrängt werden. Das spiegelt sich auch im Rap. Da ist der einzelne Macher das erfolgreiche Subjekt auf dem Weg nach oben. Vielleicht nimmt man noch seine Crew mit, ein paar Freund:innen, im besten Fall noch seine Community, wie auch immer man die dann definieren mag. Aber es geht selten um Visionen, die alle Menschen betrifft. Allianzen werden mit Gleichgesinnten geschmiedet. Wenn zwei Straßenrapper:innen Erfolg haben, machen sie gemeinsam einen Track und rappen darüber, wie gut es ist, dass beide es geschafft haben. Das gönne ich ihnen auch. Aber es kommt selten zu überraschenden Allianzen, die außerhalb der eigenen Blase etwas anstoßen – zum Beispiel, dass ein Ski Aggu gemeinsam mit Haftbefehl einen Song über Hanau macht.

MEGALOH

Wahrheit und Selbstermächtigung

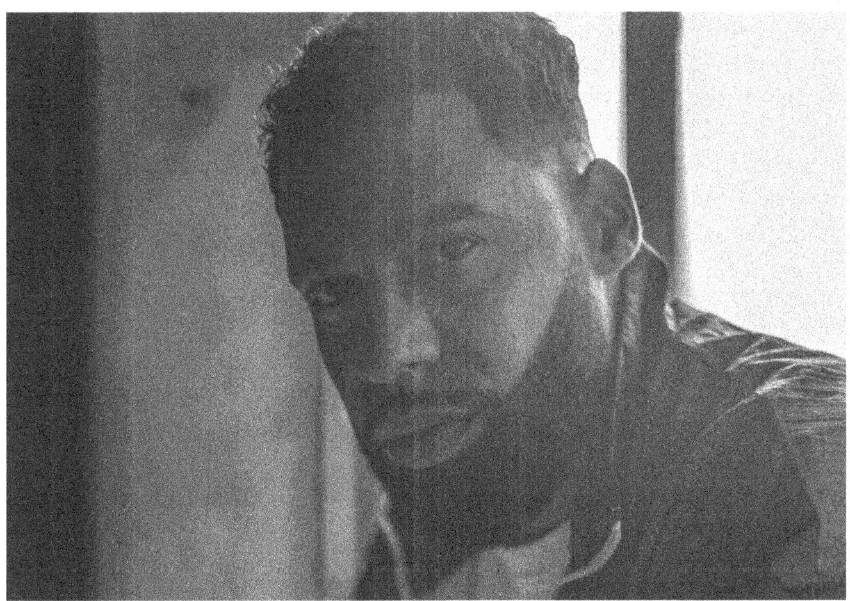

„Eine Frage der Repräsentation"

Einer der vielseitigsten MCs, die Almanya hervorgebracht hat – Megaloh ist ein Style-Perfektionist und hat Rap von Berlin aus seinen Stempel aufgedrückt. Gleichzeitig war er immer unbequem. Widerstand und steinige Straßen haben ihn nicht abgeschreckt. Wir sprachen mit ihm über Schwarze Musik und *weiße* Hörer – und über Rap als Empowerment-Soundtrack der Straße.

Murat und Hannes: *Du bist schon seit über zwanzig Jahren im Rapgeschäft in Almanya. Kannst du uns etwas über deinen Zugang zu Rap erzählen, und wie du dazu gekommen bist, auf Deutsch zu rappen?*

Megaloh: Ich bin ganz klar durch US-amerikanischen HipHop sozialisiert. Es fing 1993 an mit Snoop und den ganzen West-Coast-Sachen. Wenig später kam Wu-Tang Clan, aber auch dieser straßenlastige Hustler-Rap wie zum Beispiel Jay-Z. Da Englisch meine Muttersprache ist, war der sprachliche Zugang zu US-amerikanischem Rap für mich ganz natürlich. Beim Deutschrap war das etwas anderes. Ich benutze hier das Wort „Deutschrap", weil ich kein besseres Wort parat habe. Eigentlich finde ich es schwierig, das Rappen in deutscher Sprache mit diesem eigenständigen Begriff zu bezeichnen. Über einen Freund aus der Schule, der dann auch Teil unserer ersten Rapcrew war, habe ich viel Rap auf Deutsch mitbekommen. Und über meinen Onkel bin ich schon relativ früh an das Album „Falsche Politik" von Fresh Familee gekommen. Das hat zwar Eindruck hinterlassen bei mir, konnte aber nicht mithalten mit dem amerikanischen Standard, den ich gewohnt war. Wenig später liefen dann überall Die Fantastischen Vier – aber das haben wir belächelt. Die Fantas waren für uns ein Sinnbild dafür, wie sich der deutsche Mainstream HipHop vorstellt: Alle machen komische Verrenkungen mit den Armen und halten das für eine Rap-Attitude. Wir haben das als Disrespect vor der HipHop-Kultur wahrgenommen. Dabei haben uns weniger Die Fantastischen Vier als Künstler gestört, sondern eher die Tatsache, dass diese Performance von der breiten Masse als Rap angenommen wurde. Erst mit „Feuerwasser" von Curse und mit Samy Deluxe kam dann der Moment, wo ich klar sagen konnte: Das ist Rap auf Deutsch, der mich abgeholt hat, auch vom technischen Anspruch her. Bis dahin haben ich und meine Freunde ausschließlich US-amerikanischen und französischen Rap gehört. Und auch wenn ich inzwischen selbst ein deutschsprachiger Rapper bin – von der kulturellen Relevanz, von den Inhalten und der grundsätzlichen Einstellung ist es bis heute so, dass ich Deutschrap im Vergleich mit Amerika oder Frankreich nicht so ernst nehmen kann.

Wo siehst du gerade in Hinblick auf Frankreich und Deutschland die Unterschiede in der Entwicklung von Rap?

In Frankreich war die Straße von Anfang an Teil von Rap. Rap in Frankreich kommt von der Straße und ist ohne die Straße nicht denkbar. Das heißt nicht, dass alle Menschen, die Rap machen, automatisch Gossenkinder sein müssen. Aber es muss diesen Street-Bezug geben. Rap kann keine elitäre Veranstaltung sein, wo die Tür zum Hinterhof verschlossen ist. Das ist in Frankreich immer so gewesen. Inhaltlich ist französischer Rap ganz organisch mit sozialer und politischer Kritik verbunden. Bei allem Gepose und bei aller Angeberei hast du im französischen Rap ganz selbstverständlich eine sozialkritische Message dabei. In Deutschland war es lange sehr aufgeteilt in zwei homogene Lager: Entweder war es sehr aggressiv und straßenbezogen, aber ohne kritische Bezüge. Oder es gab Künstler, die auch gesellschaftskritisch gerappt haben, die kamen aber eher aus der gebildeten Mittelschicht, die sich bewusst politisch engagiert.

Wie erklärst du dir diese unterschiedliche Entwicklung in Deutschland und in Frankreich?

Die Leute, die von der Straße sind, hatten lange keinen Bock auf Deutschrap. Das hat nicht ihrer Lebensrealität entsprochen und nicht der Art und Weise, wie diese Menschen sich ausgedrückt haben. Berlin war in diesem Zusammenhang auch speziell. Zum einen hat es hier lange gedauert, bis überhaupt Deutsch als Rapsprache akzeptiert wurde. Zum anderen entsprach der Deutschrap-Mainstream in dieser Zeit nicht dem Selbstverständnis, das die Berliner von sich und ihrer Stadt hatten. Andere Städte haben sich damit leichter getan. Savaş war dann schließlich der Erste, auf den sich die Berliner einigen konnten, weil er frech war und eine große Klappe hatte. Seine Battle-Attitüde, die sich nicht darum geschert hat, was andere von ihm halten, hat gut zur Berliner Schnauze gepasst.

Du warst zwanzig Jahre alt, als die Brothers Keepers 1999 „Adriano – letzte Warnung" veröffentlicht haben. Wie hast du diesen Release erlebt?

Das war auf jeden Fall ein starkes Empowerment-Statement. Vor allem aber erinnere ich mich an die ablehnenden Reaktionen der *weißen* Menschen, auch der *weißen* HipHop-Heads auf diese Bewegung. Der Tenor war hier: Die Schwarzen sollen mal nicht so rumjammern. Diese Reaktion war deprimierend und hat nachhaltig meinen Blick auf Deutschland geprägt. Ich habe Leute erlebt, die gesagt haben „Ich bin HipHop", aber wenn es darum ging, Position zu beziehen, zum Beispiel zu den Aussagen von Brothers Keepers, dann drehten sich diese Leute weg und zeigten weder Offenheit noch Toleranz. *Weiße* Menschen, die an einer globalen Schwarzen Kultur teilhaben wollen und Black Music hören, verhöhnen oder ignorieren das Empowerment Schwarzer Rapper in Deutschland. Dafür habe ich nur Abscheu und Verachtung übrig. Es ist bis heute so: Wenn *weiße* Deutsche von „unserem HipHop" sprechen, dann zieht sich alles in mir zusammen. Deshalb ist für mich Deutschland nicht HipHop. Ich tue mich auch schwer mit dem Begriff „afrodeutsch". Ich kann akzeptieren, wenn andere Leute den für sich nutzen. Ich finde, „Schwarz" ist der bessere Begriff, da „afrodeutsch" beinhaltet, dass man sich automatisch als deutsch sieht. Ich weiß, dass ich deutsch sozialisiert bin und einen deutschen Pass habe. Aber die lange Geschichte der Ablehnung in diesem Land hat dazu geführt, dass ich mich nicht als deutsch identifiziere.

Das sind krasse Erfahrungen, die du da beschreibst, die viel bei dir ausgelöst haben.

Absolut. Ich gehe sogar soweit zu behaupten, dass mir teilweise der Bezug zu meinem eigenen Publikum fehlt. Ich vergleiche das manchmal mit der Situation von Schwarzen Rappern in den USA. Die haben zwar auch teilweise ein *weißes* Publikum, sind aber in einer Schwarzen Community verankert. Das gibt dir einfach andere Wurzeln, eine andere Stabilität. Man sieht Vergleichbares inzwischen in Deutschland bei türkisch- oder arabischstämmigen Rappern, die eine große Community haben, in der sie verankert sind. Das versetzt dich in die Lage, dass du zu deinen eigenen Leuten sprechen kannst und von dort auch Feedback bekommst. Bei mir ist das anders. Meine Fans sind überwiegend *weiß*. Und die Menschen, die sich vielleicht aufgrund meiner Hautfarbe mit mir identifizieren könnten, hören in der Regel kaum Deutschrap. Die hören Rap aus Amerika, Afrika, Frankreich... – eben von Menschen, von denen sie sich repräsentiert fühlen. Am Ende breche ich das auf die Frage nach der Repräsentation runter: Rap auf Deutsch in seiner Abbildung am Markt repräsentiert nicht Schwarze Menschen in Deutschland.

Spätestens seit 2010 ist der Rapmarkt in Deutschland deutlich diverser geworden. Immer mehr Menschen, die nicht als Deutsche gelesen werden und zum Teil Migrations- und Fluchtbiografien mitbringen, werden in Almanya zu Rapstars und finden sich regelmäßig in den Charts wieder. Können diese PoC-Artists, von denen viele familiäre Wurzeln in der Türkei oder in der arabischen Welt haben, die Lücke der Repräsentation im Rap für Schwarze Menschen in diesem Land schließen?

Schwarze Menschen fühlen sich von diesen Artists nicht automatisch repräsentiert. Denn auch hier gibt es eine lange Geschichte des Rassismus gegenüber Schwarzen Menschen. Wenn wir uns die arabischen Länder anschauen, dann müssen wir auch über Kolonialgeschichte sprechen. Das ist die übergeordnete Ebene. Aber ich weiß auch, wie die Menschen auf der Straße reden. Jeder Araber wird dir bestätigen, dass er Menschen in seinem Umfeld kennt, die ganz selbstverständlich das N-Wort droppen. Natürlich gibt es hier Ausnahmen – das ist ja klar. Aber auch in diesem Kulturraum gibt es eine tief verankerte rassistische Tradition, die Schwarze als Menschen zweiter Klasse sieht. Schwarze Menschen wissen das und bekommen das mit und fühlen sich aus diesem Grund auch nicht automatisch von den Artists, die du angesprochen hast, repräsentiert.

Schwarze Rapper in Deutschland haben ihre Reichweite immer wieder genutzt, um rassistische Strukturen und anti-Schwarzen Rassismus zu thematisieren. Afrob hat 2001 „Made in Germany" gemacht, D-Flame ein Jahr später „Daniel X". Du selbst hast gemeinsam mit Musa und Ghanaian Stallion 2017 das Projekt BSMG ins Leben gerufen und das Konzept-Album „Platz an der Sonne" releast. Was waren deine Erfahrungen?

„Made in Germany" war von seiner Bedeutung vergleichbar mit dem BSMG-Projekt. Afrob hat das Album gedroppt, als er schon eine starke Entwicklung hinter sich hatte. Er war chart-relevant und im Mainstream präsent. Er bringt also dieses Album mit einer starken politischen Message auf den Markt und offenbart dort gleichzeitig sein Herz und seine Verletzlichkeit. Und was passiert? Das Publikum lässt die Rollläden runter. Ich habe nach der Veröffentlichung von „Ein Platz an der Sonne" mit Musa und Ghanaian Stallion etwas Ähnliches erlebt. Ich wurde in eine Schublade gesteckt und war plötzlich der Rassismusbeauftragte. Meine Karriere hat danach eine andere Entwicklung genommen. BSMG steht in der Tradition von Brothers Keepers, von „Made in Germany" aber auch von „Daniel X" von D-Flame. Bei Afrob war es besonders deutlich: Er hatte im Deutschrap-Kosmos Erfolg mit zwei sehr eingängigen Nummern, zu denen man gut abgehen konnte. In dem Moment, als er diesen Rahmen verließ, wollte es niemand mehr hören. Der Schwarze darf tanzen, aber bitte nicht wütend werden. Wir haben Vergleichbares erlebt und bis heute haben wir das Gefühl, dass das, was wir sagen wollten, nicht wirklich angekommen ist. Und jetzt, da ich mit euch beiden über diese Sachen rede, läuten bei mir die Alarmglocken, und ich denke: „Oh Shit, ich bin schon wieder der Schwarze, der sich aufregt." Und meine Wahrnehmung ist: Das will niemand hören. Ich bleibe damit alleine und schade mir letztendlich nur selbst, wenn ich diese Sachen ausspreche. Am Ende des Tages wird das Narrativ so gedreht, dass man der Schwarze ist, der sich beschwert, anstatt sich darüber zu freuen, welche tollen Möglichkeiten man in Deutschland hat. Bei mir bleibt der Eindruck stehen: Diese Gesellschaft interessiert sich nicht für unsere Perspektive. Das hat auch mit der deutschen Kolonialgeschichte zu tun. Die Menschen der Länder, die Deutschland ausgebeutet hat, finden hier nicht statt, sie sind nicht sichtbar – anders als in Frankreich oder England, wo es eine viel stärkere Präsenz dieser Menschen gibt. Dann gibt es auch eine größere Chance sich zu vermischen und sich kennenzulernen, so dass es auch auf der Straße zu neuen Allianzen kommt. Diese Solidarität hast du in Deutschland nur in Ansätzen. Auch von Leuten, mit denen ich sehr eng bin, weiß ich, dass sie wiederum in Kreisen verkehren, in denen Schwarze als Menschen zweiter Klasse gelten. Dieser Rassismus ist nicht automatisch weg, nur weil man in bestimmten Bereichen solidarisch ist.

War also das BSMG-Projekt vergeblich?

Nein, ich würde alles noch einmal genauso machen. „Ein Platz an der Sonne" ist für mich das wichtigste Album meiner Laufbahn, weil es über meine eigene Geschichte hinausgeht und ein wichtiges Statement ist – gerade weil es so wenig Repräsentation für Schwarze Menschen im Deutschrap und auch sonst in der Kultur gibt. Ich stand mit meinem letzten Megaloh-Album auf Platz 2 in den Charts, und mit BSMG sind wir danach irgendwo unter den Top 50 gelandet. In den Kommentaren unter den Interviews, die wir dazu gegeben haben, fanden sich die immer gleichen rassistischen Bemerkungen. Das wurde erst weniger, als der Tod von George Floyd auch in Deutschland eine größere Öffentlichkeit bekommen hat. Dabei ging es auf dem Album nicht in erster Linie um Rassismus, sondern um eine Selbstermächtigung Schwarzer Identität über die Auseinandersetzung mit dem afrikanischen Kontinent. Wir wollten die afrikanischen Wurzeln hierher transportieren mit allem, was dazugehört. In der deutschen Sicht wurde daraus: Drei Schwarze beklagen sich mal wieder über Rassismus. Wir hatten nach dem Release nicht das Gefühl, dass wir eine Community erreicht hätten. Jetzt, nach sieben Jahren, wissen wir, dass wir viele Menschen erreicht haben. Wir haben zum Beispiel Schwarze Väter kennengelernt, die ihre Kids mit diesem Album erzogen haben. Hinzu kommt, dass dieses Projekt auch für mich eine Reise zu meinen Wurzeln war. Das fing an mit meinem zweiten Album „Regenmacher". Bei der Arbeit zu diesem Album habe ich mich intensiv mit meiner Identität und mit meinen Wurzeln auseinandergesetzt. 2012 war ich nach knapp zwanzig Jahren zum ersten Mal wieder in Nigeria, der Heimat meiner Mutter. Ich habe dort auch ein Video gedreht. Adé Bantu war in Nigeria meine Anlaufstelle, und Adé hatte ich kurz vorher über Götz Gottschalk kennengelernt. Und obwohl ich seit Jahren nicht mehr in Nigeria war, hat es sich wie ein Nachhausekommen angefühlt. Es gab Gerüche und Geräusche, die mir sehr vertraut waren, die ich aber vergessen hatte. In meiner persönlichen Suche war dieser Moment wie ein Kreis, der sich schließt. Diese für mich sehr wichtigen Erfahrungen haben dazu geführt, dass ich mich auf dem Album „Regenmacher" verstärkt mit der Frage nach meinen Wurzeln und meiner Identität auseinandergesetzt habe. Meine Mutter hat mir zum Beispiel auf Igbo, also auf ihrer Muttersprache, einen Refrain geschrieben. In der Vorbereitung auf „Regenmacher" sind so einige Songs entstanden, die wir letztendlich nicht veröffentlicht haben. In der Auseinandersetzung mit meinem Label ging es schließlich um die Frage: Wie reagiert ein *weißes* Publikum auf solche Songs? Stoßen wir denen damit vor den Kopf? Wie kann ich einerseits meine Fans mitnehmen und ihnen gleichzeitig meine Wahrheit zumuten? Also haben wir einen neuen Kanal eröffnet, und daraus ist letztendlich das BSMG-Projekt entstanden. Ich war froh, dass ich Musa, den ich schon lange kenne, als Rapper für BSMG gewinnen konnte. Musa war schon in den 1990ern ein talentierter Freestyler und hatte damals einen Song mit dem Titel „Gott ist schwarz". Für mich war das zu dieser Zeit mindblowing, weil da so viel Empowerment und Autonomie drin steckte. Auf der anderen Seite hatte Musa noch nie einen Tonträger veröffentlicht. Wir haben unsere Energien und unser Wissen über Schwarze Geschichte, Schwarze Widerstandsbewegungen und Selbstermächtigung gebündelt. „Platz an der Sonne" vereint all diese Wahrheiten, die raus mussten.

Spätestens seit Mitte der 2000er Jahre hat ein stark migrantisch geprägter HipHop-Slang Eingang in die deutsche Jugendsprache gefunden und damit eine Aneignung in ganz andere Milieus. Wie siehst du diese Entwicklung?

Einerseits finde ich so etwas belustigend. Andererseits kann ich das verstehen. Ich kenne aus meiner Sozialisation das Gefühl, dass du auf der Straße eine bestimmte Sprache sprechen musst, um respektiert und ernst genommen zu werden. Deutsche, die in diesem Milieu groß werden, fühlen das noch krasser. Denn die Straße ist der eine Ort in Almanya, wo Deutsche nicht an den Hebeln der Macht sitzen. In Berlin wurde sogar eher auf die Deutschen herabgeschaut, was dazu führte, dass die Deutschen, die dort stattgefunden haben, beweisen mussten, dass sie keine Opfer sind. Und ganz viel ging dabei über die Sprache. Die Deutschen haben sich also sprachlich in die Richtung der Migrantenkids integriert und mussten den Kanak-Slang lernen. Es gibt hier zwei Stränge, die die heutige Jugendsprache maßgeblich geprägt haben. Da ist zum einen das Kanak-Fundament, dessen Grundstein Hafti, Celo & Abdi und viele andere gelegt haben, und woraus sich dieser Straßenjargon entwickelt hat. Zum anderen gibt es diese Money-Boy-Linie, die dazu geführt hat, dass alle plötzlich für jedes zweite Wort eine englische Vokabel benutzen. Hier spielt auch die riesige Gamer-Community eine große Rolle, die auf das Sprechverhalten von Kids einen unglaublichen Impact hat.

Wir erleben seit einigen Jahren im bürgerlichen Kulturbetrieb ein wachsendes Bewusstsein gegenüber dem Thema Rassismus. Zumindest legen das die Erfolge nahe, die Schwarze Autorinnen wie Alice Hasters mit ihren Büchern haben. Woran liegt es, dass es in der HipHop-Community offenbar weniger Bereitschaft dafür gibt, diesen Geschichten Gehör zu schenken?

Im HipHop hast du andere Protagonisten, aber auch andere Erwartungen. Ich habe es grundsätzlich nicht so wahrgenommen, dass die Leute nicht dem Menschen Megaloh zuhören wollen. Aber sie wollen dem Menschen zuhören, mit dem sie sich identifizieren können. In dem Moment, an dem der Teil des Menschen ins Spiel kommt, mit dem sie sich nicht mehr identifizieren können, sind Leute verunsichert und wissen plötzlich nicht mehr, was sie sagen sollen, oder welche Reaktion angemessen ist. Es gab allen Ernstes *weiße* Menschen, die mich – in guter Absicht – gefragt haben: „Darf ich das überhaupt hören? Ist das auch für mich gedacht?" Vielleicht liegt es daran, dass „Platz an der Sonne" ein Schwarzes Album ist, das von Schwarzen Menschen produziert wurde und Schwarze Identität in den Mittelpunkt stellt. Es ist eben kein Album, das *weißen* Menschen Rassismus erklären will. Das ist für viele *weiße* Menschen schwer zu verdauen, weil sie offenbar nicht wissen, wie sie sich dazu in Bezug setzen sollen. BSMG ist aber auf jeden Fall ein

Referenzwerk geworden, ein Teil der Kultur, das nicht wieder verschwinden wird. Das Album ist über die Jahre ein Anker und ein Bezugspunkt geworden für viele Menschen, die auf der Suche nach Identität sind und sich mit ihrem afrikanischen Anteil auseinandersetzen wollen. Menschen, die noch nie in ihrem Leben in Afrika waren, die dann aber überlegt haben, dorthin zu reisen. Damit wird man nicht automatisch zum Afrikaner. Man reist ja als Besucher aus Europa dorthin und wird dort teilweise als *weiß* gelesen. So habe ich das in Nigeria erlebt. Es hat seine Zeit gebraucht, bis ich das realisiert habe. Mein ganzes Leben bin ich der Schwarze und habe mich damit felsenfest identifiziert. Und plötzlich laufe ich in Lagos über die Straße und bin der *Weiße*. Später hat das auch dazu geführt, dass ich mich mit dem Phänomen des Colorism beschäftigt habe. Vorher war ich der Meinung: alle Schwarzen Menschen sind gleichschwarz. Nach meinem Aufenthalt in Nigeria habe ich besser verstanden: Es gibt Colorism und Tokenism. Das heißt, dass bestimmte Menschen, die von *Weißen* als weniger stark schwarz und weniger afrikanisch wahrgenommen werden – und da zähle ich mich selbst dazu -, eher akzeptiert werden. Je dunkler du bist, desto schwerer bekommst du Akzeptanz von der Gesellschaft. Und das gilt auch für die HipHop-Szene: Je dunkler die Hautfarbe, desto unwahrscheinlicher ist es, dass du großen Erfolg haben wirst. Die einzige Ausnahme, die mir hier in Deutschland einfällt, ist der Rapper Pajel. Diese Debatte wird beim Sprechen über Rassismus viel zu selten geführt. Ich habe selbst einige Zeit gebraucht, bis ich das verstanden habe, und hab' dann auch bestimmte Dinge geändert. Zum Beispiel droppe ich heute das N-Wort nicht mehr und spiele auch nicht mit Stereotypen gegenüber Schwarzen, weil ich weiß, dass ich damit ein Klischee füttere, unter dem andere Schwarze Menschen unterm Strich mehr zu leiden haben als ich selbst. Es darf nicht nur der Token-Schwarze in Deutschland stattfinden.

*Wie hast du in diesem Zusammenhang B-Tight und seine Inszenierung als Schwarzer auf dem Release „Der N**** in mir“ wahrgenommen?*

Ich habe sein Album damals mit jeder Pore meines Körpers gehasst. Zum einen hat es mich raptechnisch nicht überzeugt. Zum anderen hat er nichts anderes gemacht, als auf den billigsten Klischees, die es gegenüber Schwarzen Menschen gibt, herumzureiten. Er hat sich auf dem Cover mit Schuhcreme eingeschmiert, und sein Umgang mit den Klischees war ja auch nicht spielerisch in dem Sinne, dass es etwas verändert hätte. In meinem Freundeskreis haben wir das gehatet. B-Tight steht da eben auch in der sehr einfachen und stereotypen Vermarktungstradition von Images bei Aggro Berlin. Daher kommt auch meine Linie: „Wir war'n aggro, wollten nicht bei Aggro signen / Wir wollten wirklich lieber aggro sein."

Was hat der rassistische Anschlag in Hanau bei dir ausgelöst?

Es hat letztendlich gezeigt, wie tief institutionell verankert und systemisch verwurzelt Rassismus in Deutschland ist. Und gleichzeitig hat Hanau offen gelegt, wie stark und reflexhaft die Bereitschaft ist, Rassismus gerade nicht als institutionell verankert und systemisch verwurzelt zu begreifen. Davon sind alle Menschen betroffen, die nicht als „bio-deutsch" gelesen werden. Hanau hat alles bestätigt, was man eh befürchtet hat und zusätzlich 'ne Schippe drauf gelegt. Leider habe ich das Gefühl, dass auch die HipHop-Szene kein Gatekeeper gegen rassistische Tendenzen ist. Ich glaube nicht, dass Deutschrap sich in den Weg stellen wird, wenn irgendein rechtsextremer Rapper in Richtung Charts marschiert.

Welche Rolle spielt deiner Meinung nach die soziale Herkunft im HipHop?

Für Menschen mit migrantischer Herkunft sind die Chancen für einen sozialen Aufstieg limitiert. Ich bin zwischen zwei Welten aufgewachsen. Ich stamme nicht aus einem armen Elternhaus und habe von zuhause viel Bildung mitbekommen. Auf der anderen Seite bin ich in Moabit mit einem Bezug zur Straße aufgewachsen. Ich kenne aber natürlich dieses Gefühl der Abgeschnittenheit: Du hast zwar Abitur, bekommst den Job aber trotzdem nicht. Von meiner Mutter gab es immer die Mentalität gegenüber uns Kindern: „You have to be ten times better than the white men, in order for him to see you on the same level." Ich bin also mit Bildung aufgewachsen, habe mich aber in meiner Suche nach Männlichkeit und nach Identität vor allem an der Straße orientiert. Das hat mich mit den Jungs verbunden, die aus bildungsfernen Haushalten kamen: Für uns blieben immer nur die Reste übrig. In Bezug auf die Sichtbarkeit und den Erfolg im Mainstream spielt auch Repräsentation eine Rolle. In der ersten Hälfte der 1990er Jahre gab es noch die Wahrnehmung, dass Schwarze cool sind – amerikanische Rapper waren ja auch cool. Dann ging es ziemlich schnell mit diesem Deutschrap-Ding los, und es hieß: Okay, Rap ist jetzt auf Deutsch, und da wollen wir bitte keine Schwarzen haben. Wir machen deutschen Rap, und der ist *weiß*. In dieser Phase gab es nur wenig Schwarze Repräsentation. Und heute werden Schwarze Menschen in der öffentlichen Wahrnehmung in erster Linie als Flüchtlinge gelesen, die zum Beispiel im Görlitzer Park stehen und Drogen verkaufen. Ich habe diese verschiedenen Phasen am eigenen Leib erlebt. In den frühen 1990er Jahren habe ich teilweise davon profitiert, weil Schwarze als cool galten. Ich habe es dann aber sehr schnell bemerkt, als diese Zeit wieder vorbei war. Dir werden als Schwarzer Mann heute diese und morgen jene Attribute zugeschrieben, wechselnde Fantasmen, die auf Äußerlichkeiten projiziert werden. Die Lehre daraus war für mich: Entweder du spielst eine Rolle, oder du findest nicht statt. Als Mensch gesehen zu werden, ist bei diesen Spielregeln nicht so einfach. Das zeigt sich auch gesamtgesellschaftlich. Viele führen immer wieder die DFB-Elf als einen Indikator dafür an, dass wir inzwischen eine tolerante, weltoffene Gesellschaft sind. Aber in dem Moment, da sich einzelne Spieler so verhalten, dass es „den Deutschen" nicht gefällt, wenn sie einen Elfmeter verschießen oder, wie bei Mesut Özil, ein politisch nicht erwünschtes Verhalten zeigen, dann geht das nicht, und in der Presse gehen die Kampagnen los. Es gibt die unausgesprochene Erwartung, dass sich Migranten „richtig" verhalten müssen. Solange das passiert, sind sie akzeptiert und willkommen. Sobald sie ein abweichendes Verhalten zeigen, wird das strenger beobachtet und beurteilt als bei einem „Bio-Deutschen".

Gibt es Auswege? Gibt es Dinge, die dir aktuell Hoffnung machen?

Ich habe den Eindruck, dass es bei der jüngeren Generation nicht mehr so viele Trennlinien gibt. Ich sehe, dass Schwarze Menschen meiner Generation inzwischen Eltern geworden sind und Kinder haben und zum Teil auch in Schwarzen Familien geblieben sind. Die Repräsentation auf den Schulhöfen ist gewachsen. Damals war ich das einzige Schwarze Kind in der Klasse. Viele Schwarze Kinder heute sind nicht mehr die einzigen und haben dadurch einen anderen Bezug. Ich habe mit Schwarzen geredet, die zehn Jahre jünger sind als ich und sich komplett als Deutsche identifizieren, die aber gleichzeitig in einer komplett afrikanischen Community in Deutschland aufgewachsen sind. In NRW zum Beispiel gibt es inzwischen einige starke afrikanische Communitys. Diese Menschen können ganz anders connecten mit sich selbst, mit ihrer Hautfarbe, mit ihrem Afrikanischsein und offenbar auch mit ihrem Deutschsein. Dieses Selbstverständnis nimmt zu. Wir sind mehr geworden, und wir sind weiter zusammengewachsen. Die Fremdheitserfahrung, exotisiert zu werden – das gibt es noch, es ist aber nicht mehr so krass wie früher.

EBOW

Trauma, Prada und das Neue in der Kunst

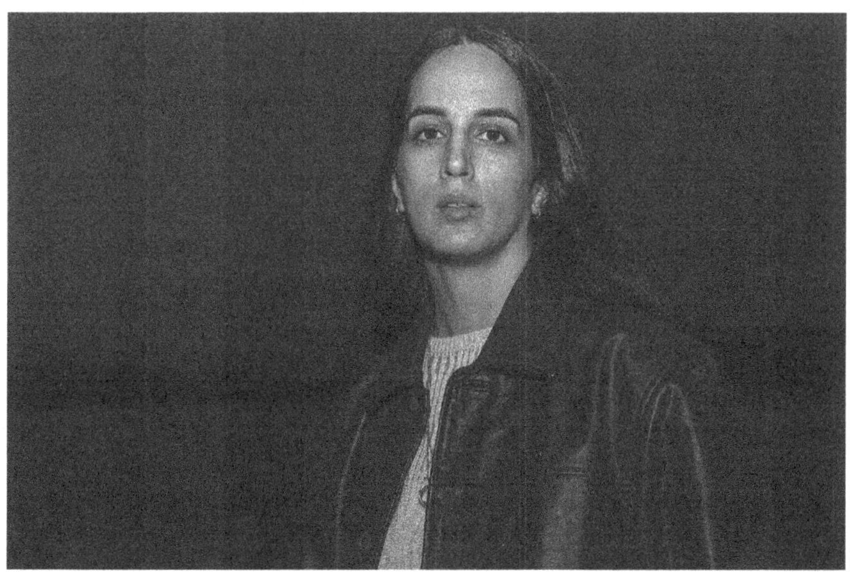

„Deutschland war nie ein sicheres Land für uns"

Ebow ist eine Grenzgängerin. Die Rapperin aus München knackt Kürbiskerne in Uni-Sälen und geht mit Prada-Bag im Block spazieren. Ebow hat ein gutes Gespür für Trennlinien und Schnittmengen. Ihre Kritik trifft zielsicher, und doch machen ihre Songs Hoffnung und laden dazu ein, die Zukunft solidarisch zu gestalten. Mit Ebow sprachen wir über Kanak-Style, weibliche Erinnerungen und die Frage, ob die Artists im Rapgame wieder *weißer* werden.

Hannes und Murat: *Wann ist HipHop in dein Leben getreten, und wie hat es dein Leben verändert?*

Ebow: In meiner Familie wurde viel Rap und R'n'B gehört. Grundsätzlich war Schwarze Kultur aus Amerika bei uns sehr präsent, auch in Form von Serien und Filmen. Mich hat nicht nur die Musik geprägt, sondern der ganze Lifestyle. Dazu kommt, dass ich als alevitische Kurdin früh mit Kultur und Musik in einem religiösen Kontext aufgewachsen bin. Poesie, Literatur – das war mir schon als Kind relativ vertraut. Im Alter von 12 oder 13 Jahren habe ich angefangen zu rappen. Ich war das einzige Mädchen, und für die Jungs war das ziemlich schwierig. Ich war mit meinen Freund:innen ständig in Freizeitheimen, da haben wir quasi unsere Jugend verbracht. Da wurde viel HipHop angeboten, und es gab unterschiedliche Schwerpunkte. Bei mir im Block wurde im Freizeitheim zum Beispiel viel DJing angeboten. In Schwabing ging es eher ums Tanzen. Und manche veranstalteten eben auch Rap-Battles. Mit 16 bin ich auf einem Battle gegen einen Typen angetreten. Ich war neugierig, wie gut ich bin und wollte mich mit jemandem messen. Das Battle habe ich gewonnen und bin im Anschluss daran angesprochen worden, ob ich nicht ein paar Tracks im Studio aufnehmen möchte. Von dem Zeitpunkt an bin ich drangeblieben und habe mit zwanzig Jahren an meinem ersten Album gearbeitet.

Gab es im deutschsprachigen Rap-Vorbilder, an denen du dich orientiert hast?

Viele meiner Cousins und Cousinen haben Azad gehört – vor allem, weil er Kurde ist. Das erste Album, das mich wirklich beeindruckt hat, war „One" von Kool Savaş und Azad. Es war nicht so, dass ich mir vorgenommen habe, genau so will ich auch rappen. Das Album hat uns eher als Soundtrack im Alltag begleitet. Wir konnten alle Texte mitrappen und waren vom lyrischen Niveau begeistert. Natürlich habe ich schon vorher mitbekommen, dass es Rap aus Deutschland gibt. Aber bei den Acts aus Stuttgart und Hamburg oder auch bei Blumentopf aus meiner Heimatstadt München hatte ich nie das Gefühl, dass diese Musik für mich gemacht ist. Der Lifestyle, der dort repräsentiert wurde, hatte mit meinem Alltag wenig zu tun – das war zumindest meine Wahrnehmung als Teenager. Das Album „Quadratur des Kreises" von Freundeskreis fand ich nice und interessant, habe es aber nicht zu dem HipHop gezählt, der in meinem Leben eine Rolle spielte. Das hatte auch mit der Umgebung zu tun, in der ich aufgewachsen bin. Alle Kids in den Sozialbauten, wo meine Familie lebte, haben Azad oder Savaş gehört. Das war einfach so und wir haben darüber nicht groß nachgedacht. Die Attitude, der Rapstyle, die Skills – das hat uns geflasht. Wir haben nicht zwischen Deutschrap und Rap aus den Staaten unterschieden, wir haben einfach Rap gehört.

Waren für dich zu diesem Zeitpunkt Frauen im Rap schon sichtbar?

Nicht wirklich. Wir haben Sabrina Setlur gehört, die uns mit ihrer Energie und ihrer Attitude in den Videos begeistert hat. Sie war das coole Girl, das wir alle gerne sein wollten. Aber es gab für mich noch nicht diese Vielfalt, die ich aus den USA kannte. Heute würde ich auch sagen: Es ist wichtig, dass ein MC seine Lyrics selbst schreibt. Wenn das nicht passiert, rutschen Artists in meiner Wahrnehmung in eine andere Kategorie. Dann sind es

Performer und Pop-Artists, aber keine MCs. Das ist grundsätzlich okay, denn HipHop in Deutschland ist inzwischen Popkultur.

Wie hast du die Weiterentwicklung von Straßenrap wahrgenommen, als ab 2010 Artists wie Xatar und Haftbefehl erfolgreich wurden?

Das war ein Next-Level-Ding, weil wir plötzlich den Slang, den wir sowieso gesprochen haben, in den Lyrics wiederfanden. Vorher hat man sich gefragt: Wieso nehmen die Jungs, die ins Studio gehen, ihre Tracks nicht in diesem Slang auf? Damals haben die Leute Texte so geschrieben, wie es ihnen in der Schule beigebracht wurde. Sie haben sich an die Regeln gehalten. Das gibt es auch bei Büchern, die Kanaks geschrieben haben. Sprachlich ist das oft geglättet, und man merkt kaum noch, wer dahintersteckt. Die Identität geht in der Sprache verloren, wenn man sich an den Erwartungen der Mehrheitsgesellschaft orientiert. Sprache muss man brechen, um ihr eine eigene Attitude zu geben. Haftbefehl hat das getan. Und er hat damit ein neues Level der Identifikation aufgemacht. Daraus ist so etwas wie eine postmigrantische Gegenöffentlichkeit entstanden, die sehr einflussreich war. Der neue Straßenrap spricht inzwischen ganz unterschiedliche gesellschaftliche Gruppen an. Als ich in München auf einem Haftbefehl-Konzert war, war ich überrascht, wie bürgerlich und *weiß* das Publikum war. Ich hatte fast den Eindruck, dass ich auf einer BWLer Party gelandet bin. Und natürlich finde ich es großartig, dass Hafti inzwischen diese Breitenwirkung hat. Allerdings beobachte ich aktuell, dass die Artists im Rapgame *weißer* werden, und dass die Industrie die Formel des Erfolgs, die den Straßenrap groß gemacht hat, geknackt hat. Diese Formel wird genutzt, um Artists aufzubauen, die gut konsumierbar sind und nicht mehr das Subversive haben, was einen Haftbefehl ausgemacht hat. Was kommt dabei heraus? *Weiße* Kids, die den Slang und die Attitude übernommen haben, sonst aber Partymusik machen. Selbst viele migrantische Rapper:innen erscheinen heute *weiß*gewaschen, unpolitisch und harmlos. Ich habe trotzdem die Hoffnung, dass am Ende des Tages die Kids auf der Straße entscheiden, welche Musik erfolgreich wird.

Wie haben sich deine Lyrics entwickelt?

Ich komme aus einer sehr politischen Familie. Als ich mit dem Texteschreiben angefangen habe, hat meine Mutter mir gesagt: „Schreib nicht zu politisch. Du bist noch so jung und wenn du jetzt schon damit anfängst, dann werden die Faschisten dich schneller kleinkriegen, als du wachsen kannst." Es hat etwas gedauert, bis ich begriffen habe: Ich kann politischen Rap machen, der nicht nach Studentenrap klingt, und mit dem ich mich selbst identifizieren kann. Mit dem Aufkommen der Sarrazin-Debatte und der Aufdeckung des NSU ist dieses Bedürfnis noch größer geworden. Anfangs habe ich viel mit Humor gearbeitet und wollte niemandem auf die Füße treten. Dann habe ich mich gefragt: Wo kommt dieses Mindset her, dass ich es allen recht machen und bloß nicht zu sehr anecken will? Deshalb war der Track „Kanak 4 Life" für mich sehr wichtig. Das war einer meiner ersten Songs, den ich für unsere Community geschrieben habe. Mit „Kanak 4 Life" wollte ich niemandem etwas beibringen und keinen irgendwo abholen. Der Song sollte eine Hymne für uns sein. Als ich den Song fertig hatte, war mir klar, dass der Kölner Regisseur Mirza Odabaşı dafür das Video machen muss. Wir haben uns dann gemeinsam überlegt, welche Bilder wir transportieren wollen – von dem kleinen Jungen, der gerade sein Beschneidungsfest hinter sich hat, bis zu der Aufnahme aus dem Fotostudio. Mirza ist es großartig gelungen, mit den bewegten Bildern das zu transportieren, was ich in dem Song auf der Textebene anspreche.

Was bedeutet für dich der Titel des Songs: „Kanak 4 Life"?

Wir als „Ausländer:innen" waren da, wir sind da, und wir werden immer da sein. Was unser Wert ist, wird nicht von Deutschland bestimmt. Wir selbst dürfen uns wertschätzen. „Kanak 4 Life" ist unsere Hymne. Der Song zeigt: Schau, was wir geschafft haben, trotz Rassismus, trotz Hetze, trotz Ausgrenzung. Wir haben so viel erreicht – trotz all dieser Hindernisse. Wie krass sind wir eigentlich? Viele Tracks enden mit Shout-Outs an irgendwelche Boys. Das wollte ich anders machen: Am Ende von „Kanak 4 Life" nenne ich ganz bewusst die Namen vieler Frauen*, die für mich wichtig sind. „In mir steckt der Zorn, meiner Oma, meiner Mama, meiner Tanten drin" – diese Line knüpft an die Idee einer weiblichen Erinnerungslinie an. Denn das sind die Menschen, die mich aufgezogen und geprägt haben. Es ist wichtig, Bilder und Traditionen aufzugreifen und neu zu übersetzen. Damit schaffst du etwas, das Menschen so noch nicht gehört haben, das ihnen aber dennoch vertraut ist. Das ist mein Anspruch als Künstlerin: Ich möchte etwas machen, das es vorher noch nicht gab. Deshalb sind im Rapgame auch Frauen*, die rappen und ihre Texte selbst schreiben, so wichtig. Es bringt neue Flows rein, neue Perspektiven und neue Haltungen. Auch heute kommen viele Female MCs aus männlichen Kontexten, zum Beispiel im Bereich der Promo oder der Produzenten. Das macht etwas aus und prägt letztendlich auch die Kunst, die entsteht. Die Szene kann noch viel diverser werden. Rap ist ein perfektes Tool, um seine Geschichte zu erzählen und den Fokus auf etwas Neues, Unerhörtes zu lenken. Das nutzen wir viel zu wenig. Der Weg dorthin ist steinig. Denn an den wichtigen Schaltstellen sitzen vorwiegend *weiße* Männer, die darüber entscheiden, was cool ist, wo das Geld hinfließt, und was letztendlich stattfinden kann und was nicht. Am Ende des Tages sind nicht diejenigen Artists erfolgreich, die viel Talent mitbringen. Wir brauchen mehr unabhängige Strukturen, Indie-Labels und autonome Netzwerke. Wir repräsentieren sehr viele Stimmen, die sehr lange nicht gehört wurden, deren Eltern nicht gehört wurden, deren Großeltern nicht gehört wurden. Manchmal kämpfen wir so sehr darum, gesehen zu werden, dass wir andere Stimmen, die uns eigentlich stärken würden, als Konkurrenz erleben. Wenn unsere Stimme gehört wird und wir Einfluss bekommen, dann halten wir daran fest, wollen sie nicht teilen und verhalten uns vielleicht unsolidarisch. Das ist ein Trauma, das wir alle in uns tragen.

Kannst du uns erzählen, was der Song „Prada Bag" für dich bedeutet?

Ich habe für diesen Song viel Kritik bekommen. Leute haben mir erzählt: Du supportest damit eine kapitalistische Haltung. Ich habe das Gefühl, viele Menschen stecken fest in den Theorien, die sie vertreten, so dass sie nicht mehr mitbekommen, was sich in der Realität abspielt. Klar kannst du sagen: Da gibt es einen Song, der supportet eine Luxusmarke, also unterstützt er den Kapitalismus. In Wirklichkeit ist es so, dass wir – und damit meine ich nicht-*weiße* Menschen in Almanya – so aufgewachsen sind, dass wir Statussymbole sehr ernst nehmen. Wenn ich mich zum Beispiel broke und schäbig anziehen würde, würde ich ganz andere Erfahrungen in der Öffentlichkeit machen als *weiße* Menschen. Die können das als Subkultur nutzen, Punk sein und gelten dann als rebellisch. In dem Song spreche ich über das Bild, das entsteht, sobald Leute Marken sehen. Das können auch Imitate sein, und ich finde es spannend, damit zu spielen. Und natürlich haben wir alle gerne Dinge, die schön designt sind. In „Prada Bag" lote ich aus, was die Imagination von Marken mit uns macht, welche Bilder entstehen und wie solche Bilder irritieren können. Zum Beispiel wenn Kanak-Kids eine Louis-Vuitton-Tasche tragen.

Hast du den Eindruck, dass sich nach dem Terroranschlag von Hanau etwas geändert hat?

Ich finde nicht, dass sich viel geändert hat. Klar, du hast Gruppen, die aktiv sind und Dinge organisieren – das haben die aber schon vorher gemacht. Es gibt politisch und gesellschaftlich einen Fatalismus, der uns sagt: Es ist schlimm, dass das passiert ist, aber wir müssen weiterleben. Hanau hat sich auf mein ganz persönliches Erleben ausgewirkt. Ich hatte nach dem Anschlag Angst, in eine Shisha Bar zu gehen. Ich habe in der Bahn Menschen skeptisch angeschaut und mich gefragt: Was, wenn diese Tat eine Welle auslöst und weitere Anschläge passieren? Trotzdem habe ich nicht das Gefühl, dass sich etwas verändert hat, oder dass Rap dadurch politischer geworden ist. Es gab kein sichtbares Movement, wie zum Beispiel die Black-Lives-Matter-Bewegung nach der Ermordung von George Floyd. Hanau passiert immer wieder und schon seit vielen Jahren. Es war nie so, dass wir als „Ausländer:innen" in Deutschland an einem sicheren Ort waren, und mit Hanau hat sich das plötzlich verändert. Es hat uns höchstens gezeigt: Jetzt seid ihr selbst an euren vermeintlich sicheren Orten nicht mehr sicher. Dasselbe gab es schon beim NSU. Diese Anschläge werden nicht als gemeinsame Geschichte erzählt, und sie werden nicht Teil eines kollektiven Erinnerns. Selbst viele migrantische Familien wissen nicht, was genau der NSU ist, und welche umfangreichen Netzwerke hinter diesen Taten stecken. Da wurden Akten geschreddert, vieles wird bis heute geheim gehalten. Stell' dir vor, die Opfer wären Deutsche gewesen, was das gesellschaftlich für einen Aufschrei gegeben hätte. Uns in der migrantischen Community kann kaum noch etwas schocken. Deutschland war nie ein sicheres Land für uns.

HEIDI SÜSS

HipHop als Allround-Tool

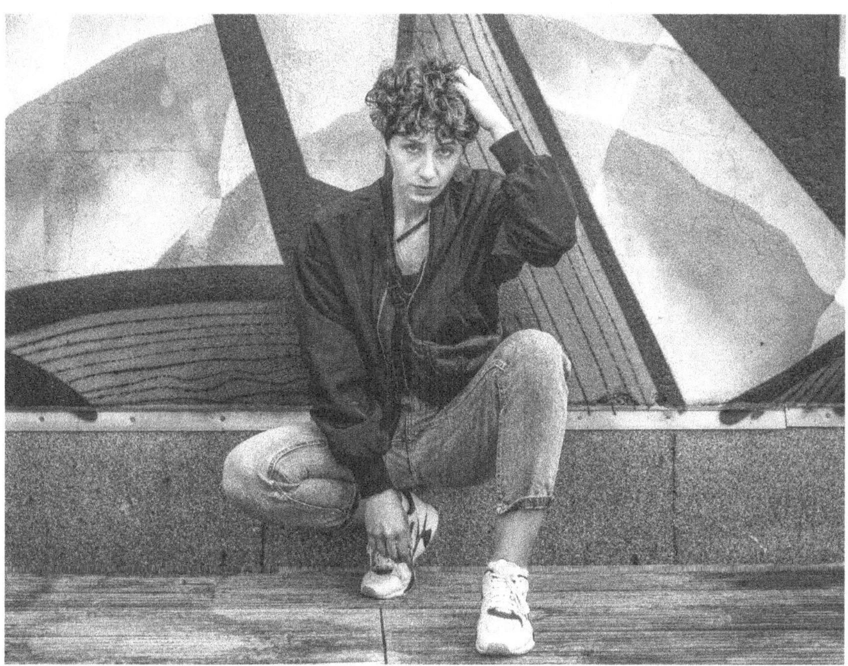

„Im Zentrum steht das Masternarrativ der Marginalisierung"

Die Soziologin und Buchautorin Dr. (phil.) Heidi Süß ist eine der führenden HipHop-Forscher:innen in Almanya. Viele Themen, die heute in den Feuilletons und den HipHop-Medien diskutiert werden, hatte sie schon vor Jahren auf dem Schirm: patriarchale Strukturen im Szene- und Wissenschaftsbetrieb oder Rap und Rassismus. Promoviert hat sie über Tradition und Transformation von Männlichkeit im Rap. Gemeinsam mit ihrem Kollegen PD Dr. rer. soc. Marc Dietrich gründete sie 2023 das Berliner Institut für Popkultur und Rap-Forschung. Wir sprachen mit Heidi über ihren persönlichen Zugang zur HipHop-Kultur, ihre „Aggro-Berlin-Depression" und den Grund, warum HipHop nicht tot zu kriegen ist.

Murat und Hannes: *Du beschäftigst dich seit vielen Jahren als Wissenschaftlerin mit Rap. Du hast aber auch einen persönlichen Zugang zur HipHop-Kultur und* *damit eine bestimmte Sprecherinnenposition. Wie hast du HipHop entdeckt, und was hat dich daran fasziniert?*

Heidi Süss: Ich bin Jahrgang 1986 und in einer bayerischen Kleinstadt groß geworden. Ähnlich wie du, Hannes, komme ich aus einem eher akademischen, linken Elternhaus, das im Geiste der 68er Bewegung steht. Bei uns Zuhause wurden Cat Stevens, Simon & Garfunkel, Ulla Meinecke und linke bayerische Liedermacher gehört. Das waren so meine ersten prägenden musikalischen Einflüsse. Das eine große Erweckungserlebnis, dass mich in die HipHop-Kultur gespült hat, erinnere ich eigentlich nicht. Bei mir war es anfangs ganz klassisch das größere Geschwister, in dem Fall meine ältere Schwester und ihre Clique, durch die ich recht früh viel Ami-Rap mitbekommen habe. Cypress Hill, Wu-Tang und sowas. Im September 1995 erschien „Lauschgift" von den Fantastischen Vier und ein halbes Jahr später „The Score" von den Fugees. Beide Alben haben auf jeden Fall Eindruck auf mich gemacht, auch wenn sie unterschiedlicher nicht sein könnten. Spätestens nach der „Miseducation of Lauryn Hill" 1998 war es dann sowieso um mich geschehen. Ich habe mich auf die Suche gemacht und alles gesammelt, was ich zum HipHop-Thema finden konnte. Ich bin zum Bahnhof geradelt, um mir die *Backspin* zu kaufen, habe Fett MTV oder MixeryRawDeluxe geguckt oder bei Müller die neuesten Rap-CDs probegehört. Außerdem habe ich leidenschaftlich gerne Tapes aufgenommen und Freunden zum Geburtstag geschenkt. Mein Jugendzimmer war zugekleistert mit Jam-Postern, Graffiti-Fotos und irgendwelchen Zeitungsartikeln über HipHop. Außerdem war ein fettes Heidi-Piece an der Wand, das mein damaliger Freund für mich gesprüht hat. Das Zimmer war auch drei Wochen nicht bewohnbar deswegen, weil es einfach so krass nach Lack gestunken hat. Apropos Elemente: Ich war ein absolutes Jam-Kind. Wenn wirklich mal eine HipHop-Jam in unserem lokalen Jugendzentrum war, dann war das ein absolutes Highlight für mich.

Hast du dir über HipHop einen neuen Freundeskreis erschlossen?

Dass HipHop mir Zugang zu neuen Cliquen oder Milieus verschafft hat, mit denen ich vorher nichts zu tun gehabt habe, würde ich eher nicht sagen. Im Gegenteil war ich die meiste Zeit eher alleine mit meinem HipHop-Film. Trotzdem gab es natürlich immer wieder die ein oder andere männlich dominierte HipHop-Clique, mit der ich rumgehangen bin. In meiner ersten wurde vor allem Graffiti gesprüht. Wieder andere, ältere Jungs haben aufgelegt oder Beats gemacht, und das Breaking-Element war bei uns im JuZ vor allem von Russlanddeutschen dominiert. Irgendwie habe ich da nirgendwo so richtig Zugang gefunden. Wenn man so will, war ich entlang unterschiedlicher Achsen außen vor, also Geschlecht, Alter, Kultur. Es war aber nicht so, dass die mich aktiv abgewiesen hätten. Ich war halt auch immer die Jüngste und hatte einfach nicht den Mut, allein zum DJ-Workshop oder ins Breaking-Training zu spazieren. Anders als die älteren Jungs musste ich mit 14 außerdem um spätestens 22 Uhr zuhause sein. Darüber habe ich einen sehr empörten zweiseitigen Raptext geschrieben und meiner Mama vorgerappt, das weiß ich noch bis heute. „Du hast keine Argumente, aber recht", so geht der los. Vielleicht habe ich mir mit dem Rap-Ding aber auch einfach das falsche Element ausgesucht, weil man da halt schon stimmlich performen und im Vordergrund stehen muss, anders als beim Auflegen oder Malen. Aber Texte schreiben konnte ich schon in der Grundschule gut, und daher lag es auf der Hand, dass ich mich hier am ehesten wiederfinde. Ich habe auch früh gemerkt, dass ich damit alle möglichen Themen verarbeiten konnte, die mich so beschäftigten. Nur das mit der öffentlichen Performance war am Ende nicht so meins. Meine Texte kennen bis heute eigentlich nur meine Mutter und meine Schwester. An der Stelle muss ich sowieso mal Shout-Outs geben, denn meine Schwester war wirklich mein größter Fan und eine echte Supporterin since day one. Die fand das immer cool und wollte mich immer vernetzen. Sie hat mich bei Open Mic Sessions wortwörtlich in den Kreis geschubst, weil sie unbedingt wollte, dass die anderen mitbekommen, was ich so mache und kann. Ich bin da natürlich direkt rückwärts wieder rausgesteppt, weil mir die Situation total unangenehm war. Es war mir auch völlig klar, dass - wenn ich das jetzt mache - es übermäßig gut sein muss, und dem Druck war ich nicht gewachsen. Heute weiß ich, dass ich damals weiß Gott nicht die einzige war, der es so erging. Das ist in der Literatur ja mittlerweile auch gut abgebildet. Als Frau bzw. weiblich gelesene Person musst du eben doppelt und dreifach abliefern, sonst nimmt dich niemand ernst in diesem Spiel.

Wie hat sich dein Blick auf HipHop verändert, seitdem du dich als Wissenschaftlerin damit beschäftigst?

Wenn ich heute aus einer wissenschaftlichen Perspektive auf diese Szene schaue, dann geht es unter anderem auch erstmal darum, die Begriffe zu definieren, damit klar ist, worüber wir hier eigentlich sprechen: Reden wir jetzt über HipHop als „Kultur" oder doch eher über Rap-Musik? Es gibt hier sehr unterschiedliche Begriffe, die sowohl in der Wissenschaft, als auch im allgemeinen Sprachgebrauch kursieren: HipHop-Kultur, Szene, Community, Bewegung, Subkultur, Jugendkultur usw. An solchen Begriffen hängt dann auch ein entsprechendes Theorie-Umfeld dran, das man sich dann quasi mit einkauft, wenn man sich für ein bestimmtes Konzept entscheidet, zum Beispiel Modernisierungstheorien oder Cultural Studies usw. Ich arbeite meistens mit dem Szene-Begriff, unter anderem deshalb, weil der von den Akteur:innen selbst verwendet wird. Mein Kollege Marc Dietrich hat sich viel mit dieser Frage beschäftigt und ist zu dem Schluss gekommen, dass man Rap letztendlich mit einigen Konzepten gleichzeitig in Zusammenhang bringen kann. Ich zitiere mal: „Rap ist ein kulturelles Gebilde mit szeneartigen Zügen und dem Potenzial zur Subversion." Da gehe ich eigentlich mit. Allerdings, ob Rap heute noch subversiv ist, darüber kann man sich natürlich streiten.

Gibt es so etwas wie einen HipHop-Ursprungsmythos, der besonders prominent ist? Und warum funktioniert der bis heute? HipHop ist ja nicht tot zu kriegen.

Ja, den gibt es. Das ist so ein wenig die Erzählung von den benachteiligten Jugendlichen of Color, die sich kreativ von unten gegen ein unterdrückerisches System zur Wehr setzen, ein wenig überspitzt formuliert. Vor allem in aktivistischen Kontexten gibt es häufig einen verklärten und stark romantisierenden Blick auf HipHop, der an so einem Peace, Love & Happiness Wertesystem à la Golden Era festhält. Da wird dann auch viel mit Binaritäten gearbeitet, also von wegen unten/oben, wir/die usw. Was dabei außer Acht gelassen wird, ist die Tatsache, dass es erstens nie ein intersubjektiv geteiltes Wertesystem im HipHop gab, und dass sich HipHop zweitens immer zu gesellschaftlichen Realitäten verhält. Und dafür sind so binäre Logiken einfach zu kurz gegriffen. Trotzdem hat HipHop natürlich eine spezifisch gelagerte Geschichte, in deren Zentrum das Masternarrativ der Marginalisierung entlang von Race, Class und auch Gender steht, was in eine bestimmte Sprecherposition mündet, die dann als besonders authentisch gilt usw. Abgesehen davon erklärt sich die globale Erfolgsgeschichte des HipHop ja auch dadurch, dass wir überall auf der Welt Herrschaftsverhältnisse finden, die Menschen in Ungleichheit versetzen, deswegen lässt sich diese Erzählung ja auch so gut und in alle möglichen Länder und Kontexte übersetzen. Das kann die Ausgrenzung aufgrund deiner sozialen Herkunft oder deiner Hautfarbe sein, aber auch aufgrund deines Geschlechts, deiner sexuellen Orientierung usw. Häufig ist es eine komplexe Überschneidung mehrerer dieser Dimensionen. Die HipHop-Erzählung lässt sich also global und aus all diesen sozialen Positionen heraus „anzapfen", wenn man so will. Deswegen ist sie auch überall gleichermaßen authentisch. Auch deshalb, weil hier ja immer eine kreative Übersetzungsleistung stattfindet. Haftbefehl benutzt ja nicht das N-Wort, rappt über die Streets of Compton oder die Probleme mit der LAPD. Nein. Er benutzt das K-Wort, erzählt uns von den Verhältnissen in Frankfurt am Main bzw. Offenbach, und welche Erfahrungen er mit der deutschen Polizei gemacht hat. Das ist der soziale Ort, von dem aus er spricht. HipHop zirkuliert global und wird lokal angeeignet. In der Forschung sprechen wir von der sogenannten „Glokalisierung".

Der Erfolg von Aggro Berlin hat die Szene auf den Kopf gestellt und Rap plötzlich für ganz unterschiedliche gesellschaftliche Gruppen geöffnet. Offenbar war das für ostdeutsche Männer genauso interessant wie für die urbane migrantische Jugend.

... und für die nordostbayerische Provinz, kann ich hinzufügen, aber dazu gleich mehr. Ja, was ihr ansprecht, kann man auch sehr gut bei Hendrik Bolz nachlesen, Autor und Teil der Rap-Crew Zugezogen Maskulin. In seinem Buch „Nullerjahre" wird deutlich, welchen sozialisatorisch starken Einfluss dieser neue, harte Rap von Aggro Berlin damals für viele junge Männer und deren Männlichkeitsbild hatte. In einem Interview mit dem Deutschlandfunk hat er das kürzlich auch nochmal unterstrichen. Er ist ja selbst mit dieser Rap-Spielart groß geworden und im Nachhinein reflektiert er das sehr kritisch: Durch das Aufwachsen mit dieser Form von Musik in einem prekären, männlichen Kosmos, der das ja auch in keiner Weise hinterfragt hat, habe er selbst ein total verschobenes Männlichkeitsbild bekommen, und er hat lange gebraucht, das aufzuarbeiten und darüber wegzukommen. Ich fühle das sehr, und es bestätigt so ziemlich alles, was ich bisher gelesen, gesehen und auch geschrieben habe. Aggro Berlin war ja in mehrfacher Hinsicht eine Zäsur. Je nachdem, welche Lesart man von HipHop hatte, fühlte man sich davon entweder angesprochen oder extrem abgestoßen. Dazwischen gab es irgendwie nicht viel. Bei mir war das nicht anders. Ich kam auf Aggro Berlin überhaupt nicht klar, und ich bin wirklich nicht im Native-Tongues-HipHop-Happyland aufgewachsen. Im Gegenteil. Ich hatte schon früh ein Herz für roughen Straßen-Sound, habe IAM, Onyx und Three 6 Mafia gehört. „King of Rap" von Kool Savaş war lange Zeit mein absoluter Lieblingstrack. Als HipHop-Kind des Südens bin ich außerdem durch die Feinkost-Paranoia-Schule gegangen, ich konnte also schon was ab. Trotzdem ging mir der aggressive, homophobe, sexistische Rap à la Aggro Berlin überhaupt nicht gut rein. Er stand einfach in ganz krassem Konflikt mit meinem HipHop-Kulturverständnis als Provinz-Jam-Kind mit grundpolitischem Anspruch. Vielleicht lag es auch an der deutschen Sprache und der Tatsache, dass man eben jedes Wort verstanden hat. Das war bei IAM, Onyx und Co. ja nun nicht der Fall. Es waren aber sowieso nicht nur die Sprache, die Inhalte und die Performances selbst, sondern auch die Rezeption, die mich daran irritiert hat. Ich war zu dem Zeitpunkt Teil einer weiteren männlich dominierten HipHop-Clique, und die war voll auf dem Aggro-Berlin-Trip. Vorwiegend sozial privilegierte, *weiß*deutsche Jungs, die im Bongzimmer chillen, „Nutte bounce" von Bushido oder „Der N****" von B-Tight hören und das Ganze unreflektiert mitgrölen, als wäre es das

Normalste der Welt. Schlimm. Mein Problem dabei war auch, dass das alles keine HipHop-Kulturmenschen waren. Also nicht nur meine Jungs im Konkreten, sondern überhaupt alle, die das damals abgefeiert haben. Das waren so Quereinsteiger, die nur über die Mucke kamen. Die waren nicht auf Jams, die hatten keine Liebe für Graffiti, die hatten kein *Backspin*-Abo, haben keine Tapes aufgenommen, die waren auch nie auf dem Battle of the Year. Die haben sich mit all dem überhaupt nie beschäftigt. Das waren nur passive Konsumenten, und das ging für mich überhaupt nicht klar. Das war alles eine riesige Desillusionierung damals für mich. Letztendlich führte das auch dazu, dass ich mich für ein paar Jahre komplett von dem HipHop-Ding verabschiedet habe. Ich habe dann eine ganze Weile nur R'n'B und Soul gehört, Erykah Badu, Lauryn Hill, Indie Arie, Cassandra Steen und Joy Denalane waren in dieser Phase wichtig für mich. Ich nenne das immer meine persönliche „Aggro-Berlin-Depression". Heute, viele Jahre, Bücher und Gespräche später weiß ich übrigens, dass sich diese Aggro-Berlin-Bongzimmer-Situation in vielen hundert deutschen Jugendzimmern so oder so ähnlich zugetragen haben muss und ich nicht die einzige bin, die hier einen Kulturschock erlitten hat. Viele Leute haben sich zu dieser Zeit übergangsweise in andere Musikgenres oder (Sub-)Kulturen geflüchtet, weil sie nicht gut klarkamen. Ich persönlich habe Ende der 2000er durch Leute wie K.I.Z., Haftbefehl und Nate57 wieder zurück zu Rap gefunden. Das war zwar auch rough, aber insgesamt eine politischere, reflektiertere Form von Straßenrap, die ich viel besser hören und fühlen konnte. Ungefähr zu der Zeit habe ich dann auch meine Magisterarbeit über deutschen Gangsta Rap begonnen. Seither bin ich wieder voll drin und bis heute auch nicht wieder rausgekommen. Ich glaube, das passiert auch nicht mehr.

Welche Rolle spielten die gesellschaftlichen Entwicklungen in Almanya in den Nullerjahren für den Erfolg von Aggro Berlin?

Gute Frage. Ich finde das aus so einer soziologischen Perspektive heraus ja eh enorm wichtig, dass die kulturellen Phänomene immer wieder an gesellschaftliche Entwicklungen wie zum Beispiel auch Mediendiskurse gekoppelt werden. Denn genauso verhält es sich ja: In der Populärkultur spiegeln sich gesellschaftliche Verhältnisse wider. Seitdem ich mich wissenschaftlich nicht nur mit Rap, sondern auch intensiv mit dem Thema Männlichkeit beschäftige, ist mir der Modus der Hypermaskulinität, wie wir ihn vor allem im Straßen- bzw. Gangsta Rap finden, auch noch einmal anders klar geworden - was die Sache nicht weniger problematisch macht. Deswegen poche ich auch immer so auf diesen intersektionalen Zugang, denn ohne die Verschränkung mit anderen Kategorien wie Race, Class und so weiter, kriegst du das Männlichkeitending im Rap nicht angemessen verstanden.

Es mag auf Außenstehende proletenhaft und simpel wirken, bei näherem Hinsehen ist es aber superkomplex. Wenn man sich für gesellschaftliche Transformationen interessiert, dann ist Rap sowieso ein dankbarer Untersuchungsgegenstand. Nicht nur in puncto Männlichkeit tut sich da ja derzeit was, auch grundsätzlich ist da gerade viel Bewegung drin. Zum Beispiel ist Gangsta Rap aktuell nicht mehr das dominierende Subgenre, würde ich behaupten. Stattdessen ist es im Mainstream zuletzt ziemlich poppig geworden. Abseits davon gibt es eine extreme Vielfalt von Subgenres und supernischige Phänomene und Acts, die aber alle ihr Publikum finden. Wir sprechen da von der sogenannten Differenzierung der Gesellschaft bzw. in unserem Fall eben Szene. Und nochmal zurück zum Thema Gangsta Rap bzw. Aggro Berlin und Subversion: Das Stattfinden von einem Bushido oder einem B-Tight ist per se politisch. Man muss rückblickend schon sagen, dass Bushido ein Künstler mit starkem Charisma war. „Vom Bordstein bis zur Skyline" ist zum damaligen Zeitpunkt definitiv ein beeindruckendes Album gewesen. Wenn man bestimmte inhaltliche Sachen ausblendet, dann hat das schon eine große Energie. Auch Sidos „Mein Block" ist ein sehr eingängiger Song gewesen. Wir finden bei Aggro Berlin auch durchaus Gesellschaftskritik, auch wenn das insgesamt eher subtil daherkommt. Natürlich findest du hier jetzt keinen explizit systemkritischen Track à la „Mein Problem mit der deutschen Polizei pt. 2" oder so. Gesellschaftskritik, auch Kritik an Staat und Justiz, ist hier in eine andere Performance gekleidet, und die ist in erster Linie aggressiv, maskulin und nihilistisch. Gesprächsangebote werden hier genauso wenig gemacht wie konstruktive Vorschläge zur Veränderung der Verhältnisse. „Fick-deine-Mutter-Mucke, das ist die Message", um Haftbefehl zu zitieren. Trotzdem war Aggro Berlin Einfallstor für eine Frauenverachtung, die es so im deutschsprachigen Rap vorher nicht gegeben hat, weder auf textlicher, noch auf visueller Ebene und vor allem nicht mit dieser Reichweite. Da sind sich, glaube ich, alle soweit einig. Auch der Umgang mit einer Künstlerin wie Kitty Kat gehört zu dieser unrühmlichen Geschichte. Weil sie den Weiblichkeits- und Schönheitsvorstellungen der männlichen Macher damals nicht entsprochen hat, wurde sie Jahre lang visuell versteckt gehalten. Nur ihre Stimme war zu hören, und Kitty Kat war schon damals eine wirklich krasse Spitterin! Ihr und natürlich auch dem Publikum das Ganze dann als Image zu verkaufen, von wegen „die weibliche Unbekannte mit den Sex-Lyrics" - sorry, aber das gehört zu den absoluten Tiefpunkten in 40 Jahren deutscher HipHop-Geschichte, der Fall Kitty Kat ist patriarchy in a nutshell.

Der Aggro-Künstler B-Tight hat damals für eine Single ganz bewusst das N-Wort benutzt. War das lediglich eine Wiederholung von Stereotypen oder eine gezielte Provokation?

Es ist ein ganz typischer Rap-Gestus, in dieser Weise mit Stereotypen zu spielen, sie zu benennen und ihnen damit auch Verletzungsmacht zu nehmen. Marc und ich haben den Track „Der N****" in unserem Buch „Rap & Rassismus" untersucht. Der Titel ist ja ganz bewusst so gewählt, eben um sich zu empowern. Fast zwanzig Jahre später finden wir diese Strategie immer noch im Rap, zum Beispiel bei OG Keemo, der im Track „216" das N-Wort verwendet. Obwohl hier strukturell derselbe Kampf gekämpft wird, der gegen Rassismus, meine ich, gibt es bei Keemo keinerlei Rückbezüge zu B-Tight. Auch nicht auf andere PoC wie die Brothers Keepers, was wir bei unserer Analyse interessant fanden. Das sind offenbar alles keine adäquaten Identifikationsfiguren für OG Keemo. Stattdessen geht er bei seiner Rassismuskritik den Umweg über die Staaten und die US-amerikanische Pop-Kultur. Ich nenne das „Umwegidentifikation" – hatte ich auch am Laufen, Stichwort Lauryn Hill, aber das ist wieder ganz anders gelagert. Jedenfalls tauchen auf vielen seiner Tracks Schwarze männliche Vorbilder aus den USA auf, darunter Kendrick Lamar, Kobe Bryant oder auch Usain Bolt. Offenbar fehlt es also in Deutschland an entsprechenden Identifikationsfiguren. Im gesamtdeutschen Diskurs klafft eine große Lücke, wenn es um die Repräsentation afrodeutscher Identitäten geht, daher die Umwegidentifikation über die Staaten. So erklären wir uns das zumindest.

Ab 2010 gab es eine zweite Generation von Straßenrapper:innen. Wie hat sich dieser Straßenrap 2.0 unterschieden?

Letztendlich wurde durch Haftbefehl und Nate57 der Begriff des Straßenrap in Deutschland revitalisiert. Vorher gab es den natürlich auch, aber in der Aggro-Berlin-Zeit hat sich eher die Bezeichnung Gangsta Rap durchgesetzt. Solche Labels sind schwierig und stammen selten von den Protagonist:innen selbst, sondern kommen via Musikindustrie und -journalismus. Grundsätzlich kann man sagen, dass im Gangsta Rap stärker überzeichnet und noch mehr glorifiziert wird, würde ich sagen. Bitches, Bling Bling und so weiter. Straßenrap gilt ja immer so ein bisschen als die ehrlichere Variante, diejenige, die die Straße porträtiert, wie sie ist, ungeschönt und rough. Man darf aber auch nicht vergessen, dass wir uns hier jetzt zehn Jahre nach Aggro Berlin befinden. Inzwischen gab es ja zum Beispiel auch einen Sprecher:innenwechsel im journalistischen Bereich, was dem gesamtdeutschen HipHop-Diskurs insgesamt nochmal einen anderen Drive gegeben hat. Wir haben jetzt teilweise Haftbefehl-sozialisierte Autor:innen oder Ex-*Juice*-Redakteur:innen in den Feuilletons sitzen. Die haben jede Menge Insiderwissen und bilden Rap nochmal ganz anders ab als die Vorgängergeneration, die vielleicht noch mit Fanta 4 aufgewachsen ist oder erst gar keinen Plan von Rap hatte.

Was sind im Rap-Biz die wichtigsten Umbrüche, die durch Social Media in die Wege geleitet wurden?

Der gesamtgesellschaftliche Trend der Digitalisierung hat die Rap-Szene fundamental verändert. Diese Veränderungen betreffen zum Beispiel die Art und Weise, wie Rap rezipiert, aber auch produziert oder distribuiert wird. Marc hat das in seinem Sammelband aus 2016 ganz gut zusammengefasst. Natürlich sind aber auch das Geschlechterverhältnis und die inszenatorischen Möglichkeiten von Geschlecht und Sexualität im Rap davon nicht unberührt geblieben. Wie so oft ist das Fluch und Segen zugleich. Einerseits haben sich die Repräsentationsverhältnisse innerhalb der letzten Jahre maßgeblich zugunsten von Frauen* und queeren Personen geändert. Dank Internet, Social Media und anderen Plattformen ist die Eintrittsschwelle in die Kultur heute viel niedriger. Personengruppen, die früher unsichtbar oder ausgeschlossen waren, können heute leichter stattfinden und Reichweite erzielen. Auch deshalb haben wir aktuell eine Diversität, wie wir sie in 40 Jahren Deutschrap so noch nie hatten. Die Digitalisierung hat aber natürlich auch den Rap-Journalismus verändert und zwar in eher negativer Weise. Dem Szene-Journalismus kommt oder besser kam ja immer eine Art Scharnierfunktion zu. Er war zwischengeschaltet zwischen Künstler:innen auf der einen und Publikum auf der anderen Seite. Seine Aufgabe war es, Bedeutungen relevant zu setzen, zu kuratieren, im besten Fall auch zu kritisieren. Das alles fällt heute quasi weg. Rapper:innen kommunizieren heute über ihre eigenen Social-Media-Kanäle direkt mit ihren Fans. Die sind nicht mehr auf positive Albumrezensionen von Medium xy angewiesen. Auch die Fans schenken sich den Umweg über journalistische Formate und klicken oder streamen sich direkt zu ihrem Lieblingskünstler. In der Folge haben viele große Player wie die *Juice*, *rap.de* usw. ihre Tore schließen müssen. Die können sich einfach nicht mehr finanzieren, auch deshalb, weil der Markt inzwischen total übersättigt ist, und es viele neue Spieler:innen und Formate gibt, mit denen sie jetzt konkurrieren müssen. Die Boulevardisierung des Rap-Journalismus ist eine echt kritische Entwicklung, die ich sehr bedauere. Ich finde sowieso, dass es in Sachen deutscher HipHop-Journalismus insgesamt noch viel zu wenig Analysen und kritische Aufarbeitung gibt. Wenn es um Sexismus im Rap geht, gucken immer alle direkt auf die Künstler selbst von wegen „Rapper xy hat mal wieder Bitch gesagt, was für ein böser Junge!" Wir dürfen aber nicht vergessen, dass die männliche Homosozialität und damit auch die Aufrechterhaltung dessen, was man gemeinhin Patriarchat nennt, im Bereich Rap auch den Rap-Journalismus betrifft. Wenn du in alten Ausgaben großer deutscher HipHop-Magazine blätterst, dann trieft das so dermaßen vor Maskulinität, dass es schon fast absurd ist. Typen schreiben über Typen. Typen auf dem Cover. Mode für Typen. Graffiti von

Typen. Dazwischen mal eine halbnackte Lady, die an einer Banane lutscht, und danach geht's weiter mit Typen, Typen, Typen. Das mit der Banane ist übrigens nicht erfunden. Erst Ende 2018 kam die *Juice*-Redaktion auf die Idee, mal eine deutschsprachige Rapperin auf das Cover zu packen. Haiyti war das damals. Das muss man sich mal vorstellen! Ich meine, es gibt 195 Ausgaben dieser Zeitschrift! Da sind teilweise Typen auf dem Cover, die maximal irrelevant sind, wieder andere Typen waren stattdessen gleich mehrmals auf dem Cover. Aber Künstlerinnen wie Cora E., Sabrina Setlur, Meli, Melbeatz, Pyranja, Kitty Kat, Schwesta Ewa, SXTN und viele andere sucht man da vergebens. Niemand war sich offenbar darüber bewusst, was man damit eigentlich für eine Message sendet, und welche krassen Ausschlüsse man hier reproduziert. Übrigens ist das keine Kritik an einzelnen Personen. Es ist ja nicht so, dass man sich zu einem konspirativen Männertreffen verabredet und dort bewusst bösartige Entscheidungen zur Aufrechterhaltung des Patriarchats im Rap trifft. So funktioniert das nicht. Es gab einfach kein Bewusstsein, keine kritische Selbstreflexion, keine Vokabeln und eben kein weibliches Korrektiv, das die problematischen Verhältnisse hätte zurückspiegeln können, damit da mal ein paar Denkprozesse in Gang kommen.

Wenn wir auf die weiblichen Artists schauen, fällt auf: Wenn da eine bestimmte Rolle schon besetzt ist, wird es schwierig, diese noch einmal erfolgreich zu bespielen. Eine zweite Shirin David wird es wahrscheinlich eher schwer haben.

Das lässt sich auch auf männliche Rollenbilder anwenden. Schon bei Aggro Berlin gab es ein sehr reduziertes, restriktives Männlichkeitsbild: migrantisch, prekarisiert, „asozial" und eben aggro. Andere migrantisch gelesene Rapper, die etwas anderes verkörpern wollten, konnten dadurch lange Zeit kaum stattfinden. MoTrip ist das beste Beispiel dafür. Der hat es mit dem Image des „K****** mit Grips" versucht. Und wo ist er heute? Das ist schade, denn ich halte ihn rein technisch für einen großartigen Rapper, und inhaltlich hatte der auch was zu sagen. Und auch wenn wir heute eine wesentlich größere Range an Möglichkeiten haben, was Geschlechterbilder usw. angeht, so ist die Rap-Kultur auch heute noch klar männlich und insgesamt traditionell, binär und heteronormativ dominiert. Zumindest im Mainstream. Auch sehr erfolgreiche Rapperinnen wie Shirin David, Juju oder Loredana verkörpern ein eher traditionelles Weiblichkeitsbild. Alles, was davon abweicht, hat im Mainstream wenig Chancen. Haiyti ist da ein gutes Beispiel. Die ist nicht nur vom Sound und der Ästhetik her zu kantig. Die Geschlechterinszenierung ist auch einfach zu uneindeutig und nicht gefällig genug, um die große Masse anzusprechen. Gerade als Frau musst du immer noch einem gewissen Attraktivitäts- und Schönheitsideal entsprechen. Allzu politisch solltest du bitte auch nicht sein, denn das ist schlecht vermarktbar.

Das heißt: Feminismus ja gerne, aber bitte in hot und runtergebrochen auf das Allernötigste. Dennoch müssen wir ganz klar sagen: Die Sichtbarkeit jeder einzelnen Frau oder weiblich gelesenen Person auch und gerade im Mainstream macht einen riesigen Unterschied. Es gibt so viele Weiblichkeitsmodelle und Identifikationsfiguren, das ist ein eklatanter Unterschied im Verhältnis zu früher. Da ist die heutige Generation wirklich zu beneiden. Wenn die Bock auf postmigrantischen, freshen Sound aus Kreuzberg haben, dann können die Wa22ermann hören. Wer's gerne sexpositiv mag oder ass shaken will, kann Katja Krasavice, Bounty & Cocoa oder Nashi44 pumpen. Smoothen R'n'B gibts unter anderem bei Layla, und wer auf roughen Untergrund-Straßenrap steht, sollte sich mal Sazou anhören.

Trägt misogyner Straßenrap dazu bei, dass die Hörer:innen eine sexistische Haltung entwickeln?

Die Antwort darauf fällt leider unbefriedigend aus, denn sie lautet: Ja und nein. Medienaneignung und Rezeption ist ein extrem komplexer Prozess. Da kursieren auch viele falsche Vorstellungen in der Gesellschaft, zum Beispiel dass es hier irgendwelche Kausalbeziehungen gibt, von wegen: Junge hört Gangsta Rap, Gangsta Rap ist sexistisch, Junge wird Sexist. Das ist aber Unsinn. Es hat viel damit zu tun, welche kulturellen Ressourcen du zur Verfügung hast, mit wem du Musik hörst, in welchem Ausmaß du dich einer Musik aussetzt, ob du verschiedene Musikgenres konsumierst, ob du ein Korrektiv hast, mit dem du bestimmte Sachen besprichst, in welcher Lebenswelt du aufwächst usw. Du kannst dir aus Musik total viele Dinge holen - oder halt eben auch nicht. Es gibt nicht die eine dominante Lesart, auch wenn einige vielleicht näher liegen als andere. Medienaneignung ist ein kreativer und sehr individueller Prozess.

Auf der anderen Seite wird HipHop gerne als Soundtrack der Rebellion romantisiert.

Die Vorstellung, HipHop sei ein per se antirassistisches oder auch kapitalismuskritisches Projekt, gehört zu den vielen Mythen über diese Kultur. Natürlich wird im HipHop Kritik an rassistischen Verhältnissen geübt, gibt es subversive Messages, werden soziale Missstände thematisiert usw. Aber wenn wir ganz ehrlich sind, geht es im HipHop weniger darum, ein System zu stürzen, als vielmehr darum, an dem bestehenden System teilhaben zu wollen. Die Grundlogiken des Kapitalismus sind eng in die Kultur des HipHop eingewoben: Wettbewerb, Leistungsbereitschaft, Hedonismus, Materialismus, Innovation, Flexibilität usw. Das ist auch der Grund, warum HipHop so gut funktioniert und so super langlebig ist. Weil er total systemkompatibel ist. Natürlich geht es Shirin David oder Badmómzjay darum, Geld zu verdienen, weil soziale Anerkennung im Kapitalismus eng an materielle Güter gebunden ist. Das kann man den wenigen Frauen, die jetzt mit Rap erfolgreich sind, auch nicht übelnehmen. Die wollen jetzt mitspielen, und da wird dann auch der eigene Körper und die eigene Sexualität in den Ring geworfen, weil das einfach klickt. Gleichzeitig hat das großes emanzipatorisches Potenzial und ist auch ein Akt der Rückeroberung von Macht über den eigenen Körper und die eigene Sexualität. Und wer hier mit dem Selbstpornografisierungs-Argument um die Ecke kommt, von wegen, muss das sein, dass die sich jetzt hier alle ausziehen, das ist doch wider jeden Feminismus und so weiter, der oder die soll sich mal mit den Selbstinszenierungen der Männer im Game auseinandersetzen. Die sind ja auch alle nackt. Ich meine, guck dir mal die Albumcover von 2Pac, 50 Cent oder auch Azad, Massiv, Majoe usw. an. Da messen wir als Gesellschaft nämlich immer noch mit zweierlei Maß. Aber kaum kommt da eine Frau um die Ecke und zeigt ihre Brüste, gehen die großen Debatten los.

Wo liegt nun das subversive Potenzial von Rap?

Kein Genre gibt dir so viele Tools an die Hand, um Ausschluss und Marginalisierung zu verarbeiten wie Rap. Das steht mal fest. HipHop bestätigt biografische Brüche, wertet sie sogar auf und sagt dir: All diese Zäsuren, die du erlebt hast, die darfst du bei uns artikulieren, und wenn du es glaubwürdig machst, weil du es an deine Biografie zurückbinden kannst, dann legitimieren sie dich sogar noch als Sprecher:in. Und in HipHop kann man sich auf sehr unterschiedliche Weise einschreiben. Die historischen Grundachsen sind sicher Diskriminierung entlang von Race und Class, verwoben mit Gender. Wenn du aber keine Rassismus- oder Prekaritätserfahrungen hast, weil du zum Beispiel *weiß* oder aus einem bürgerlichen Milieu bist, dann kannst du auch andere Formen von Struggle ins Zentrum deiner HipHop-Identitätserzählung stellen: Deine Biografie als Heimkind, dein Aufwachsen in Ostdeutschland, deine Drogensucht oder die Tatsache, dass du in deinem Leben sehr oft umgezogen bist und deshalb nie so richtig Halt gefunden hast. Im Deutschrap gibt es viele Beispiele für diese Versuche des authentischen Einschreibens in die HipHop-Erzählung, ich sag nur Fler, Sierra Kidd oder auch Marteria. Dieses HipHop-Marginalisierungsnarrativ ist sehr dehnbar.

EKO FRESH

Der German Dream ist real

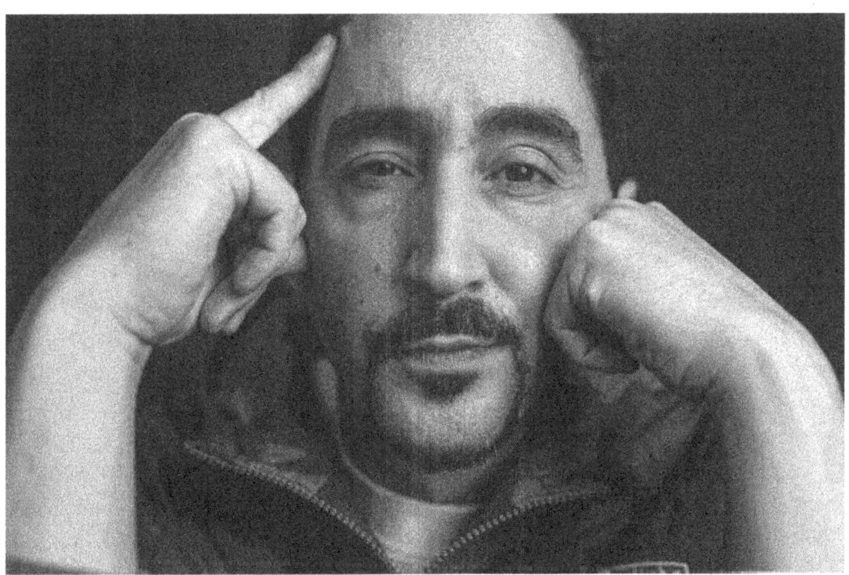

„Der sieht aus wie ich, der hat's geschafft"

Für viele ist er inoffizielle Integrationsbeauftragte Almanyas. Seit über zwanzig Jahren baut Eko Fresh Brücken, wo andere nur verzweifelt in den Abgrund starren. Als Rapper hat er mit seinem Style eine ganze Generation von MCs geprägt. Heute ist Eko einer der wenigen optimistischen Stimmen, die uns daran erinnern, dass eine postmigrantische Gesellschaft, in der es sich lohnt zu leben, möglich ist. Mit Eko sprachen wir über Straßenrap 2.0, migrantische Biografien und darüber, wie wichtig Repräsentation ist.

Murat und Hannes: *In den 1990er Jahren wurde Deutschrap immer erfolgreicher, hat aber oft migrantische Kids nicht erreicht. Wie erklärst du dir das?*

Eko Fresh: In den 1990er Jahren war es so, dass junge Migranten Rap vor allem im Jugendzentrum erlebt haben. Die waren vielleicht technisch nicht besonders gut, haben aber im Rap ihre Gefühle ausdrücken können. Für diese Kids waren 2Pac, Biggie oder Snoop große Vorbilder und nicht die erfolgreichen Deutschrap-Acts. Dieser Migranten-Rap war komplett getrennt von dem, was es an Deutschrap in den Charts gab. Der wiederum wurde von Leuten gemacht, die sich das leisten konnten, und die auch die Möglichkeiten hatten, das in guter Qualität zu machen. Das waren zwei Stränge, die sich in den 1990er Jahren selten gekreuzt haben. In den 2000ern hat sich das geändert. Heute ist es soweit, dass der migrantisch geprägte Rap der Meinungsmacher und Impulsgeber ist, der am meisten geklickt wird. Es war allerdings ein langer Weg bis dorthin.

Kannst du dich daran erinnern, wie es zu dieser Veränderung kam?

Mein Label German Dream war ja eigentlich ein komplettes Migrantenlabel. Aber gerappt haben wir alle auf Hochdeutsch. Wir sind mit dem Deutschrap der 1990er Jahre aufgewachsen und hatten die Vorstellung, dass sich das so anhören muss, damit es erfolgreich wird. Dann kamen Jungs wie Hafti oder Chaker, und denen war das völlig egal. Die haben einfach so gerappt, wie sie mit ihren Kumpels auf der Straße reden. Das hat eine neue Ära eingeläutet und die Jugendsprache geprägt. Auch inhaltlich wurde es cooler, rougher, aufregender. Das ist sowieso etwas Besonderes an Deutschland: Du hast so viele unterschiedliche Nationalitäten, die einen Beitrag leisten und den Slang auf der Straße und im Rap prägen. So lernt man aus allen Sprachen ein paar Begriffe. Seitdem gibt es keine Sprachbarrieren mehr. Das ist Multikulti 2.0. Mein Beitrag dazu war der Song „Straßenslang", bei dem ich die türkischen Wörter, die Teil des Jugendslangs geworden waren, übersetze und erkläre. Heute ist Rap sehr nah am echten Leben dran, was auch seine Aufgabe ist.

Du stammst selbst aus einer Familie, die im Zuge der Anwerbeabkommen aus der Türkei nach Deutschland eingewandert ist. Wie war es für dich, in Almanya aufzuwachsen?

Ich weiß, dass die Ausgrenzung damals mit uns etwas gemacht hat. Das ist auch eine Erfahrung, die Menschen, die so etwas erlebt haben, verbindet. Das merke ich zum Beispiel, wenn ich Menschen treffe, die sich durch mich repräsentiert fühlen, und für die das sehr wichtig ist. Wenn dir aufgrund deiner Herkunft eine Sonderrolle zugewiesen wird, dann versuchst du automatisch damit umzugehen. Ich zum Beispiel war in der Schule eher laut und habe die Rolle des Klassenclowns gespielt, um diese negative Erfahrung zu übertünchen. Ich war insgesamt ziemlich beliebt, ich war Klassensprecher und innerhalb unserer Clique der, der vorangegangen ist. Heute weiß ich: Vieles davon habe ich gemacht, weil ich gegen mein Anderssein gekämpft habe. Ich wollte zeigen: Schaut her, ich bin zwar anders, aber ich bin korrekt, ich bin lustig! Vielleicht leben wir in einer kleinen Wohnung, und meine Familie hat nicht viel Geld – aber ich bin trotzdem einer von euch! Das war zu großen Teilen eine Kompensation, um das Gefühl der Minderwertigkeit loszuwerden. So war das bei mir. Aber es gibt viele Migrantenkinder, die diese vermeintlichen Defizite anders kompensiert haben und damit auf die schiefe Bahn geraten sind.

Waren die Türen zur deutschen Gesellschaft verschlossen?

Es gibt einen Gap in der Identifikation mit Deutschland. Bei vielen wurde die Identifikation nie abgeschlossen, und sie haben immer noch das Gefühl, nicht angekommen zu sein. Und manche haben das Gefühl: Ich werde niemals anerkannter Teil dieser Gesellschaft sein. Das kann zu Extremismus oder Kriminalität verleiten, weil man in diesen Kreisen ein Wir-Gefühl sucht, das man von der Gesellschaft nicht bekommen hat. Um sich mit der Gesellschaft identifizieren zu können, brauchst du Erfolgserlebnisse. Ich habe zum Beispiel früh Bestätigung durch meinen Rap bekommen. Dann habe ich die Erfahrung gemacht, dass mir dieses Land eine zweite Chance gibt. Obwohl ich alles verloren hatte, bin ich wieder an die Spitze gekommen. Dann gibt es eine weitere Sache, die sehr wichtig ist: Repräsentation. Ich habe mich als Jugendlicher immer gefreut, wenn ich jemanden getroffen habe, der aussah wie ich. Ich weiß noch, als ich Erdoğan Atalay in „Alarm für Cobra 11" gesehen habe – das war großartig, einfach, weil er Türke war und ich mich durch ihn repräsentiert fühlte. „Cobra 11" war Mainstream, mit Action und Stunts und so weiter. Und mittendrin Erdoğan Atalay als Held! An so etwas klammerst du dich, und das kann dir helfen, schwierige Zeiten zu überstehen. Für migrantische Kids ist diese Form der Repräsentation und Bestätigung nicht zu unterschätzen.

Du bist heute selbst Vater. Welche Bedeutung haben Zugehörigkeit oder Herkunft für deinen Sohn?

Für meinen Sohn ist das Thema Herkunft und Zugehörigkeit nicht mehr so präsent, wie es in meiner Generation der Fall war. Das ist kaum verwunderlich. Ich hatte noch direkten Kontakt zu meinem Opa, also zu einem Zeitzeugen der ersten Generation. Ich habe mitbekommen, wie er gelebt hat, und was für ihn wichtig war. Den Song „Der Gastarbeiter" habe ich geschrieben, um diese Geschichte zu bewahren – wobei es mir damals nicht klar war, wie wichtig diese Form der Erinnerung ist. Mein Opa hat den Grundstein für all das gelegt, was ich in diesem Land aufbauen konnte. Mein Sohn hat das nicht erlebt, und deshalb spielt das emotional in seinem Leben kaum eine Rolle. Seine Großeltern und Großtanten repräsentieren wieder eine andere Generation. Viele von denen hatten schon ihr eigenes Business, deutsche Freunde und waren in Almanya zuhause. Und meine Generation hat wieder andere Erfahrungen gemacht. Unsere Kids schauen aus großer Entfernung auf das Land ihrer Urgroßeltern, aus dem diese einmal ausgewandert sind.

METIN TÜRKÖZ

Rassismus bei Ford und der Sound der Rebellion

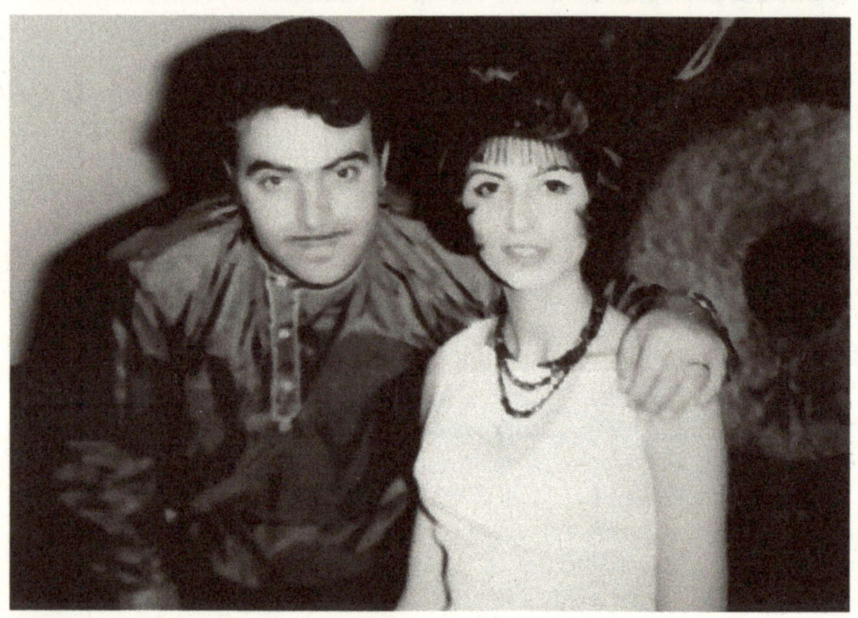

„Über Almanya zu berichten, war mein Markenzeichen“

Im Januar 2019 trafen wir Metin Türköz und seine Frau Necla in ihrem Reihenhaus in Köln. Der Arbeiter Metin Türköz wurde in den 1960er Jahren als Singersongwriter zum Superstar der „Gastarbeiter:innen“. Seine Songs gaben den Sehnsüchten, aber auch der Wut der ersten Generation von Arbeitsmigrant:innen eine kraftvolle Stimme. Wir sprachen mit Metin über das Herkommen nach Deutschland, die Arbeitssituation in den Ford-Werken und wie er durch einen Zufall zum gefeierten Protestsänger wurde.

Murat und Hannes: *Du hast eine lange Reise hinter dir – als Mensch und als Musiker. Wann fing diese Reise an?*

Metin Türköz: Es war im Jahr 1962, da habe ich noch in der Türkei gearbeitet. Ich war 25 Jahre alt, und in der Zeitung las ich eine Anzeige, dass sie in Deutschland Arbeiter suchen würden. In der Türkei habe ich zu der Zeit nicht viel Geld verdient. Also entschloss ich mich, wie viele andere, diese Reise anzutreten und in Deutschland zu arbeiten, um dann nach ein paar Jahren zurückzukehren und in der Türkei ein Haus und ein Auto zu kaufen und ein besseres Leben zu führen. Ich habe mich beim Arbeitsministerium beworben und alle Phasen der Anwerbung durchlaufen: Ärztliche Untersuchungen im Krankenhaus, Fragebögen, gesundheitliche Gutachten. Als das alles erledigt war, hat das Amt am 10. Januar 1962 alle Arbeiter einbestellt und uns ein Ticket nach Deutschland gegeben. Wir sind dann in einen Zug gesetzt und nach München gebracht worden.

Wusstest du, in welche Stadt du kommen wirst?

Ich wusste, dass wir nach Köln zu Ford kommen. In München mussten wir aussteigen und sollten in einem großen Saal Suppe essen. Und in dieser Suppe war Schweinefleisch. Wir haben uns beschwert und gesagt: „Das essen wir nicht!" – und so hat keiner dort etwas angerührt. Wir hatten großen Hunger, denn wir waren sehr lange unterwegs gewesen. Am nächsten Tag hat uns ein Zug direkt nach Köln gebracht. In Köln wurden wir von einem Dolmetscher vom Arbeitsamt empfangen und mit dem Auto zu einer Unterkunft gebracht worden. Dort wurden wir zu jeweils vier Personen in Zimmern untergebracht. Es gab dort kein Badezimmer, die Betten waren sehr einfach, es war nicht besonders gemütlich. Am nächsten Tag hat uns ein Bus in die Fabrik gefahren. Dort wurden wir in einem Büro versammelt und den Werkhallen zugeteilt. Was seltsam war: Niemand hat uns gefragt, was wir vorher gearbeitet haben, oder welche Fertigkeiten wir mitbringen. Ich musste mit einem Freund in der A-Halle arbeiten. Dort werden die Fahrgestelle im Wasser gehärtet. Ich bin gelernter Techniker, aber das hat die nicht interessiert. Wir mussten arbeiten und 800 Grad heiße Gestelle im Wasser abkühlen. Es war heiß in der Halle, es war harte Arbeit. Dort war ich etwa drei Monate. Und dann habe ich mir gesagt: Das ist nichts für mich. Ich bin Techniker, das hat mit meinem Beruf gar nichts zu tun. Dem Dolmetscher habe ich gesagt, dass ich kündigen und zurück in die Türkei möchte. Ich habe dem Dolmetscher auch mein Diplom gezeigt und gesagt: „Ich bin nicht hierhergekommen, um in diesen Öfen zu arbeiten!" Der Dolmetscher hat meine Beschwerde einem Ford-Arbeiter aus der Personalabteilung übersetzt. Dieser Mann stellte mir dann ein Elektromessgerät vor die Nase und sagte: „Wenn du wirklich ein Techniker bist, dann weißt du auch, wie das funktioniert!" Ich habe mir das Gerät genommen, eine Messung durchgeführt und die Daten aufgeschrieben. Das hat den Mann überzeugt und nach einer Stunde sagte der Dolmetscher: „Du kannst hier bleiben." Und so habe ich drei Maschinen bekommen, für die ich verantwortlich war. Ich hatte also eine andere Arbeit, mit der ich deutlich zufriedener war. Deshalb bin ich geblieben. Das war nicht einfach, denn meine Frau und mein Kind lebten noch in der Türkei.

Bist du in Deutschland zum Musiker geworden, oder hast du auch schon vorher Musik gemacht?

Nach ein paar Monaten wurde in unserem Wohnheim ein Flyer ausgelegt. Dort hatten gewerkschaftlich organisierte Landsleute von Ford zu einer Versammlung der türkischen Arbeiter eingeladen. Es stand auch auf dem Flyer: „Wenn jemand von euch Gedichte schreibt oder Musiker oder Comedian ist, dann könnt ihr das dort präsentieren, und wir werden einen großartigen Abend zusammen haben." Ich konnte ein wenig Saz spielen, war aber kein Musiker. Mein Mitbewohner sagte: „Komm, Metin, lass uns dorthin gehen. Und nimm deine Saz mit. Du kannst den Leuten etwas vorspielen. Das wird bestimmt gut." Ich meinte nur: „Was soll ich denn dort machen? Ich bin seit ein paar Monaten hier, ich habe viele Probleme, meine Frau und mein Sohn sind nicht hier, die Arbeit ist hart, und ich bin nur Amateurmusiker." Aber mein Freund ließ nicht locker und so bin ich mitgekommen. Es war in einer großen Halle und es waren dort sehr viele Menschen – ausschließlich Leute aus der Türkei. Es wurde viel geredet und diskutiert. Und irgendwann kam einer der Organisatoren zu mir und rief: „Los, Aşık, du bist dran. Die Leute warten auf deinen Auftritt!" Ich war unglaublich aufgeregt. Plötzlich stehe ich auf der Bühne vor so vielen Menschen und werde als Aşık angekündigt! Also nehme mich meine Saz und überlege mir: Was soll ich für diese Leute spielen? Alle waren in einer ähnlichen Situation wie ich, sie waren getrennt von ihren Liebsten, sie mussten hart arbeiten, sie litten unter der Situation. Dann habe ich spontan entschieden: Ich werde ein Lied improvisieren. Ich habe dem Publikum gesagt: „Erwartet kein wunderschönes Lied von mir, wo sich alles reimt. Ich erzähle euch jetzt etwas aus meinem Leben in Almanya."

Haben die Menschen erwartet, dass du ein leidenschaftliches, sehnsuchtsvolles Lied über die Heimat singst?

Ja, wahrscheinlich haben sie das erwartet. Aber ich wollte etwas Neues probieren. Wir sind ja jetzt hier. Wir sind nicht in der Türkei. Ich wollte das zur Sprache bringen, was wir hier erleben, und was die Menschen in den Fabrikhallen beschäftigt. Also habe ich gesungen:

> Türkiye'den aldım Almanya'nın methini
> Çok bulunur dediler manda sığır etini
> Getirirler her hafta işçi ihtiyatını
> Bundan sonra seyreyle vatandaş hayatını
> Alamanya, Alamanya, Türk gibi işçi bulaman ya

In der Türkei haben sie Deutschland gelobt
Sie sagten, Büffelfleisch gäbe es dort reichlich
Jede Woche suchen sie neue Arbeiter
Jetzt fängt dein gutes Leben an
Alamanya, Alamanya, einen Arbeiter wie den Türken findest du nicht noch einmal

Als ich mit den ersten improvisierten Strophen fertig war, brach der ganze Saal in Jubel aus. Die Menschen riefen: „Hoch lebe der Aşık!" Ich habe mir gesagt, okay, dann muss ich das hier zu Ende bringen. Und so kam es, dass ich eine halbe Stunde gespielt und den Text zu dem Lied immer weiter improvisiert habe. Der Refrain war immer „Alamanya, Alamanya, Türk gibi işçi bulaman ya" – den konnten die Leute sofort mitsingen. Hinter der Bühne sind danach viele begeisterte Menschen zu mir gekommen und haben mich gefragt: „Wie hast du das gemacht? Du hast unser aller Gefühle in einem Lied auf den Punkt gebracht! Das war großartig!" Ich wusste gar nicht, wie mir geschah. Ich hatte das Lied ja eben erst erfunden und war selbst total aufgeregt. Eine Person aus dem Publikum kam zu mir und sagte: „Aşık, ich habe dein Lied auf Kassette aufgenommen." Die Kassette habe ich dann mit nach Hause genommen. Und so konnte ich meinen Song, an den ich gar keine Erinnerung mehr hatte, nachträglich aufschreiben.

Gibt es in der Türkei eine Tradition des Improvisierens zur Saz, so wie du es gemacht hast?

Es gibt bei den Aşık Improvisationen, wenn sie in einem Wettkampf gegeneinander antreten. Aber das sind keine Songs, die dann noch einmal wiederholt werden. Die Improvisationen finden einmal statt und sind dann vorbei. Aber ich selbst war ja gar kein Aşık. Ich habe das vorher noch nie gemacht. In der Türkei habe ich normale Volkslieder gespielt. Auf der Bühne hatte ich nur den Gedanken: Ich erzähle jetzt, was ich bisher in Almanya erlebt habe. Mal schauen, was passiert. Die Reaktionen waren überwältigend. Alle haben mich gefeiert für mein Lied, an das ich mich selbst nicht erinnern konnte. Vielleicht wurde ich in diesem Moment zu einem Aşık. Danach habe ich immer wieder Songs für meine Kollegen aus den Fordwerken gesungen.

Du hast dann angefangen, Lieder auf Deutsch und auf Türkisch zu texten – also beide Sprachen zu mischen. Wie kam es dazu?

Wir konnten ja alle nicht gut Deutsch sprechen. Also habe ich mir gesagt: Ich nutze sowohl Deutsch als auch Türkisch. Die Kollegen, die erst seit drei Monaten da waren, konnten noch weniger Deutsch sprechen. Aber in diesem Sprachmix hat es funktioniert. Schon am ersten Tag wussten alle, was „Mayistero“ bedeutet. Ich habe ein Lied gemacht, in dem ich in diesem Sprachmix auch etwas Schlechtes über den „Meister“, also den deutschen Vorarbeiter, gesagt habe. Das konnten alle türkischen Kollegen verstehen. Dieses Lied war sehr beliebt, und ich wurde immer gefragt, ob es den Song in den Import-Export-Läden auch auf Kassette gibt. Aber es gab das Lied nicht auf Kassette. Und so bekam ich Kontakt zu der Plattenfirma Türküola und deren Inhaber Yılmaz Asöcal. Wir haben uns getroffen und ich wurde sehr freundlich empfangen. Ich habe ihm gesagt: „Ich habe mit Musik eigentlich gar nichts zu tun. Ich bin nach Deutschland zum Arbeiten gekommen.“ Yılmaz bat mich, ihm das Lied, nach dem die Kollegen immer wieder fragten, vorzuspielen. Yılmaz gefiel es sehr gut, und er meinte: „Lass uns eine Platte aufnehmen!“ Ich war unsicher, denn ich fand meine Stimme nicht so toll. Yılmaz meinte nur: „Sing so, wie du magst.“ Dann sind wir in ein Tonstudio gegangen und haben einige Lieder von mir aufgenommen, unter anderem „Almanya Destani“ – den Song habe ich allerdings deutlich gekürzt.

Kannst du uns erzählen, wie der Song „Guten Morgen, Mayistero“ entstanden ist?

Ich habe ja schon gesagt: Unser Deutsch war schlecht. Wenn ich in dieser Zeit sehr gut Deutsch gesprochen hätte, hätte ich wahrscheinlich auch Songs auf Deutsch geschrieben. Aber der Vorarbeiter hat uns immer angetrieben und gesagt: „Los, hier wird gearbeitet. Arbeitet weiter!“ An dem Tag bin ich auf die Toilette gegangen. Ich hatte kein Papier, aber einen Kugelschreiber. Also nahm ich das Klopapier und sagte mir: „Ich sage über den Meister jetzt ein schlechtes Wort und das wird ein sehr schönes Lied.“ Am nächsten Tag bin ich zu Yılmaz und sagte: „Schau mal, ich habe ein neues Lied.“ Und er sagte: „Das ist wunderbar, lass uns schnell ins Studio gehen und den Song aufnehmen.“ So entstand der Song „Guten Morgen Mayistero“ – halb auf Türkisch und halb auf Deutsch. Aber alle Türken haben verstanden, was ich singe. Danach hat Yılmaz mit mir einen festen Vertrag gemacht.

Du warst wütend auf den Meister, und deshalb hast du über ihn ein Lied geschrieben und dich über ihn lustig gemacht?

Genau, der Meister hat immer zu mir gesagt: „Du bist schlecht, du arbeitest nicht gut. Los arbeite!“ Dann habe ich ihm geantwortet: „Ich bin doch kein Esel!“ Und so wurden von meinen Songs tausende von Platten und Kassetten verkauft. Von einem Lied, das ich auf der Toilette geschrieben habe.
Hat dein Vorarbeiter dieses Lied auch gehört?

Ja, er hat es gehört. Und er hat mir gesagt: „Du bist ein schlechter Mensch, Metin." Ich habe noch viele andere Lieder geschrieben, in denen ich sowohl auf Deutsch als auch auf Türkisch gesungen habe. Ich habe insgesamt 82 Platten aufgenommen, und alle handeln von Deutschland. Über Almanya zu berichten, war mein Markenzeichen. Früher gab es die Parole „Türken raus!", die stand überall. Ich habe das gelesen und mich gefragt: Was habe ich euch getan? Ich habe hier so viel für die Deutschen gearbeitet. Warum sollen die Türken raus aus Deutschland? Es geht in meinen Texten viel um Rassismus, das war meine erste Priorität. Über meine Songs wurde ich auch in der Türkei bekannt, weil die Gastarbeiter meine Kassetten im Urlaub mitgenommen und in ihren Dörfern gespielt haben. Sie erzählten ihren Verwandten: Wir haben einen Aşık in Deutschland, der uns gut verteidigt. Ich war der Gurbetçi-Aşık, der Gastarbeiter-Aşık, ein Reporter. Ich habe ständig Musik und Texte produziert, ich war wie eine türkische Zeitung. Morgens habe ich etwas gehört und abends habe ich darüber einen Text geschrieben.

Necla, wie hast du, als Metins Ehefrau, diese Zeit erlebt?

Necla Türköz: Für mich war das alles ganz einfach. Ich war jung, ich hatte Kinder, und Musik hatte ich auch gerne. Metin war Musiker und Arbeiter. Da kam es auch zu verrückten Situationen. Einmal war ein sehr schlimmer Tag. Früher kamen Kontrolleure von der Firma nach Hause, wenn man sich krankgemeldet hat. Metin war offiziell krank, aber er war nicht zuhause, weil er ein Konzert hatte. Die Kontrolle klingelte und fragte: „Wo ist der Herr Türköz?" Wir hatten einen Nachbarn, der war sehr dunkel und ich habe ihn gerufen. Ich habe ihm zugeflüstert: „Die Kontrolle ist da, du musst jetzt Metin sein! Sag irgendwas, Rücken oder Magen, egal." Also kommt mein Nachbar und begrüßt die Kontrolle. Die fragte: „Herr Türköz, welche Beschwerden haben sie?" „Ach, Magen und Rücken, alles ist schwer", antwortete unser Nachbar. Die Kontrolle war zufrieden und fragte zum Abschluss: „Wann kommen sie wieder arbeiten?" Mein Nachbar flüstert mir zu: „Wann komme ich wieder arbeiten, Necla?" „Montag!", habe ich gesagt. Mein Mann ging dann am Montag wieder in die Fabrik. Auf der Arbeit wurde er begrüßt, und sie fragten ihn: „Guten Morgen, Herr Türköz, warum sind sie auf einmal so hell im Gesicht?" Metin sagte: „Ach, wissen sie, meine Frau ist manchmal etwas verrückt." „Nein, ihre Frau ist nicht verrückt", antwortete der Mann, „ihre Frau ist eine gute Schauspielerin."

Dein Mann war irgendwann ein berühmter Musiker. Und gleichzeitig war er ein Arbeiter bei Ford. War das nicht eine seltsame Situation?

Necla Türköz: Für mich war das normal. Ich habe Metin gesagt: Wenn du jetzt richtig Musik machst, dann solltest du auch in die Musikschule gehen und deine Stimme verbessern. Metin sagte nur: „Ach, egal, ich brauche Geld. Lass uns Geld sparen und dann in die Türkei zurückfahren." Und jetzt? Wir sind seit 56 Jahren hier und noch immer nicht zurückgekehrt. Anfangs gab es viele Missverständnisse. Einmal habe ich am Rudolfplatz eine Dose Esskastanien gekauft – das dachte ich zumindest. Zuhause habe ich die Dose geöffnet und gesehen: Da sind Schnecken drin! Darüber, was es in Deutschland alles gibt und was es nicht gibt, hat Metin auch einen Song geschrieben. Ich war in vielen Sachen Metins Managerin, ich habe seine Sachen gepackt und auch darauf geachtet, dass er mit der Zeit geht. Ich habe ihm gesagt: „Metin, zieh mal andere Sachen an, nimm mal eine E-Gitarre. Es gibt ja auch die Beatles oder Cem Karaca." Metin hat dann eine Platte gemacht, und auf dem Cover trägt er eine Perücke und spielt auf einer E-Gitarre. Es sieht sehr europäisch aus. Aber das wollten die Leute nicht. Ich hab' ihm gesagt: Gründe doch eine Band, sei ein bisschen moderner, mach Rockmusik, zu der man tanzen kann. Aber er wollte das nicht. Metin ist da eher konservativ. Er war eben nicht der klassische Musiker. Er war ein Erzähler, ein Aktivist, der darüber gesungen hat, was er gesehen hat. Er war zwar berühmt, aber viel Geld hat er mit seiner Musik nicht verdient. Seine Plattenfirma Türküola hat sehr viel Geld verdient – davon hat Metin kaum etwas gesehen. Ich finde, sie haben ihn hinters Licht geführt.

CEM KAYA

Brüche, Opfer und Gutmenschen

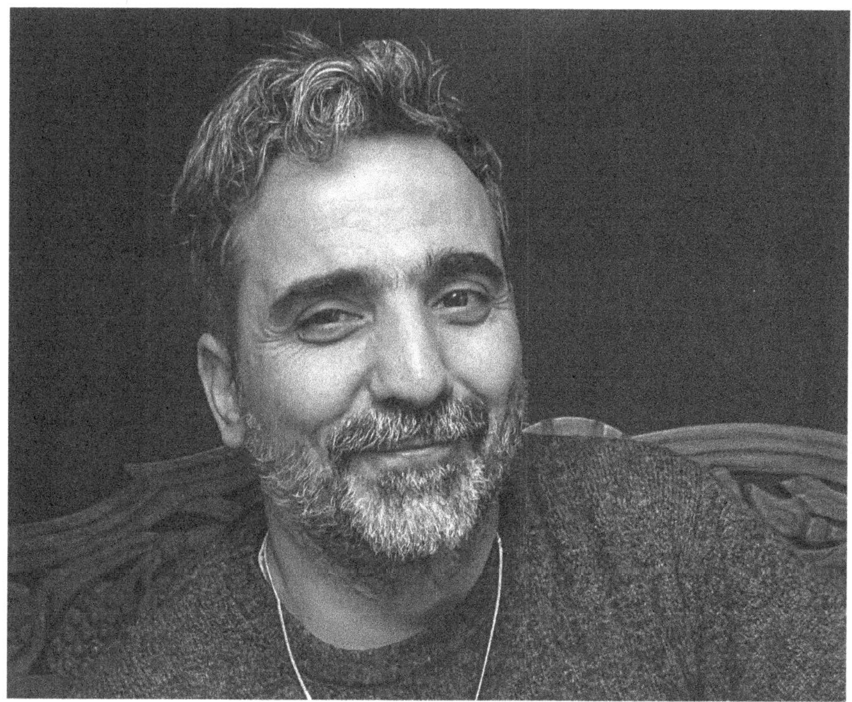

„Wenn wir es gut erzählen, ermächtigen wir andere"

Als Xatar den Dokumentarfilm „Aşk, Mark ve Ölüm – Liebe, D-Mark und Tod" des Berliner Regisseurs Cem Kaya sah, fühlte sich der HipHop-Mogul erstmals einer Geschichte zugehörig, die ihm bisher verborgen geblieben war. Der mit Preisen überhäufte Dokumentarfilm (auch bekannt als „Songs of Gastarbeiter") befreit Rapper:innen in Almanya endlich von ihrer Geschichtslosigkeit, indem ihnen Wissen um die eigene kreative Herkunft auf Augenhöhe vermittelt werden. Kaya erzählt Stories aus dem Leben von Einwanderer:innen entlang des Sounds der Migration von den 1950er Jahren bis zum HipHop von heute. Auch für uns öffnete Kayas Film neue Perspektiven, die sich u.a. in einer ausschweifenden hedonistischen Partykultur der so genannten Gastarbeiter:innen offenbarten – und damit elegant Stereotype versenkt haben. Auch in seinen anderen Filmen wie „Arabesk – Gossensound

und Massenpop" lässt Kaya Geschichten über Generationen ineinandergreifen. In „Remake, Remix, Rip-Off" geht es um die Yeşilçam Filmstudios, in deren Low-Budget-Filmen Hollywood gesampelt und phänomenal geremixt wurde. Wir haben uns mit Cem Kaya über Migrationsgeschichten und wirksame Selbstermächtigung unterhalten.

Murat und Hannes: *Wie sind deine drei Dokumentarfilme miteinander verflochten?*

Cem Kaya: Ich bin mit der Kultur der Yeşilçam Filme und der Arabeskmusik aufgewachsen. Es ist der Pool meiner Sozialisation, aus denen sich meine Filme speisen. Und dieser Pool ist verflochten mit der Migrationsgeschichte. Das findet sich in „Arabesk" wieder, wo die Binnenmigration in der Türkei verhandelt wird, die oft die Vorstufe zur Migration nach Deutschland darstellte. Diese Landbevölkerung entwickelte sich in den türkischen Großstädten zur neuen Arbeiterklasse. Arabesk war deren musikalischer Ausdruck, der zunächst als Protestmusik begann und später kommerzialisiert wurde. Dieser Aspekt war mir bei der Arbeit zu „Aşk, Mark ve Ölüm" besonders wichtig. Bei „Remake, Remix, Rip-Off" erzähle ich wiederum im Grunde ein Porträt eines Landes im Umgang mit Zensur. Und wie diese Zensur ihren Widerhall im Yeşilçam Kino fand. Dieses Filmgenre löste auch in Deutschland der 80er Jahre einen Hype in der türkeistämmigen Einwanderergruppe aus. Meine Filme sind miteinander verwoben, und man könnte sie als eine Art Trilogie verstehen. Wenn man sich die Protagonisten sowohl von Arabesk als auch des Yeşilçam Kinos anschaut, waren das oft Menschen von der Straße. Und ihr Sound und Film waren Kultur für die Straße. Das war kein intellektuelles Kino, eher aktivistisch und popkulturell. Überdeutlich erkennt man das daran, dass Arabesk-Künstler oft zu Schauspielern in diesem Filmgenre wurden. Getragen wurde das von einer beeindruckenden DIY-Kultur, die mit der Improvisation arbeitete. Denn kaum jemand hatte in diesem Kontext von Film und Musik eine fundierte Ausbildung. Oft lebten diese Kulturschaffenden auch prekär, da man stets mit geringem Budget arbeitete.

Das Yeşilçam Kino griff in den 1970er Jahren die Methode des Samplings auf, Szenen aus Hollywoodfilmen wurden herauskopiert und im neuen Kontext verwendet. Jahre später wurde Sampling auch zur Grundlage für Rapmusik. Wie gehst du damit künstlerisch um?

Hierbei steht die Frage im Raum, was ein „Original" ist. Hollywood ist selbst eine globale Kopiermaschine. In Filmen wie „Star Wars" erkennt man ebenfalls die Quellen, aus denen man sich bediente. Vor diesem Hintergrund ist

Hollywood ein Amalgam, das mit großem Budget und Aufwand diese fremden Quellen zusammenhält und verwischt. Dadurch erscheint es als Original, de facto aber kopiert und klaut es. Der Unterschied zum Yeşilçam Kino liegt im Budget und in seinem DIY-Charakter. Ähnlich war es im Rap. Da man keine Musikinstrumente beherrschte, bediente man sich an dem, was da war. Letztendlich wuchsen wir in den 80er Jahren nicht mit Grimm-Märchen auf, sondern die amerikanische Popkultur formte uns maßgeblich. Und unsere Generation fragte sich, was wir haben, um es zu remixen und Neues zu erschaffen. Die Antwort war die Popkultur, die zum eigenen Ausdruck wurde. Mein Ansatz besteht auch darin, aus dem Vorhandenen eine neue Deutung zu erschaffen. Wichtig ist mir dabei, ohne eine Voice-Over-Stimme zu arbeiten, die das Material kommentiert. Denn meine Haltung zum Material entsteht im Schnitt. Im Grunde sind wir alle Geschichtenerzähler. In „Aşk, Mark ve Ölüm" verknüpfte ich diesen Punkt mit der Figur des Aşık-Musikers, der in der Tradition des Erzählers steht. Hierbei gilt: Wenn wir es gut erzählen, ermächtigen wir andere. Dabei bin ich wie ein geduldiger Fischer, auf der Suche nach besonderen Momenten, die ich einfangen kann. Gerade nicht gestellte Szenen machen den besonderen Reiz aus. Bei „Aşk, Mark ve Ölüm" zeige ich eine Szene, als Ömer Abi aus seinem Sofa Videokassetten herausholte und dies dabei zusammenfällt. Diese Art von Humor ist Teil meiner Stimme, die ich aus meinem Filmmaterial heraushole. Ebenfalls ist es eine Selbstermächtigung, wenn ich unterschiedliche Sequenzen miteinander in Beziehung stelle. Dies gelang mir, als ich Rudi Carrells paternalistischen Gastarbeitersong mit streikenden Frauen in Pierburg Neuss zusammenschnitt. Hierbei denkt man zunächst, dass die Frauen auf Carrells Song tanzen würden. Mit solchen Schnitttechniken irritiere ich Perspektiven und führe die Zuschauer in eine andere Erzählung.

Für deinen Dokumentarfilm „Aşk, Mark ve Ölüm" bist du tief in die Archive der Öffentlich-Rechtlichen eingetaucht. Wie bist du mit dem Herrschaftsblick in diesen Materialien umgegangen?

Wir waren ein Autorenteam, bei dem wir uns gegenseitig unsere Funde zeigten. Das Besondere war, dass wir mit Material arbeiteten, das selber über etwas berichtete. Das führte zur skurrilen Situation, dass wir im Dokumentarfilm einen anderen Dokumentarfilm zitierten. Dieses Material hatte meistens einen Voice-Over Kommentar, den wir dadurch nicht mehr produzieren mussten. Hilfreich war dies beim Schnitt, da das Material sich selbst erklärte. Selbstverständlich war der Duktus, der aus diesem Material sprach paternalistisch, anthropologisch und gutmenschlich, und niemals auf Augenhöhe. Mit der Lupe wurde dabei der Migrant für die deutsche Gesellschaft seziert. Der einzige Weg der Dekonstruktion war Humor. Erkennbar ist das bei einer Sequenz in „Aşk, Mark ve Ölüm", als Cem Karaca vor einem Konzert interviewt wurde. Dabei war es der Anmoderation wichtig, gleichzeitig gegen die Ausländerfeindlichkeit Stellung zu beziehen. Auch diese gutmenschliche Haltung ist nicht auf Augenhöhe, denn der „Ausländer" wird hierbei zur eigenen Positionierung benutzt. Im Schnitt entschloss ich mich, diese Anmoderation mitten im Satz abzuschneiden. Bei Filmvorführungen lacht bei dieser Szene immer nur ein Teil des Publikums. Mit solchen Montagetechniken ermächtige ich mich über den Herrschaftsblick. Auch glaube ich, dass nur solche leisen Momente der Ermächtigung funktionieren.

Man kann sich bei dem Thema Migration auch leicht verheben. Wie seid ihr mit dieser Herausforderung umgegangen?

Just zu der Zeit, als wir mit unserem Film anfingen, gab es Kollegen, die eigentlich den gleichen Film machten. In der Filmbranche gibt es stets Zeitfenster für bestimmte Themen. In meinem Fall war es das 60-jährige Jubiläum des Anwerbeabkommens zwischen Deutschland und der Türkei. Auch die Compilation „Songs of Gastarbeiter" von Imran Ayata und Bülent Kullukcu 2014 öffnete thematische Fenster in den Kulturredaktionen der Republik. In dieser Zeit wanderte der Blick von der Türkei zur Kultur türkeistämmiger Menschen in Deutschland. Dieser Umstand verhalf Künstlern wie Ozan Ata Canani zu seiner zweiten Karriere. Dies war die Zeit, als die Resonanz für Bands wie Altın Gün und Derya Yildirim wuchs. Meinen Film „Arabesk" durfte ich 2010 wegen des 50-jährigen Jubiläums drehen. Unser Ansatz war dabei: Seht her, wir haben eine großartige Geschichte, die wir dementsprechend auch erzählen. Wir schwammen damit im Zeitgeist.

Woran liegt es, dass Themen wie Migration in der Filmbranche nur zu Jubiläen finanziell ermöglicht werden?

Das ist ein strukturelles Problem in Deutschland. Denn an den Schaltstellen des Kulturbetriebes sitzen meist nur Vertreter der Mehrheitsgesellschaft. Diese Entscheider sind bürgerlich sozialisiert und vertreten eine Perspektive, die dazu führt, dass das Thema Migration mit strukturellen Hindernissen kämpft. Wir haben genügend türkeistämmige Regisseure. Doch die wirklichen Veränderungen erreicht man, wenn man in den Gremien der Filmförderung oder in den Intendanzen der Öffentlich-Rechtlichen sitzt. In diesen Bereichen fehlen sowohl Frauen als auch Migranten. Hierbei geht es nicht nur um die Finanzierung eines Filmes, sondern auch um die thematische Schwerpunktsetzung. Letztendlich führt das dazu, dass man seine Geschichte nicht so erzählen kann, wie man es möchte. Oft geht es um geduldiges Argumentieren und eine Konfrontationsbereitschaft, um bei diesen Entscheidern seine Inhalte durchsetzen zu können.

Du zeigst Migrant:innen als hedonistische Menschen, wie sie rauschende Exzesse in Gazinos feiern, den Orten für glamoröse Partys voller Live-Musik und Tanz. Das ist für viele neu.

Mein Stiefvater hatte einen Import-Export mit einer Videothek. Auch war dies eine Art Gazino. Es war mir wichtig, diese Opfererzählung zu brechen. Nicht um sie zu negieren, sondern um das Bild zu erweitern. Denn es gab eben auch andere Facetten im Leben dieser Menschen wie das Feiern, der hedonistische Umgang mit dem Geld und die ausschweifenden Hochzeitsfeiern. So, wie ich das im Film erzähle, konnte ich das in meinem Umfeld beobachten. Ich wollte einen Film drehen, der nicht von Trauer oder Schwermut getragen wird. In diese Tradition der reinen Opfererzählung wollte ich mich nicht einreihen. Denn das selbstermächtigende Feiern dieser Gastarbeiter strahlt auch kraftvoll in unsere Zeit hinein. Diese Menschen hatten ein Leben, das sie genossen. Diese Szenen im Film bringen das Bild vom sparsamen und schwermütigen Gastarbeiter ins Schwingen.

Migrant:innen haben sich oft an verlassenen Orten getroffen und diese wiederbelebt. Das gilt für den türkischen Basar in Berlin und auch für die HipHop-Szene.

Der Berliner Senat hatte ausgeschrieben, dass die stillgelegte U-Bahnstation Bülowstraße gastronomisch genutzt werden sollte. Unter anderem bewarb sich der türkische Geschäftsmann Atalay Özcakir mit seinem Konzept, das auch den Zuschlag bekam. Dieser türkische Basar war professioneller und sichtbarer im Stadtbild als die Hinterhöfe, Kaschemmen oder Saalbauten, die vormals für solche Aktivitäten benutzt wurden. Aber um im Bild der stillgelegten U-Bahnstation zu bleiben, gab es anderswo eine andere skurrile Blüte der Aneignung. Zur Zeit des Ost-West-Konfliktes war auch die U-Bahnstation Friedrichstraße stillgelegt, die jedoch von jungen Migranten übernommen wurde. Diese U-Bahnstation wurde zu einem illegalen Szenetreff für HipHopper, die dort breakten, sprühten und rappten. Die Bedeutung dieses Ortes für die junge HipHop Szene lässt sich daran ermessen, dass Gang-Rivalitäten nicht geduldet wurden. Es war ein neutraler Ort des Feierns und eine Oase, um an seinen Styles zu arbeiten. Dort gab es einen Wächter namens Walther, der diese kulturelle Aneignung duldete. Interessant war, dass dieser Wächter auch ein Mikrofon besaß, um Durchsagen zu tätigen. Für die HipHopper war dieses Mikrofon ein Geschenk des Himmels, um diese stillgelegte U-Bahnstation mit ihrem Sound zu beschallen. Solche spannenden Momente waren nur möglich, da es zu jener Zeit in Berlin Orte mit einem Machtvakuum gab. Für diese Kids stand nicht die Frage im Raum, ob man das machen darf. Gerade dieses Feeling des Anrüchigen setzte den Reiz für diese Jugendlichen. Es war ihr Ort, der ihnen heilig war und einen Touch von New York versprühte. Und genau dieses Bild, dass oberirdisch die älteren und unterirdisch die jüngeren Migranten an den U-Bahnstationen ihre kulturellen Exzesse feierten, wollte ich bei „Aşk, Mark ve Ölüm" zeigen. Leider gibt es kein Filmmaterial zu den HipHoppern in der U-Bahn Station Friedrichstraße. Diese faszinierende Geschichte lebt nur in den Erinnerungen der Protagonisten. Und die herausragendste Person dieser Geschichte ist der Beatboxer Maxim, der in der Berliner HipHop-Szene Kultstatus genießt.

In „Aşk, Mark ve Ölüm" verknüpfst du das Thema Tod mit dem Beginn des türkischsprachigen Raps in Deutschland. Was hat es damit auf sich?

Dies ist noch eine wenig erforschte Thematik. Auch wir reißen das in unserem Film nur an. Es gibt da nicht die eine Erklärung, wie türkischsprachiger Rap entstanden ist. Sicher spielen die rassistischen Anschläge Anfang der 90er Jahre eine entscheidende Rolle, die wir im Film aufgreifen. Doch man sollte das nicht als eine monokausale Erzählung deuten. Ich merkte selber, dass unsere Generation einen neuen musikalischen Ausdruck benötigte. Unsere Großeltern hatten ihre Aşık-Kultur oder eine Yüksel Özkasap. Außerdem hatten unsere Eltern Arabesk mit ihren Stars wie İbrahim Tatlıses. Und für meine Generation stellte sich die Frage, was haben wir? Und was zu uns sprach, waren HipHop und R&B. Hierbei war wichtig, dass diese Kultur niedrigschwellig war und keine großen Mittel erforderte. Außerdem stand der DIY-Charakter im Mittelpunkt. Denn man musste keine teuren Musikinstrumente kaufen. Auch waren keine Investitionen in einen langjährigen Musikunterricht nötig. Dafür hatten wir kein Budget in Form von Taschengeld, um das zu finanzieren. Wir konnten das einsetzen, was wir hatten, und das war unser Körper und unsere Stimme. Die Sprayer besorgten sich die Dosen illegalerweise im Baumarkt. Wir haben das adaptiert, weil wir eine Nähe zu den sozialen Realitäten in New York spürten und dies zu unserem Ausdruck wurde.

Wie hat sich diese Adaption von HipHop hin zu türkischsprachigem Rap aus deiner Sicht weiterentwickelt?

In der Regel beginnen solche Adaptionen mit der Imitation des Englischen. Allerdings erkannten diese Jugendlichen, dass sie ihre Gefühle, Haltungen und Botschaften damit nicht vermitteln konnten. Rap als Poesie benötigte eine Sprache, in der man sich frei bewegen konnte. Eine Sprache, die einem die Möglichkeit gab, Bedeutung, Klang und Rhythmus kraftvoll zu einem

Ausdruck zu formen. Vor diesem Hintergrund war das die Brücke, die diese Jugendlichen zum türkischen Rap führte. Darüber hinaus bedienten sich diese Jugendlichen in Form von Samples an dem eigenen musikalischen Material der türkischen Populärkultur. Im Mittelpunkt standen Künstler wie Sezen Aksu oder Barış Manço. Zu verstehen war das als eine Auseinandersetzung mit der Herkunftskultur, die man geschickt mit HipHop verband. Ebenfalls hüllten sich diese Jugendliche in den Mantel der Coolness. HipHop machten sie und ihren Lifestyle begehrenswert. Auf einmal erstrahlten diese migrantischen Jugendlichen im Licht einer globalen Jugendkultur, die man vormals noch abschätzig ignorierte. Während die anderen noch Nena hörten, fanden wir mit HipHop unseren Ausdruck, der uns Style verlieh. HipHop gab uns Arbeiterkindern Sichtbarkeit. Vor allem gab es uns eine Wertigkeit, um unsere Scham abzuschütteln. Auch glaube ich, dass es eine gewaltige Entwicklung anstieß, eigene Strukturen aufzubauen. Auf einmal konnten wir etwas besser. Das führte zu einem großen Scheinwerfer in der Mehrheitsgesellschaft. Trotzdem sollte man keine Kausalzusammenhänge ziehen, da die Zugänge, das Material und auch die Protagonisten sehr zersplittert waren und dadurch unterschiedliche Wege, Brüche und Positionierungen stattfanden.

Wurde „Aşk, Mark ve Ölüm" bei der Rezeption in der Türkei nationalistisch vereinnahmt?

Das geschah nur selten, denn unser Film bot diesen Strömungen nicht die Grundlage für eine solche Aneignung. Was aber problematisch ist, sind die vielen Türkeifahnen, die man im Film im Rahmen der Anschläge sieht. Dies ist auch das Problem, dass die HipHop-Gruppe Cartel in den 90er Jahren hatte, die auch im Film vorkamen. Der trotzige nationale Bezug aufgrund einer rassistischen Erfahrung funktionierte in der Türkei nicht. Denn, wenn man in den 90er Jahren in der Türkei sich nationalistisch bezog, stand dies in einer direkten Gegenposition zur kurdischen Identität. Vor diesem Hintergrund war es für die türkischen Faschisten einfach, den Erfolg der HipHop-Gruppe Cartel in der Türkei zu kapern und chauvinistisch aufzuladen. Im Film hatten wir leider nicht die Zeit, diese Komplexität zu erzählen. Auf der anderen Seite gab es auch türkeistämmige Rap-Künstler, die sich klar gegen Rassismus in Deutschland äußerten, ohne sich dabei unter eine türkische Fahne zu stellen.

Welche Widersprüche siehst du in der deutschen Migrationsgeschichte?

Es gibt einen Film namens „Shirins Hochzeit" von Helma Sanders-Brahms, die diesen Film 1975 drehte. Es ist die Geschichte einer türkeistämmigen

Frau, die früh versprochen wurde und zu ihrer Liebe nach Deutschland flieht. In Deutschland wird sie zu einer Gastarbeiterin und landet über viele Schicksalsschläge in der Prostitution. Pikant daran war, dass die Filmfigur Shirin als Prostituierte in den Wohnunterkünften der Gastarbeiter arbeitete. Der Film bot für Shirin kein glückliches Ende. In dem Film spielte auch Aras Ören mit, der am Drehbuch mitgeschrieben hatte. Die Musik für den Film produzierte Zülfü Livaneli. Der Film gehört zu den wenigen nicht paternalistischen Filmen, die im deutschen Fernsehen liefen. Ebenfalls bewies der Film ein gelungenes cineastisches Handwerk. Allerdings erzeugte der Film einen großen Aufschrei bei der türkeistämmigen Einwanderergruppe. Vor allem standen rechtsnationale Gruppierungen wie die Grauen Wölfe hinter den Protesten, die die Ehre und die türkische Frau beschmutzt sahen. Unterstützt wurde dieser Aufschrei von türkischen Tageszeitungen. Sowohl die Schauspielerin als auch die Regisseurin erhielten Morddrohungen. Zu dieser Zeit veröffentlichte Metin Türköz ein Album mit dem Titel „Shirins Hochzeit". Auf diesem Album bläst Metin Türköz ebenfalls in das nationalistische Horn. Offen ist, ob dies aus opportunistischen Gründen geschah oder seine Haltung war. Möglich wäre auch, dass sein Labelmanager Yılmaz Asöcal ihn dazu drängte, sich gegen den Film zu positionieren. Hierbei ist es wichtig, Persönlichkeiten wie Metin Türköz sowohl für ihr Schaffen zu würdigen als auch kritisch zu hinterfragen. Als Filmemacher muss ich simplifizieren und kann nicht die Komplexität einer Migrationsgeschichte zeigen, die ich gerne zeigen würde. Dies gilt auch für Yılmaz Asöcal, der das Plattenlabel Türküola gründete. Die eine Seite ist die des schillernden Kulturmäzens, der aus dem Nichts ein Musikimperium schuf. Demgegenüber steht der Geschäftsmann, der mit der Sehnsucht der Gastarbeiter Millionen verdiente. Asöcal war ein kühl kalkulierender Geschäftsmann, der Moden erkannte. Sein Geschäftssinn offenbart sich auch daran, dass er beim Business keine ideologischen Barrieren sah. Trotz seiner Verbindungen in die türkische nationalistische Szene hinderte ihn dies nicht, kurdische Musik zu veröffentlichen.

AFROB

Heimat und Gegenliebe

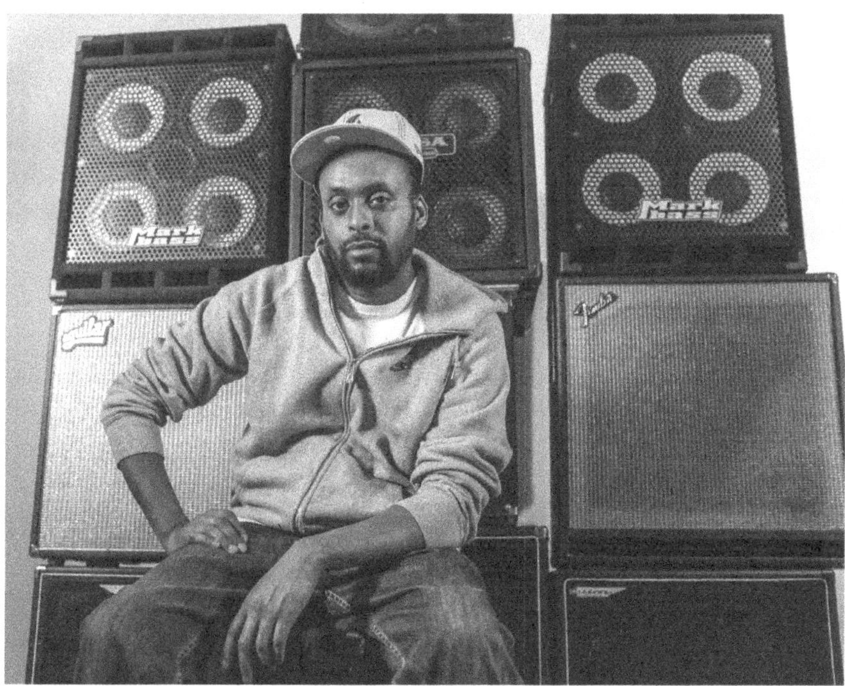

„Ich bin mit dem Schicksal dieses Landes verbandelt"

Kaum jemand verkörpert die Höhen und Tiefen von HipHop in Almanya so sehr wie Afrob. Seit dreißig Jahren segelt er durchs Rapgame und hat dabei schwere Stürme überstanden. 2003 interviewten wir den Stuttgarter Rapper zum ersten Mal für unser Buch „Fear of a Kanak Planet". Nach zwanzig Jahren produziert er immer noch Musik und gibt regelmäßig Konzerte. Für REMIX ALMANYA trafen wir Afrob in Stuttgart und sprachen mit ihm über ein Land, das sich verändert hat.

Murat und Hannes: *Unser letztes Gespräch ist über zwanzig Jahre her. Jetzt sitzen wir wieder zusammen und sprechen immer noch über HipHop, Rassismus und Almanya. Damals hast du erzählt, dass Rap für dich als Jugendlicher eine Art Offenbarung war. Hat sich dieser Blick verändert?*

Afrob: Für mich waren Public Enemy als Identitätsstifter tatsächlich unfassbar wichtig. Ich war immer der einzige Schwarze im Raum, und Chuck D hat mir gesagt: „Hey, Moment mal, Robbe. Es ist alles okay mit dir. So wie du aussiehst und so wie du bist – das ist alles fein." Dann hab' ich die Texte entschlüsselt: „Welcome To The Terrordome". Ich bin durch die Straßen gelaufen und war total drauf. Eigentlich ging es vielen anderen auch so – aber P.E. war exklusiv für mich und von uns. Heute würde ich das vielleicht anders beschreiben, aber damals war es genau so, weil es nichts anderes gab. Es gab auch andere empowernde Momente. Als ich mit meinen Freunden einen Film geschaut habe, gab es eine Szene, in der ein Schwarzer Police Officer einen weißen Dude verhaftet hat. Da haben die mich angeschaut nach dem Motto: Was – es gibt schwarze Cops? Oder Morgan Freeman als amerikanischer Präsident. Das war für mich wichtig. Und gleichzeitig passierten ganz andere Dinge. Denn wenn ich den Ball nicht abgespielt habe, war ich sofort der „LENOR", „der leibeigene Ni***r ohne Rechte". Die Perversion der Leute kennt keine Grenzen. Jede Drecksfolge „Fackeln im Sturm" mit diesem Patrick Swayze war die Hölle.

Was bedeutet es für dich hier in Deutschland eine Schwarze Stimme zu sein?

Ich ärgere mich sehr darüber, dass ich immer noch ein Sprachrohr sein muss. Das ist viel zu groß für einen Artist. Diese Rolle kostet mich unglaublich viel Energie. Ich muss für jede Äußerung bezahlen. Wo ist die große, sichtbare Dachorganisation von schwarzen Menschen in Deutschland, die das übernimmt? Die *ISD* (Initiative Schwarzer Menschen in Deutschland) ist nicht sichtbar für uns. Wenn ich junge schwarze Menschen frage und die wissen nicht, was die *ISD* ist, dann stimmt etwas nicht. Es muss viel mehr passieren. Die *ISD* muss auch eine Stimme sein für die Kids von der Straße, die in den Blocks groß werden. Es kann doch nicht sein, dass Leute wie Afrob oder Megaloh diese Aufgabe übernehmen müssen.

Wie hast du als Rapper die Situation nach 2000 erlebt, als Aggro Berlin immer erfolgreicher wurden?

Ganz unterschiedlich. Zum einen gab es Sido, von dem auch Wertschätzung kam, weil er einfach wusste, dass es eine Geschichte vor ihm gab, und die hat der auch respektiert. Und die anderen hatten eher die Attitude: Jetzt sind wir da! Scheiß auf das, was vorher war. Zu dieser Zeit haben einige MOR-Rapper (Masters Of Rap) das N-Wort gedroppt. Das haben wir damals selbst geregelt, da haben uns keine Medien geholfen. Wir haben klargestellt: Das geht nicht, und die haben das akzeptiert. Das war unsere Errungenschaft. Erst vor kurzem habe ich B-Tight in Hamburg getroffen, und wir haben über das Thema gesprochen. Für mich war die N-Wort-Nummer immer ein No-Go. B-Tight hat mir erklärt, warum es für ihn damals in seiner Situation wichtig war, das zu machen. Ich werde das nicht bewerten, ich steckte ja nicht in seiner Haut und in seinem Umfeld. Ich bin mir sicher, dass er das heute nicht noch einmal machen würde. Die Situation in HipHop-Deutschland hat sich dann grundlegend geändert, als die Frankfurter Jungs an den Start kamen. Hafti und so, das war Abi-Style, die wussten Bescheid und haben Respekt gegeben. Als ich einmal auf einem Festival in Frankfurt in den Backstage kam, saßen da jede Menge Frankfurter OGs, und die sind aufgestanden, als ich reinkam – aus Höflichkeit. Das war insgesamt eine gute Zeit – auch in Deutschland.

Du hast dann selbst für einige Zeit im Märkischen Viertel in Berlin gelebt.

Nach der Trennung von meiner Partnerin brauchte ich dringend eine Wohnung. Ich habe dann tatsächlich einige Zeit in Berlin auf der Straße gelebt, bevor ich im MV eine Wohnung gefunden habe. Ich habe im Märkischen Viertel viel erlebt und viel gelernt. Die Menschen sind bitterarm, du sieht 15-jährige Teenagermütter und Leute, denen es wirklich sehr schlecht geht. Und gleichzeitig haben die nicht ihr Mitgefühl und ihre Solidarität verloren. Das Vertrauen in die Menschen stand dort für mich nie in Frage. Im MV hatte ich eine gute Zeit. Ich war drei Jahre dort, hab' mit den Leuten gechillt, meine Videos gedreht und habe mich korrekt verhalten. Für mich war das Märkische Viertel ein sicherer Platz. Ich kenne das ja, ich habe lange in Blocks gelebt. Da leben alle, die armen Deutschen, die armen Migranten. Dann bin ich nach und nach zurück ins Musikgeschäft gekommen. Das war wie eine Wiedergeburt. Der Moment, an dem mir klar war, dass ich auf jeden Fall weiter Musik machen möchte, war der Auftritt auf dem splash! mit Max Herre. Da haben wir „Reimemonster" performt, und alle sind durchgedreht. So viele Hands Up habe ich noch nie gesehen. Das deutsche Publikum ist ein sehr treues Publikum. Die vergessen ihre alten Stars nicht.

Was hat sich dann verändert?

Seit der so genannten „Flüchtlingskrise" ist mein Leben ein anderes. Ab 2015 hatte ich das Gefühl, als ob ich vorher nicht existiert hätte. Alle Errungenschaften, alle erfolgreichen Kämpfe – es wurde alles auf Null gesetzt. Deshalb habe ich „Flüchtling4Life" geschrieben. Es sind jetzt nicht mehr nur weiße Deutsche, die so denken. Es sind auch viele so genannte Ausländer, die sich nach rechts wenden und AfD wählen. Das hat auch damit zu tun, dass einige Geflüchtete hier eine Menge Scheiße gebaut haben.

Und natürlich steht von 100% dann das eine Prozent im Fokus, das sich so verhält. Wenn der deutsche Polizist mich sieht, differenziert der nicht. Das machen die Leute sowieso nicht. Plötzlich war für alle sofort klar: Der ist nicht von hier. Ich bin der schwarze dark-skinned Dude, die personifizierte Bedrohung. Die rassistische Wahrnehmung von schwarzen Frauen oder von light-skinned Schwarzen ist ja nochmal was ganz anderes. Samy und Denyo wissen, dass es was anderes ist, wenn sie mit mir unterwegs sind. „Fremd im eigenen Land"? Der Titel von Advanced Chemistry von 1992 gilt für mich immer noch: „All das Gerede vom europäischen Zusammenschluss / Fahr ich zur Grenze mit dem Zug oder einem Bus / Frag' ich mich, warum ich der Einzige bin, der sich ausweisen muss." Mein Optimismus ist dahin. Und ich frage mich ernsthaft, ob schwarze Menschen in Europa noch eine Zukunft haben. Repatriation, Marcus Garvey, das ist mein Film gerade. Was ich mir vorstellen könnte: Ein Forum aller Panafrikanisten in Brüssel, die für unsere Rechte eintreten. Sonst machen die mit uns weiter, was sie wollen. This is dangerous, und die Grenzen verschieben sich. Du hast ein Landesverfassungsgericht in Mecklenburg-Vorpommern, das es seinen Parlamentariern erlaubt, uns mit dem N-Wort anzusprechen. Wie bitte? Ein Gericht legitimiert psychischen Terror gegen Minderheiten? Gibt es eine Nummer von den Alliierten? Ich will da anrufen! Bei den anderen Minderheiten gibt es inzwischen wenigstens ein Bewusstsein dafür, dass die eine gemeinsame Geschichte mit den Deutschen haben. Bei den Türken wissen die Deutschen: Die haben wir zum Arbeiten geholt, deshalb sind die hier. Aber für schwarze Geschichte in Deutschland gibt es kein Bewusstsein.

Gibt es noch Dinge, die dir Hoffnung machen?

Natürlich liebe ich dieses Land auch. Ich bin aus Eritrea geflohen, in Italien und in Braunschweig groß geworden, dann mit acht Jahren nach Stuttgart gezogen. Dort bin ich gelandet wie Alien on Planet Earth. Ich stand in der Klasse, meine Lehrerin beugte sich zu mir herunter und fragte mich ein paar Dinge. Ich beantwortete alles in reinstem Hochdeutsch – ich kam ja aus Braunschweig. Dann drehte sich meine Lehrerin, eine waschechte Schwäbin, zufrieden um und verkündete der Klasse: „Kinder, des isch aschtreines Deutsch!" Viele sprechen rückblickend schlecht über ihre Lehrer. Meine Lehrer haben mich beschützt, die haben mein Leben gerettet. Ich hatte gute Lehrer. Die sind zu mir nach Hause gekommen, die haben mich an der Schule gehalten, obwohl ich viel Mist gebaut habe. Ich bin viele Jahre später zu meiner Schule gegangen und habe mich bedankt.

Wie ist dein Verhältnis zu Deutschland heute?

Ich liebe mein Land. Ich bin hierhergekommen und aufgewachsen. Ich bin ein Kind der Sozialhilfe. Ich bin Rapstar geworden. Meine Fans sind zu 90% weiße Menschen. I love my country, und vielleicht ist deshalb die Enttäuschung auch so groß. Auch unter den Nichtdeutschen gibt es Hierarchien. Das ist nichts Neues, diese Diskussionen gab es schon bei Brothers Keepers. Ich rede noch nicht mal von Colorism. Ich rede von Erfahrungen aus dem Ausländeramt. Ich bin mit dem Schicksal dieses Landes verbandelt. Was Deutschland zustößt, das stößt auch mir zu.

MELISSA KOLUKISAGIL

Kollektive und Korrektive

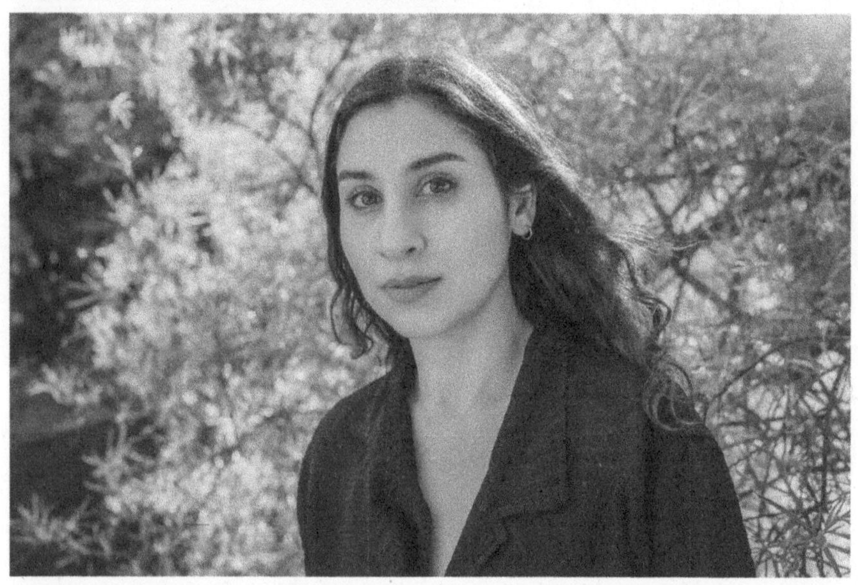

„Wir brauchen Orte, an denen wir Kraft tanken"

Melissa Kolukisagil ist seit mehreren Jahren in der Berliner Clubkultur aktiv. 2019 konzipierte sie das Festival İÇ İÇE. Wir sprachen mit ihr über ihre Arbeit, Identitätsfragen und das Potenzial einer hybriden anatolischen Musikkultur.

Murat und Hannes: *Du kommst aus dem Schwarzwald und bist in einer so genannten Gastarbeiterfamilie aufgewachsen. In deiner Jugend hast du mit Metal rebelliert. Das ist eher ungewöhnlich. Wie kam das?*

Melissa Kolukisagil: Ich habe sehr unter dem vielfaltsfeindlichen Umfeld in Baden-Württemberg gelitten. Bei uns zu Hause lief ständig Musik. Meine Mutter sang an der Nähmaschine, und über das türkische Kabelfernsehen empfingen wir die neuesten Hits aus der Türkei. Fast jede Woche fuhren wir zwanzig Kilometer, um die neusten Musikkassetten zu kaufen. Mit 14 oder 15 Jahren begann ich, Metal zu hören, wahrscheinlich um zu rebellieren. Es war ein Protest sowohl gegen den *weißen*, bürgerlichen Katholizismus als auch gegen die Enge der türkisch/kurdischen Community. Diese Zugehörigkeit zur Metalszene führte zu einer Entfremdung von meiner Familie und ihrer Kultur. Es war in Baden-Württemberg nicht „cool", türkeistämmig zu sein. Irgendwann hatte ich die fehlende Wertschätzung der Kultur meiner Eltern übernommen und aufgehört, Türkisch zu sprechen und anatolisch geprägte Musik zu hören. Meine Familie erinnert mich an den Roman „Unser Deutschlandmärchen" von Dinçer Güçyeter. Die Frauen in meiner Familie rackerten sich ab, ohne sich auf die Männer verlassen zu können. Am Ende mussten die Mütter alles alleine stemmen. Dieses Bild von Weiblichkeit prägt mich bis heute.

Du hast die Angebote der Zugehörigkeit zunächst in der Metalszene und nicht im HipHop gefunden. Wie erklärst du dir das?

Damals wäre mir HipHop zu erwartbar gewesen. Über Nirvana und Korn landete ich bald in der Metalszene, wo sich viele Freaks und unangepasste Leute rumtrieben. Sicher, HipHop ist auch Protestmusik, aber ich wollte es mir nicht zu einfach machen. Denn wenn es so etwas wie „Kanakisch" gab, dann war es im HipHop akzeptiert. Letztendlich wollte ich mit Stereotypen brechen. Das ist mir bis heute wichtig. Als ich nach Berlin-Neukölln zog, kam ich wieder in Kontakt mit der türkischen Sprache, der Musik und den Hochzeit-Konvois auf der Straße. Das berührte mich. Doch ich fragte mich, wie ich mich damit verbinden könnte. Denn mittlerweile war ich Akademikerin, und das war mein Zugang zu Neukölln. Ich wohnte mit *weißen* Jungs in einer WG und war damit Teil der Gentrifizierung. Ich war vielleicht die *weißeste* Version meiner selbst und spürte, dass etwas in meinem Leben fehlte. Als ich in der Berliner Technoszene unterwegs war – mittlerweile arbeitete ich als Bookerin und Veranstalterin – hörte ich 2018 einen Song, der viel in mir auslöste. Es war ein Edit von Özdemir Erdoğan und seinem Song „Gurbet", das von einem französischen Produzenten mit elektronischer Musik geremixt wurde. Ich stand in einem dieser Clubs, und es traf mich ins Mark. Da erkannte ich, dass diese Musik und Geschichten auch außerhalb der Community-Hochzeiten stattfinden kann, die ich schon lange nicht mehr besuchte. Sie konnte auch in den Räumen stattfinden, in denen ich mich damals bewegte. Als ich dann noch Derya Yildirim und Grup Şimşek auf dem Fusion Festival sah, dachte ich, da ist etwas in Bewegung. Zu der Zeit lief auf jeder WG-Party Anadolu Rock von Altın Gün. Für mich eröffneten sich damit Räume und Möglichkeiten, die Musik von früher in meine Gegenwart zu übertragen.

Wann entstand daraus die Idee, ein eigenes Festival zu entwickeln?

Ende 2019 sah ich einen Aufruf zur Einreichung von Konzepten für eine Festivalförderung in Berlin. Ohne zu wissen, wie das überhaupt geht, entschied ich mich, ein Konzept einzureichen. In meiner Festivalidee ging es darum, allen meinen teilweise unterdrückten Anteilen Raum zu geben und sie miteinander tanzen zu lassen. Innerhalb von zehn Minuten hatte dieses Konzept seinen Namen: „İÇ İÇE“, das heißt miteinander verflochten. Für mich als weiblich gelesene Person aus einer migrantischen Arbeiter:innen-Familie war das ein bedeutender Moment. Ich fühlte mich weder wie eine Entrepreneurin, noch hatte ich zunächst die nötigen Kontakte, um ein migrantisch zentriertes Festival aufzubauen. Zudem zweifelte ich daran, ob ich überhaupt ernst genommen werde.

Kannst du die politische Dimension des İÇ İÇE Festivals beschreiben?

Es wirbt Kulturförderung, also unsere Steuergelder, ein, um einen Raum zu schaffen, der anatolische Musikkultur als Teil der deutschen Musikgeschichte feiert. Nach über 60 Jahren Migration gibt es immer noch zu wenige solcher Räume abseits von Hochzeitssälen. Früher gab es Gazino-Strukturen, aber diese existierten nur in Großstädten. In der Provinz fühlte man sich allein mit seinen Musikkassetten. Die anatolische Musikkultur gehört definitiv hierher. Teilweise ist sie mit Musiker:innen wie Cem Karaca und Ozan Ata Canani hier entstanden. Canani war 2022 unser Festival-Headliner und hat mit seinen Geschichten viele Menschen berührt. Auf dem Festival waren auch Second-Waver aus der Türkei, die erst bei Canani verstanden, was Arbeitsmigrant:innen hier erlebt haben. Das war ein verbindender Moment. Eigentlich wollten wir das Festival schon 2020 starten. Doch einen Tag vor dem Ticketverkaufsstart passierte der rechtsterroristische Anschlag in Hanau. Es war schmerzhaft zu sehen, wie Deutschland damit umging, und dass am nächsten Tag Karneval gefeiert wurde. Deshalb legten wir das Festival zunächst auf Eis. Es fühlte sich nicht richtig an, es in dieser Zeit zu veranstalten. Es war eine Zeit des Rückzugs.

Was war der Grund, nach dem Ereignis in Hanau doch zu sagen, jetzt kann ich dieses Festival machen?

Ich erinnere mich, dass wir nach einiger Zeit einen Post absetzten mit der Haltung: Jetzt erst recht. Allem zum Trotz. Allerdings hatte sich verändert, für wen ich dieses Festival mache. Davor war es mir wichtig, dass auch *weiße* Menschen kommen und sehen, was sie bisher verpasst haben. Von da an hatte Priorität, dass „unsere Leute“ einen sicheren Ort haben, wo sie sich nicht erklären müssen. Letztendlich ist dieses Approval der *weißen* Dominanzgesellschaft nicht mehr wichtig, wenn man am Ende trotzdem hängen gelassen wird. Dann kam die Pandemie, und ich hatte Zeit Mitstreiter:innen zu finden und auch das politische Profil des Festivals weiterzuentwickeln. Auch der deutsche Umgang mit dem Krieg in Gaza war für mich ein Moment, in dem sich der institutionelle Rassismus sehr deutlich zeigte. Es fühlte sich besonders in der Zeit nach dem 7. Oktober wieder nicht richtig an, dieses Festival zu machen. Das waren große Entfremdungsmomente, in denen fast nichts mehr Sinn machte. Doch aus den Communities kam die Forderung: Wir brauchen Orte wie İÇ İÇE. Daraus schöpften wir letztlich die Kraft.

Dient diese Form des Rückzugs einer Selbstvergewisserung innerhalb der eigenen Community?

Es hat eine enorme Wichtigkeit, Orte zu haben, in denen wir Kraft tanken können. Denn wir brauchen diese Kraft für die täglichen Kämpfe. Ein Ort der Migrationsgesellschaft, wo nicht immer und immer wieder in Frage gestellt wird, wer zu diesem Land dazugehört. Wir müssen jede einzelne Zelle erhalten, die uns an erste Stelle setzt, auch als Korrektiv. Wir brauchen diese Orte, um Hoffnung zu schöpfen. Es geht um das Verbinden mit sich selbst und den anderen. Auch geht es schlichtweg um Wertschätzung, die sich kollektiv gegenseitig entgegengebracht wird.

Wie blickst du aus deiner Generation auf Künstler:innen wie Metin Türköz, Ozan Ata Canani oder Cem Karaca?

Ich finde es wahnsinnig berührend, diese Songs, die in Deutschland entstanden sind, zu hören. In den Texten, die Sehnsucht und Zerrissenheit behandeln, stecken Erfahrungen von Alltagsrassismus. Für mich sind das Zeitdokumente. Zu Zeiten von Ozan Ata Canani in den 70er Jahren gab es keine Anerkennung dafür, deswegen sind die ersten Tapes auch für lange Zeit verloren gegangen. Nun ist es unsere Verantwortung, darauf aufzupassen, dass diese Schätze nicht noch einmal verloren gehen. Das İÇ İÇE Festival baut auf den Geschichten dieser Menschen auf. Wir wollen die Wertschätzung all diesen Menschen und ihren Geschichten zurückgeben und weitertragen.

Es kommen auch viele Almans zu deinem Festival. Was glaubst du, wie sie mit deinem Festival und den Menschen dort connecten?

Es wäre interessant, das Festival aus einem *weißen* Blick heraus zu betrachten. Ich glaube, niemand kann sich dieser Energie entziehen, wenn sich 1.000 Kanakz wohlfühlen. Das ist einfach krass. Gleichzeitig ist es auch ein Festival, aus dem viele verschiedene Menschen etwas mitnehmen können, da z.B. viele unterschiedliche Genres stattfinden und dadurch verschiedene Repräsentationen geschaffen werden. Es geht um das Aufbrechen von Stereotypen, nicht nur um zu zeigen, wie vielfältig anatolische Musik klingen kann, sondern auch für uns, um uns selbst mehr Rollen und Zugehörigkeiten zu erlauben. Dass wir zum Beispiel migrantisch und queer sein dürfen. Das Festival heißt auch Festival für neue anatolische Musik, da es eine Region in den Mittelpunkt stellt, in der schon immer viele Einflüsse zusammenkamen und Neues entstanden ist. Uns interessiert, was passiert, wenn diese anatolischen Musikstile hier auf Menschen der zweiten und dritten Generation treffen und Musiktraditionen von Musiker:innen dieser Generationen zeitgenössisch aufbereitet werden. Wir wollen damit neue Bezüge herstellen und den hybriden Kern betonen.

Du lebst in Neukölln. Einerseits leben dort queere Migrant:nnen, andererseits auch konservative. Kommen die auch zu deinem Festival?

Es hängt davon ab. Mit unserem Pre-Event „Biz Bize“, das in einem öffentlichen Park in Neukölln stattfindet, versuchen wir stets, die Nachbarschaft anzusprechen und Brücken zu bauen. Die Anwohner:innen sind oft gerührt, weil sie sonst selten in den Park kommen, da sie sich durch die dortigen Aktivitäten nicht angesprochen fühlen. Letztes Jahr haben wir dafür Zeyneb Avci eingeladen, die seit ihrem Auftritt bei „The Voice of Germany“ vielen bekannt ist. Für all unsere Events ist es uns wichtig, von Anfang an Awareness- und Sicherheitskonzepte mitzudenken. Unsere Haltung ist von Intersektionalität geprägt. Wir sind uns bewusst, dass es Menschen gibt, die von mehrfacher Diskriminierung betroffen sind, und dass unsere Migrationserfahrungen unterschiedlich sind. Wir sehen es als unsere besondere Verantwortung an, einen Schutzraum für all jene zu bieten, die im anatolischen Raum Repressionen ausgesetzt sind. Diese Erfahrungen der Ausgrenzung werden oft in der Diaspora reproduziert, und dem wollen wir entschlossen entgegentreten. Wie in anderen kulturellen Kontexten gibt es auch in den anatolischen Kulturen Symbole, Nationalflaggen, Figuren und Sprachgebräuche, die als Mittel der Unterdrückung verschiedener Gruppen genutzt werden, darunter Kurd:innen, Alevit:innen, Jüd:innen, Griech:innen, Armenier:innen und Queers. Unser Festival setzt sich aktiv dafür ein, diese Unterdrückungsmechanismen sichtbar zu machen und zu überwinden.

ENGIN

Späte Idole und eine neue Bewegung

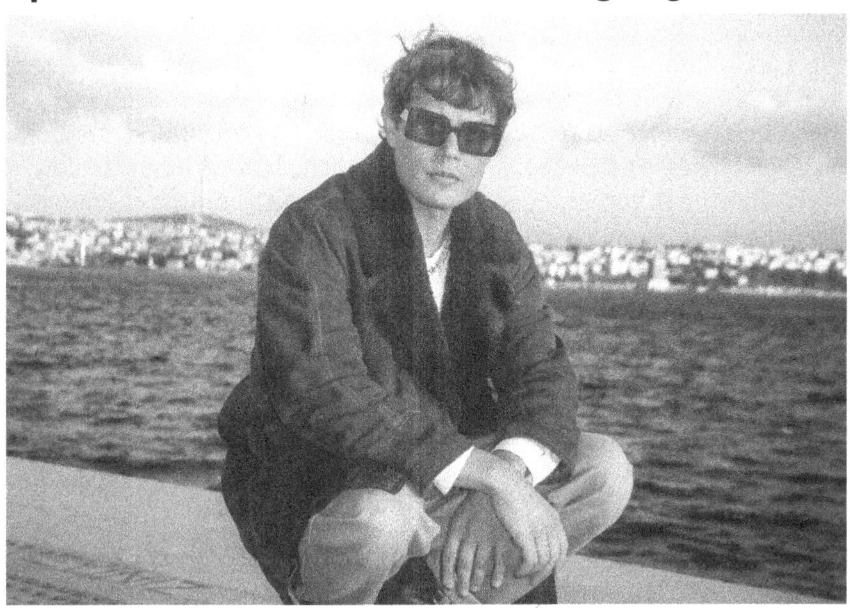

„Anadolu Rock ist unverbraucht"

Engin aus Mannheim remixen Anadolu Rock mit Indierock. Damit spielt die Band aus Mannheim, die den Namen ihres Sängers trägt, mittlerweile vor ausverkauften Häusern bis nach Istanbul. Hier wird die E-Gitarre wie eine Saz gespielt, türkische Texte wechseln sich mit deutschen Texten ab, und legendäre Songs der anatolischen Psychedelik erklingen im neuen Gewand. Ein Gespräch über spät entdeckte Heimatliebe, Cem Karaca als Inspiration und eine neue postmigrantische Community.

Murat und Hannes: *Woher kommt dein Interesse für Anadolu Rock, einen Sound, der in den 1970er Jahren in der Türkei entstand?*

Engin: Ich habe mich schon sehr früh für die Rockmusik der 60er und 70er Jahre aus den USA und England begeistert. Türkische Musik spielte zunächst keine Rolle für mich, außer dass mein Vater türkische Musik hörte. Allerdings war das bei ihm nicht Anadolu Rock, sondern alte Kassetten und CDs der Sanat Müziği, also der klassischen türkischen Musik, mit Vertretern wie Zeki Müren. Ich fragte ihn dann immer: Baba, was hörst du denn für Sachen? Für mich war diese Musik als Kind noch sehr weit weg, da ich zu jener Zeit Red Hot Chili Peppers oder später The Clash hörte, da gab es keine Brücken. Für mich kam der Stein erst 2020 ins Rollen, als ich anfing Musik zu studieren. In dieser Phase entdeckte ich den Song „Resimdeki Gözyaşları" („Die Tränen auf dem Bild") von Cem Karaca aus dem Jahr 1968. Ein krasser Song mit einer Mischung aus Chanson, amerikanischem Soul und diese unglaublich wuchtige Stimme. Textlich verstand ich nicht so viel, doch der Song zog mich an. Und als ich merkte, dass mich dieser Song emotional so sehr berührte, erkannte ich, dass ich unglaublich viel türkische Musik verpasst haben musste. Das war für mich ein musikalischer wie auch biografischer Wendepunkt. Ich grub mich tiefer in das Genre hinein und stieß auf Künstler wie Erkin Koray, Barış Manço, Selda Bağcan sowie aktuelle Künstler:innen wie z.B. Gaye Su Akyol aus Istanbul, die diese Fäden neu aufgriffen und weitertrugen. Diese Musik war für mich der Zugang zur türkischen Kultur, bei der ich so viel Innovation und Neues mit der Kombination aus Folklore und Rock der 60er und 70er Jahre aus der Türkei fand, so dass für mich neue kulturelle Räume aufgingen, mit denen ich connecten konnte.

Kannst du uns etwas von deiner Familie erzählen?

Meine Großeltern kamen als Gastarbeiter in den 60er Jahren nach Deutschland und holten später meinen Vater als Kind zu sich, der bis zur zweiten Klasse in der Türkei zur Grundschule ging. Er kam, ohne ein Wort Deutsch sprechen zu können. Integrationshilfen gab es keine für ihn. Allerdings kamen meine Großeltern nicht aus rein finanziellen Gründen, sondern weil meine Tante hier eine bessere medizinische Versorgung bekommen sollte. Mein Opa war Saz-Bauer (türkische Langhalslaute, Anm. M+H) in Istanbul, und meine Oma war kurz davor zu studieren. Mein Opa war kunstaffin und westlich geprägt. Seine Kompetenzen als Saz-Bauer und sein Interesse für Kunst spielten in Deutschland als Fabrikarbeiter keine Rolle mehr. Das war dann zu hundert Prozent Gastarbeiterstyle in der Fabrik. Mein Vater lernte als 17-Jähriger meine Mutter kennen. Ich kam 1993 in Bretten bei Karlsruhe zur Welt. Ich stamme aus einer binationalen Familie. Aus den Erzählungen meiner Eltern hörte ich beim Eintritt in den Kindergarten auf, Türkisch zu sprechen. Mein Türkisch ist auch eher shaky, obwohl mein Vater mit mir auch Türkisch sprach, doch unser Umfeld war wenig türkisch geprägt. Meine Mutter kann zwar auch türkisch, doch zuhause sprachen wir eher deutsch.

Wie würdest du dein Verhältnis zum Türkischen beschreiben?

Ich bin gar nicht in einer türkischen Community aufgewachsen. Wir waren selten auf großen türkischen Events wie z.B. Hochzeiten. Und mit dem Wechsel aufs Gymnasium hatte ich wenige türkische Freunde. Doch mit meinem Namen und meiner Optik war das dann immer etwas Anderes. Es gab dann Sachen wie: Ey, woher kommt denn dein Name, du siehst ja gar nicht aus wie ein Türke. Genauso wurde ich von den türkischen Jungs in meiner Nachbarschaft auch nicht voll angenommen. Das Witzige ist, dass die türkische Seite meiner Familie blond und blauäugig ist, während meine deutsche Mutter schwarze Haare und braune Augen hat. Von daher sehe ich streng genommen voll türkisch aus. Wobei das ganze Thema unsäglich stereotyp beladen ist. Aber irgendwie scheint das den Menschen bis heute wichtig zu sein – nicht nur in Deutschland.

Heute knüpfst du an Anadolu Rock an. Was ist euer Ansatz dabei?

Unser Ansatz ist, dass wir eine Gewohnheit etablieren wollen, damit sie einen Raum bekommt. Und vielleicht braucht dieser Ansatz noch ein paar Jahre. DJ Burakete aus Köln beschreibt, dass die Leute in den 90er und 2000ern nicht mal wussten, wie sie auf diese Musik überhaupt tanzen sollten, die kapierten die Rhythmen gar nicht. Und heutzutage gibt es Gruppen wie Altın Gün, die unglaublich erfolgreich auch bei einem deutschen Publikum sind. Das liegt daran, dass der Sound und auch die Sprache geläufiger werden und vielleicht auch, dass dies nicht nur mit Straße konnotiert wird, dadurch auch in einem anderen Kontext stattfinden kann. Ich denke, dass sich dann vieles normalisiert. Anadolu Rock ist hierzulande noch ein unverbrauchter Sound mit großem Zukunftspotenzial.

Welche Musiker:innen waren für dich wichtig, um Anadolu Rock kennenzulernen?

Als ich zu diesem Genre anfing zu recherchieren, fand ich heraus, dass Cem Karaca, einer der Begründer des Sounds, in Deutschland im Exil lebte und ihm damals seine türkische Staatsbürgerschaft aberkannt wurde. Karaca war sozialkritisch und solidarisierte sich mit der Arbeiterschaft wie z.B. bei dem Song „Tamirci Çırağı“ („Handwerksgeselle“). Der Song war den Arbeitern und ihren Problemen gewidmet, im Mittelpunkt stand eine Liebesgeschichte über sozialen Grenzen hinweg. Für Karaca war es nur folgerichtig, dass er bei den Problemen in Deutschland den Finger in die Wunde legte und auch auf Deutsch sang, um hier wahrgenommen zu werden. Bei dem Album „Die Kanaken“ von 1984 gibt es einen Optimismus und eine Hoffnung, dass es mal die Kinder besser haben sollten, das kommt vor allem bei dem Song „Mein deutscher Freund“ zum Ausdruck. Er hatte einen coolen Weitblick. Und dass er dies dann mit seinem krassen türkischen Akzent auf Deutsch sang und seine Haltung und seinen Style in diese Songs presste, und die Wucht und Dringlichkeit hinter diesen Songs – das haute mich um. Das ist eine große Inspirationsquelle und ein Grund, warum über Cem Karaca heutzutage immer noch gesprochen wird.

Siehst du dich auch in der Tradition von Metin Türköz oder Ozan Ata Canani?

Metin Türköz entdeckte ich erst durch die großartige Dokumentation „Liebe, D-Mark und Tod" von Cem Kaya. Der Film gab mir eine musikalische Heimat, als ich sah, dass die Menschen, die als Gastarbeiter kamen, sofort anfingen mit ihrer Saz das Leben in Deutschland zu verarbeiten. Es gab mir auch eine Stabilität in meiner Haltung, da ich sah, dass es ein natürlicher Prozess war, Genregrenzen aufzubrechen. Es war zwar Musik aus der Nische, die aber nicht dort hingehörte, sondern in die Mitte der Gesellschaft. Im Zuge dessen stieß ich auch auf Ozan Ata Canani und dachte mir nur: Ey, krass, was da alles ging. Das war die erste Riege von Menschen, die mit ihrer Saz kamen. Als ich mich auf den Weg mit meinen türkisch/deutschen Songtexten machte, war mir das alles nicht bewusst. Um so mehr haute mich das um, als ich herausfand, dass meine Auseinandersetzung einen krassen musikalischen Unterbau hatte, der nicht mit Rap anfing und schon sehr groß war. Das hat mir eine Ruhe und Bestätigung gegeben, da wir diesen deutsch/türkischen Sound in den Indie-Bereich bringen wollen, der noch sehr bürgerlich und gleichförmig ist.

Wie sind die Reaktionen auf euren Mix aus Anadolu Rock und Indie?

Gerade bei jüngeren Menschen erlebe ich eine größere Offenheit und Wertschätzung anderen Musikstilen gegenüber, das merkt man bei Anadolu Rock oder auch bei westafrikanischen Afropop, der immer mehr Menschen begeistert. Die Zugänge zur Musik haben sich vereinfacht, und gleichzeitig gibt es Communitys im Umfeld, die einen Raum dafür bekommen. Wir wollen ein Teil davon sein, dass dieser geile Sound in der Breite wahrgenommen wird. Es gibt sowieso schon genug Spaltung in der Welt. Musik schafft es immer noch, Brücken zwischen Menschen zu bauen, und gibt uns Hoffnung, dem etwas Verbindendes entgegensetzen zu können.

DINÇER GÜÇYETER

Lyrisches Ich und Rapper-Ego

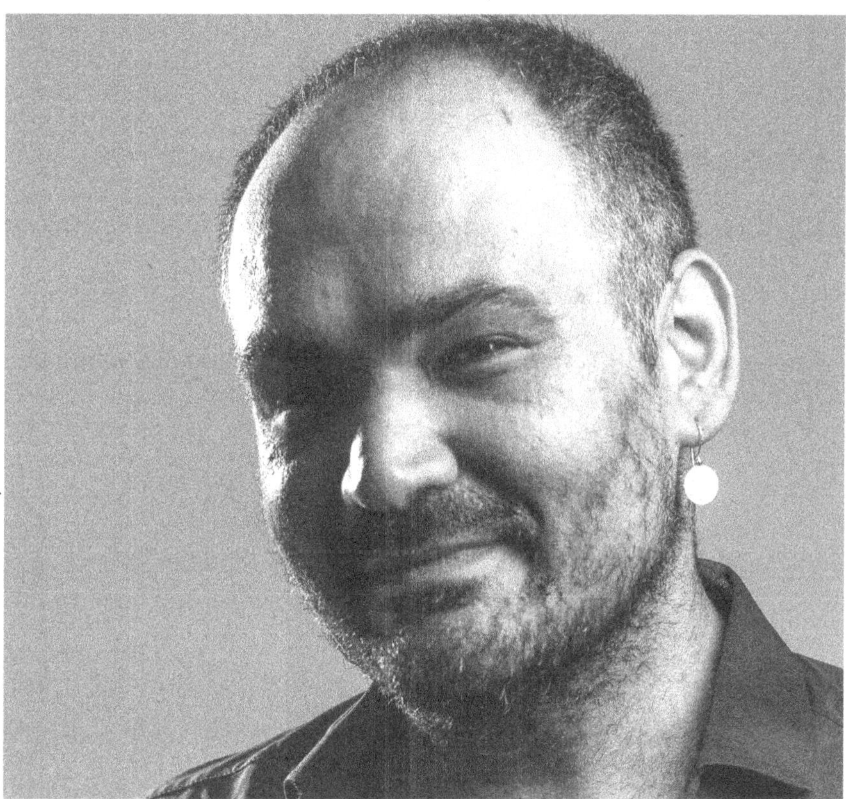

„Ich möchte Lyrik verfassen wie Rapper im Hinterhof"

Schriftsteller, Lyriker und Verleger – Dinçer Güçyeter ist eine der großen Stimmen der Literatur in Deutschland. Sein Roman „Unser Deutschlandmärchen" wurde mit dem Leipziger Buchpreis 2023 ausgezeichnet. Darin verwebt er eine hybride Art des Erzählens mit autobiografischen Geschichten aus der Migration. Wir sprachen mit ihm über sein literarisches Schaffen, seinen Blick auf die „Gastarbeiterliteratur" und seine Wertschätzung von Rap als Kunst der Direktheit.

Murat & Hannes: *Wie bist du zum Schreiben gekommen?*

Dinçer Güçyeter: Als ich noch ein Kind war, lief ständig Musik in der Gaststätte meines Vaters. Die Musik durfte ich aussuchen. Damals war mein Ziel, Liedtexte zu verfassen. Zur Literatur und Lyrik hatte ich noch keinen Zugang. Als Jugendlicher las ich die Lyrik von Nazim Hikmet und später auch Else Lasker-Schüler sowie Rainer Maria Rilke. Gerade Else Lasker-Schüler löste in mir ähnliche Gefühle und Bilder aus, wie ich sie aus der türkischsprachigen Musikszene kannte. Es waren emotionale Themen, die ich als Brand in der Seele bezeichne. Das tragende Motiv der türkischsprachigen Musik war die Verlorenheit der Seele, die ich auch in der deutschen Lyrik empfand. Hier erkannte ich, dass ich meine Empfindungen auch in der deutschen Sprache auszudrücken vermag.

Welchen Brand gab es in deiner Seele?

Es ist das Schweigen, das zu meinem Brand führte. Dieses Schweigen und die Einsamkeit gab es in fast jeder migrantischen Familie. Man konnte, wollte oder durfte nicht über sein eigenes Begehren sprechen. Es war die Scham, die das Begehren, die Empfindungen und die Wünsche verdrängte. Mein Brand loderte für die Anerkennung. In meinem Leben gibt es eine Leere, die meine Mutter in mir auslöste. Für meine Mutter war meine Rolle als Schriftsteller eine Enttäuschung, da sie Lohnarbeit für mich bevorzugte. Demgegenüber war mein Vater derjenige, der mich ermutigte zu schreiben. Und er ist derjenige, der dies nicht erleben durfte und damit eine neue Leere in mir aufriss.

Welche Bedeutung hat der Titel „Unser Deutschlandmärchen“?

Ursprünglich sollte das Buch „Das Deutschlandmärchen meiner Mutter“ heißen. Doch in der Überarbeitung empfand ich, dass es nicht nur meine Mutter, Fatma, gab, sondern viele Protagonisten. Es waren auch die Frauen, die im Bordell meines Onkels arbeiteten. Die Stammgäste in der Gaststätte meines Vaters. Sie waren es, die mich prägten, und über die ich in „Unser Deutschlandmärchen“ erzählte. Bei Friedrich Hölderin und seiner Verlorenheit empfinde ich eine Beziehung zu meinem Buch. Es war das Entwurzelte von Hölderin, was mich berührte.

Du hast für deinen Roman den Leipziger Buchpreis erhalten und bekommst nun die Anerkennung, nach der du dich gesehnt hast. Haben sich deine Wünsche erfüllt?

In früheren Interviews erwähnte ich, dass die deutsche Literatur etwas Magisches hätte. Dies waren Momente, wo man sich besonders intellektuell gab. Doch ehrlich war ich erst vor einigen Jahren, als ich sagte, dass ich Aufmerksamkeit wollte. Es hätte in meinem Leben auch andere Wege geben können, um diese Aufmerksamkeit zu erlangen. Es war die Sehnsucht nach dem Glamourösen, die mich antrieb. Allerdings waren die ersten zwanzig Jahre reine Imitationen des Vorhandenen. Der Wendepunkt geschah im Alter von 32 Jahren, als ich Vater wurde und dadurch meine Stimme fand.

Was macht das heute mit dir?

Ich bin müde. Für mich beginnt nun ein neues Kapitel. Die Frage, die mich dabei leitet, ist: War es das nun? Hier ist die Antwort: Ja, das war es! Der Prozess, der mich nun beschäftigt, ist, wie ich meine Glaubwürdigkeit auch in andere Textformate übertragen könnte. Die Angst, dass ich in Zukunft scheitern könnte, habe ich nicht.

Diese Bühne der Anerkennung hätte dich auch zur HipHop-Kultur führen können.

Ich mochte immer HipHop. Als ich die HipHop-Gruppe Cartel zum ersten Mal hörte, war es wie bei den Büchern von Emine Sevgi Özdamar und den Gedichten von Aras Ören. Ich war glücklich über diese Band, da es mir das Gefühl gab, dass es meine Leute sind. Und sie erzählten unsere Geschichten. Auch wäre es mir wichtig, dass Jurymitglieder für Lyrikpreise auch Slampoeten und Rap-Künstler mit einbeziehen. Gerade in diesen Szenen finden mehr lyrische Texte statt als in der eigentlichen Lyrikszene. Heutzutage ist mein Ziel, so schreiben zu können, wie Rap-Künstler, die in Hinterhöfen ihre Lyrik verfassen.

Meinst du Straßenlyrik?

Solche Kategorien oder Schubladen lehne ich ab. Für mich ist entscheidend, ob es einen glaubwürdigen Text gibt. Mir ist egal, ob ein Text Preise gewonnen hat – er muss mich berühren. Es beschäftigt mich sehr, wie junge Menschen Rap-Texte schreiben und produzieren. Mein Ziel ist es, so schnörkellos wie diese jungen Kolleginnen zu schreiben. In meinem Lyrikband „Mein Prinz, ich bin das Ghetto" gibt es auch einen Text, der an Rap angelehnt ist.

Wie siehst du die Trennung des Lyrischen Ich von der realen Person des Autors oder der Autorin?

Ich bin glücklich, dass diese Trennung in der Lyrikszene abnimmt. Jahrelang beschäftigte ich mich mit dieser sterilen Funktion des Lyrischen Ich. Wir führen kein ungeschorenes Leben. Wir tragen unsere Wunden im

Leben. Dieser Aspekt wird in dem formalisierten Schreiben, welches sich in der Trennung zwischen Lyrischem Ich und Autor spiegelt, nicht gerecht. Was soll dieses Lyrische Ich überhaupt sein? Als Person schreibe ich meine Texte und nicht als distanziertes oder abstraktes Lyrisches Ich.

Im Rap findest du selten eine strikte Trennung zwischen Autor:innen und Lyrischem Ich.

Vielleicht war ich schon immer ein Rapper, ohne dass es jemand bemerkte. Als Lyriker will ich nur die Antwort auf die Frage haben: Berührt mich der Text? Alles andere ist nicht relevant. Sicher, Literatur ist auch Handwerk, Disziplin und Ausdauer wie jede andere Kunstform auch. Lyrik nur als Handwerk zu verstehen, reicht nicht. Lyrik funktioniert nur mit der Empfindung – und steht auf dem Boden eines soliden Handwerks. Dieser Punkt macht den Unterschied aus.

Wie ordnest du die so genannte Gastarbeiterliteratur ein?

Diese Literatur hätte einen größeren Einfluss auf die deutsche Literatur haben können. Allerdings hatten diese Autoren oft keine guten Übersetzer und Lektoren. Die Entscheider in den Verlagen sahen nicht das Potenzial dieser Autoren und Stimmen. Einer der ersten Autoren war der heutige 80-jährige Aras Ören. Bekam dieser Schriftsteller die angemessene Anerkennung? Nein. Und auch Emine Sevgi Özdamar wurde erst vor kurzem mit dem Georg-Büchner-Preis geehrt, obwohl sie seit Jahrzehnten veröffentlicht. Bis zu diesem Preis wurde sie nur von einer Minderheit wahrgenommen. Lange Zeit hatte die Mehrheitsgesellschaft keinerlei Interesse an diesen Stimmen, die von einem anderen Leben erzählten. Selbst heutzutage erzählen mir Menschen, dass ihnen diese Welt in meinen Erzählungen fremd sei. Dann denke ich: Wir waren doch eure Nachbarn, wie kann das fremd sein? Hier fehlte die Neugier der Mehrheitsgesellschaft seinen Minderheiten zuzuhören. Demgegenüber sah ich Wolfgang Borchert vor über zwanzig Jahren in Istanbul in kurdischer Sprache als Inszenierung. Obwohl ich kaum Kurdisch konnte, war das für mich bewegend. Eine Zeit lang lebte ich in Istanbul und stellte dort fest, wie offen und neugierig die Jugend in Hinblick auf deutschsprachige Literatur war. Neugier ist die Basis, das Unbekannte auszuleuchten. Dass heutzutage Stimmen wie Fatma Aydemir, Deniz Utlu, Necati Öziri und auch Fikri Anıl Altıntaş gehört werden, könnte der Beginn einer neuen Epoche sein. Wir werden erst in einigen Jahren beantworten können, wie ehrlich dieses Zuhören der Mehrheitsgesellschaft war.

JEANNETTE PETRI

Intersektionale HipHop-Stories

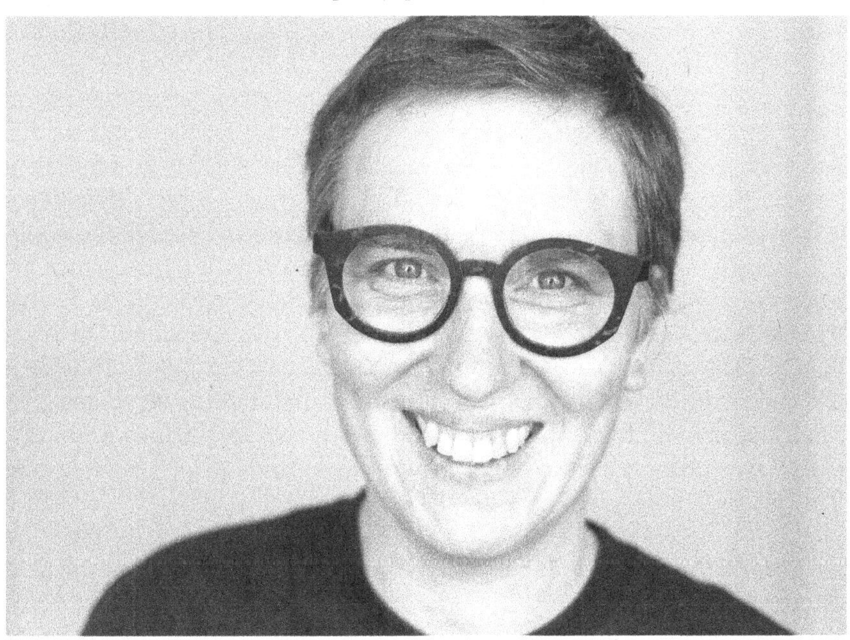

„Die binäre Geschlechterzuschreibung ist ein deutsches Phänomen"

Das feministische HipHop-Magazin *Anattitude* existierte zwischen 2005 und 2014. In dieser Zeit veröffentlichte Jeannette Petri im Alleingang fünf Ausgaben, die in den Städten Brüssel, London, Paris und Frankfurt entstanden. Wir sprachen mit ihr über die Entstehung dieses einzigartigen Magazins im Kontext von internationalen feministischen Netzwerken. Sie positioniert sich als nicht-binär und arbeitet aktuell als freie Fotograf:in.

Murat und Hannes: *Dein Magazin* Anattitude *verknüpfte selbstverständlich HipHop-Journalismus und Gender. Damit hast du in Deutschland bis heute ein Alleinstellungsmerkmal. Wie kam es dazu?*

Jeannette Petri: Es gab einen Schlüsselmoment in meiner Auseinandersetzung mit HipHop. Anfang der 2000er lief beim Bayerischen Rundfunk in der Sendung Zündfunk ein Feature über die Rapper:in Roxanne Shanté. Dieser Beitrag hat mich umgehauen, da Shanté eine unglaubliche Haltung und Power vermittelte. Ebenfalls zu dieser Zeit fing ich mit DJing und dem Plattensammeln an. Bei den Rap-Alben sah ich ein Missverhältnis zwischen Frauen und TINA*Personen (Trans, Inter, Non-Binary und Agender*) und Männern. In meiner Wahrnehmung war HipHop immer eine gleichberechtigte Kultur, in der Menschen aller Geschlechtsidentitäten Platz haben. Dies führte mich in jeder Stadt erstmal in einen Plattenladen, um neue Rap-Alben von Frauen/TINA*Personen zu entdecken. Enttäuscht war ich, dass ich meist nur wenige Alben fand. Meinen Unmut darüber gab ich im Plattenladen zu verstehen. Zeitgleich entwickelte ich das feministische Format „Here's a little story – Women in HipHop Timeline". Gleichzeitig legte ich diese Platten als DJ Jee-Nice auf. Allerdings markierte ich das nicht als Female Rap, sondern für mich war das nur Rap. Umgekehrt heißt es auch nicht Male Rap. Aus diesem Impuls heraus entstand 2005 mein HipHop-Magazin *Anattitude*. Der Titel geht zurück auf die Rapperin Antoinette aus Queens, die 1987 ihre Single „I Got An Attitude" veröffentlichte. Und diese starke Haltung stand auch für mein Magazin. Für mich war das neue intersektionale Geschichtsschreibung, denn das, was man zu jener Zeit in Deutschland über HipHop las, deckte die Realität nicht ab. Es fehlten Frauen/TINA*Personen. Auch hatte ich keine Lust, mir jeden Monat die *Juice* zu kaufen, um zu schauen, ob da eine Frau darin vorkäme. Also erschuf ich das Magazin, was mir fehlte. Das Magazin deckte die Bereiche Rap, Graffiti, Breakdance, DJing, Posing, History, Fotografie/Film und vor allem Frauen/TINA*Personen ab.

Dein Magazin war von Anfang an auf Englisch und Französisch, hochprofessionell gelayoutet, mit spannenden Interviews von Rapper:innen und international aufgestellt. Bekamst du Unterstützung oder Anfragen zur Kooperation?

Von den Verlagen hat sich niemand dafür interessiert. Also habe ich das alleine gestemmt und mich um Fördergelder gekümmert, meine Protagonist:innen recherchiert, interviewt und fotografiert, die Interviews übersetzt, das Magazin gelayoutet, Netzwerke aufgebaut sowie den Druck des Magazins realisiert und mich um die Distribution gekümmert. Am Ende stand das Magazin in den Buch- und Plattenläden in Frankreich, Deutschland, Holland, England und der Schweiz. Zum Glück erkannten einige Kunstfördererungen, wie z.B. die Hessische Kulturstiftung die Bedeutung dieses Projekts. Jedoch gab es keine Anfragen seitens des Mainstream-HipHop-Journalismus über dieses Projekt zu berichten. Ihr seid die Einzigen, die sich aus dem Bereich HipHop dafür interessieren. In meiner Wahrnehmung gab es auch in Belgien, Frankreich und England kein vergleichbares Printmagazin wie *Anattitude*. Zudem freute es mich, dass das Magazin alle interessierte, auch sehr viele cis Männer.

Welche Netzwerke gab es sonst, um HipHop und Gender zu verknüpfen?

In Deutschland gab es 2005 den Blog femalehiphop.net, den Clara Völker und Stefanie Kiwi Menrath betrieben. Als ich das entdeckte, fuhr ich nach Berlin, um sie kennenzulernen. Auch interviewte ich sie für meine erste Ausgabe. Leider war das ein kurzzeitigs Projekt. Darüber kam ich 2007 zu dem Sammelband „female hiphop" von Anjela Schischmanjan und Michaela Wünsch und schrieb zwei queerfeministische Beiträge. Wenn ich heutzutage nochmal ein Magazin herausbrächte, dann wäre es kein reines Frauen/TINA*Personen Magazin mehr. Es wäre ein diverses, internationales HipHop-Magazin. Künstler:innen, die gesellschaftlich etwas verändern wollen, wie z.B. Ebow oder Sir Mantis würden darin stattfinden. Letztendlich muss man davon ausgehen, dass es noch viel mehr Frauen/TINA*Personen im HipHop gibt. Denn die Strukturen im Kulturbetrieb sind weiterhin patriarchalisch.

Wie positionierst du dich zu dem Begriff „Female Rap"?

In den Anfängen wurde nur von HipHop und Rap gesprochen, das meinte alle, Männer und Frauen/TINA*Personen. Diese Offenheit der HipHop-Kultur endete mit der Kommerzialisierung und priviligierten männlichen Rappern. Um Frauen/TINA*Personen sichtbar zu machen, wurde der Begriff „Female Rap" verwendet. Und natürlich können solche Begriffe den Eindruck suggerieren, als wären Frauen/TINA*Personen eine Ergänzung zur männlichen Norm. Doch das ist nicht richtig. Die Kultur zog immer alle Geschlechter an. Heutzutage würde ich nur noch von Artists im HipHop sprechen. Diese binäre Geschlechterzuschreibung ist auch ein deutsches Phänomen. Denn eine Zeit lang lebte ich in Belgien und Frankreich und nahm dort Geschlechteridentitäten anders wahr. Wir gründeten 2008 in Belgien das HipHop-Kollektiv „Supafly Collective" mit sieben Frauen. Auch gaben wir viele Partys in Brüssel und Belgien. Im Unterschied zu Deutschland gab es dort keine Diskussionen um das Geschlecht, denn im Vordergrund stand die universelle Liebe zur HipHop-Kultur. Diese Haltung nahm ich auch in Paris wahr. Wir wurden dort als ein selbstverständlicher Teil der HipHop-Szene betrachtet und gefeiert. Für mein Magazin galt das ebenfalls, da es auf Englisch und Französisch war. Demgegenüber erlebte ich mich in Deutschland als Einzelkämpfer:in, und das schmerzte. Für mich ist HipHop eine große Verhandlungsplattform, wo wir uns mit viel Liebe und Respekt begegnen. In dieser Kultur haben alle Geschlechtsidentitäten und sexuelle Orientierungen selbstverständlich ihren Platz. Deswegen stand auf meiner Visitenkarte: HipHop doesn't know any gender!

JULIA RIEGER

Straßenrap im Jugendhaus

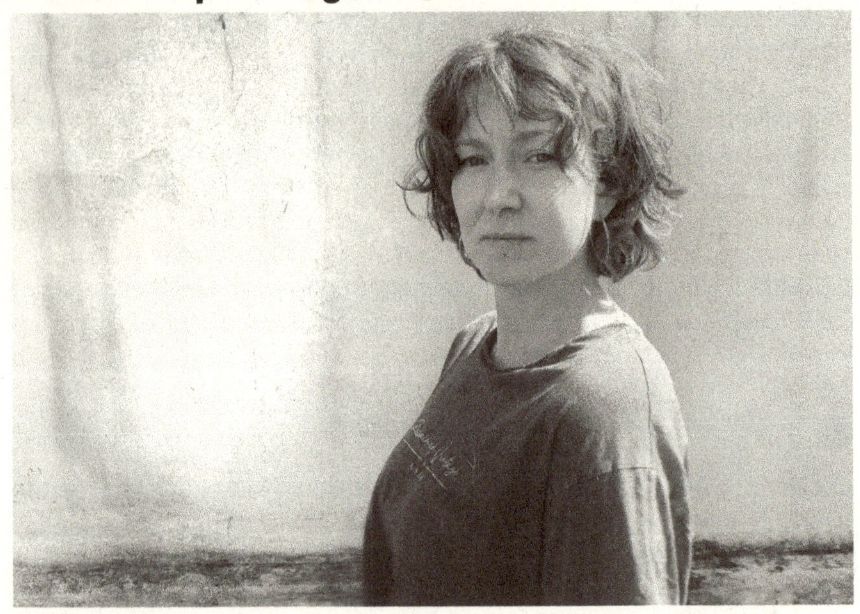

„Die Kids sind auf der Suche nach Orten, wo sie nicht kontrolliert werden"

Es wird viel über den Einfluss von Straßenrap auf Jugendliche diskutiert. Julia Rieger kennt sich damit sehr gut aus, denn sie hat mit ihnen darüber gesprochen. Sie ist wissenschaftliche Mitarbeiterin und Doktorandin an der Universität Siegen. In einer deutschen Großstadt hat sie über einen längeren Zeitraum Jugendliche in einer Jugendeinrichtung begleitet. In ihrer Promotion beschäftigt sie sich aus kritisch-kriminologischer Perspektive mit dem Verhältnis von Fremdetikettierung und Selbststilisierung im Kontext Straßenrap. Wir sprachen mit ihr darüber, welche Rolle Straßenrap heute in städtischen Jugendzentren spielt.

Murat und Hannes: *Welchen Bezug haben die Kids im Jugendhaus zum aktuellen Straßenrap?*

Julia Rieger: Ich begleite Jugendliche ausgehend von zwei verschiedenen Jugendtreffs. Ein Großteil der Kids dort hat postmigrantische Bezüge. Viele

Besucher:innen des Jugendzentrums nutzen die erfolgreichen Straßenrapper als Ressource für ihre Identitätsarbeit. Sie picken sich das heraus, was für sie passt. Aktuell sehr beliebt sind u.a. HoodBlaq, AK Außerkontrolle, Xatar, aber zum Teil auch lokale Rapper, die nicht besonders bekannt sind. SSIO wird sehr gerne gehört, um die Sozialarbeiter:innen zu provozieren. Die wiederum bieten den Kids „pädagogisch wertvollen" Rap an, was aber von denen regelmäßig abgelehnt wird. Die Jungs hören fast ausschließlich männliche Artists. Bei den Mädels sind auch Badmómzjay, Shirin David, Loredana und andere weibliche MCs beliebt. Die weiblichen Jugendlichen erklären diesbezüglich ziemlich konkret, dass sie die Texte der Rapperinnen als empowernd wahrnehmen. Insgesamt sind die stereotypen Bilder von Männlichkeit und Weiblichkeit bei den Kids ziemlich stabil.

Die Rapper:innen sind also Vorbilder für die Kids?

Was wirklich spannend ist, ist die Richtung der Aneignung. Denn aus Sicht der Jugendlichen ist es nicht so, dass sie sagen: Wir sprechen und sehen aus wie die Rapper:innen, die wir gut finden. Sondern genau umgekehrt: Die erfolgreichen Straßenrapper sehen so aus wie wir und sprechen unsere Sprache. Es ist also aus der Perspektive der Jugendlichen keine Nachahmung. Eher suchen sie sich die Dinge heraus, die sie kennen, und die zu ihrem Leben passen. Natürlich kann man das nicht komplett trennen, und es findet immer ein wechselseitiges Spiel statt: Die Rapper:innen orientieren sich an der „Straße", und die Kids nehmen Dinge auf, die sie bei ihren Stars sehen, woraus dann letztendlich eine subkulturelle Identität entsteht. So ist das Wohnen im Hochhaus zum Beispiel ein wichtiger Bezugspunkt für die Kids.

Gibt es auch Kritik an den Artists?

Es kommt immer wieder vor, dass Rapper:innen das Viertel, in dem die Kids mit ihren Familien wohnen, aufsuchen, um dort Videos zu drehen – was vor allem von den älteren Jugendlichen kritisch gesehen wird. Ein Junge hat in dem Zusammenhang gesagt: „Die kommen hier hin, machen ihre Videos, aber die chillen gar nicht hier!" Wenn ich die Jugendlichen frage, was sie an Straßenrap interessiert, dann wird vor allem auf die sozialräumliche Dimension verwiesen: „Wir kennen, was die erzählen!" Das ist der wichtigste Anknüpfungspunkt. In anderen Gesprächssituationen wiederum differenzieren und relativieren die Jugendlichen diese Erklärung und können durchaus die Unterschiede beschreiben, die sie zwischen ihrem Viertel und den Geschichten der Straßenrapper:innen sehen.

Wie erleben die postmigrantischen Kids ihr eigenes Viertel?

Der Stadtteil, in dem die Jugendlichen mit ihren Familien leben, wird von außen eher als „sozialschwaches Viertel" gelabelt. Ich habe die Gegend jedoch als ziemlich regulierten, kontrollierten, aber auch fürsorglichen Sozialraum erlebt. Größere Geschwister übernehmen die Aufgabe, ein Auge auf die kleinen Schwestern und Brüder zu haben. Aber auch Tanten und Onkels oder andere Verwandte und Bekannte schauen nach den Jugendlichen. Die Kids sind immer wieder auf der Suche nach Orten, wo sie nicht kontrolliert werden, und wo sie zum Beispiel unbeobachtet rauchen können. Grundsätzlich beschreiben die Jugendlichen ihr Viertel als einen Ort, der ihnen vertraut ist, und an dem sie sich wohlfühlen. Sie haben Ecken, wo sie andere Kids treffen, die sie kennen, sie gehen zum Kiosk oder zum Dönerladen, wo der Verkäufer oder die Verkäuferin sie mit Namen anspricht, sie passen auf andere Kids auf und haben wiederum ältere Jugendliche, die auf sie aufpassen. Es existiert ein starkes Vergemeinschaftungsprinzip und ein relativ hohes Maß an Selbstregulierung von Konflikten. Es werden Grenzen und Regeln ausgehandelt, die Geltung haben und das Zusammenleben einfacher machen. Auch das widerspricht dem dominanten Diskurs über sogenannte „soziale Brennpunkte" in der Öffentlichkeit. Im Straßenrap gibt es – neben dem klassischen From-rags-to-riches-Narrativ – genau dieses Motiv der gemeinsamen Verortung in einem Viertel, um Zugehörigkeit zu inszenieren und darzustellen. Letztendlich führen genau diese zwei klassischen Narrative des Straßenrap zu einem Spannungsfeld: einerseits als Individuum erfolgreich sein zu wollen und es nach oben zu schaffen, und gleichzeitig der Wunsch, mit dem ursprünglichen Sozialraum solidarisch und verbunden zu bleiben.

TICE

Befreiung aus der Fremdbestimmung

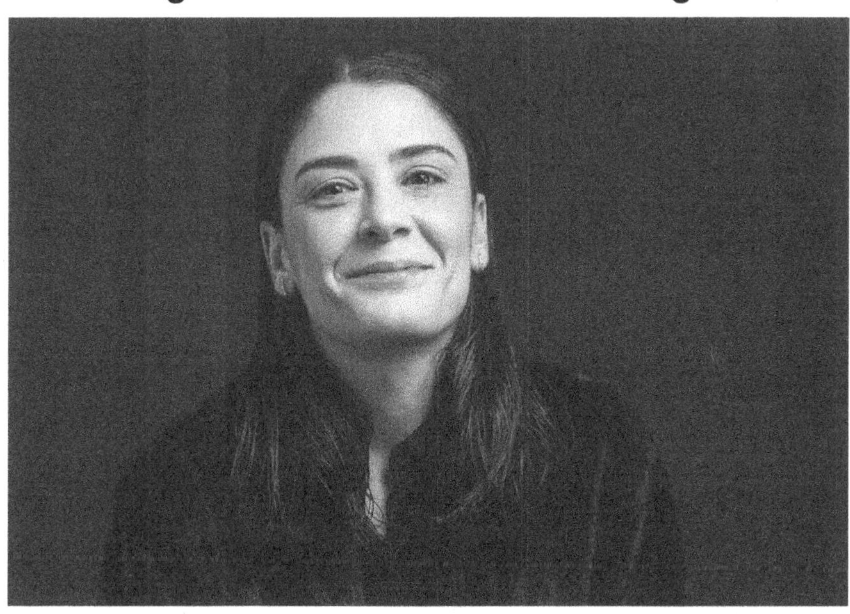

„Zwischen 8 Mile und Million Dollar Baby"

Dies ist die Geschichte *von Hatice aka Tice, die früh für sich entschieden hat, ihr Leben selbst in die Hand zu nehmen. Ein Leben voller Wendungen, Tiefschläge und Zuversicht, das sie zum HipHop führte. Eine Geschichte, die davon handelt, sich zu finden und als Rapperin ihr Leben in Almanya zu verhandeln.*

Mein Leben begann 1985 mit einem großen Streit in Ankara. Meine Oma und Mutter konnten sich nicht auf einen Namen für mich einigen, so dass ich über zwei Monate namenlos auf der Welt war. Am Ende konnte sich keine der beiden Frauen mit ihren Wünschen durchsetzen. Daraufhin eskalierte der Streit zwischen den Frauen in Ankara beim Standesamt während der Namenseintragung, und der zuständige Beamte entschied eigenmächtig, dass ich Hatice heißen solle. Er beglaubigte dies rechtskräftig mit einem Stempel. Ein fremder Mann gab mir den Namen, den ich fortan tragen sollte, und zeichnete damit den Konflikt meines Lebens vor: sich gegen die Fremdbestimmtheit zu wehren.

Hatice ist als Name eine Abwandlung aus dem arabischen Namen Khadija, was so viel bedeutet wie die Frühgeborene. Früh erfuhr ich auch, dass meine Familie zwischen Velbert und Ankara zerrissen war, und dass die vielen Brüche sich tief in meine Familie einschreiben sollten. Mein Opa kam im Zuge der Anwerbung in den 60er Jahren als so genannter Gastarbeiter nach Almanya, wo er in den Wülfrather Ford Werken am Fließband arbeitete. Doch das Leben in Almanya war nicht sorgenfrei für ihn, da er Angst um seinen Sohn hatte, der sich in den politischen Wirren der 70er Jahre in der Türkei zu verstricken drohte. Kurzerhand wurde der Sohn nach Almanya geholt und schnell eine Ehe in der Türkei arrangiert. So war mein Vater als Schwiegersohn nun der Deutschländer (Almancı) in der Familie meiner Mutter. Es ist ein abwertender Begriff, der in der Türkei verwendet wird, um die in Almanya lebenden türkeistämmigen Menschen zu bezeichnen. Ein Deutschländer kann wahlweise jemand sein, der seine vermeintlich türkische Identität verloren hat, ein Hochstapler ist oder einfach jemand, dem man das Geld aus der Tasche ziehen konnte. Gleichzeitig steckt eine Faszination in dem Begriff, die diese so genannten Deutschländer umgab. In der Türkei ging man davon aus, dass das reiche Menschen seien, die der eigenen Not entkamen. Eine ambivalente Faszination, die schnell ins Abwertende kippen kann. Allerdings als Schwiegersohn war er nun jemand, der die Deutsche Mark nach Hause brachte, das regelte die Verhältnisse in der Familie. „Cash rules everything around me", rappte schon der Wu-Tang Clan, und diese Punchline galt auch in meiner Familie.

Meine Eltern waren noch Kinder, als sie verheiratet wurden und sehr jung, als sie mich bekamen. Sie mussten früh die große Verantwortung tragen, eine Familie zu sein. An so einer Herausforderung zu wachsen oder zu scheitern, liegt oft sehr nah beieinander. Nach und nach kam meine Familie in Almanya in dem beschaulichen Ort Velbert-Neviges wieder zusammen, da war ich gerade ein Jahr alt. Mein Vater arbeitete als Metallschleifer in der Fabrik. Im Laufe der Zeit stellte ich fest, dass ich in meiner neuen Heimat eine deutsche Oma hatte, die auf der anderen Straßenseite wohnte. Später erfuhr ich, dass diese Dame die Zweitbeziehung meines Opas war, der das auch nicht vor der Familie verheimlichte. Sie hieß Oma Elli, die immer wieder Geschenke brachte. Die Frauen in meiner Familie akzeptierten die Zweitbeziehung, auch wenn es ihnen überhaupt nicht gefiel. Allerdings legte das einen Schatten über die Familie in unserer neuen Heimat. In der Schule bekam ich klassischerweise wie so viele Kinder, die nicht in Almanya zur Welt kamen, eine Empfehlung für die Hauptschule. Dass ich dann auf die Gesamtschule ging und einen Realschulabschluss absolvierte, verdankte ich dem Einsatz engagierter Frauen. Der Unterricht auf der Gesamtschule war lang, doch es gab eine Freistunde, die ich dafür nutzte, um Raptexte aus den USA zu übersetzen, was gleichzeitig auch mein Zugang zur englischen Sprache war. Meine Mitschüler waren fast alle Deutsche, vermutlich gab es nur zehn Schüler:innen auf der Schule, die türkeistämmig waren.

„Meine Geschichte selbst schreiben"

Über meinen Bruder lernte ich in den frühen 90er Jahren die ersten Rapsongs kennen, und das war Rap von der Westcoast. Auch waren da Sachen wie N.W.A oder Public Enemy dabei, doch das verstand ich als Kind noch nicht in Gänze. Aber ich erkannte, dass die Songs eine Message hatten, und dass diese übertragbar war auf meine soziale Herkunft. Ich erkannte vergleichbare Realitäten von Menschen, die nicht auf der Sonnenseite des Lebens standen und hörte ihnen zu. Die Jugendlichen in meiner Gegend, in der ich wohnte, hörten Rap, und die Songs zirkulierten auf der Straße, da alles geteilt wurde. Wenn einer eine CD kaufte, wurde diese kopiert und weitergegeben, so dass alle auf demselben Stand waren. HipHop war die gemeinsame Klammer in unserem Viertel, und das sorgte für Gemeinschaft. Jedoch ließ die Fremdbestimmtheit nicht lange auf sich warten, da ich früh erkannte, dass meine Vorstellungen eine junge Frau zu sein, nicht kompatibel zu der meiner Eltern waren. Mein Masterplan sollte nicht sein: früh heiraten, Kinder gebären, Haushalt führen und die Familie versorgen. Psychisch begab ich mich damit auf eine kurvenreiche Achterbahnfahrt mit einem ungewissen Ausgang. Doch der Impuls sich von der Fremdbestimmtheit loszureißen, war zu stark, um sich noch fügen zu können. Es ging nicht mehr. Ich musste weg. Meine Geschichte wollte ich selbst schreiben. Ich riss mit 16 Jahren von Zuhause aus und stürzte mich ins Ungewisse. HipHop öffnete in dieser Phase für mich eine Tür, die einladend war und gleichzeitig das gab, was ich mir wünschte: Anerkennung.

Zuerst war es Graffiti, in das ich eintauchte, doch ich erkannte schnell, dass mein Talent bei der Sprache und beim Wort lag. Der Ausbruch von Zuhause eröffnete mir die Möglichkeit, von Jam zu Jam zu ziehen. Die Freiheit und das Ungewisse waren fortan meine treuesten Begleiter und führten mich direkt in die Cypher des Rap. Meine lyrische Reise fing mit 15 Jahren an und war immer eine Auseinandersetzung mit der Realität und der Fremdbestimmtheit meines Lebens. Freunde meldeten mich zu Battles an. Dort erlebte ich, dass ich so sein konnte, wie ich war. Ich gehörte in den frühen 2000er Jahren zu den wenigen Frauen, die von Jam zu Jam zogen. Die Rolle der Frau im Rap empfand ich als explizit, es gab Rapperinnen wie Foxy Brown oder Lil' Kim, die stark sexualisiert für Aufmerksamkeit sorgten. Das bekam ich mit, doch dies war nicht mein Weg. Die Frauen, zu denen ich hinaufschaute, und an denen ich mich orientieren wollte, waren Lauryn Hill, Missy Elliot und auch MC Lyte. Alles Frauen, die eine Gemeinsamkeit hatten, da sie sich nicht auszogen, um gehört zu werden. Es war der Kampf, meinen Körper, meine Rolle als Frau, meine Identität, meine Haltung in Einklang mit meinen lyrischen Texten zu bringen. Ein Kampf, den kein Mann führen muss, da der männliche Körper die Norm im Rap-Kontext ist und nicht in Frage gestellt wurde. Dieses Privileg galt nicht für Frauen. Für mich war das eine Form von Gleichberechtigung im Rap auf den Spuren von MC Lyte zu wandeln und zu erkennen, dass man nicht ausgeschlossen wurde. Die Jam-Kultur, die ich Anfang der 2000er Jahre kennenlernte, war eine Kultur, in der die Herkunft nicht im Zentrum stand, sondern das, was du kannst. Diese Erfahrung hielt mich von anderen Sachen fern, die mir nicht gut taten. Die Haltung, die ich auf den Jams kennenlernte, war: Skills zeigen, performen, und wenn man es nicht drauf hat, Fresse halten. Das war auch meine Definition von einem MC. In dieser Hinsicht war ich schon immer ein Master of Ceremony. HipHop lädt dich zwar ein, doch es fordert auch etwas von dir. Ein Tennisspieler, der den Ball nicht trifft, hat auf dem Tennisplatz auch nichts verloren. Geh weiter.

„Vor den Türstehern von Kapital, Technik und Vertrieb"

Curse schickte ich ein Demotape von mir, da war ich 17 Jahre alt. Von ihm eine Antwort zu bekommen, bestärkte mich, weiter an meinen Texten zu arbeiten. Diese Arbeit zahlte sich Jahre später aus, da ich mit ihm die gleiche Bühne bespielte und ein Traum für mich in Erfüllung ging. Meine Rapsprache war Deutsch und zwar Hochdeutsch. Bei mir fand man keine Versatzstücke von Jugendsprache. Ich wollte das Deutsch nicht formen oder verändern, sondern die Poesie der Sprache ausschöpfen, die ich vorfand. Die Faszination an der Sprache bekam ich über meine Familie vermittelt, die einen großen Wert auf Sprache und Ausdruck legten. Die Frau, die mich in Almanya abholte, war Sabrina Setlur, die ich liebte, jedoch schnell erkannte, dass Moses Pelham ihre Texte schrieb. Das konnte niemals für mich gelten, da meine Texte direkt aus meinem Leben kamen. Jedoch faszinierte mich Moses, da er den Rap Mitte der 90er Jahre in Almanya auf ein neues Level hob und sich nicht mehr vor US-Rap zu verstecken brauchte. Auch machte Moses deutschen R&B möglich, was es zuvor nicht gab. Als 12-Jährige wünschte ich mir, Moses einmal in meinem Leben kennenzulernen. Auch dieser Wunsch sollte sich Jahre später für mich auf einer gemeinsamen Bühne erfüllen. Sicher, es gab auch Cora E., ihren Song „Schlüsselkind" hörte ich, doch Cora E. nahm ich über meine Graffiti-Freunde wahr, das fühlte ich nicht wie Sabrina Setlur. Eine andere starke Frau war Aziza A. aus Berlin, die ich auf einer kopierten Kassette kennenlernte, mein erster Eindruck war: Krass, wer ist denn das? Es stärkte mich, dass ich sah, dass Frauen wie Sabrina Setlur, Cora E. und Brixx zusammen auf einem Song rappten. Das war für mich Frauenpower, das ging nicht an mir vorbei.

2017 veröffentlichte ich meine erste CD „Baklava", die mir Anerkennung in der Szene einbrachte. Ein Exemplar der CD sollte meine Mutter bekommen, damit sie sehen konnte, was aus ihrer Tochter wurde. Jedoch hatte meine Mutter kein Interesse – weder an der CD, noch an meiner Karriere als Rapperin. Ganz im Unterschied zur Karriere meines Bruders, der ebenfalls Rapper war. Es ist die Ungleichbehandlung, die mich seit meiner Geburt begleitete. Die Rolle, die ich als Rapperin fand, war nicht die Rolle, die meine Eltern für mich vorgesehen hatten, und Desinteresse war die Form, dies mir zu zeigen. Mit meiner Entscheidung, mein Leben selbst in die Hand zu nehmen, begab ich mich auf einen Weg, den meine Oma und Mutter nicht kannten. Denn als Frau heiratet man nicht einen Mann, sondern eine ganze Familie, und wenn man dann eigene Entscheidungen traf, hatte man sie alle gegen sich. Vielleicht rührte die fehlende Solidarität der beiden Frauen zu meinem Werdegang als Rapperin aus diesem Umstand, diese Kraft nicht zu haben, diesen Weg gehen zu können. Doch das änderte sich, als meine Mutter von Bekannten auf die CD der Tochter angesprochen wurde, die etwas Besonderes sei. Daraufhin wollte meine Mutter doch ein Exemplar der CD ihrer Tochter. Damit stieß ich auch bei meiner Mutter eine Entwicklung an, selbstständiger zu werden. In der Generation meiner Oma wäre es ein Unding gewesen, sich von dem Mann scheiden zu lassen. Doch diese Angst ließ meine Mutter nun hinter sich, und ein Stück weit war ich vielleicht auch dafür mitverantwortlich. Im Laufe der Zeit entdeckte ich, dass die Anerkennung und der Support auf den Jams zu einer gläsernen Decke führten. Gleichberechtigung erfuhr ich nicht mehr, als ich immer tiefer in das HipHop-Business eindrang. Ein Lernprozess war, dass die Strukturen in den Studios oder Plattenfirmen für Frauen nicht gleichberechtigt waren. Für mich war es der erste Kontakt mit den männlichen Türstehern, die tief an den Zugängen von Kapital, Technik und Vertrieb saßen, und mich wieder zurück an die Fremdbestimmung führten.

„Es geht um Anerkennung"

2021 beteiligte ich mich an dem Projekt „Deutschlandlieder", ein Projekt, das von Nedim Hazar Bora, dem Vater von Eko Fresh, initiiert wurde. Dieses Projekt war für mich auch eine Reise in meine eigene Familienbiografie. Das kulturelle Erbe der so genannten Gastarbeiter stand im Vordergrund des Projekts, und dass diese Menschen Almanya für immer veränderten. Dieses Projekt führte mich bis in die Türkei. Es erfüllte mich mit mehr als Stolz, als Frauen auf mich zukamen, um mir zu sagen, dass sie sich in meinen Texten wieder erkannten. Es knüpfte an das an, was mich selbst ein Leben lang begleitete: gesehen zu werden. Dies waren für mich starke Momente, da ich das jetzt auch für meine Generation machte: Diese Geschichte der Migration sollte endlich anerkannt werden, ob es Denkmäler, Museen oder Raptexte waren, es ging um Anerkennung. Auch die Crew Microphone

Mafia rappte schon 2002 in ihrem Song „Denkmal“: „Wir wollen kein Dank, wir wollen Respekt, verdammt noch mal“. Die Resonanz auf das Projekt „Deutschlandlieder“ war groß. Es gab unter anderem Konzerte in Istanbul, und der Dokumentarfilm zum Projekt lief in der ARD. Auch interessierten sich die türkischen Medien für das Projekt. Es gab einen Artikel in der Tageszeitung *Hürriyet*, den ich auch an meine Mutter schickte. Unklar, ob meine Mutter das alles mitbekam, da der Schatten und die Rollenbilder der Vergangenheit noch immer über mir hingen. Mittlerweile führte ich in meiner Familie ein Doppelleben, da ich aufhörte, die Erlebnisse, die ich in der Rapwelt erfuhr, meinen Eltern zu erzählen, da man Interesse nicht erzwingen konnte, und das akzeptierte ich, auch wenn es weh tat. Ich vermischte diese Welten nicht mehr. In meiner Familie war es mein Bruder, der mir Respekt und Anerkennung zollte.

Ich vermisse weiterhin etwas in Almanya. Die Geschichten, die erzählt werden, die Bücher, die geschrieben werden, und die Filme, die gedreht werden, handeln meistens von Männern, auch wenn es um Migration geht. Ich will Geschichten von Frauen sehen, hören und lesen. Meine Geschichte ist eine Mischung aus „8 Mile“ und „Million Dollar Baby“, wobei ich das Ende von „Million Dollar Baby“ richtig schlecht findet. Aber so denken Männer über Frauen. Mein Kampf ist anders, und dafür steht das Bild von Mike Tyson, das in meiner Wohnung hängt. Für mich ist es an der Zeit, dass wir Frauen unsere Geschichten schreiben. Es geht um Anerkennung, verdammt nochmal.

#04

RE MIX COMM UNITYS

Postmigrantische HipHop-Szenen

FEAR OF A BLACK GERMANY

Fragmente einer Schwarzen HipHop-Geschichte in Deutschland

Im Mai 2024 reisten Murat und ich, Hannes, zu einer Podiumsdiskussion über „HipHop, Postmigration und Sprache“ nach Berlin. Islem Knani und Prof. Dr. Ali Konyali hatten uns zu einer Diskussionsrunde ins *DeZIM-Institut* eingeladen, dem Deutschen Zentrum für Integrations- und Migrationsforschung. Wenige Monate zuvor hatten wir mit der Direktorin des Instituts, Naika Foroutan, ein Interview geführt, um besser zu verstehen, was die Besonderheiten einer postmigrantischen Gesellschaft ausmachen. Nach einem kurzen Input, bei dem wir auch die Thesen dieses Buchs vorgestellt hatten, entwickelte sich eine lebhafte Diskussion über die Chancen, verschiedene postmigrantische Räume miteinander zu verbinden und darüber, welche Rolle in diesem Kontext HipHop spielen könnte.

Der letzte Wortbeitrag kam von einer Schwarzen Frau, die sich zunächst herzlich für den Input bedankte. Dann fügte sie hinzu: „Mich irritiert es, dass hier auf einem postmigrantischen Podium nur *Weiße* sitzen und über eine Schwarze Kultur reden.“ Damit hatte sie recht. Schwarze Stimmen sind im öffentlichen Gespräch über HipHop und Rap in Almanya, anders als in den USA, England oder in Frankreich, deutlich unterrepräsentiert. Die *Weiß*waschung und Nationalisierung der HipHop-Kultur in Deutschland in den 1990er Jahren führte nicht nur zu einer weitgehenden Verdrängung Schwarzer Artists aus dem Game. Sie hatte auch zur Konsequenz, dass die journalistische und wissenschaftliche Beschäftigung sowie die Historisierung der HipHop-Kultur überwiegend von nicht-Schwarzen (meist männlichen) Menschen übernommen wurde. Unter anderem Hannes Loh und Murat Güngor. Auch wenn wir uns immer als Chronisten auf den Schultern einer afro-diasporischen Kultur begriffen haben, so haben wir doch erst in den letzten Jahren begonnen, das Phänomen der Unsichtbarmachung Schwarzer Menschen – auch im postmigrantischen Raum – und unsere eigene Rolle dabei zu reflektieren. Dabei kommt anti-Schwarzem Rassismus in Almanya eine besondere Bedeutung zu. Denn auch in den migrantischen Communitys gibt es tief verankerte und strukturelle anti-Schwarze Ressentiments. In den vielen Interviews, die wir mit Leuten aus der postmigrantischen Community für REMIX ALMANYA geführt haben, wurde eine Sache deutlich: Nicht-*weiß* gelesene Menschen haben aktuell vor allem das Bedürfnis nach Sicherheit und körperlicher Unversehrtheit. Innerhalb dieser Gruppe sind Schwarze

Menschen in besonderer Weise betroffen. Es gibt in der postmigrantischen Community keine Garantien für Solidarität – schon gar nicht, wenn es um die Solidarität mit Schwarzen Menschen geht. Die Repräsentation von Schwarzen Stimmen im politisch-gesellschaftlichen Diskurs ist kaum vorhanden. Gleichzeitig werden in der öffentlichen Debatte über Migration Bilder generiert, die für Schwarze Menschen besonders gefährlich sind. Die ständige Wiederholung der Notwendigkeit von „Auffanglagern in Afrika" zum Beispiel erzeugt in der kollektiven Imagination die Assoziation einer Schwarzen Person, deren Hiersein nicht legitimiert ist. Das hat unmittelbare Auswirkungen auf den Alltag und die Sicherheit Schwarzer Menschen in Deutschland. Wo es in Hinblick auf migrantische Bevölkerungsgruppen inzwischen ein wachsendes Bewusstsein für eine Geschichte gibt, die zumindest mit der Mehrheitsgesellschaft verknüpft ist, bleibt Black History in Almanya weitgehend unsichtbar. Wenn wir unsere Vision einer postmigrantischen Gesellschaft als kontroversen, aber offenen Debattenraum ernst nehmen, dann müssen diese Themen auf den Tisch.

Schwarze Frauen schreiben deutsche Geschichte

2020 erschien im Verlag der Universität von Illinois eine bemerkenswerte Publikation. Die Schwarze Professorin Tiffany N. Florvil hatte viele Jahre zur afrodeutschen Frauenbewegung geforscht und ihre Ergebnisse in einem Buch zusammengeführt: „Mobilizing Black Germany: Afro-German Women and the Making of a Transnational Movement". Darin beschreibt die Geschichtswissenschaftlerin die Entstehung eines umfangreichen Netzwerks afrodeutscher Intellektueller und zeigt den bedeutenden Einfluss, den diese Bewegung nicht nur auf die Weiterentwicklung des Feminismus in Deutschland hatte, der bis zu diesem Zeitpunkt vor allem die Bedürfnisse *weißer* akademischer Frauen im Blick hatte. Auch der Beginn einer afrodeutschen Geschichtsschreibung und das Schaffen von Räumen, in denen queere Identitäten und Strategien möglich waren, wurde maßgeblich von Schwarzen Frauen in Deutschland in den 1980er Jahren angestoßen. Im Interview mit der Wissenschaftlerin Sina Speit sagt Tiffany N. Florvil: „In einem radikalen Akt haben afrodeutsche Feministinnen auch deutsches Wissen durch ihren Aktivismus, ihre Aktivitäten und ihr Schreiben verändert."

Dass diese Geschichte 1984 mit der karibisch-afrikanischen und US-amerikanischen Aktivistin und Dichterin Audre Lorde begann, habe ich zum ersten Mal erfahren, als ich vor über 20 Jahren die Berliner Schriftstellerin und Historikerin Katharina Oguntoye für das *Intro* Magazin interviewt habe. Sie hat mir erzählt, wie Audre Lorde ab 1984 als Gastprofessorin in West-Berlin arbeitete und sich auf die Suche nach Schwarzen Frauen in Deutschland machte. Sie fand unter anderem May Ayim und Katharina

Oguntoye, die durch Lorde ermutigt zwei Jahre später das wegweisende Buch „Farbe bekennen. Afrodeutsche Frauen auf den Spuren ihrer Geschichte" gemeinsam mit Dagmar Schulz veröffentlichten. Im selben Jahr gründeten sich der *ISD e.V.* (Initiative Schwarzer Menschen in Deutschland) und der *ADEFRA e.V. – Schwarze Frauen in Deutschland.* Es folgten viele Artikel, Aufsätze, Bücher, Filme und Initiativen, die die Vielschichtigkeit Schwarzer deutscher Geschichte und Schwarzen Lebens in Deutschland sichtbar machten und unzählige Menschen inspirierten. Inzwischen wurde sogar eine Straße in Berlin-Kreuzberg nach Audre Lorde benannt.

Die Geschichte dieser Bewegung Schwarzer Frauen ist die erste große Säule Schwarzen Empowerments in Deutschland. Sie ist schon einige Male erzählt worden und inzwischen sehr gut dokumentiert. Das Buch „Mobilizing Black Germany" fasst diese Geschichte zusammen und weist ihre Tiefenwirkung nach – eine Wirkung, die sich in viele Bereiche der deutschen Gesellschaft verästelt, und in deren Tradition heute viele (nicht nur) Schwarze Intellektuelle und Aktivist:innen stehen. Im bürgerlichen Kulturbetrieb, im Feuilleton und in den öffentlich-rechtlichen Medien gibt es seit einigen Jahren zu diesem Thema immer wieder Reportagen und Bücher oder sehenswerte und gut recherchierte Dokumentationen, wie zum Beispiel „Schwarz und deutsch – Die Geschichte der Afrodeutschen" vom Hessischen Rundfunk oder „Afro.Deutschland" von der Deutschen Welle.

Lose Fäden verknüpfen

Die zweite große Säule Schwarzer Identität in Deutschland – und wahrscheinlich die wirkmächtigste unter jungen Menschen – ist die HipHop-Kultur. Von Beginn an, also seit den 1980er Jahren, haben afrodeutsche und Schwarze Künstler:innen aus Deutschland anti-Schwarzen Rassismus thematisiert und ihr Leben als Schwarze Menschen in einem *weißen,* strukturell rassistischen Land reflektiert. Sie haben Debatten losgetreten, Initiativen gestartet und mit ihren Texten Millionen von Menschen erreicht. Sie haben den Begriff „afrodeutsch" in ihren Songs benutzt und ihn so zuerst in der Jugendsprache und später im kulturellen Mainstream etabliert.

Und doch wird der Faden afrodeutscher und Schwarzer deutscher Erzählungen immer wieder durchschnitten. Wo an anderer Stelle mehr und mehr ehemals verdrängte Narrative endlich Teil einer großen gesellschaftlichen Erzählung werden (wie zum Beispiel die Geschichte der so genannten Gastarbeiter:innen), bleibt die Schwarze deutsche Geschichte fragmentiert und zerstreut. Auch Schwarze Menschen kommen mit den Traditionslinien und Klassikern Schwarzer deutscher Geschichte oft erst in Berührung, wenn sie sich auf die Suche machen. Die Journalistin Alice Hasters schreibt in ihrem Bestseller „Was weiße Menschen nicht über Rassismus hören wollen, aber wissen sollten" aus dem Jahr 2019, dass sie „Farbe bekennen" von May Ayim und Katharina Oguntoye erst spät entdeckt habe und sich sehr gewünscht hätte, früher davon zu erfahren. In dem Vorwort zur deutschen Ausgabe von „Black Germany" schreibt sie: „Ich fand Texte von May Ayim aus den frühen 1990er Jahren, die so relevant und aktuell waren, als wären sie gerade erst geschrieben worden." In den Debatten der Mehrheitsgesellschaft kam und kommt Schwarze Geschichte in Deutschland entweder gar nicht vor oder wird als randständiges Thema behandelt, bei dem es vorwiegend um Rassismuserfahrungen einzelner Personen geht. In den Schulbüchern und den Curricula der Bundesländer ist Schwarze deutsche Geschichte weiterhin ein blinder Fleck. Selbst die Auseinandersetzung mit den kolonialen Verbrechen des deutschen Staates oder die Etablierung postkolonialen Wissens bleibt in den prüfungsrelevanten Bereichen der deutschen Schullandschaft die absolute Ausnahme. Wer hier nach geeignetem Material für Schulklassen sucht, muss sich auf die Suche nach guter Literatur machen oder in der Plattenkiste diggen, wo er mit etwas Glück auf Songs von Samy Deluxe, Nura oder BSMG stoßen wird.

Umso erstaunlicher ist es, dass selbst die beiden großen Säulen afrodeutscher und Schwarzer Identität in Deutschland kaum etwas voneinander wissen. In Tiffany N. Florvils' Buch „Mobilizing Black Germany" kommen weder Schwarze Rapper:innen zu Wort, noch gibt es Hinweise darauf, welchen Einfluss die von Audre Lorde initiierte Bewegung Schwarzer Frauen und die Gründung des *ISD* auf die erste Generation von HipHop-Aktivist:innen in Almanya hatte. Dabei ist dieser Einfluss kaum zu überschätzen.

HipHop als Katalysator

„Als ich den Begriff ‚afrodeutsch' das erste Mal hörte, hat er mir sofort eingeleuchtet", erinnert sich Adégoke Odukoya alias Adé Bantu, Old-School-Aktivist und Mitbegründer von Brothers Keepers, der heute in Nigeria lebt. „Wir haben ihn automatisch übernommen, wir haben ihn gehört und gesagt: Wow, mit dieser Bezeichnung fühlen wir uns als Schwarze in Deutschland wohler." Am Aufbau und an der Vernetzung der jungen HipHop-Szene in Deutschland, die sich Ende der 1980er Jahre formierte, waren viele Schwarze Menschen beteiligt. Der Frankfurter MC D-Flame beschreibt den erheblichen Anteil junger Migrant:innen und afrodeutscher Aktivist:innen am postmigrantischen Projekt HipHop als einen Prozess der natürlichen Identifikation: „Das hab' ich ganz deutlich bei dem Film ‚Wild Style' gemerkt", erzählt uns D-Flame im Interview. „Da war es sofort klar, dass sich die Türken mit den Puertoricanern und die Afrodeutschen mit den Schwarzen identifizieren." Adé, D-Flame, Ebony Prince, Linguist und weitere afrodeutsche Rapper fanden schon in den späten 1980er Jahren

Kontakt zur *ISD* und begegneten sich zum Teil auch auf den Bundestreffen der *ISD*. „Dort kam man für drei Tage zusammen, hat gemeinsam Filme geschaut, Seminare abgehalten, Podiumsdiskussionen durchgeführt", erzählt Adé. „Auf solchen Treffen habe ich Leute wie Linguist oder Ebony getroffen. Viele der Leute hatte ich zwar schon mal irgendwo auf einer Jam gesehen. Aber in diesem Kontext der *ISD* Treffen war man frei von der Rolle des Rappers und konnte wirklich etwas von sich erzählen. Man hat in diesem afrodeutschen Kontext anders miteinander geredet." Auch Linguist erinnert sich lebhaft an diese Zeit:

> *„Ich habe die* ISD *1988 kennengelernt. In diesem Jahr hatten wir auch mit Advanced Chemistry unseren ersten eigenständigen Auftritt als Band außerhalb einer Jam in der Live Music Hall in Ludwigshafen. Mario Santiago, bis heute einer meiner besten Freunde, hatte mich damals in Heidelberg abgeholt und mitgenommen zu einem Regionaltreffen der* ISD *in Köln. Dort habe ich unter anderem Adé Bantu getroffen. Dort war auch Olumide Adebisi, der ältere Bruder von Mola Adebisi, der später bei Viva moderierte. Als ich dann wenige Jahre später nach Köln gezogen bin, war ich jeden Monat auf den Kölner* ISD *Treffen. Dort traf ich Menschen wie Sheila Mysorekar, die spätere Mitbegründerin der NGO Neue Deutsche Medienmacher:innen oder Dimitra Clayton, die später im Ministerium für Integration in NRW gearbeitet hat."*

Mit „Fremd im eigenen Land" von Advanced Chemistry und „Afrogerman" von Adés damaliger Band Weep Not Child erreichten die Begriffe „afrodeutsch" und „afro-german" viele neue Zuhörer:innen. „Wenn ich ein Wort wie ‚afrodeutsch' bei ‚Fremd im eigenen Land' verwende, dann hoffe ich, dass das viele Afrodeutsche hören und sich nicht mehr als irgendwas bezeichnen lassen", sagt Linguist 1992 in der ZDF-Fernsehdokumentation „Lost in Music – HipHop Hooray". Das vergleichsweise hohe politische Bewusstsein des postmigrantischen Raums, in dem sich die HipHop-Old-School in Deutschland entwickelte, das gezielte Anknüpfen an die Tradition der Black-Power-Bewegung, die Orientierung an Malcolm X und Marcus Garvey und an HipHop-Edutainern wie Chuck D oder KRS-ONE – dazu haben die *ISD* und das Buch „Farbe bekennen" einiges beigetragen.

Und letztendlich hat das Wirken von Audre Lorde, die sich selbst als Schwarze, Lesbe, Feministin, Mutter, Dichterin und Kriegerin bezeichnete, auch die frühe HipHop-Kultur beeinflusst. In ihrer Tradition der Selbstermächtigung stehen bis heute Rap-Artists wie Wally B von N-Factor, Tone, Afrob, Samy Deluxe, Olli Banjo, Joy Denalane, Manuellsen, Nura, Musa, Megaloh, OG Keemo, Roger Rekless, Sugar MMFK und viele andere – auch wenn der dünne Faden, der das Wirken dieser Menschen über Generationen miteinander verbindet, nicht immer sofort erkennbar ist.

Vielfalt Schwarzer Selbstermächtigung

Mit der Erzählung der Schwarzen Frauenbewegung in Deutschland und dem Hinweis auf die Bedeutung der HipHop-Kultur für die Verbreitung und Popularisierung antirassistischer Kämpfe und Debatten könnte man dieses Kapitel abschließen. Wir haben zwei wichtige Stränge Schwarzer Geschichte in Deutschland dargestellt und miteinander verwoben, und wir hoffen, dass diese beiden Erzählungen in Zukunft miteinander ins Gespräch treten.

Es fehlt jedoch eine entscheidende Stimme in diesem Orchester. Der Blick auf die deutsche Geschichte stellt die transnationalen, panafrikanischen Bewegungen, die es in Deutschland gegeben hat und immer noch gibt, in den Schatten. Eine afrodeutsche Perspektive nimmt Biografien vor allem entlang deutscher Geschichte und deutscher Traditionen in den Blick. Zwar kommen in dem schon erwähnten Buch „Mobilizing Black Germany" von Tiffany N. Florvil die transnationalen Bezüge zu einer afro-diasporischen Community in Deutschland vor, sie sind allerdings im kulturellen Mainstream Almanyas völlig unterrepräsentiert. Und wenn sie sichtbar werden, dann vor allem mit europäischen oder US-amerikanischen Verbindungen. Das hat auch damit zu tun, dass eine solche tendenziell westliche Betrachtung für eine *weiße* Mehrheitsgesellschaft besser verdaulich ist und sich ohne Bauchschmerzen einer nationalen Erzählung hinzufügen lässt. Dazu passt, dass Visa-Anträge von Studierenden und Wissenschaftler:innen aus afrikanischen Staaten häufiger abgelehnt werden als solche aus Europa oder Nordamerika.

Aber was ist mit den transnationalen, den internationalistischen Lebensentwürfen? Wo erfahren wir etwas über die panafrikanische Community in Almanya und über die antikolonialen Kämpfe, die es in der Bundesrepublik und auch in anderen europäischen Ländern schon seit den 1950er Jahren gegeben hat? Schon immer haben in Deutschland Menschen gelebt, die ihren Blick weit über die Grenzen gerichtet und uns daran erinnert haben, dass viele wichtige Dinge außerhalb von Almanya passieren. Afrikanische Studierende haben in der Bundesrepublik schon in den 1950er und 1960er Jahren systematisch antirassistische Kämpfe organisiert und geführt – oft gemeinsam mit linken deutschen Studierendenorganisiationen. In der Retrospektive wird die Initiative der afrikanischen Menschen allerdings meist zu einem Supplement verkleinert. Die Rolle des *SDS* (Sozialistischer Deutscher Studentenbund) dagegen wird in den Mittelpunkt gestellt, man bekommt den Eindruck, als seien die Afrikaner:innen nur dabei gewesen.

Die österreichische Aktivistin und Sozialwissenschaftlerin Araba Johnston-Arthur ist Mitgründerin von PAMOJA, der Bewegung der Jungen Afrikanischen Diaspora in Österreich. Sie hat sich in ihrer Dissertation mit der Bedeutung panafrikanischer, anti-imperialistischer Kritik am anti-Schwarzen Rassismus in Österreich in den frühen 1960er Jahren beschäftigt. Im Austausch mit Araba Johnston-Arthur erfuhren wir, wie sie über ihr eigenes politisches Engagement ins Gespräch mit ihrem Vater kam und so über die wichtigen Kämpfe ihrer Elterngeneration erfuhr.

Wir müssen diese Kämpfe sichtbar machen

Von Araba Johnston-Arthur

1996 war das Gründungsjahr von *PAMOJA*, die Bewegung der jungen afrikanischen Diaspora in Österreich. Und 1999 war ein Jahr des politischen Aufbruchs in den Schwarzen Communitys in Wien. Wir haben uns gegen Polizeigewalt organisiert, sind auf die Straße gegangen und haben protestiert. Das war damals für uns das Gefühl eines Neubeginns. Ich habe das deutlich gespürt und auch meinem Vater begeistert davon erzählt. Ich habe ihm gesagt: Zum ersten Mal gehen Schwarze Menschen hier in Österreich vereint und selbstbewusst auf die Straße, um gegen institutionalisierten Rassismus zu protestieren! Mein Vater korrigierte mich und erzählte mir, dass es schon in den 1960er Jahren eine panafrikanische Bewegung in Wien gab, die sich gegen Rassismus zur Wehr gesetzt hatte. Die Präsidentin dieser Bewegung war Mukama Okonjo, eine nigerianische Frau. Dieses Movement hatte ein starkes Netzwerk. Sie hatten Kontakt zu Schwarzen Menschen auf beiden Seiten des Eisernen Vorhangs, es gab Kontakte nach Deutschland, Ostdeutschland, Bulgarien.

Eine wichtige Konferenz der afrikanischen Studierenden fand 1964 in Moskau statt. Es gab einen revolutionären Spirit der Dekolonisierung und einen starken Third-World-Zusammenhalt. In Österreich gab es die *Union Ausländischer Studierender in Österreich* – dort waren progressive Studierende aus dem Iran und aus verschiedenen arabischen Ländern organisiert. Und was ich auch über meinen Vater erfuhr: Es gab eine lokale Kritik an Rassismus, die durch den panafrikanischen Aufbruch der Dekolonisierung gestärkt wurde. Und dies alles fand in noch deutlich größerem Umfang auch in Deutschland statt. Diese Leute waren die Elterngeneration derjenigen Menschen, die später die *Initiative Schwarze Menschen in Deutschland* gründeten. Sie waren im Rahmen einer Bildungsmigration nach Almanya mit dem Bewusstsein gekommen, Teil einer Generation eines neuen, befreiten Afrikas zu sein. Die panafrikanische Bewegung fand sowohl auf dem Kontinent als auch in der Diaspora statt. Der erste Präsident Ghanas,

Kwame Nkrumah, war ein wichtiger Vertreter der panafrikanischen Idee und sagte in seiner Rede zur Unabhängigkeitserklärung Ghanas 1957: „Unsere Unabhängigkeit ist ohne Bedeutung, solange sie nicht mit der ganzen Befreiung Afrikas verknüpft ist." Und zu dieser Aufgabe lud er ganz ausdrücklich auch afrikanische Menschen in der Diaspora ein. So war es zum Beispiel in den panafrikanischen Studentenvereinen in Europa ganz normal, dass dort auch afroamerikanische Studierende organisiert waren. Mir wurde klar: Es ist in dieser Zeit unglaublich viel passiert, was aber in der Erinnerung – auch zwischen den Generationen – kaum überliefert ist. Warum haben mir meine Eltern die Erinnerung an diese Kämpfe nicht weitergegeben? Hier darf man nicht vergessen: Die antirassistischen und panafrikanischen Kämpfe dieser Generation wurden verfolgt und zum Teil hart bestraft. Es war die Zeit des Kalten Krieges, und einige Aktivist:innen wurden verhaftet und abgeschoben. Das Silencing der antikolonialen Bewegungen funktionierte über die Logik des Antikommunismus.

Es geht aber noch darüber hinaus: Wenn wir uns anschauen, wie heute auf die antikolonialen Kämpfe zurückgeschaut wird, dann wird der Einfluss der afrikanischen Studierenden völlig marginalisiert. In Deutschland gab es zum Beispiel Adekunle Ayala, Vorsitzender eines afrikanischen Studentenvereins in Berlin, der 1969 den erfolgreichen Protest gegen die Aufführung des extrem rassistischen Films „Africa Addio" organisiert hatte. Der italienische, extrem grausame Dokumentarfilm aus dem Jahr 1966 war ein Angriff auf die erfolgreichen Kämpfe der Dekolonisation und sollte den Eindruck vermitteln, dass Afrikaner:innen nicht in der Lage seien, Staaten aufzubauen und sich selbst zu regieren. Von der *Deutschen Film- und Medienbewertung* (FBW) in Wiesbaden erhielt „Africa Addio" das Prädikat „wertvoll". Die Proteste trugen dazu bei, dass der rassistische Charakter des Films in der Öffentlichkeit bekannt wurde, und der Film schließlich aus dem Programm genommen wurde. Was liest man heute darüber? Der *Sozialistische Deutsche Studentenbund* protestierte mit Fritz Teufel und Rudi Dutschke gegen den Film – und ein paar Afrikaner waren auch dabei. Es gibt in der Mehrheitsgesellschaft eine Tendenz, die Bedeutung der afrikanischen Studierenden in diesen Kämpfen zu verunwichtigen und klein zu halten.

Für mich hat es viel verändert, als ich von den Kämpfen meiner Elterngeneration erfahren habe. Es war beeindruckend und ermutigend, zu hören, dass es schon in den 1960er Jahren diese Radikalität an Kritik gegeben hat, die auch schon institutionalisierten Rassismus, zum Beispiel der Gewerkschaften, benannt und angegriffen hat. Heute muss es darum gehen, die mutigen Kämpfe dieser Zeit wieder in unser kollektives Gedächtnis zurückzuholen und auch gesellschaftlich sichtbar zu machen.

Als wir mit Kofi Yakpo aka Linguist von Advanced Chemistry über dieses Thema sprechen, holt er tief Luft. Er erzählt uns von seiner panafrikanischen Sozialisation in Heidelberg, und es wird klar, dass Biografien dieser Art in Almanya keine Seltenheit sind. In der postmigrantischen HipHop-Community der Old School spielten sie sogar eine wichtige Rolle. In der historischen Darstellung der Rap-Historie wird das panafrikanische Element jedoch ausgelassen. Dabei waren und sind diese diversen und transnationalen Räume für die HipHop-Kultur besonders wichtig.

Wir sind Panafrikanisten

Von Kofi Yakpo

Ich habe bei dem Diskurs über Schwarze Identität in Deutschland ein Problem mit der Ausblendung der afrikanischen Einwanderung nach Deutschland. In meinen Augen ist das ein doppelter Ausschluss. In seiner Tendenz kann der Diskurs über afrodeutsche Identität schnell eine essenzialistische Note bekommen, sogar eine nationalistische. Denn damit werden die antikolonialen Kämpfe afrikanischer Studierender und Aktivisten, die bis ins 19. Jahrhundert zurückgehen, in den Hintergrund gedrängt – man denke zum Beispiel nur an Rudolf Duala Manga Bell, der von der deutschen Besatzungsmacht in Kamerun 1914 hingerichtet wurde.

Ich selbst bin im Alter von 15 oder 16 Jahren stark politisiert worden durch afrikanische Studierende aus Guinea-Bissau, Mentoren wie Higidio Fernandes, Tony Da Cruz Pereira und Claudino Gomez – letzterer studierte damals in der UdSSR, wo er im Chaos der 90er ums Leben kam. Guinea-Bissau war damals die wichtigste antikoloniale Kraft im bewaffneten Widerstand gegen die Portugiesen und hat die Besatzer 1973 quasi im Alleingang besiegt. Der legendäre politische Anführer dieses Widerstands, Amílcar Cabral, wurde kurz zuvor im guineischen Exil vom portugiesischen Geheimdienst ermordet.

Viele meiner Freunde in Heidelberg aus den 1980er Jahren waren auf die eine oder andere Art noch Teil dieses Kampfes gewesen – das war ja zu diesem Zeitpunkt alles noch nicht so lange her. Der größte Teil meiner Politisierung fand durch den Kontakt mit diesen afrikanischen, antikolonialen Kämpfen statt und nicht durch die *ISD*. Wir müssen hier aufpassen, dass wir nicht nur mit einer „Schwarzen deutschen" Brille auf die Geschichte schauen. Mir fehlt in dieser Debatte oft der Bezug zu Afrika – denn sehr viele Schwarze Menschen in Deutschland haben einen afrikanischen und nicht einen afroamerikanischen oder afrodeutschen Hintergrund.

Oft sind es aber die „palatable forms of Blackness", die schmackhaften, gut verdaubaren Formen des Schwarzseins, die uns serviert werden. Das sind dann zum Beispiel die Referenzen in die USA, eben auch deshalb, weil es der politische Westen ist. Es gibt hier einen hierarchischen Diskurs in der Aufarbeitung dieser Geschichte, der von vielen jungen Afrodeutschen unbewusst übernommen wird.

Wir müssen an dieser Stelle über Colorism sprechen, also die ungleiche Behandlung von gleich-rassifizierten Menschen aufgrund von unterschiedlichen Hautschattierungen. Der Diskurs über das Schwarze Deutschsein wird häufig dominiert von Menschen mit einem bikulturellen Hintergrund. Dabei gibt es immer mehr Schwarze in Deutschland, die Einwanderer der ersten Generation sind oder keinen weißen Elternteil haben. Und auch damals, in den 1980er Jahren, waren ein großer Teil der in Deutschland lebenden Schwarzen Menschen Afrikaner und Afrikanerinnen.

Vieles von dieser Geschichte wurde nicht aufgeschrieben und muss durch orale Geschichtsforschung aufgedeckt werden. Ob das nun Menschen aus der großen Habesha Community in Deutschland waren, darunter meine Homegirls Eritra Berhane und Hindi Kiflai, oder andere politisch und künstlerisch aktive Brothers und Sisters wie Mario Santiago und Philippa Ebéné in Freiburg oder Adé Bantu, Elikplim Gakpo und ich in Köln und Heidelberg, also Menschen, die zwar in Deutschland lebten, die aber auch afrikanisch sozialisiert waren. Wir hatten immer einen Abstand zu diesen Angeboten einer „deutschen" Identität. Wir haben uns als Pan-Afrikanisten, als afrikanische Internationalisten gesehen. Dazu passt eben auch, dass viele von uns Deutschland wieder verlassen haben. Adé lebt in Lagos, Mario ist in Luanda, und ich wohne in Hongkong.

Diese Linien sollten wir in dem Diskurs über Schwarze Geschichte in Deutschland nicht unter den Tisch fallen lassen. Es ist wichtig, dass die Entwicklungen, die von Audre Lorde, May Ayim, Katharina Oguntoye und dem Buch „Farbe bekennen" ausgehen, präsent sind, aber sie sollten keine narrative Hegemonie bekommen. Es gab und gibt sehr unterschiedliche Formen der Selbstwahrnehmung und des Empowerments Schwarzer Menschen. Es gab in Almanya schon immer einen pluralistischen, transnationalen Raum – und es gibt ihn heute mehr als jemals zuvor.

Panafrikanische Brückenschläge und die Wiedervereinigung

In den Jahren der HipHop-Old-School, vor allem zu Beginn der 1990er Jahre, war ein transnationaler Spirit auf jeder Jam finden. Allein die Sprachenvielfalt war überwältigend. Es wurde auf Kurdisch, Türkisch, Deutsch, Englisch, Französisch oder Niederländisch gerappt – aber eben auch auf West African Pidgin, einem Dialekt, der aus Englisch und verschiedenen afrikanischen Sprachen besteht. 1993 erschien auf der ersten LP der Crew Exponential Enjoyment der Track „Polyglot Poets", auf dem Duke T (später Adé Bantu) und Linguist von Advanced Chemistry auf Pidgin rappen. Adé und Linguist waren beide panafrikanisch sozialisiert. Sie hatten Familie in Nigeria oder in Ghana und verstanden sich nicht in erster Linie als Deutsche, sondern als transnationale Menschen mit einem panafrikanischen Background. Und sie standen mit dieser Lebensrealität schon 1993 in einer langen panafrikanischen Tradition in Almanya, einem Spirit, der auch eine wichtige Strömung innerhalb der HipHop-Old School in Deutschland repräsentierte.

Vor diesem Hintergrund erscheint die Nationalisierung der transnationalen HipHop-Community in Almanya in den 1990er Jahren als regelrechter Kulturschock. Exemplarisch kann man diesen Schock an der Old-School-Compilation „Krauts With Attitude" festmachen, die 1991 erschien. „Krauts With Attitude" featurete zwar viele Schwarze und postmigrantische Artists, war aber in seiner kulturellen Ambition ein anti-Schwarzes Projekt, das die Idee eines deutschen, *weiß*-gewaschenen Rap ohne Bezug zu seinen transnationalen, afro-diasporischen Wurzeln vorwegnahm. Auf dem Albumcover prangten die Nationalfarben Schwarz-Rot-Gold und der Stempel „German HipHop". Letztendlich war es eine kulturelle Aneignung, die der transnationalen Szene und vor allem den Schwarzen und panafrikanischen Strömungen der HipHop-Old School unverblümt eine *weiße* und nationale Kulturrevolution entgegensetzte. Schwarze Artists hatten es seit dieser Zeit schwer, jenseits des Deutschrap-Narrativs sichtbar zu werden. Vor allem dann, wenn sie ihre Schwarze Biografie in einem *weißen* Land thematisierten und auf strukturellen Rassismus aufmerksam machten. Alben wie „Daniel X" von D-Flame oder „Made in Germany" von Afrob fanden in der Mehrheitsgesellschaft kaum Beachtung, weil sie nicht in die nationale Erzählung eines erfolgreichen und weltoffenen Deutschlands passten.

Dieses Land ist anders

Von Afrob

Wir brauchen starke Schwarze Charaktere in der Öffentlichkeit, Charaktere, die nicht aus der Unterhaltungsindustrie kommen und die selbstbewusst unsere Interessen vertreten. Ich habe das alles schon vor 22 Jahren auf meinem Album „Made in Germany“ gesagt. Ein Album, das übrigens nur erscheinen konnte, weil mein Label Four Music mir absolut freie Hand gegeben und mir an keiner Stelle reingeredet hat. Mir geht es nicht nur um mein Schwarzsein, sondern auch darum, wie man mich als Artist behandelt hat, als ich so erfolgreich war. Du steigst aus dem Nightliner und bekommst wegen deiner Hautfarbe kein Taxi. Leute, die dich nicht kennen, behandeln dich wie Dreck. Oder eingeritzte Hakenkreuze im Lack deines Wagens. „Deutschland den Deutschen, Ausländer raus“ – das ist mein Titeltrack, damit bin ich aufgewachsen. Ich habe leider auch nicht mitbekommen, dass mein Album „Made in Germany“ schwarze Kids erreicht hat. Ich habe mich gefragt: Wo sind die alle? Meine Lehre daraus war: Es ist kompletter Unsinn, antirassistische Alben zu machen. Und die Erfahrungen haben nach mir noch andere gemacht. Frag’ mal D-Flame oder Megaloh. Dieses Land ist anders als andere Länder – das musste ich auch erst mal checken. Es gibt keine Erfahrung mit „den Anderen“. In Ländern mit einer sichtbaren Kolonialgeschichte gibt es zumindest eine Idee, warum diese Menschen dort leben – nämlich aufgrund kolonialistischer Expansion. Das ist in Deutschland anders. Weißt du, was ich dafür geben würde, eine Community zu haben, wo ich mich einfach fallen lassen kann? Dass ich so etwas nicht habe, beeinträchtigt mein Leben krass.

Klaus und Franz mit dem Goldkettchen und der Akademiker von der FDP, die haben jetzt ein gemeinsames Thema, und das heißt Migration. Wir haben den Trump-Effekt in Deutschland. Und Schwarze Menschen kommen ganz zum Schluss – wenn überhaupt. Ich habe den Antrittstweet der neuen Migrationsbeauftragten gelesen – come on! Alle Minderheiten werden angesprochen – wir werden mit keinem Wort erwähnt. No black people! Ein EU-Chefdiplomat wie Josep Borell sagt über Europa: „Wir sind ein Garten, der Rest der Welt ist ein Dschungel.“ Die offizielle Migrationspolitik heißt heute Frontex. White guilt, black pride: Es gibt überhaupt kein Bewusstsein für dieses Koordinatensystem. Die EU ist das Schlimmste, was den Afrikanern passieren konnte – solche Barbaren direkt vor ihrer Haustür! Ich habe mich mein ganzes Leben lang minderwertig gefühlt – Lehmhütten im ZDF, Nasenring, Bananenrock und was weiß ich noch alles. Ich habe lange gebraucht, bis ich verstanden habe, wer hier die Barbaren sind. Angela Merkel ist die einzige bedeutende Politikerin, die zugegeben hat: Wir haben uns an Afrika versündigt.

Next Generation Black MCs

Die P und Kozarth über Schwarze Communities

Im Juni 2024 veröffentlichte der Schwarze Rapper Ah Nice den EM-Song „Germany". Sehr eingängig und lässig dekliniert der Rapper aus NRW dort die Qualitäten der Spieler der Nationalelf durch und fasst im Refrain zusammen: „Neuer Start, neues Team, neuer Coach, neues Los / Wir sind wach, wir sind stark, wir sind da, wir sind gut / Lass uns spring', lass uns sing', für unser Team – Germany". Wenige Monate zuvor veröffentlichte Ah Nice einen Song für seine Freunde Benjamin Henrichs und Mohamed Simakan, beides Fußballprofis, die für RB Leipzig spielen. Die *Bild*-Zeitung schrieb daraufhin: „Hip-Hopper kreiert Leipzigs neue Kabinen-Hymne". Ah Nice steht für eine junge Generation Schwarzer Artists, die mit einem neuen Bewusstsein postmigrantische Räume bespielen und Schwarze Identität sehr selbstverständlich in der Mitte der Gesellschaft platzieren.

Auch Kozarth und Die P gehören zu dieser neuen Generation Schwarzer MCs in Almanya. Die Bonnerin Die P ist bei 365XX unter Vertrag, dem ersten All Female Rap Label von Lina Burghausen. Sie war mit Megaloh auf Tour und rappte einen Gastpart auf Afrobs Album „König ohne Land". Der MC Kozarth ist fester Bestandteil der Kölner Musikszene und mischte mit seinem Album „Junz" den HipHop-Underground auf. Die beiden haben mit uns über die Geschichte Schwarzer Identität im HipHop und die neuen afrikanischen Communitys in Almanya gesprochen.

Die P: Es ist immer noch ein Risiko, sich als Schwarzer Mensch in Deutschland zu seiner Schwarzen Identität zu bekennen – vor allem, wenn du dann auch noch politisch wirst. So war es bei Advanced Chemistry mit „Fremd im eigenen Land", so war es bei Afrob mit „Made in Germany", und es war so bei Megaloh mit BSMG. Auf dieser Ebene hat sich nicht viel geändert. Die Mehrheit der Deutschen möchte sich mit Songs, in denen wir von unserem Schwarzen Schmerz sprechen, nicht identifizieren. Deutschland hat zwar eine History mit Afrika, die ist aber nicht so deep und so verwurzelt wie in Frankreich, England oder den USA. Eine Sache hat sich aber doch geändert: Es gibt eine wachsende Generation junger Schwarzer Menschen in Deutschland. Das sind Leute, die HipHop lieben und das auch ganz klar nach außen zeigen und repräsentieren. Schau dir an, wie viele neue MCs und Crews es gibt, an denen Schwarze Menschen beteiligt sind. Das ist deutlich mehr als früher. Und auch wenn sie nicht alle explizite politische Inhalte haben – es sind Schwarze Menschen in einer *weißen* Welt. Und damit sind sie automatisch politisch. Das hat Falk Schacht mir gesagt. Er meinte: Ob du willst oder nicht – du bist eine Schwarze Frau, und du bist eine Rapperin in Deutschland, also bist du politisch.

Kozarth: Es tut mir im Herzen weh, dass Künstlern wie Afrob oder Megaloh in dem Moment, da sie sich politisch äußern, Aufmerksamkeit entzogen wird. Beide haben sich auf der Höhe ihrer Karriere dazu entschlossen, Schwarze Identität, Schwarze Geschichte und Schwarzen Schmerz anzusprechen – also sehr bedeutende Themen. Ich weiß aus meiner Familiengeschichte, was das bedeutet. Mein Vater kam als Gaststudent aus Angola in die DDR und lebte mit vielen anderen Menschen aus Kuba, Mosambik und Vietnam in einem Studentenwohnheim in Chemnitz. Mein Vater hat die ganze Geschichte rechter Gewalt in der DDR erlebt. Kurz nach der Wiedervereinigung wurde ein Freund meines Vaters, Amadeu Antonio Kiowa, von rechten Gewalttätern getötet. Nach ihm ist heute die *Amadeu Antonio Stiftung* benannt. Deshalb war Rap für mich immer eine Ausdrucksform, die über Entertainment hinausgeht. Und für mich war „Platz an der Sonne“ von BSMG das wichtigste Album in der Geschichte von Rap in Deutschland. Es ist das erste Mal, dass Schwarze Geschichte, Schwarze Kultur, Schwarzes Wissen so präsentiert wurden – mit einer Leichtigkeit und einem Flow, der unglaublich ist. Ich bekomme Gänsehaut, wenn ich darüber spreche. Ich saß mit meinen Freunden zusammen, als wir das Album gehört haben, und ich kann euch sagen: Da hat der ein oder andere harte Gangsta eine Träne verdrückt, als wir den Part von Amewu aus dem Song „Geschichtsunterricht“ gehört haben. Für mich für immer und ohne Zweifel: Das beste HipHop-Album in Germany ever.

Die P: Ich hatte schon immer eine afrikanische Community um mich, ob das nun meine Familie war oder der weitere Kreis von Verwandten und Bekannten. Heute gibt es eine junge Generation von Schwarzen Menschen, deren Community noch viel größer ist. Und es gibt Schwarze Künstlerinnen und Künstler, die immer zahlreicher werden. Das war völlig anders in der Zeit, in der Afrob oder Megaloh aufgewachsen sind. Ich saß neulich gemeinsam mit Torch und anderen Leuten in einer Diskussionsrunde, und da ging es auch um Schwarze Identität in der deutschen Geschichte. Torch hat erzählt, dass damals Roberto Blanco der einzige Schwarze war, den man überhaupt öffentlich wahrgenommen hat, weil er regelmäßig im Fernsehen war. Wenn wir schauen, wie sich die Situation bis heute entwickelt hat, dann hat sich unglaublich viel verändert. Denken wir nur an Luciano. Das ist ein Schwarzer Superstar aus Deutschland.

Kozarth: Auch ich habe eine starke Community hier in Deutschland. Es gibt in Almanya inzwischen einige große Schwarze Communitys. Als ich hier groß geworden bin, habe ich mich von Schwarzer Kultur ernährt. Ich habe überhaupt keine Vorstellungskraft davon, wie es ist, ohne Schwarze Kultur und Schwarze Gemeinschaft aufzuwachsen. Ich habe unsere Sprache auf der Straße gelernt. Ich habe politische Arbeit von afrikanischen Menschen gelernt. Ich wurde sehr früh schon politisiert und mit dem panafrikanischen Gedanken vertraut gemacht. Und genau darum geht es ja in „Platz an der Sonne". Es gibt so viele Schwarze Jugendliche aus Bonn, Köln, NRW, die so sozialisiert sind, die sind alle durch diese panafrikanische Schule gegangen. Panafrikanismus bedeutet, dass wir zuerst auf uns schauen, weil wir die Völker sind, die unterdrückt wurden. Wir dürfen unsere Angelegenheiten nicht aus den Augen verlieren. Panafrikanismus hat mich gelehrt: Wenn ich Schwarze Musik mache, dann mache ich Schwarze Musik. Für meine Leute. Das ist unsere Kunstform. Wenn du als *weiße* Person damit relaten kannst, dann bist du herzlich eingeladen. Aber sei dir bewusst: Meine Kunst ist Musik von Schwarzen für Schwarze. Period. Das ist Panafrikanismus im HipHop. Und so denken viele Schwarze der neuen Generation. Das war bei der Generation von Samy Deluxe und Afrob noch anders. Als ich Samy mal im Studio getroffen habe, haben wir über dieses Thema gesprochen. Er meinte, dass er diese Community-Erfahrung in seiner Jugend nicht hatte, und dass er das afrikanische Selbstbewusstsein und den Stolz meiner Generation großartig findet. Die Realität in den 1980ern und 1990ern war, dass du als Schwarzer Mensch fast immer alleine warst. Diese Vorstellung wiederum fand ich total krass, und es hat mir ein Gefühl dafür gegeben, wie die Dinge sich verändert haben. Rückblickend sind wir dankbar dafür, dass es Afrob, Samy, Megaloh und Brothers Keepers gab. Wir stehen heute auf ihren Schultern.

Schwarze G.I.s – die Geburtshelfer der HipHop-Kultur in Almanya

Wenn das Jugendzentrum die Wiege der HipHop-Kultur in Almanya war, dann waren die Schwarzen G.I.s die Geburtshelfer. Ihr Einfluss auf die Entstehung und Entfaltung von Breakdance, Rap, DJing und Graffiti ist ein bis heute nur spärlich untersuchtes Kapitel der Old School in Almanya. In der HR Doku „Dichtung und Wahrheit" bekommt man einen Eindruck davon, wie bedeutsam diese Connection für Frankfurt war. Auch Die Fantastischen Vier haben in ihrer Autobiografie betont, dass sie Rap in den Stuttgarter Clubs über Schwarze G.I.s kennenlernten. Und in der Netflix-Serie „Almost Fly" wird den Schwarzen amerikanischen Soldaten ein entscheidender Einfluss bei der Entstehung von deutschsprachigem Rap zugeschrieben.

Etwas verunglückt wirkt dagegen die Mockumentary „Blacktape" von Sékou Neblett, die im Jahr 2015 in den deutschen Kinos lief. Hier machen sich die Rap-Journalisten Falk Schacht und Marcus Staiger auf die Suche nach einem verschollenen Demotape, auf dem angeblich die ersten deutschsprachigen Reime überhaupt dokumentiert sind. Zum Schluss stellt sich heraus, dass dieses Tape von einem deutschen Rapper aufgenommen wurde, der sich bewusst der englischsprachigen Dominanz im HipHop entgegenstellen wollte. Auf einer plötzlich aufgetauchten Videoaufnahme sieht man, wie der Rapper vermummt die Bühne einer HipHop-Party stürmt, die in einer amerikanischen Kaserne stattfindet. Er drängt sich an den G.I.s vorbei, die alle auf Englisch rappen, und performt dann selbstbewusst seine deutschen Reime. Dadurch entsteht der Eindruck: Der „deutsche" Rap müsse sich empowern und von der amerikanischen Vormundschaft durch einen Befreiungsschlag emanzipieren – als ob es an der Zeit wäre, „dem Selbstbewusstsein der Engländer oder Amerikaner irgendwas entgegenzusetzen", wie es Michael Reinboth 1991 in den Liner Notes zu dem Sampler „Krauts With Attitude" formuliert hatte. Auch wenn „Blacktape" als Mockumentary nicht den Anspruch hat, historisch „wahre" Begebenheiten abzubilden, bleibt das Narrativ schräg, weil es im Kontrast zum bedeutenden Einfluss steht, den Schwarze G.I.s auf die Entstehung einer postmigrantischen Old School in Almanya hatten.

Stöbert man in den Biografien von Old Schoolern aus Almanya herum, so findet man oft eine Spur, die entweder in eine amerikanische Kaserne führt oder in einen von Schwarzen G.I.s besuchten Club. Im Fall von Gerry Bachmann, der als Cutmaster GB schon in den frühen 1980er Jahren im Austausch mit amerikanischen G.I.s stand, kam die Verbindung über Graffiti zustande. Rico Sparks, ein in Frankfurt stationierter Soldat, vermittelte Gerry sogar

Kontakte zur legendären CIA-Crew, einem Zusammenschluss von Graffiti-Writern aus New York. Über Rico Sparks und andere G.I.s lernte Gerry Bachmann schließlich viele Pioniere der New Yorker HipHop-Old-School kennen wie Grandmaster Caz oder die Rock Steady Crew.

Über die Schwarzen G.I.s fand ein Kultur- und Wissenstransfer statt, der für die junge HipHop-Kultur in Almanya von großer Bedeutung war. Schließlich gab es in den 1980er Jahren weder Szeneläden noch YouTube, über die man sich hätte informieren können. Vor der Nationalisierung und *Weiß*waschung der HipHop-Kultur, die in den 1990er Jahren einsetzte, verstand sich die postmigrantische HipHop-Community ganz selbstverständlich als Teil einer globalen, afro-diasporischen Kultur. An vielen Stellen kam es auch zur Zusammenarbeit zwischen einheimischen HipHop-Heads und amerikanischen G.I.s. So waren Bionic Force oder die We Wear The Crown Posse aus Frankfurt transnationale Crews, an denen Schwarze G.I.s beteiligt waren, und von denen einige der ersten Tonträger der jungen HipHop-Kultur in Almanya stammten.

Der aus München stammende Old-School-Writer Katmando betont im Interview mit dem *All Good* Magazin, dass in dieser Zeit nicht wenige Kooperationen entstanden sind:

> *„Ich wollte mal eine Compilation rausbringen, die sich mit dem Themenkomplex ‚G.I. Rap' befasst. Ich verstehe darunter Musik, die in Deutschland stationierte US-Soldaten oder deren Angehörige gemeinsam mit Locals aufgenommen haben – ich sage bewusst ‚Locals' statt ‚Deutsche', denn das waren meistens Türken, Jugoslawen und Griechen. Solche Aufnahmen gab es vor allem im Frankfurter oder Nürnberger Raum. Die klangen meistens grauenhaft, aber man stand sich da erstaunlich gleichberechtigt gegenüber."*

Was man bei diesem Thema nicht vergessen darf: Die Schwarzen G.I.s waren in der deutschen Gesellschaft, aber auch innerhalb der Kasernen und im Rahmen des amerikanischen Militärs einem strukturellen Rassismus ausgesetzt. HipHop war für sie eine kulturelle Heimat und ein Werkzeug des Empowerments. Katmando erinnert sich an die Situation der Schwarzen G.I.s in München:

> *„Das war alles sauber getrennt damals: die Community-Disco in der Kaserne war für die Weißen, und die Schwarzen mussten sich was suchen. Also entstanden Spezialisten-Clubs wie das California, das Cadillac, das Rock-In oder eben das East Side. Die DJs – DJ Romeo, DJ Randy Records oder deren Ziehvater DJ Goldie – besorgten sich die Platten aus der Import-Abteilung vom WOM oder auch direkt von den G.I.s."*

Charlie Ahearn, Regisseur des Old-School-Kultfilms „Wild Style“, kam 1983 in Berlin mit einer Gruppe Teenager türkischer Herkunft ins Gespräch und wunderte sich, wie gut die Jugendlichen über HipHop informiert waren. „Die wissen mehr als ich darüber, was in den letzten zwei Monaten in New York los war“, stellte er verblüfft fest. Das lag unter anderem an den Schwarzen Soldaten aus den USA, die die überschaubaren aber wachsenden HipHop-Community wie ein kleines Geschwisterkind annahmen, begleiteten und anleiteten. Die transnationalen Begegnungen zwischen Schwarzen G.I.s und postmigrantischen HipHop-Kids bergen großartige Geschichten in sich. Geschichten, die bis heute kaum erzählt sind. In der HipHop-Dokumentation „LeidenSchafft“ des Regisseurs Mirza Odabaşı erinnert sich Amigo, Mitbegründer der Breaking-Crew Flying Steps:

> *„Da kam einmal ein Tänzer, der hat eine Windmill gemacht. Die Windmill war schnell und sauber, eine Technik, die er beherrscht hat. Und ich hab' mir den sofort geschnappt und gefragt: ‚Wer bist du? Woher kannst du so einen Move?‘ Wir kannten das ja nur aus den Videos. Und er sagte: ‚Ich komme aus Amerika. Ich bin ein Soldat.‘ Ach, ein Soldat? Ich hatte soweit gar nicht gedacht: Amerikanische Besatzung, Berlin, die Teilung. Und dadurch wurde mir klar: Amerikaner leben auch hier, und die sind Soldaten. (...) Und wir haben eine Sprache mit denen gefunden.“*

Tic Tac Toe – die vergessene Black Super Women Group

Im Juni 1991 kurz vor den Sommerferien hatte ich, Hannes, einen Auftritt im Jugendzentrum Wermingsen in Iserlohn. Ich war einer der wenigen MCs in unserer Kleinstadt, hatte aber im JuZ viele Gleichgesinnte gefunden, die auch HipHop liebten, die breakten, Graffiti sprühten oder beatboxten. Der Auftritt fand um 17 Uhr nachmittags statt, weil das Jugendzentrum schon um 20 Uhr schloss. Mein Homie Cesar, ein begnadeter Beatboxer, unterstützte mich. Ansonsten gab es Beats vom Band – vor allem Instrumentals von meinen amerikanischen Lieblingsrappern. Alle Leute, die an diesem Nachmittag kamen, kannte ich. Wir hingen regelmäßig im JuZ ab und immer, wenn es irgendetwas gab, das mit HipHop zu tun hatte, waren alle da. Alle bedeutet, dass etwa 20 Leute kamen. Mein Homie Babak Soultani war da, der heute den Graffiti-Laden Dedicated in Köln leitet. Aber auch Liane war am Start, ein Schwarzes Mädchen aus der Nachbarschaft. Von Freunden wusste ich, dass sie manchmal auf Instrumentals rappte, ich hatte sie aber noch nie live gehört. Liane war damals 16 Jahre alt, und als ich nach drei oder vier Tracks das Mikro freigab, kam sie auf die Bühne. Sie rappte einen englischen Text auf den Beat von „The Message", was sich wirklich cool anhörte. Vor allem hatte Liane eine krasse Präsenz auf der Bühne. Sie war ein MC, das merkten alle sofort.

Vier Jahre später wurde Liane Teil des Rap-Trios Tic Tac Toe. Als Lee prägte sie mit ihrer markanten Stimme und ihrem offensiven, proletarischen Style wesentlich den Charakter der Gruppe. Mit über drei Millionen verkauften Tonträgern zählen Tic Tac Toe zu den erfolgreichsten deutschen Bands überhaupt. Was aber noch viel bedeutsamer ist: Lee, Jazzy und Ricky waren drei Schwarze Frauen, die in einer durch und durch *weißen* und bürgerlichen Popkulturszene selbstbewusst rappten: „Wer hat Angst vor schwarzen Frauen?" und die sich über machistisches Männergehabe lustig machten. In bestem Ruhrpottslang stellten sie 15 Jahre vor Schwesta Ewa klar: „Wir schicken uns're Macker auf'n Strich / Und parieren se' nicht, gibt et wat in's Gesicht."

Es gibt sehr viele Gründe, sich an Tic Tac Toe als empowerndes und innovatives Rap-Trio zu erinnern und ihnen einen Ehrenplatz in der Geschichte von HipHop in Almanya einzuräumen. Nur leider passiert das nicht. Kein Buch, kein Podcast und kein Film mit dem Anspruch HipHop-Geschichte in Almanya abzubilden, hat sich bisher angemessen mit der Relevanz der Band auseinander gesetzt. Stattdessen werden Lee, Jazzy und Ricky als kurioses, aber kurzlebiges Girlie-Phänomen gelabelt, als schrille Skandalnudeln, für die sich irgendwelche Mainstream-Teenies interessierten. Immer wieder höre ich: Tic Tac Toe seien keine ernst zu nehmenden Rapperinnen gewesen, weil sie ihre Texte nicht alleine schrieben. Kein Wort über ihre enorme Courage, dass sie in einem von Männern dominierten Genre solche uniquen Themen platzierten. Kein Wort über ihre herausragende Bedeutung für unzählige (Schwarze) Mädchen, die sich durch die Rapsongs von Lee, Jazzy und Ricky empowered fühlten, und von denen viele dann selbst aktiv wurden. Der Podcaster, Moderator und Schauspieler Dominik Djialeu ist einer der wenigen, dem diese Schieflage auffällt, und der ausdrücklich auf die enorme Bedeutung von Tic Tac Toe hinweist. In einem Gastbeitrag für das *jetzt* Magazin der *Süddeutschen Zeitung* schreibt er im Jahr 2021:

> *„Selten sprechen wir heute darüber, wie weit voraus Tic Tac Toe ihrer Zeit waren, wie sie die deutsche Popkultur geprägt haben, wie sie Themen behandelt haben, die zum einen noch heute aktuell sind und zum anderen erst jetzt wirklich vom Mainstream und in feministischen Debatten gewertschätzt werden. Wie zum Beispiel sexuelle Selbstbestimmung oder Diskriminierung aufgrund der Herkunft. Sie haben sich nicht angepasst, um dem weißen Deutschland besser zu gefallen, und sie haben nicht versteckt, dass sie sauer waren und sich auch von Männern nichts gefallen ließen. Das hat unbewusst eine ganze Generation geprägt und ist bis zum Aufkommen der Band SXTN im Jahr 2017 in dieser Form einzigartig geblieben."*

Und in der Streitschrift „Rapresent whom?" stellte die HipHop-Forscherin Heidi Süß schon 2020 die berechtigte Frage, welche Rolle das Trio für die Entwicklung von Straßenrap in Almanya hatte:

> *„Das 1995 (!) gegründete, sehr erfolgreiche weibliche Sprechgesangs-Trio Tic Tac Toe ließe sich in Sachen Attitüde und Sprach-Habitus übrigens durchaus zu den Wegbereiter_innen des dt. Gangsta-Rap rechnen. Jedenfalls ist es eine Tatsache, dass Lee, Jazzy und Ricky auf viele weiblich* sozialisierte HipHop-Fans einen nachhaltigen Eindruck hinterlassen haben."*

Erst langsam wird überhaupt klar, welche Pionierarbeit Tic Tac Toe in den 1990er Jahren geleistet haben. Einige junge Journalist:innen entdecken die Band wieder und weisen darauf hin, welche bemerkenswerte Aufklärungsarbeit von den drei jungen Frauen mit ihrer Musik geleistet wurde. So sorgte Veronika Vielrose mit einem Beitrag für *hiphop.de* im November 2022 dafür, dass Tic Tac Toe völlig zu Recht in die Liste der zwölf einflussreichsten Frauen aufgenommen wurden, die Rap in Almanya wesentlich prägten. Die Autorin schreibt dazu:

> *„Mithilfe ihrer schieren Existenz stellten Tic Tac Toe für viele Frauen, aber auch für People Of Colour Identifikationspersonen dar und können auch heute noch als Vorreiterinnen für andere Rapperinnen oder auch Gruppen wie SXTN wahrgenommen werden."*

Es gibt auch Rapperinnen, die sich auf die Gruppe beziehen und sie so ins kollektive HipHop-Gedächtnis zurückholen. So releaste die Rapperin Antifuchs 2020 den Song „Ich find euch scheiße", in dessen Hook sie den Tic-Tac-Toe-Hit „Ich find dich scheiße" zitiert. Im Interview mit dem *Musikexpress* lässt sie keinen Zweifel darüber, welchen Stellenwert sie Lee, Jazzy und Ricky rückblickend einräumt:

> *„Tic Tac Toe haben Unglaubliches geschaffen. Die waren einfach sehr provokant und mutig für die Zeit. Wenn ich daran denke, wie ich vor 10 Jahren belächelt wurde, als ich angefangen habe. Und für Tic Tac Toe muss das ja noch schwieriger gewesen sein. Das waren starke Frauen, die sich mit harten Texten positioniert haben. Egal ob für die Texte geschrieben wurden, die haben auf jeden Fall etwas für Frauen im Rap bewirkt. Realness hin oder her. Ohne die gäbe es uns vielleicht gar nicht."*

Tic Tac Toe waren zwischen 1995 und 1997 als Band aktiv und haben zwei Alben veröffentlicht. Ihre Songs hielten sich über Monate in den Top Ten und fanden Millionen von Hörer:innen. Lee, Jazzy und Ricky sind die großen Schwestern von SXTN, Bounty & Cocoa, Eunique, Die P, Ace Tee und vielen anderen starken Frauen, die die postmigrantische Rap-Community von heute prägen. Es wird Zeit, den drei Rapperinnen aus dem Ruhrgebiet den Respekt und den Stellenwert zu geben, den sie verdienen.

Schwarze Frauen im Deutschrap

Zwischen Inspiration und Aneignung

Bei unserer Recherche für das Kapitel „Fear Of A Black Germany“ stießen wir auf den Artikel „Frauen im deutschen Hip-Hop: Die unsichtbare Schwarze Rapper*in“. Laura von Asseburg hatte den Text 2021 im *BlaxMag – das Schwarze Online-Magazin* veröffentlicht. Wir nahmen Kontakt zu Laura auf und für REMIX ALMANYA aktualisierte sie ihren Beitrag.

Die unsichtbare Schwarze Rapper:in

Von Laura von Asseburg

Wo sind sie, die Schwarzen Frauen im HipHop? Wo beginnt kulturelle Aneignung von Schwarzer Ästhetik? Und warum ist der HipHop in Deutschland in der Regel nicht-Schwarz? Wir finden im Jahr 2024 auch afrodeutsche Rapper:innen in den Charts, natürlich. Trotzdem bilden sie eine Minderheit. Auch gibt es eine Diskrepanz zwischen der Sichtbarkeit von Schwarzen Männern und Schwarzen Frauen im Deutschrap-Mainstream. Gleichzeitig sind die ästhetischen Merkmale Schwarzer Frauen so stark präsent wie nie zuvor. Wie ist es dazu gekommen?

Boss Bitches und Blackfishing im Rap-Biz

Wer erinnert sich noch an Brixx? Die deutsch-ungarische Rapperin kam als Kind nach Deutschland. Sie gehörte zur Riege der ersten erfolgreichen Rapperinnen in Almanya. Auf einer HipHop-Party in Kassel kam Brixx Mitte der 1990er Jahre mit amerikanischem Rap in Berührung. Auffallend war ihr Fashion-Stil, genauer gesagt die Art, wie sie ihre Haare stylte. Sie trug Frisuren, die häufig von Schwarzen und afro-diasporischen Menschen getragen wurden. So hätte man sie auf den ersten Blick auch als nicht-*weiß* lesen können

Shirin David ist aktuell die erfolgreichste Frau im Deutschrap-Business. Die aus bürgerlichen Verhältnissen stammende Künstlerin erlangte ihre ersten Erfolge auf YouTube. Ihre Texte und Videos sind deutlich inspiriert von erfolgreichen US-Rapperinnen. Auch auf ihren Social-Media-Kanälen ist unverkennbar, dass sie sich an der Schwarzen Ästhetik ihrer US-Vorbilder orientiert. In Musikvideos wie „On Off“, „Fliegst du mit“ oder „Never Know“ trägt sie dunkles Make-up und lockige Perücken. In einigen Videos tritt sie umrahmt von Schwarzen Tänzer:innen auf, was den Eindruck erweckt, als wolle sie sich in ein „Schwarzes Bild“ stellen.

2019 bekam sie wegen der Aneignungen solcher kultureller Versatzstücke negative mediale Aufmerksamkeit, und es wurde ihr „Blackfishing" vorgeworfen. „Blackfishing" bedeutet, dass sich *weiße* Menschen an Elementen bedienen, die sie Schwarz wirken lassen. Ein weiteres aktuelles Beispiel für diese Praxis ist die Rapper:in Loredana. Sie trägt regelmäßig Perücken – auf Social Media, in Musikvideos, auf Konzerten.

Sich von Musiker:innen einer anderen Kultur oder Hautfarbe inspirieren zu lassen, kann Empowerment sein. Sobald jedoch Aussehen und Attitüde imitiert werden, fangen die moralischen Grenzen an zu verschwimmen. Wo hört Inspiration auf? Wo beginnt kulturelle Aneignung? Die derben Motivationsbotschaften, das Aufwerten des eigenen Körpers und der Sexualität sowie die Idee der „Boss Bitch" sind untrennbar an die Geschichte der Erniedrigung von Schwarzen Frauen gekoppelt. Dazu gehören zum Beispiel die Verspottung von großen Nasen, vollen Lippen und eines üppigen Hinterns. Schwarze Rapper:innen wie Nicki Minaj oder Megan Thee Stallion haben diese körperlichen Attribute in ihren Texten in etwas Positives, Cooles umgedeutet. Wenn nicht-Schwarze Frauen in Deutschland sich diese Attitüde aneignen, um cool zu wirken, bleibt das Wichtigste auf der Strecke: Die Auseinandersetzung mit der Abwertung von Schwarzen Frauenkörpern, ihrer Art zu sprechen und ihrer Ausstrahlung. All das wird im Deutschrap ausgeblendet. Stattdessen werden Ästhetiken Schwarzer Körper wie Verkleidungen genutzt, an denen sich *weiße* Künstler:innen bedienen.

Rhythm ohne Blues

Um die Problematik zu verstehen, braucht es eine historische Einordnung. Im 18. Jahrhundert wurden Schwarze Frauen in Amerika durch das Gesetz gezwungen, ihre Haare zu bedecken, um zu zeigen, dass sie der Sklavenschicht angehörten. Auch deswegen begannen Ende des 19. Jahrhunderts viele Schwarze Frauen, ihr Haar zu glätten, um sich unauffällig in die Gesellschaft einzufügen und soziale Diskriminierung zu vermeiden. Zur Zeit der Apartheid wurde an Schwarzen Südafrikaner:innen der „Bleistifttest" durchgeführt. Man prüfte, ob ein Bleistift im Haar hängenbleiben würde. Wenn er nicht durch das Haar auf den Boden fiel, galt man als nicht-*weiß* und wurde entsprechend diskriminiert. Um gesellschaftlich akzeptabler zu erscheinen, nutzten Schwarze Menschen immer öfter Perücken. Heutzutage gelten Afrohaare immer noch als „unprofessionell" oder „wild". Auch aktuell tragen viele Schwarze Frauen (besonders Musiker:innen) Perücken – oft als selbstbewusstes und empowerndes Statement. Wenn nicht-Schwarze Künstler:innen Perücken in diesem Stil tragen, wird diese Inszenierung vom historischen Kontext des Rassismus entkoppelt, da sie nicht das Leid der Diskriminierung an den eigenen Haaren erfuhren. Nun, da eine Zeit erreicht wurde, wo Schwarzsein als etwas Cooles und Vorteilhaftes gesehen wird, sollten wir es kritisch hinterfragen, wenn sich nicht-Schwarze Menschen aus kommerziellen Gründen die positiven Eigenschaften des Schwarzseins aneignen.

Aber handelt es sich nicht um einen wertschätzenden Dialog der Kulturen? Nein – denn eine Schwarze Hautfarbe wird medial immer noch systematisch ausgegrenzt. Schauen wir noch einmal auf Brixx und Shirin David: Die Stile der Frauen suggerieren „Exotismus" und legen die Assoziation nahe, dass die Musiker:innen Schwarze Wurzeln haben. Ihre Erscheinung ist nah genug am europäischen Schönheitsideal. Und doch sehen sie dunkel genug aus, um sich abzuheben und vermeintlich in das Schwarze Hip-Hop-Bild zu passen. Hinzu kommt: Sie können ihre „Schwarze Ästhetik" ohne Probleme und jederzeit ausziehen. Racial Profiling oder rassistische Übergriffe werden für sie nicht zur Gefahr. Die Berliner Rapperin Nura bringt es in einem ihrer Songs auf den Punkt: „Sie wollen unseren Rhythm doch nicht unseren Blues."

Mythos Solidarität: Feminismus, Blackness und Gender

Aber die Mehrheit der Artists sind doch heute im Deutschrap People Of Color! Sitzen Women Of Color und Schwarze Frauen nicht in einem Boot? Wenn Apache 207, Celo & Abdi, Eunique oder Josi vom Leben in der Platte, vom Hustlen oder Rassismus rappen, hat man als Hörer:in eine ganz andere Verbindung dazu, als bei nicht-Schwarzen oder gut bürgerlichen Künstler:innen. Und doch ist es immer noch so, dass im Mainstream deutlich mehr Women Of Colour als Schwarze Frauen sichtbar sind.

Sitzen People Of Color und Schwarze Rapper:innen nun im selben Boot? Shirin David, Loredana und auch Brixx haben einen Migrationshintergrund, sie sind allerdings nicht von anti-Schwarzem Rassismus betroffen. Wenn wir zum Thema Street Credibility/Class kommen, lassen sich vielleicht Gemeinsamkeiten finden. Schicht, Herkunft und Diskriminierungserfahrungen sind Aspekte, die sich überschneiden. Und doch ist die Sache komplizierter. Die Idee von der Solidarität zwischen Migrant:innen und Schwarzen Menschen im Deutschrap ist wichtig, sollte aber vor dem Hintergrund realer Hierarchien betrachtet werden. Frauen im Deutschrap sorgen für mehr Diversität. Sie beeinflussen ganze Generationen von Mädchen und jungen Frauen – nicht zuletzt, da Rap von Frauen oft an feministische Bewegungen anknüpft. Frauen im Deutschrap vertreten jedoch in vielen Fällen einen *weißen* Feminismus – auch wenn ihnen das nicht immer bewusst sein mag.

Die inzwischen sehr erfolgreiche Darstellung der selbstbewussten und selbstermächtigten Frau erfolgt im Deutschrap mit Bildern, die Karriere sowie selbstbestimmte Beziehungen und Sexualität in den Mittelpunkt stellen. Die erfolgreichen Rapper:innen schaffen Repräsentation in einem männlich dominierten Genre. Demgegenüber finden die Perspektiven der Schwarzen Frauen kaum eine Plattform, um einen sichtbaren Dialog zu starten. Die Rapperin Nura ist hier eine Ausnahme. Mit Titeln wie „FUBU", „Eine gute Frau" oder „Niemals Stress mit Bullen" stellt sie Themen wie Rassismus, Sexismus, Homophobie und Migration ins Zentrum ihrer Texte. Auf „FUBU" rappt sie:

> Bros before Hoes, doch deine Brüder würden mich daten
> Seid nicht Teil meiner Kultur, also könnt ihr nicht relaten
> Jetzt wollen alle dicke Lippen, aber damals nur am haten

Die Rapperin Aisha Vibes, deren Markenzeichen unter anderem ihr starker Einsatz englischer Passagen ist, erinnert ironisch daran:

> But fact is now they wanna be black
> They tryna bite, 'cause we mad (...)
> Bitch, tell me tea, you did surgery

Auch die Künstlerin Leila Akinyi greift im Lied „Afro Spartana" diese Themen auf und fragt provokant: „Wer hat Angst vor der schwarzen Frau?" Doch solche Kritik führt nicht zu einer wahrnehmbaren Debatte – weder im Mainstream noch in den Deutschrap-Medien. Schwarze Frauen sind noch immer in der Minderheitenposition im Deutschrap. Das hat auch etwas mit dem fehlenden Zusammenhalt von Schwarzen Männern und Schwarzen Frauen zu tun. Die Platzierung von Schwarzen Frauen im Deutschrap ist immer noch mehr Dekoration als echte Repräsentation. Der Erfolg steht für jüngere Schwarze Künstler in den meisten Fällen über dem Bedürfnis, sich mit Schwarzen Frauen im Rap solidarisch zu zeigen. Denn: Offen für die angemessene Repräsentation Schwarzer Frauen im Deutschrap einzutreten, könnte den eigenen Erfolg in Gefahr bringen. Weitere Gründe dürften internalisierter Sexismus sein oder das mangelnde Gemeinschaftsgefühl Schwarzer Communitys in Deutschland.

Dass man als Schwarze Person in Deutschland doppelt so hart für etwas arbeiten muss, haben viele afrodeutsche Kinder von ihren Eltern gehört. Das gilt definitiv auch für Rap – ein Genre, das man für einen Ort der Schwarzen Gemeinschaft halten könnte. Jedoch darf dabei nicht vergessen werden: Auch die Deutschrap-Industrie wandelt sich. Durch das Internet können sich Rapper:innen systematischer eine Fanbase aufbauen oder von ihrer Zielgruppe entdeckt werden. Auch in den Charts spiegelt sich wider, dass Deutschrap diverser geworden ist. Wie sich das Bild vom Schwarzsein im Deutschrap in den nächsten Jahren wandeln wird, wird sich zeigen. Doch auch wenn die Musikindustrie sich verändert – ohne Solidarität geht es nicht.

Die blinden Flecken von 1968

Ein Gespräch mit Pablo Schmelzer über den Einfluss afrikanischer Studierender und Schwarzer G.I.s auf die Student:innen-Bewegung

Pablo Schmelzer kommt aus Heidelberg und ist Mitarbeiter des *Instituts für Sozialforschung* in Hamburg. Er hat Geschichte, Literatur- und Kulturwissenschaft an den Universitäten Bonn, Paris (Panthéon-Sorbonne) und Göttingen studiert und beschäftigt sich mit der Geschichte sozialer Bewegungen, postkolonialer Theorie und rechter Gewalt. Wir haben mit ihm über den Einfluss Schwarzer und außereuropäischer Stimmen auf die 68er-Bewegung in Almanya gesprochen.

Murat und Hannes: *Wie bist du dazu gekommen, dich mit der Geschichte der antirassistischen Bewegungen in der Bundesrepublik Deutschland zu beschäftigen?*

Pablo Schmelzer: Schon im Studium habe ich mich mit dem Einfluss von Studierenden aus dem globalen Süden auf die Studentenbewegung in Deutschland befasst. Das Thema ist spannend, weil es auf sehr viele Blindstellen im Erinnern an 1968, aber auch auf Lücken in der Forschung verweist.

Woher kommen diese blinden Flecken?

Eine Erklärung ist, dass die Geschichte von sozialen Bewegungen oft von Akteuren aus den sozialen Bewegungen selbst geschrieben wird. Und die Stimmen, die in diesem Kontext am lautesten sind, sind nicht die Stimmen der außereuropäischen Studierenden aus dieser Zeit. Das führt zu einem eher *weißen* Erinnern. Aber es hat auch mit einer grundsätzlichen Farbenblindheit der bundesdeutschen Gesellschaft zu tun, in der bis heute die Revolte von 1968 als ein *weißes* Phänomen verstanden wird. Lange wurde der Internationalismus und das Ausgreifen der 68er-Bewegung auf die Befreiungsbewegungen des globalen Südens vor allem als Projektionsfläche für die eigenen rebellischen Vorstellungen und Träume der *weißen* Studierenden begriffen.

In der jungen HipHop-Kultur in Almanya gab es in den 1980er Jahren viele prägende Begegnungen zwischen postmigrantischen Aktivist:innen und amerikanischen G.I.s. In deinem Buch „Black and white, unite and fight. Die deutsche 68er-Bewegung und die Black Panther Party", beschreibst du, dass es eine Kooperation zwischen Einheimischen und Schwarzen Soldaten schon früher gegeben hat.

Ich habe mir in meinem Buch angeschaut, wie die *Black Panther Party (BPP)* ausgehend von Oakland, aber auch von Algier über Eldridge Cleaver als Außenminister der *BPP* Einfluss zu nehmen suchte, auch auf die Studentenbewegung in Deutschland. Dabei wurden sowohl afroamerikanische G.I.s adressiert, die in Deutschland stationiert waren, als auch *weiße* deutsche Studierende. Cleaver hat damals dem *Spiegel* ein Interview gegeben und dort dazu aufgerufen, aktiv diese Protestallianz zu formieren. Und das ist auch tatsächlich passiert. 1969 wurde ein *Black Panther Party* Solidaritätskomitee gebildet, und es kam zu einer kurzen aber wirkmächtigen Allianz zwischen *weißen* Studierenden und afroamerikanischen Soldaten. Es gab hier zum Beispiel eine Zusammenarbeit bei der Produktion illegaler Zeitschriften, die auch von Schwarzen G.I.s geschrieben und herausgebracht wurden. Hier unterstützten die *weißen* Studierenden beim Druck und Vertrieb – oft mit Geldern des *Sozialistischen Deutschen Studentenbundes (SDS)*.

War diese Allianz erfolgreich?

Es gab hier durchaus auch Reibungen und Missverständnisse und zwar auf unterschiedlichen Ebenen. Einerseits in dem Verständnis, was überhaupt Rassismus bedeutet. Hier sind die von den G.I.s verfassten Untergrundzeitschriften eine wertvolle Quelle. Auf der anderen Seite gibt es Protokolle und Mitschriften der *weißen* Unterstützergruppen, die uns einen Einblick geben, wie diese Rassismus einordnen. Und hier wird klar: Die *weißen* Studierenden bewerten Rassismus als „Nebenwiderspruch" des Kapitalismus, der sich mit Einführung der sozialistischen Gesellschaft von selbst erledigt. In den Untergrund-Publikationen der Schwarzen G.I.s sieht das anders aus. Hier war „The Voice of the Lumpen" (in Anspielung auf das Lumpenproletariat bei Karl Marx) besonders wichtig, eine Zeitschrift, die sich als Zentralorgan der Black Panther Party verstand. Rassismus wird dort als Lebensrealität beschrieben. Dann darf nicht vergessen werden: Einige der Schwarzen G.I.s waren stark von der Black Power Bewegung inspiriert und hatten ohnehin keine große Lust, mit *weißen* Studierenden zusammenzuarbeiten. In seinem autobiografischen Essay „Die Reise" aus dem Jahr 1968 erinnert sich etwa Bernward Vesper, wie der Bürgerrechtler und Aktivist Stokely Carmichael 1967 auf einem Londoner Kongress die Frage eines Zuhörers, was er als *Weißer* zum Kampf der Black-Power-Bewegung beitragen könne, mit: „Go home, kill father and mother, hang up yourself" beantwortet hat.

Wie haben die deutschen Studierenden darauf reagiert?

Für sie war das eine komplett neue Erfahrung. Die waren völlig überrascht, dass „ihr" revolutionäres Subjekt nicht bereit war, mit ihnen zusammenzuarbeiten und auch nicht von ihren politischen Ideen zwangsbeglückt werden wollte. Diese Ablehnung hat wiederum Reflexionsprozesse innerhalb der *weißen* Unterstützergruppen ausgelöst, die dann darüber diskutiert haben, wie sie diesen Widerstand von solchen Black-Power-G.I.s überwinden könnten.

Wurde denn auch auf Seiten der afroamerikanischen G.I.s über das Verhalten der weißen Studierenden reflektiert?

Hier kann man in den Zeitschriften der G.I.s einige interessante Debatten nachlesen. Die waren nämlich über manche Formen der kulturellen Aneignung ziemlich irritiert, die es in der *weißen* Unterstützer-Szene gab. Dort wurde zum Beispiel der Nonkonformismus des Tragens von langen Haaren verglichen mit der Diskriminierung, die man aufgrund einer dunklen Hautfarbe erfährt. Auch eignete sich die linke Szene Versatzstücke der Schwarzen politischen Kultur völlig unreflektiert an, wie zum Beispiel den Black-Power-Gruß. Es gab immer wieder den Versuch, mit dem Objekt der Solidarität symbolisch zu verschmelzen. So kursierte in der West-Berliner-Szene der Begriff des White Negro. Hier kommt auch der Konsum von Schwarzer Musik ins Spiel und das merkwürdige Bemühen der *weißen* Unterstützer, hierbei das „richtige Feeling" haben zu wollen – also die Kompetenz zu besitzen, Blues, Jazz oder Soul „richtig" zu hören. Es wurde also als ein Teil aktiver Solidarität verstanden, die identitären und lebensweltlichen Differenzen zu transzendieren und selbst „Schwarz" zu werden. Das hat auf Seiten der afroamerikanischen G.I.s zu einem klaren Widerspruch geführt. Es wurde zum Beispiel schlicht daran erinnert, dass man sich lange Haare abschneiden kann.

Was sind wichtige Themen in der Geschichte des außereuropäischen antirassistischen Widerstands in Almanya, die noch besser untersucht werden sollten?

Ich finde die Frühgeschichte von 1968 besonders interessant und hier vor allem die so genannten Dritte-Welt-Arbeitskreise. Welchen konkreten Einfluss hatten die afrikanischen und asiatischen Studierenden auf die beginnende Studentenbewegung? Das ist alles noch nicht richtig untersucht. Ein weiteres Thema, das bisher wenig aufgearbeitet ist, sind die migrantischen Zusammenschlüsse zum Zwecke einer antirassistischen Selbstverteidigung, die in der bundesrepublikanischen Gesellschaft spätestens nach dem Mord an Ramazan Avcı in Hamburg 1985 sichtbar werden. Hier gab es Vereinigungen wie die *Wilhelmsburger Türken Boys* oder die *Antifa Gençlik*, die sich 1988 in Berlin gründete. Und dann hast du auch Gruppierungen wie die *Black Panther Wedding*, die sich in ihrer Namensgebung konkret auf die *Black Panther Party* beziehen. Hier spielt die Vermittlung über die HipHop-Kultur eine wichtige Rolle. Aber letztendlich stehen diese Berliner Jugendlichen in einer Traditionslinie mit Oakland: Sie fordern das Recht ein, sich gegen rassistische Angriffe zu verteidigen, weil sie vom Gewaltmonopol des Staates nicht ausreichend geschützt werden. Wenn wir die ansteigende rechte Gewalt der 1980er und 1990er Jahre als Versuch verstehen, eine völkische und homogene Ordnung aufrechtzuerhalten, dann kann der migrantische Widerstand als Versuch gesehen werden, dem die Vorstellung einer postmigrantischen Gesellschaft entgegenzusetzen. Diese Formen der militanten Selbstfürsorge in den Blick zu nehmen, ist eine lohnenswerte Aufgabe.

Rapsongs über Schwarze Identität und anti-Schwarzen Rassismus

Sugar MMFK: Banlieue

Samy Deluxe feat. Brooke Russell: Sag mir wie es wär

Adé Bantu mit Weep Not Child: Afro German

Tyron Ricketts: Afrodeutsch

SXTN: Ich bin schwarz

Samy Deluxe: Superheld

Brothers Keepers: Adriano (Letzte Warnung)

Afrob: Made in Germany

D-Flame: Zwei Welten

Tic Tac Toe: Ugu Ugu (Wer hat Angst?)

OG Keemo: 216

Roger Rekless: Wie Black

Ah Nice: Ich Bin Schwarz

Ezé Wendtoin: Ich bin schwarz

SAM: Da wo du herkommst

BSMG feat. Chima Ede, Amewu: Geschichtsunterricht

Sylabil Spill: Racial Profiling

Roger Rekless: Wie Black

Ich bin schwarz, aber wie black
So schwarz, ich krieg Feedback
Von Weißen, das Othering is back
Ich bin, was ich bin und ich lieb es

Das war ein langer Weg bis hier her
Vielleicht ist es bei dir jetzt noch nicht so
Du fühlst dich jetzt noch k.o.
Bruder, du kommst wieder hoch

Von meinem Haar, zu meinem Teint
Schwester, sag es dir selbst, wenn es dir keiner sagt
Kein Erbarmen mit den Fuckboys
Kein Erbarmen mit den Racists
Nenn ihre Namen, sie wagen zu sagen
Sei leise, du weißt, wo der Place ist

Black and beautiful
So black and beautiful
So black and beautiful
So black and beautiful, yeah

Ich bin schwarz, aber wie black
Identitätsarbeit, reset
I'm black and I'm proud, and I keep that
Ich lass es nicht los, I keep that

Cops schieben Krise, wenn wir besser reden als sie
Wollen uns drohen und wollen uns vergiften, bis wir fliehen
(Never got) schwarze Männer auf das Modemagazin
Schwarze Frauen in Wissenschaften und schau wie doof ist Sarrazin
Monokultur, das heißt ohne Fantasie
Aber ohne uns versinkt die Kultur, die sie so lieben

Black, black
Black and beautiful
So black and beautiful
So black and beautiful
So black and beautiful, yeah

Schwarz, schwarz,
Schwarz, schwarz,
Schwarz, schwarz

IMPORT-EXPORT

Die Geschichte von Rap auf Türkisch

Anfang 2024 begann meine 15-jährige Tochter ausschließlich Rap aus der Türkei zu hören. Ihre Rapcrews heißen Lvbel C5, Blok3 und auch Sefo – Künstler, die Anfang der 2000er Jahre in der Türkei zur Welt kamen. Ihre Cousine in der Türkei hört die gleichen Rapcrews. Oft tauschen sie sich im Videochat über die Gruppen aus, die die türkischen Musikcharts aktuell dominieren. Cartel, Fuat, Ceza oder auch Ezhel kannte sie nicht. Meine Tochter gehört einer Generation an, die selbstverständlich türkischsprachigen Rap in der Türkei verortet. Dass ihre Lieblingsmusik Bezüge zu Almanya hat, stellte sie verblüfft bei dem Song „Bana Gönder!“ (2023) von Lvbel C5 fest, der RAF Camora featurte. Es ist nicht verwunderlich, dass meine Tochter türkischsprachigen Rap mit der Türkei verknüpft. Denn diese Geschichte ist noch nicht bis in die Mitte der Gesellschaft vorgedrungen. Um es deutlich zu sagen: Rap auf Türkisch ist in Almanya entstanden und wurde in die Türkei exportiert. Das heißt auch seine musikalischen Positionierungen, seine inhaltlichen Auseinandersetzungen, seine identitären Bezüge sind in einer Wechselwirkung zu Almanya entstanden.

Vor diesem Hintergrund war der Transfer in die Türkei ambivalent, denn die Hörerschaft des türkischsprachigen Raps lebte in der Türkei in einem anderen gesellschaftlichen Kontext. Hierbei entstanden unterschiedliche Deutungen und Zuschreibungen, die sich vor allem in ethnischen, nationalen und musikalischen Positionierungen zeigten. Ausschlaggebend ist auch, aus welcher gesellschaftlichen Position heraus der Nationalstaat adressiert wird. Denn die Protagonisten des türkischsprachigen Raps in Almanya adressierten den türkischen Nationalstaat aus einer fehlenden Anerkennung heraus. Allerdings galt dies nicht für Artists in der Türkei. Eine eigenständige Positionierung musste sich erst noch in der Türkei entwickeln. Und die Rapper:innen, die dieses Genre in Almanya prägten, stammten in den 1990er Jahren aus einem einheitlichen Milieu. Es waren Kinder aus der Arbeiterschicht. Ihre Eltern nannte man Gastarbeiter, und sie selbst waren sogenannte Ausländerkinder. In der Türkei nannte man sie „Almancı“, eine abwertende Bezeichnung, die so viel wie „Deutschländer“ heißt. Auch genossen die Almancıs keinen guten Ruf in der Türkei. Sie galten als rückständig, ihnen wurde nachgesagt, dass sie es in Almanya nicht weit brachten und ein gebrochenes Türkisch sprachen. Hier verschränken sich Klassismus und türkischsprachiger Rap in Almanya. Doch wo liegen die transnationalen Knotenpunkte von Rap auf Türkisch? Warum ist Rap auf Türkisch überhaupt in Almanya entstanden? Und spiegelt er eine postmigrantische Gesellschaft wider? Vor allem: Was hat Rassismus mit türkischsprachigem Rap zu tun?

Am Anfang standen King Size Terror

DJ Mahmut spielte mir Anfang der 1990er Jahre den ersten türkischsprachigen Rap vor. Es war eine Strophe auf dem Album „The Word Is Subversion" von King Size Terror. Die Crew kam aus Nürnberg, und ihre biografischen Hintergründe waren peruanisch, afroamerikanisch und türkischstämmig. Ihr Album war Hardcore Rap und orientierte sich musikalisch am Sound der US-Ostküste. Gesampelt wurden nicht Künstler wie Barış Manço, Erkin Koray oder Selda Bağcan, sondern James Brown, Curtis Mayfield und auch Parliament. Ein Song auf dem sonst englischsprachigen Album hieß „Bir yabancının hayatı" – „Das Leben eines Fremden". Alpertunga Küksal aka Alper Ağa rappte darin über das Leben als Ausländer in Almanya. Sein Text hatte nicht das Verspielte eines Metin Türköz, nicht den humanistischen Ansatz eines Tachi von Fresh Familee und auch nicht das Doppelbödige von Yusuf, der noch aus der Generation der Gastarbeitermusik stammte. Alper Ağa positionierte deutlich und schnörkellos seine Haltung und begann mit der rhetorischen Frage: „Almanya, niçin getirildik buraya?" – „Almanya, warum wurden wir hier hergebracht?" Ich weiß noch, wie mich diese Frage beim Hören irritierte, denn sie ließ die Einwanderer wie meine Eltern, merkwürdig passiv erscheinen. Alper Ağa erzeugte mit dieser Frage eine Analogie zur afro-diasporischen Geschichte. Und ganz im Sinne des Schwarzen Intellektuellen Marcus Garvey beantwortete Alper Ağa seine Frage mit: „Dön geriye" – „Geh zurück". In der Aufforderung zur gemeinsamen Rückkehr drückte sich der Wunsch aus, sich mit der imaginierten Diaspora zu vereinen.

Hierin schwingt die fehlende Anerkennung mit, die ebenfalls in das Feld der Sprache strahlte. Verglichen mit anderen europäischen Staaten wie Frankreich oder Großbritannien ging Almanya einen sprachlichen Sonderweg. In Frankreich kamen Rapper:innen der 1990er Jahre kaum auf die Idee, auf Englisch oder Arabisch zu rappen. Für sie war es selbstverständlich, die französische Sprache zu verwenden, da man trotz rassistischer Zuschreibungen Bürger der Republik war. Die ablehnende politische Haltung der Bundesregierung der 1990er Jahre, sich als Einwanderungsland zu begreifen, brachte viele Migrant:innen davon ab, sich mit der deutschen Sprache zu identifizieren – und Deutsch z.B. als Rapsprache zu verwenden. Vor diesem Hintergrund kann der ehemalige Bundeskanzler Helmut Kohl als Geburtshelfer von türkischsprachigem Rap angesehen werden. Deutsch bot sich nicht an, denn das Signal war: Ihr gehört hier nicht hin. Und die ersten türkischsprachigen Rapsongs handelten genau von diesen rassistischen Erfahrungen in Almanya.

Begegnungen im dritten Raum

Bundesweit formierten sich Ende der 1980er, Anfang der 1990er Jahre viele Rapcrews, die multilingual rappten, auch auf Türkisch: Fresh Familee aus Ratingen, Microphone Mafia aus Köln, Mic Force aus Wiesbaden, Intikam aus Frankfurt, Crak von No Remorze aus Bremerhaven, Sert Müslümanlar aus Fürth oder Boulevard Bou aus Heidelberg. Weitere türkeistämmige Crews aus Frankfurt waren NuStyle, Steryo Cem, Düşman und auch die Asiatic Warriors. Aus Berlin kamen Azra, Bektaş & Sırtlan, Aziza A. sowie Fuat. Und mit Makale trat eine Crew aus der Schweiz an. Einen Wendepunkt läutete Islamic Force mit ihren Singles „Check Out My Melody" (1992) und „The Whole World Is Your Home" (1993) ein. Die multikulturelle Crew aus Berlin rappte bei diesen beiden Veröffentlichungen zwar ausschließlich auf Englisch. Doch das Außergewöhnliche war der Mix aus westlichen und anatolischen Klängen. Produziert wurden die beiden Singles von Thomas Rüllich aka DJ Derezon, der gemeinsam mit Taner Bahar aka DJ Cut'Em T Samples von Barış Manço verwendete. Darin drückte sich nicht nur ein neues Selbstbewusstsein aus. Es passte auch musikalisch und historisch, da hier auf türkeistämmige Künstler zurückgegriffen wurde, die bereits in der Türkei der 1970er Jahre einen dritten Raum eröffneten, indem sie westlichen Rock und Funk mit anatolischen Elementen remixten. Der Ansatz, auf transnationale Weise Grenzen zu überschreiten und sich in eine globale musikalische Tradition einzuschreiben, war neu und aufregend. Und dies gab türkischsprachigem Rap ein Alleinstellungsmerkmal.

Gegründet wurde Islamic Force 1986 von Bülent aka Boe B und Maxim. Später kamen Killa Hakan, Neli und DJ Derezon hinzu. Auch Islamic Force verarbeiteten in ihren Texten den Rassismus in Almanya. Doch anders als King Size Terror positionierten sie sich mit einem humanistischen und universalistischen Gegenentwurf, der mit dem Ansatz des US-Rappers KRS-ONE vergleichbar war: „Each one teach one". Und Islamic Force hatten eine starke Bindung zur Straße als realem Ort. In einem Interview mit der *Jungle World* von 2003 beschreibt Killa Hakan diese Verknüpfung: „Bevor ich Musik gemacht habe, war ich bei den 36 Boys. (...) Ich habe vier Jahre im Knast gesessen. Heute habe ich zwanzig Homies hinter mir. Mit denen mach' ich HipHop, und die zählen auf mich. HipHop ist keine Kinderscheiße, sondern eine ernste Sache."

Diese Haltung steht dem geläufigen Ansatz entgegen, HipHop nur als ästhetischen Ausdruck von Technik, Form und Stil zu verstehen und die soziale Verankerung auszublenden.

Die transnationale Brücke

Der Berliner Rapper Killa Hakan betont im Interview mit der *Jungle World*: „Eigentlich waren schon unsere Opas Rapper. Sie saßen mit der Saz einander gegenüber und haben sich gegenseitig gedisst, aber mit guten Wörtern." Das Storytelling mit der türkischen Langhalslaute Saz ist vor allem in der alevitisch-kurdischen Gemeinde ein kultureller Pfeiler in der oralen Geschichtsüberlieferung, die Killa Hakan und Boe B aufgreifen. Und gleichzeitig reihen sich Islamic Force damit in eine soziale, kulturelle und biografische Tradition des Erzählens ein. Im Song „Selamın aleyküm" von Islamic Force stellen sie die Migrationsgeschichte in einen transnationalen Kontext. Der Text richtet sich an die Zuhörer in der Türkei, denen Boe B vom Leben in Almanya erzählt. Hier findet eine Rückkopplung einer Einwanderungsgeschichte in das Ursprungsland der Eltern statt. In dem Song wird auch die Binnenmigration innerhalb der Türkei verhandelt, die oft am Anfang einer Ausreise stand. Der Landbevölkerung widmet Boe B seinen ersten Vers: „Köyden Istanbula'a vardilar" – „Sie kamen aus dem Dorf in Istanbul an". Er spricht damit auch einen der Gründe an, warum städtisch-bürgerliche Kreise in der Türkei auf die Almancıs aus den Dörfern herabblickten.

Der Politologe Ayhan Kaya sieht in seinem Buch „Sicher in Kreuzberg" (2001) die Rapper der Islamic Force in der Tradition der Halk Ozanı und Aşık, das waren Poeten in Zentralasien, die von Ort zu Ort mit ihrer Saz zogen und in lyrischer Form über Humanismus und soziale Missstände sangen. Boe B war ein Geschichtenerzähler der Neuzeit, der mit dem türkischsprachigen Rap Brücken baute und Klassismus kritisierte. Kaya setzt sich mit den mehrfachen Diaspora-Erzählungen in dem Song „Selamın aleyküm" auseinander. Für Kaya wird dabei deutlich, dass die Begriffe Heimat und Zugehörigkeit, die sich im Begriff Diaspora spiegeln, komplex und vielfältig sind. Vor allem zeigen sich hierbei Erfahrungen von Klassismus, die sich im Verhältnis von Stadt- und Landbevölkerung widerspiegeln.

Diese transnationale Brücke griffen Islamic Force auch mit Samples von Barış Manço über Zülfü Livaneli bis zu Sezen Aksu auf. Diese musikalischen Zitate waren nicht Teil eines ausgeklügelten Masterplans, sondern entstanden aus den familiären Bezügen. Unter anderem war es auch die Musik der Eltern, die man zuhause hörte. Es war Musik, die man generationenübergreifend hörte, und die die kulturelle Leerstelle zur imaginierten Diaspora schloss. DJ Taner von Islamic Force stellt dies im Gespräch mit der Kulturwissenschaftlerin Verda Kaya in ihrem Buch „HipHop zwischen Istanbul und Berlin" (2015) klar: „Ich habe das nicht in allererster Linie bewusst gemacht, weil ich es mir vorgenommen hatte, ich muss da jetzt türkische Musik reinmachen, sondern ich hab' einfach die Musik von Barış Manço gerne gehört und hab' eines Tages die Idee bekommen, einen HipHop-Beat dazu einzuspielen."

Das erste Rap-Album in Almanya, das vollständig türkischsprachig eingespielt wurde, kam von DJ Mahmut, Volkan T., KMR und mir als Murat G. „Looptown presents Turkish HipHop" von 1994. Es war eine Werkschau unserer Arbeit. Wir hatten keinen Plattenvertrag und mussten dementsprechend alles selbst organisieren. Unser Glück bestand darin, dass wir mit EFA-Medien einen Vertrieb fanden, der unser Album in die Plattenläden der Republik stellte. Auch schrieben wir uns mit Samples von Arabesk über Funk bis zu Jazz in unterschiedliche musikalische Genres ein. Es war der musikalische Kosmos, den wir hörten und entsprechend zitierten. Die meisten Songs setzten sich mit dem Leben in Almanya auseinander. Außerdem schlugen wir die Brücke in die Türkei, da ein kleines Rockmusik-Label in Istanbul 1995 unser Album lizenzierte. Deswegen gilt unsere Veröffentlichung auch in der Türkei als erstes türkischsprachiges Album, auch wenn es nicht zum Türöffner für die breite Masse wurde.

Cartel - Rap und Nation

Im Jahr 1995 passierte etwas, mit dem niemand rechnete. Cartel, ein Zusammenschluss von Karakan aus Nürnberg, Da Crime Posse aus Kiel und dem Berliner Rapper Erci E., veröffentlichten ihr Album auf einem Majorlabel in Deutschland. Doch die eigentliche Sensation gelang Cartel nicht in Almanya, sondern in der Türkei. Sie verdrängten noch im selben Jahr den Superstar Michael Jackson von der Spitze der türkischen Musikcharts. Und räumten in der Folge alle Musikpreise in der Türkei ab. Ihr Konzert in Istanbul fand in einem Fußballstadion statt. In der Türkei wurden Cartel von der großen Plattenfirma RAKS professionell vermarktet. Es gab Kampagnen in Tageszeitungen und eine breite mediale Berichterstattung. Im Sommer 1995 gab es in der Türkei kein Entkommen vor der Crew. Von alt bis jung kannte jede:r diese Rapgruppe aus Almanya. Allerdings erklärt sich der Erfolg nicht nur mit der professionellen Vermarktung. Cartel setzten bewusst auf eine nationale Ästhetik, die auch auf dem Cover Artwork mit der Mondsichel und dem roten Hintergrund unschwer als türkische Nationalflagge zu deuten war. Dieses Logo trug die Gruppe auch auf ihren Sweatshirts in ihrem Musikvideo, das jede:r in der Türkei sah. Die Crew vermarktete sich als nationaler Zusammenschluss, den sie aber gar nicht repräsentierten. Denn bei Cartel gab es noch den Deutschen Ole-Peter Jeß und den Kubaner Miguel Galvez Perello, die beide der Da Crime Posse angehörten. Ihr gleichnamiger Hit „Cartel" ist eigentlich ein multilingualer Song mit türkischen, spanischen und deutschen Strophen, und der damit ziemlich gut für die multilinguale Phase von Rap in Almanya stand. Allerdings bekam dieser multikulturelle Hintergrund bei der Vermarktung kein Spotlight. Der Bezug zur nationalen Identität stellte zwar in Almanya eine Form der Selbstbehauptung gegenüber der politischen und gesellschaftlichen Ablehnung dar. Doch dieses Narrativ funktionierte nicht in der Türkei.

Hier liegen Vergleiche mit dem Projekt „Krauts With Attitude" nahe. Auch bei diesem Projekt aus dem Jahr 1991 bekam eine multikulturelle Szene einen nationalen Anstrich. Ob gewollt oder nicht werden darüber Ein- und Ausschlüsse erzeugt. So wie „Krauts With Attitude" der Beginn einer deutschen Erzählung von Rap wurde, standen Cartel für die türkisch-nationale Ausprägung von HipHop. Sicherlich konnte man Cartel in Almanya als empowernde Erzählung aus einer Minderheitenposition heraus deuten. Doch in der Türkei waren sie dadurch für rechte Gruppierungen anschlussfähig. So wie Die Fantastischen Vier durch die nationale Begeisterung der Wiedervereinigung und des damaligen Zeitgeists die Charts dominierten, funktionierte die Erfolgsformel von Rap und Nation auch bei Cartel. Denn in den 1990er Jahren eskalierten die gewalttätigen Konflikte zwischen kurdischen Separatisten und dem türkischen Militär. Ich erinnere mich gut daran, dass die türkische Fahne im Straßenbild überall präsent war. Auch sah ich im türkischen Fernsehen die Flagge am Fernsehrand flattern. Sowohl im privaten als auch im öffentlichen Leben waren nationale Narrative allgegenwärtig.

Vor diesem Hintergrund war die selbstbewusste Inszenierung von Einheit bei Cartel willkommen in großen Teilen der türkischen Gesellschaft, die sich von kurdischen Separatisten bedroht fühlten. Cartel war der Soundtrack für die nationale Einheit der Türkei im Sommer 1995. Im Rückblick mit Verda Kaya erinnert sich Taner Bahar aka DJ Cut'Em T, der auch DJ bei Islamic Force war, wie die Gruppe von Rechts instrumentalisiert wurde. Taner erzählt im Gespräch mit Verda Kaya von der Ankunft der Formation am Istanbuler Flughafen: „(...) du stehst da vor 70 Leuten, die alle brüllen. Und die hatten MHP-Fahnen, Türkei-Flaggen, Bozkurt-Zeichen. Plötzlich gingen die Lichter von Fernsehkameras an, (...) die sind alle auf uns zugestürmt, wir wussten auch nicht, was die von uns wollten." Die Situation hat einige Mitglieder der Formation stark irritiert, da nicht alle Mitglieder diese nationale Begeisterung teilten. Hierbei wird deutlich, dass eine selbstbewusste identitäre Zuschreibung auch von nationalen Kräften vereinnahmt werden kann, die damit andere ausgrenzen wollen. Taner weiter im Gespräch mit Verda Kaya: „Nachdem ich dann Alper darauf hingewiesen hatte, dass ich das Gefühl hatte, dass es auch ein bisschen was mit seinen Texten zu tun hat, ist dann später mit der Zeit rausgekommen, dass ich wohl Recht gehabt habe, die haben das wirklich fehlinterpretiert, die Texte." Allerdings waren diese nationalistischen Positionen von Alper Ağa nicht neu. Schon 1994 kritisierte Imran Ayata im Artikel „Türken vor Nürnberg" in *Die Beute* Alper Ağas politischen Hintergrund bei der Rapcrew King Size Terror: „Insbesondere Karakan und ihr Rapper Alper wurden heftig angegriffen: Auf einer früheren CD King Size Terror hatte er unter anderem das nationalistische Nürnberger ›Volkszentrum‹ (Halk Ocağı) gegrüßt und sich im Booklet der Platte mit einem Ring ablichten lassen, auf dem deutlich drei Halbmonde, das Symbol der rechts-nationalistischen ›Grauen Wölfe‹ zu sehen war."

Angesprochen auf die nationalistische Vereinnahmung des türkischsprachigen Rap in den 1990er Jahren distanziert sich Killa Hakan im Interview mit der *Jungle World* (2003) klar: „Diese nationalistische Kacke hat uns immer angekotzt. Wo ist das HipHop? Was wir erzählen, hat keinen Nationalstolz, sondern Straßenstolz. Ich bin türkischer Kreuzberger. Islamist bin ich nicht. Ich glaube an Gott, das ist alles."

Ein Konzert in Istanbul

Nach dem Riesenerfolg von Cartel wurde es zunächst ruhiger mit türkischsprachigem Rap in der Türkei. In dieser Phase bildeten sich aber erste Strukturen in der Szene. Indierock-Labels wie Hades Müzik, Zhini Müzik, Kod Müzik und vor allem Hammer Müzik begannen, sich für Rapmusik zu interessieren. Sie veröffentlichten zuerst Rapmusik in der Türkei wie z. B. Hedef 12, Rapor 2 oder auch Nefret. Eine wichtige Scharnierstelle für die HipHop-Netzwerke zwischen Almanya und der Türkei war dabei Tunç Dindaş aka Turbo. Turbo ist ein Graffiti-Artist, Rapper, Journalist, Sammler und ein HipHop-Aktivist der ersten Stunde in der Türkei. Ich lernte Turbo gemeinsam mit DJ Mahmut 1998 in Istanbul kennen, als wir unser Album „Garip Dünya", das über Kod Müzik veröffentlicht wurde, promoteten. In dem türkischen Jugendmagazin *Blue Jean* schrieb er seit 1997 in einer eigenen Kolumne über die junge HipHop-Szene in der Türkei. Einen besonderen Raum nahmen dabei Streetart-Bilder ein. Dies sorgte in der Türkei dafür, dass sich eine Graffiti-Szene bildete. Turbo konzipierte auch den Sampler „Yeraltı Operasyonu", eine Werkschau der türkischsprachigen HipHop-Szene von 1999. Für die noch junge Szene in der Türkei war dies die Initialzündung, um eigene Strukturen aufzubauen. Auf dem Album waren zum ersten Mal Künstler wie Nefret, Yener, Silahsız Kuvvet, Susturucu, Statik und auch Ses aus Frankfurt zu hören.

Dass es bei der Aneignung der HipHop-Kultur unterschiedliche Wahrnehmungen existierten, stellte ich fest, als DJ Mahmut und ich 1998 ein Konzert in Istanbul gaben, bei dem viele zukünftige Rapstars der türkischen HipHop-Szene anwesend waren. Bei unserem Konzert waren auch B-Boys im Publikum, die anfingen zu breaken, als ich auf der Bühne rappte. Ich weiß noch, wie ich dachte: Cool, sie breaken zu unserer Musik. Allerdings empfand dies der junge Ceza, der später einer der erfolgreichsten Rapper in der Türkei wurde, als Affront mir gegenüber. Ceza verarbeitete diese Situation auf seinem ersten Album mit Dr. Fuchs von 2000. Sie nannten sich als Crew Nefret (Hass). Auf dem Song „İstediklerim ve Yapamadıklarım" rappt Ceza (Auszug mit Übersetzung):

Ortamızdaki özentiler HipHopu karalayanlar,
Geçici heves sahipleri
Yok olun!
Kafayı dansa takanlar saygıyı geri plana atıp gösterisi düşünen,
Öğrenmek istemeyenler,
Cep telefonundan breakdance seyredenler,
Ama Murat G. konser verirken kafasını bile kaldırmayan ahmaklar
Bilmemek ayıp değil ögrenmemek ayıp

Die Mitläufer unter uns - Die HipHop herabwürdigen
Haut ab!
Die, die nur ans Tanzen denken, und dabei den Respekt vernachlässigen, an ihre Performance denken
Die, die nicht lernen wollen
Auf ihrem Handy Breakdance schauen
Aber die Idioten, die nicht einmal aufgeschaut haben, als Murat G. ein Konzert gab
Es ist keine Schande, es nicht zu wissen, sondern nicht zu lernen

Die Kulturwissenschaftlerin Verda Kaya stellt in ihrer Studie zum türkischsprachigen Rap in der Türkei fest, dass es Unterschiede zu Almanya in der Aneignung und Bewertung von HipHop gab, die sich auf die sozialen Hintergründe der Rapper bezogen haben: „Denn im Gegensatz zu Berlin bewerteten Rapper in Istanbul das subkulturelle Kapital eines Rappers nicht nach seiner Herkunft oder einer harten Lebenserfahrung, wie bei spielsweise ‚von der Straße zu sein' oder Gefängnisaufenthalte. Sie selbst gehörten ethnisch und auch sozial zu den Etablierten." Subkulturelles Kapital hätten die Rapper durch Leistung, Kompetenz und Wertschätzung der Rap-Klassiker angehäuft.

Aber nicht für alle Rapper galt, dass sie aus etablierten Kreisen stammten. DJ Mahmut und ich lernten auch Yener aus Izmir kennen, der aus einfachen Verhältnissen kam. Yener verknüpft in seiner Musik Arabesk und Rap. Dies ist mittlerweile zum eigenständigen Subgenre geworden: Arabesk Rap. Auch hier spielten Islamic Force eine Vorreiterrolle. Auf ihrem einzigen Album „Mesaj" gab es einen Song, der „Arabesk Rap" hieß. Während früher noch gesampelt wurde, sind heute Kollabos zwischen Rap- und Arabesk-Artists ganz normal. Der Sommerhit 2024 ist „Tabi Tabi" des Rap-Duos Tefo & Seko, die den Arabesk Superstar Ibrahim Tatlıses featuren.

Eine Gemeinsamkeit mit Almanya ist der geringe Anteil an Frauen im türkischsprachigen Rap. Es ist ein zentraler Widerspruch dieser Musikkultur. Obwohl bei Rap die Themen Diskriminierung, Ungerechtigkeit und Ausgrenzung im Zentrum stehen, ist es erstaunlich ruhig, wenn es um die Stimmen von Frauen geht. Die Ungleichheit zwischen den Geschlechtern ist kein Thema für Rapper, die sonst lautstark auf ihre eigenen Ausgrenzungserfahrungen aufmerksam machen. Vor diesem Hintergrund ist Rap in der breiten Wahrnehmung immer noch eine männlich dominierte Kulturform. Mitte der 1990er Jahre war Alev Yildirim aka Aziza A. aus Berlin lange Zeit die einzige türkischsprachige Rapperin, die auch Veröffentlichungen in der Türkei hatte. Ihr erstes Album „Es ist Zeit", das auf Türkisch und Deutsch eingerappt wurde, veröffentlichte sie 1997 in Almanya. Ihr feministisch-humanistisches Anliegen machte sie in ihren Texten deutlich, die sich mit Machismo und dem Patriarchat auseinandersetzten. Musikalisch folgte sie der Linie von Islamic Force und remixte ebenfalls westliche und anatolische Musik miteinander. Auch war sie wie ich Teil des bundesweiten antirassistischen Netzwerks *Kanak Attak*. Sie verweigerte sich einer homogenen nationalstaatlichen Identität und stellte das Hybride ins Zentrum ihrer Kunst.

HipHop-Alben aus Almanya mit türkischsprachigem Rap

King Size Terror: Ultimatum

Cartel: Cartel

Microphone Mafia : Vendetta

Killa Hakan: Çakallar

Volkan T. : Lava

Bektaş ve Sırtlan: Satırlarımıza Başlamadan

DJ Mahmut, Volkan T., KMR & Murat G.: Looptown presents Turkish hiphop

Aziza A.: Es ist Zeit

Islamic Force: Mesaj

DJ Mahmut & Murat G.: Garip Dünya

Mic Force: Fuck You Skin

Fresh Familee: Falsche Politik

Boulevard Bou: Türkçe HipHop Mixtape

Fuat: Hassickdir?

Sert Müslümanlar: Dikkat! Dikkat!

Cribb 199: No Panic - No Stress

Eko & Azra: Dünya Dönüyor

Megalomaniax: Hardcoriental

„IMMIGRANT, HERKUNFT KURDISTAN“

Rap aus der kurdischen Diaspora

Im Sommer 1992 verbrachte ich zwei Wochen in Tunceli. Die ostanatolische Provinz liegt in der Türkei und wird von den alevitischen Kurden, die dort leben, Dersim genannt. Ein guter Freund aus meiner Heimatstadt Iserlohn besuchte dort Teile seiner Familie und fragte mich, ob ich Lust hätte mitzukommen. Ich war gerade 20 Jahre alt geworden. Natürlich hatte ich Lust. Nachdem wir in Istanbul gelandet waren, stiegen wir in einen Bus und kamen nach etwa 24 Stunden Fahrt in Dersim an.

Noch wenige Jahre zuvor dachte ich, alle meine Homies, die Familie in der Türkei hatten, hätten „türkische Wurzeln“. Doch bei meinen kurdischen Freunden hingen zuhause keine Atatürk-Portraits an der Wand und auch keine roten Fahnen mit Halbmond und Stern. Stattdessen gab es Bilder eines Mannes mit einem üppigen Schnäuzer und eine rot-weiß-grüne Flagge mit einer Sonne im Vordergrund. Diese Freunde erzählten mir von einem Land namens Kurdistan, von dem Massaker in Dersim 1937, von der langen Geschichte der Verfolgung und Unterdrückung der kurdischen Kultur und Sprache. Meine türkischen Freunde bekamen rote Flecken im Gesicht, wenn ich die Worte „kurdisch“ oder „Kurdistan“ in den Mund nahm. „Es gibt keine Kurden“, korrigierten sie mich empört, „diese Leute sind Bergtürken. Letztendlich sind wir alle Türken, und Atatürk ist unser Vater.“

1992 tobte im Osten der Türkei ein erbitterter Kampf zwischen der türkischen Armee und kurdischen Separatisten, die in vielen Gebieten mit Guerilla-Einheiten operierten. Auch in Dersim. Als wir bei der Tante meines Freundes in Dersim ankamen, erfuhren wir, dass es eine Ausgangssperre gab. Um spätestens 21 Uhr mussten alle Bewohner in ihren Häusern und Wohnungen sein. Immer wieder gab es Militärkontrollen. Regelmäßig kreisten Kampfhubschrauber über der Stadt. Für die Einwohner von Dersim war diese Situation der Besatzung Alltag. Dafür war die Stimmung erstaunlich heiter und optimistisch. Die Jugendlichen machten sich über die Soldaten lustig und brachten den Partisan:innen regelmäßig Zigaretten und Süßigkeiten in die Berge. Die Kinder in Dersim hießen Devrim (Revolution), Yoldaş (Genosse) oder Özgür (Freiheit). Ein riesiges Weizenfeld an einem Hang hatten die Bauern so abgemäht, dass die Silhouette einer Kalaschnikow zu erkennen war.

Die alevitische Religion und Kultur unterschied sich stark vom sunnitischen Islam der meisten Türk:innen. Die Alevit:innen besuchen keine Moscheen, sondern zelebrieren ihren Glauben in öffentlichen Gemeinschaftsräumen, aber auch im Freien an heiligen Steinen oder Bäumen. Als die Tante meines Freundes in einer Nacht einen bedeutenden Traum hatte, suchte die Familie am nächsten Tag einen heiligen Baum auf. Nachdem der Dede, der alevitische Geistliche, seine Zeremonie beendet hatte, kümmerte sich der Kurbancı, der rituelle Schlächter, um die Opfergabe – einen Ziegenbock. Ich hatte einem solchen Ritual noch nie beigewohnt. Als die Messerklinge dem Bock durch die Kehle glitt, sackte mir mein Kreislauf in die Füße – sehr zur Freude der Kinder, die einem sehr bleichen Alman halfen, sich in den Schatten einer Zeder zu legen. Eines dieser Kids war der 10-jährige Cousin meines Freundes. 14 Jahre später nannte er sich OJ Kingpin und gründete zusammen mit seinem Freund Bero Bass die Rap-Crew La Honda Boys.

Nach meiner Rückkehr aus Dersim hatte sich meine Wahrnehmung verändert. Ich realisierte, dass der Kampf der Kurd:innen um Anerkennung nicht nur in der Türkei stattfand. Es gab auch kurdische Siedlungsgebiete im Irak, Iran und in Syrien. Kurdische Communitys waren überall auf der Welt zu finden – auch in Almanya. Und mit dem Erfolg von HipHop bildete sich ein Fußabdruck der kurdischen Diaspora in dieser postmigrantischen Kultur ab. 2010 kam es im Rap in Deutschland sogar zu einer regelrechten kurdischen Wende: Erstaunlich viele Artists, die den Straßenrap in Almanya revolutionierten, hatten kurdische Wurzeln. Haftbefehls Vater stammt aus Dersim. Xatar und seine Familie gehören der kurdischen Minderheit im Iran an und mussten zu Beginn der 1980er Jahre vor dem Mullah-Regime fliehen. Weitere kurdische Künstler wie Kurdo, KC Rebell, Bero Bass oder OJ Kingpin waren an der Genese des Straßenrap 2.0 maßgeblich beteiligt. Doch 1993 war es bis dahin noch ein langer Weg.

Azad und das kurdische Bekenntnis

Der Frankfurter Rapper Azad war der erste. 2001 erscheint auf seinem legendären Soloalbum „Leben" der Song „Freiheit". Ohne einmal das Wort Kurdistan oder Kurde in den Mund zu nehmen, rappt Azad fünf Minuten lang über das Land, in dem er 1973 geboren wurde, und das es offiziell nicht gibt. Eingerahmt ist sein Track von einem Lied des kurdischen Sängers und Dichters Naser Razzazi, der als junger Mann als Guerillero für die kurdische Peschmerga im kurdischen Gebiet in Iran kämpfte und später ins Exil nach Schweden fliehen musste. Zehn Jahre später blickt Azad in einem Interview mit *hiphop.de* auf diesen Moment zurück und sagt: „Ich hatte Angst damals, als ich den Song Freiheit geschrieben habe. Aber ich hab' mir gesagt, ich will diese Angst überwinden (...) und dazu stehen. Ich will rausgehen und sagen ‚Ich bin Kurde!'. Und wenn morgen tausend fanatische, faschistische Leute mich dafür umbringen wollen, dann will ich es trotzdem gesagt haben!"

Azad ist standhaft geblieben, Azad hat einen Bann gebrochen. Sein kurdisches Bekenntnis hat viele Menschen empowert und inspiriert. Als Reaktion auf „Freiheit" erhielt er unzählige Zuschriften von Jugendlichen kurdischer Herkunft, die sich bei ihm bedankten, weil der Song sich für sie wie eine Befreiung anfühlte. Azad folgten in Almanya immer mehr Rap-Artists, die sich in Songs, Videos, Interviews und später auf Social Media offen zu ihrer kurdischen Abstammung bekannten und auf die vielfältige Unterdrückung kurdischer Identität aufmerksam machten. Ab 2010 gab es eine starke Präsenz kurdischer Künstler:innen im deutschsprachigen Straßenrap, die in direktem Zusammenhang mit den Fluchtbewegungen in den Jahren zwischen 1980 und 1990 steht. Die systematische Unterdrückung und Verfolgung kurdischer Menschen durch die Islamische Revolution 1979, der faschistische Militärputsch in der Türkei 1980, der Bürgerkrieg im Libanon 1982 und die genozidalen Maßnahmen des irakischen Baath-Regimes zwangen unzählige kurdische Familien ihre Heimat zu verlassen. Hunderttausende suchten Asylschutz in der Bundesrepublik.

Die Kinder dieser Familien wuchsen in Almanya auf und nicht wenige begeisterten sich für Rap-Musik. Künstler wie Kurdo, Haftbefehl, OJ Kingpin Bero Bass, AK Außerkontrolle, Capo, KC Rebell, Eno oder Veysel prägten mit ihren Songs das Genre und waren regelmäßig in den Charts vertreten. Und vor zwei Jahren erfuhren fast eine Millionen Zuschauer:innen auf der Großleinwand im Multiplexkino vom kurdischen Widerstand in Folge der Islamischen Revolution im Iran: Giwar Hajabi, der jüngste Sohn einer kurdischen Familie, die nach Deutschland flüchtete, wurde unter dem Künstlernamen Xatar zu einem der größten Rapstars in Almanya. Seine Geschichte war die Vorlage für den Film „Rheingold", den der Hamburger Regisseur Fatih Akin 2022 in die deutschen Kinos brachte.

In einem Interview mit dem Journalisten Toxic von *hiphop.de* spricht Azad zehn Jahre nach der Veröffentlichung seines Albums „Leben" über die Bedeutung des Tracks „Freiheit" für Menschen kurdischer Abstammung. Dabei betont er, dass die eigentliche Stärke der HipHop-Kultur darin besteht, dass Status, Herkunft und Nationalität in diesem Raum keine Rolle spielen sollten. Trotzdem stellt er klar: Wo andere Migrant:innen stolz auf ihr Heimatland schauen, ist man als Kurde oder Kurdin ein Mensch ohne Nation. Es gibt keine Nationalmannschaft und keine Sportler:innen, die einen bei Olympia vertreten. Deshalb sei es so wichtig für viele kurdische Jugendliche, wenn plötzlich ein Sänger oder ein Rapper auftaucht, der sich zu seiner kurdischen Abstammung bekennt: „Du wirst in dem Moment ein Stück freier und kannst dich leichter zu dem bekennen, was du fühlst. Du kannst sagen: Guck mal, der ist auch so. Verstehst du jetzt, woher ich komme?" Im Interview mit Toxic unterstreicht Azad, wie wichtig eine Identität ist, auf die man sich positiv beziehen kann. Fehlt eine solche Repräsentation, kann das zur Selbstverleugnung führen. Azad erzählt von Freunden, die erst als Erwachsene erfuhren, dass sie kurdische Wurzeln haben: „Warum? Weil die Eltern Angst hatten, dass ihren Kindern etwas passiert, wenn sie rausgehen in die Welt und sagen, sie seien Kurden. Wenn du deine Wurzeln verleugnest, dann verleugnest du deine Identität. Und wir Kurden haben es aus verschiedenen politischen Gründen schwerer mit unserer Identität."

Sich zu seiner kurdischen Herkunft zu bekennen, ist heute normal geworden. So spittet Calli, eine Rapperin aus Kassel, 2024 auf Instagram ganz selbstverständlich: „Ich bin Kurdin, heißt mit jedem eurer Cousins verwandt", und wendet sich dann wieder den hybriden Themen des postmigrantischen Straßenraps zu. Und Pashanim, ein Kreuzberger Rapper mit kurdischen Wurzeln, baut Brücken, indem er seine kurdischen und türkischen Homies auf Unternehmerebene vereint. Auf dem Track „Junge CEOs" rappt er in der Hook:

> Junge Kurden, junge CEOs
> Junge Türken in mein'n Videos
> Junges Geld in den Taschen.

Haftbefehl und Ahmet Kaya – zwei grenzüberschreitende Künstler

In der Dokumentation „Du weißt, dass es Haft ist" über den Offenbacher Rap-Superstar Haftbefehl gibt es eine bemerkenswerte Szene. Haftbefehl, seine Frau und sein Sohn sitzen auf dem Rücksitz einer Limousine. Ein Chauffeur fährt die Familie durch Istanbul. Haftbefehl trägt eine Sonnenbrille, die Kamera ist auf ihn gerichtet, er wirkt lustlos. Im Radio läuft ein Lied. Plötzlich durchfährt den Rapper eine starke Emotion: „Mach das mal lauter!", ruft er. Er summt den Text mit. „Weißt du, wer das ist? Das ist Ahmet Kaya!" Haftbefehl ist hellwach und erzählt der Kamera aufgebracht, dass Ahmet Kaya ein Protestsänger ist, dass er über Freiheit gesungen hat. Es ist einer der wenigen Momente in der Dokumentation, der nicht abgeklärt wirkt, und der etwas Authentisches hat. Ein Moment, der das abgedroschene Rockstar-Narrativ der Regie unterläuft und auf eine Geschichte verweist, die in dieser Dokumentation nicht zur Sprache kommt.

Wieso reagiert Haftbefehl so emotional auf diesen Song? Weil Ahmet Kaya und Aykut Ayhan etwas verbindet. Beide kommen aus einer kurdisch-türkischen Familie. Beide sind in Armut aufgewachsen. Beide haben eine transnationale Biografie. Beide wurden mit ihrer Musik in ihrem Land zu Superstars, weil sie Genre-Grenzen überwunden haben. Und beide haben sich an einem bestimmten Punkt ihres Lebens öffentlich zu ihren kurdischen Wurzeln bekannt. Haftbefehl hat in Almanya mit vielen anderen Rappern kurdischer Herkunft dazu beigetragen, dass kurdische Identität und kurdische Sprache ein selbstverständlicher Teil der postmigrantischen Jugendkultur wurden. Ahmet Kaya wurde für das Bekenntnis zu seiner kurdischen Herkunft und zur kurdischen Sprache aus der Gesellschaft verstoßen und ins Exil gejagt.

Ahmet Kaya wurde 1957 in Malatya geboren und gilt als Mitbegründer der Özgün Müzik, die Elemente des Anadolu Rock, der Arabesk-Musik und türkischer Volksmusik mit westlicher Popmusik verbindet. In der Türkei war er spätestens Ende der 1980er Jahre einer der bekanntesten Musiker und wurde auch in den türkischen und kurdischen Communitys außerhalb Europas gefeiert. 1999 sollte er im Rahmen einer großen Fernsehgala zum „Staatskünstler" der Türkei ausgezeichnet werden. Zahlreiche namhafte Kulturschaffende und Personen des öffentlichen Lebens waren Gäste dieser Gala, die prominent im Fernsehen übertragen wurde. Nach der Überreichung des Preises hielt Ahmet Kaya sichtlich bewegt eine Rede. Er bedankte sich für die Auszeichnung und gab bekannt, dass er vorhabe, ein Lied in kurdischer Sprache aufzunehmen.

Nach dieser Ankündigung änderte sich die Stimmung im Saal schlagartig. Wie in Tarantinos „From Dusk Till Dawn" mutierten die freundlichen Partygäste von jetzt auf gleich zu geifernden Wut-Zombies. Die türkische Sängerin Ebru Gündeş bewarf Ahmet Kaya mit Messer und Gabel, der Musiker Serdar Ortaç begann laut zu singen: „Dieses Vaterland gehört uns, nicht anderen!" Und die Journalistin und Moderatorin Şenay Düdek beschimpfte Kaya als „unbeschnittenen Zuhälter". Ahmet Kaya und seine Familie verließen fluchtartig die Veranstaltung und mussten von ihren Freunden vor dem aufgebrachten Mob geschützt werden. Ahmet Kayas Frau erinnerte sich 2016 in einem Interview mit der BBC mit Schrecken an den Abend: „Plötzlich verwandelten sich all diese schicken Frauen und Männer in Monster, schnappten sich Gabeln und Messer und warfen sie auf uns, beleidigten und buhten. Stellen Sie sich vor, wie sich die Atmosphäre in fast fünf Minuten so veränderte!"

Wegen seiner Ankündigung wurde Ahmet Kaya angeklagt. Es drohten ihm zwölf Jahre Gefängnis. Weil er es gewagt hatte, sich zu seiner kurdischen Identität zu bekennen. Weil er sagte, dass er ein Lied in kurdischer Sprache veröffentlichen wolle. Nachdem die türkische Presse eine Hass-Kampagne gegen ihn startete und er Morddrohungen erhielt, flüchtete der Sänger mit seiner Familie ins Exil nach Frankreich. Ahmet Kaya starb nur ein Jahr später in Paris an einem Herzinfarkt. Wie viele andere politische

Künstlerinnen und Künstler aus der Türkei wurde er nicht in seiner Heimat beigesetzt. Bei seiner Beerdigung sang der Musiker Şivan Perwer den Song „Agirî" auf Kurdisch.

Haftbefehl kennt das Schicksal von Ahmet Kaya. Er weiß, welches Risiko er eingehen würde, wenn er sich öffentlich in der Türkei zu seiner kurdischen Identität bekennen würde. Die kurdischen Wurzeln der Familie seines Vaters, die aus der unbeugsamen Provinzhauptstadt Dersim stammt, begleiten ihn. Vielleicht machen sie jenen Teil seines künstlerischen Schaffens aus, den wir als hybrid und postmigrantisch beschreiben: Die Wucht seiner sprachlichen Interferenzen, das Grenzüberschreitende seiner Lyrics und die Skepsis gegenüber Leitkulturen aller Art.

Kurdistan çi ye?

Identität zwischen Imagination und Statement

Was ist Kurdistan? Wie gestaltet sich kurdische Identität in Almanya? Hören wir den Rapper:innen zu, dann puzzelt sich aus einer hybriden Sprache und widersprüchlichen Inhalten ein buntes Mosaik zusammen. Und das ist kein Wunder. Denn die postmigrantische Vorstellung von Kurdistan und kurdischer Identität unterliegen einer Imagination zweiten Grades. Schon die Eltern von Xatar, Kurdo oder Haftbefehl wuchsen mit einem utopischen, verbotenen Bild von Kurdistan auf. Sie lebten in einem Land, das einen anderen Namen trug, und in dem sie bestenfalls geduldet waren. Kurde oder Kurdin zu sein bedeutete, auf der Hut zu sein, und die Dinge skeptisch vom Rand aus zu beobachten. Das einzig Reale waren die Familie, das Dorf, die Berge, die Täler.

Die zweite Generation, die in der Diaspora aufwuchs, kennt die Heimat bestenfalls aus dem Urlaub. Sie muss sich das Bild von Kurdistan über die Erinnerungen der Eltern imaginieren. So wird der Ort zu einem doppelt verlorenen Land. In seinem Song „Heimat“ klagt Kurdo:

> Denn die Hälfte von meinem Herz bleibt in der Heimat
> Kann dich nicht vergessen, von dir hab' ich die Narben
> Ich träume von dir, dass ich wieder da bin.

In dem Track „Dersim“ beschreibt der Hamburger Rapper Saru, wie es sich anfühlt, wenn er aus der postmigrantischen Moderne in die traditionelle Heimat seiner Eltern zurückkehrt:

> Für meine Stadt schreibe ich diese Zeilen
> Die Liebe ist entfernt auf tausend Meilen
> Mütter backen Brot auf flammenden Steinen
> Das ist Tradition keine Armut, sondern frei sein
> Wenn ich fliehen will von der Gesellschaft
> Bekomme Kraft, weil ich seh', was mein Opa mit den Händen schafft
> Und meine Oma, ihr Essen macht uns alle satt

Zurück in Almanya vermischt sich die Idee einer postmigrantischen kurdischen Identität bei jungen Männern oft mit den toxisch-maskulinen Vorstellung eines harten Gangsta-Lebens. Das „Kurdischsein“ reduziert sich dann auf die profane Feststellung, dass man über ein besonderes Maß von Ehre und Durchsetzungsfähigkeit verfügt. Die politische Dimension kurdischer Identität taucht jedoch am Rande immer wieder auf. Sie zeigt sich indirekt – zum Beispiel, indem die Integrität Kurdistans und die Zusammengehörigkeit kurdischer Menschen dadurch hergestellt wird, dass in den Songs gezielt Menschen aus kurdischen Städten und Regionen gegrüßt werden.

Es gibt auch Rapper:innen ohne kurdischen Background, die auf die kurdische Bewegung Bezug nehmen: der Schwarze MC Manuellsen aus Mülheim an der Ruhr zum Beispiel. Er zeigt sich regelmäßig mit der kurdischen Community aus dem Ruhrgebiet solidarisch. In seinem Beitrag zu dem Hanau-Song „Bist du wach?" rappt er einige Worte auf Kurdisch:

> Dunya xayine cavemin
> Ivana Hoffmann, 4-7 Duisburg, shaheed namerin
> In meinem Herzen ist dein Name drin, Wahnsinn
> Die meisten denken immer noch, dass wir Sklaven sind

Ivana Hoffmann ist die Tochter einer deutschen Mutter und eines togolesischen Vaters und wuchs in Duisburg auf. Im Alter von 19 Jahren schloss sie sich den kurdischen Militäreinheiten der YPG in Syrien an, um gegen den Islamischen Staat zu kämpfen. Sie starb am 7. März 2015 bei der erfolgreichen Verteidigung der syrischen Stadt Tell Tamer gegen den IS. Manuellsen erinnert durch die Nennung ihres Geburtsorts und ihres Sterbedatums an die Duisburgerin, die sich, wie er selbst, als Schwarze Deutsche mit der kurdischen Sache solidarisierte. Der deutsche Sender des türkischen Staatsfernsehens TRT wirft Manuellsen wegen der Erwähnung von Ivana Hoffmann in dem Hanau-Song Unterstützung einer „Linksterroristin" vor und titelt: „Rapper Manuellsen missbraucht Benefiz-Song für Terrorpropaganda". Manuellsen und Ivana Hoffmann kannten sich persönlich. 2017 veröffentlichte er den Song „Canevim", in dem er seine Trauer über den Tod seiner Freundin verarbeitet.

Poetik der Freiheit

So wie Manuellsen es in „Bist du wach?" tut, benutzen viele kurdische Artists immer wieder die Sprache ihrer Eltern. Das bewusste Verwenden der kurdischen Sprachen im postmigrantischen Straßenrap ist letztendlich ein politisches Statement. So fließen in den Songs von Haftbefehl, Bero Bass, Diyar23, Dahabflex, Jiyabi, Ebow oder Kurdo immer wieder Vokabeln aus dem Soranî, Kurmancî oder Zazaki in den Straßenrap ein und werden Teil der Jugendsprache. Schließlich tauchen in den Videos der Rapper:innen und auf Social Media regelmäßig nationale Symbole der kurdischen Bewegungen auf: Die rot-weiß-grüne kurdische Fahne mit der Sonne im Zentrum oder die Symbole anderer kurdischer Organisationen.

Inzwischen gibt es eine Reihe von Songs, die postmigrantische Rapper gemeinsam mit kurdischen Volkssängern aufgenommen haben. Hier werden die Traumata kurdischer Geschichte konkret benannt. In dem Song „Blick Richtung Sonne“, den Bero Bass und Xatar gemeinsam mit dem kurdischen Sänger Şivan Perwer aufgenommen haben, rappt Xatar:

> Und ich seh', wie sich unsere Flüsse rot färben
> Ich seh' Mütter, die neben Särgen voller Blut sterben
> Und du hörst die Schreie noch aus Tälern kommen
> 5.000 Menschen starben unter Giftgasbomben.

KC Rebell nahm 2011 den Song „Kurdistan“ mit dem kurdischen Musiker Merdan Biter auf. Dort rappt er:

> Ach, meine Heimat ist verlassen und einsam
> Benebelt von Waffen der Streitkraft
> Peschmerga voller Hass, voller Feindschaft
> Sterben für uns, doch es klatscht keiner Beifall
> Leider, ihr kennt den Wert nicht zu schätzen
> Landsleute sterben für Rechte!
> Hevals die auf Bergen, Berge versetzen
> Kurden die geradesten, ehrlichsten Menschen

In den Songs der postmigrantischen Rap-Artists entsteht immer aufs Neue ein Remix kurdischer Identität. Die Vorstellungen von Kurdistan 2.0 sind widersprüchlich. Was sich jedoch in fast allen Lyrics erkennen lässt: eine Suchbewegung, ein Aufbegehren und der Wille, sich zu erinnern. Diese Haltung, diese kurdischen Stimmen, verändern auch die Resonanzen im postmigrantischen Raum: Rebellion, Nonkonformismus und eine Poetik der Freiheit sind Phänomene, die vor allem durch die kurdische Wende ab 2010 im Rap möglich wurden. Heute reicht dieses Echo in Almanya von hartem Gangsta-Rap bis hin zu poetischen Straßenlyrics. Der Trotz und die Beharrungskraft kurdischer Stimmen zeigt sich ungebrochen. In dem Song „Dersim 62“ aus dem Jahr 2022 von der Rapperin Ebow aus München heißt es:

> Free my people, free meine Leute
> Kurdistan, free meine Träume
> Sie nehmen den Platz wie eine Seuche
> Wir bleiben da, Wurzeln tief wie die Bäume, tief wie die Bäume

Rebellion ist etwas Natürliches

Von Ebow

Azad war für mich der erste MC, der kurdische Identität repräsentiert hat. Haftbefehl hat ab 2010 HipHop unglaublich verändert und der Kultur viel gegeben. Dasselbe gilt für Xatar. Warum waren Kurd:innen für die Entwicklung von Rap so wichtig? Weil wir alle politisch aufgewachsen sind. Das verbindet sich automatisch mit der HipHop-Kultur. Wenn du als kurdische Person rappst, dann kannst du deine politischen Anteile nicht leugnen. Diese Kämpfernatur zeigt sich dann. Wir sind als Kurd:innen alle mit einer mehrfachen Unterdrückung aufgewachsen. Rebellion ist für uns etwas Natürliches, und das schlägt sich im Rap nieder. Ich nehme das natürlich aus einer besonderen Perspektive wahr. Wenn Hafti rappt: „Altmış iki, kurdî", dann fühle ich mich repräsentiert. Das erreicht mich sofort emotional und prägt mich als Künstlerin. Den Song „Dersim 62" habe ich geschrieben, um das lebendig und stark zu halten, was andere immer wieder versuchen auszulöschen. Für mich ist es ein Statement, ein Album zu veröffentlichen, das „Canê" heißt, wo man alleine an dem Namen erkennt, dass es ein kurdisches Wort ist. Ich zeige eine Sprache, die verloren geht. Ein Song wie „Dersim 62", ein Album „Canê" – das sind Dinge, die bleiben werden.

Das große Herz und das Hybride

Von OJ Kingpin (La Honda)

Meine Familie ist in Deutschland immer selbstbewusst mit ihrer kurdischen Identität umgegangen. Nur wenn wir in der Türkei waren, gab es manchmal Situationen, wo meine Eltern das bewusst verschwiegen haben, weil es sonst hätte gefährlich werden können. Meine Familie stammt aus Dersim. Dersim ist, wenn du so willst, wie das gallische Dorf – nur in Anatolien. Die Menschen aus Dersim sind frei, stolz und rebellisch. Sie haben ihren eigenen Kopf und lassen sich nicht gleichschalten. Als wir in den 1990er Jahren in Dersim waren, gab es für mich als Kind immer wieder Situationen, die bedrohlich waren. Es gab viele Militärkontrollen, es gab eine Ausgangssperre, und ich erinnere mich daran, dass auf einer Demonstration Schüsse gefallen sind. Meine Mutter hatte große Angst, dass unseren Verwandten etwas zugestoßen sein könnte. Trotzdem waren die Menschen in Dersim immer fröhlich und selbstbewusst. Mir hat die kurdische Identität eine unglaubliche Widerstandskraft und Anpassungsfähigkeit gegeben. Ich finde mich überall auf der Welt zurecht.

Mit Xatar, La Honda, Haftbefehl und später mit KC Rebell und Kurdo gab es so etwas wie eine kurdische Welle im deutschen Straßenrap. Vorher gab es eigentlich nur Azad, der mit seiner kurdischen Identität offen und frei umgegangen ist. Als ich zum ersten Mal seinen Song „Freiheit" gehört habe, war das für mich sehr interessant und hat meine komplette Aufmerksamkeit auf sich gezogen. Denn bis dahin fiel es vielen Leuten noch schwer öffentlich zu sagen: „Ich bin Kurde!" Azads freier Umgang mit dem Thema hat das verändert. Er hat viele inspiriert, und es war so eine Art kurdisches Coming-Out. Danach wurde deutlich: In Deutschland gibt es eine große kurdische Community.

Mit La Honda waren wir nach Azad eine der ersten Gruppen, die das Thema der kurdischen Identität wieder aufgegriffen und weiterentwickelt haben. Bero und Xatar haben sich sofort verstanden – sie hatten auch eine sprachliche Nähe zueinander. Wir wollten das kurdische Thema wieder auf die Karte bringen und weiter emanzipieren. Daraus ist dann schließlich der Song „Blick Richtung Sonne" entstanden, eine Kollaboration mit dem kurdischen Sänger Şivan Perwer. Ich hatte den Titel für den Song gewählt, weil der Blick zur Sonne Hoffnung ausdrückt und gleichzeitig einen Verweis auf die Sonne in der kurdischen Fahne darstellt. Zum ersten Mal haben wir Şivan Perwer auf einem Konzert 2008 kennengelernt, auf dem Bero und ich die Security für ihn gemacht haben. Dazu muss man wissen, dass Şivan Perwer ein kurdischer Volkssänger ist, der unter den Kurden einen Michael-Jackson-ähnlichen Status hat. Als wir später mit der Idee eines gemeinsamen Songs auf ihn zukamen, hat er sich darauf eingelassen – Xatar kannte Şivan Perwer ja auch über seine Familie. Bero und Xatar haben schließlich auf „Blick Richtung Sonne" die Strophen gerappt, und Şivan Perwer hat das Intro gesprochen und den Refrain gesungen.

Der Song steht meiner Meinung nach für eine zweite Emanzipation unter den Kurden in Deutschland. Azad hat die erste Hürde genommen. Er hat dazu beigetragen, dass sich überhaupt Jugendliche zu ihrer kurdischen Identität bekannt haben. 2008 habe ich dann auf dem Track „Ich bin ein Outlaw" mit Eko Fresh und Outlawz ganz offen gerappt: „Ich bin ein Outlaw-Kurde und gesetzlos". „Blick Richtung Sonne" hat den kurdischen Jugendlichen schließlich nochmal einen Schub gegeben, so dass es irgendwann voll angesagt war, Kurde zu sein. Das war echt etwas Neues, eine andere Qualität – auch mit den ganzen kurdischen Artists im Straßenrap, die plötzlich im Mainstream waren.

Es ist auch kein Wunder, dass so viele Kurden an diesem neuen Straßenrap beteiligt waren. Wenn du so einen Background hast, schaust du anders auf die Welt. Du hast keinen Nationalstaat. Das Land Kurdistan gibt es nur in den Herzen der Menschen. Dieser kurdische Blick plus Straße – das hat etwas Neues erschaffen, das hat in Deutschland dazu geführt, dass du plötzlich so französische Vibes im Gangsta Rap hattest. Hart, aber auch kritisch. Das große Herz und das Hybride. Wir waren ja mit La Honda schon im Geiste sehr hybrid unterwegs. Und Xatar und Haftbefehl haben das dann auf der Ebene der Sprache in Slang verwandelt. Die haben Rap sozusagen hybridisiert und daraus eine richtige Attitude gemacht. Alles, was diese neue Form von Straßenrap ausmacht, trägt eine kurdische Handschrift. Der new-age Kurde unserer Zeit ist sehr selbstbewusst geworden, aber auch sehr kapitalistisch. Allerdings nicht im Sinne eines Raubtierkapitalismus. Es gibt da immer noch das große Herz, die Barmherzigkeit, die Großzügigkeit. Das siehst du auch an Charakteren wie Xatar oder Haftbefehl.

„Kurdische Jugendliche fühlen sich im Rap zuhause" Ein Gespräch mit Ruşen Cacan über die kurdische Migration

Ruşen Cacan kam 2002 nach Deutschland. Als Historiker forschte er in Almanya zu der Geschichte der kurdischen Migration, den historischen Hintergründen und zur aktuellen Situation von Kurd:innen in Deutschland. Wir trafen Ruşen in Köln und sprachen mit ihm über die unterschiedlichen Phasen kurdischer Migration sowie über die Entwicklung einer kurdischen Identität in der Diaspora.

Murat und Hannes: *In Deutschland gibt es seit vielen Jahrzehnten eine große kurdische Community. Aber viel ist nicht bekannt über die Geschichte der kurdischen Diaspora in Almanya. Woran liegt das?*

Ruşen Cacan: Für die kurdische Migration nach Deutschland gibt es kaum Quellen, denn die Kurden werden bis heute in allen Dokumenten als türkische, syrische, irakische oder iranische Staatsbürger dargestellt. Es gibt aber kurdische Vereine und inzwischen auch einige offizielle deutsche Stellen, die sich mit dem Thema beschäftigen, und die über Schätzungen Daten erhoben haben. Diese Schätzungen gehen davon aus, dass aktuell mindestens 1.000.000 Menschen kurdischer Herkunft in Deutschland leben.

Welche Phasen der kurdischen Migration hat es in Almanya gegeben?

Mit dem Anwerbeabkommen mit der Türkei 1961 startete die Arbeitsmigration kurdischer Menschen nach Deutschland. Das waren vor allem Kurden aus Südost-Anatolien, darunter viele Aleviten. Wir gehen davon aus, dass von allen Gastarbeitern, die aus der Türkei kamen, mindestens 10% einen kurdischen Hintergrund hatten. Viele dieser Familien haben jedoch aus Angst ihre kurdische Identität geleugnet, um in der türkischen Community keine Probleme zu bekommen. Einige haben ihren Kindern sogar die kurdische Herkunft verschwiegen und sie in dem Glauben erzogen, sie seien türkische Migranten – was für diese Kinder auch psychische Konsequenzen hatte. Und von der deutschen Gesellschaft gab es ohnehin kein Interesse daran, hier einen Unterschied zu machen. Bis 1980 war das kurdische Nationalbewusstsein bei den Kurden aus der Türkei nur wenig ausgeprägt.

Wie entwickelte sich diese Situation in den 1980er Jahren?

Ab 1980 änderte sich in der Türkei die Situation durch den Militärputsch grundlegend. Ein Ziel dieses Putsches war auch die Zerschlagung der erstarkenden politischen Bewegung der Kurden. Die kurdischen Organisationen wurden verboten und ihre Mitglieder festgenommen. Diejenigen, die es schafften, flohen aus der Türkei. Sehr viele dieser Geflüchteten suchten Asylschutz in Deutschland. Mit dieser Welle von Geflüchteten bekam die kurdische Diaspora in Deutschland ein neues Gesicht. Die politischen Exilanten brachten ein linkes politisches Bewusstsein mit und den Willen, weiterzukämpfen. Die Situation in Deutschland war verglichen mit der Repression in der Türkei ein Paradies. Hier konnte man sich organisieren, seine Meinung offen kundtun und neue Strukturen schaffen. Natürlich gab es Rassismus, aber da waren die Kurden von zuhause Schlimmeres gewohnt. Die Exilanten gründeten Vereine, gaben Zeitschriften heraus und engagierten sich politisch – später dann auch ausdrücklich für die kurdische Sache. Es gab zu Beginn der 1980er Jahre auch eine starke politische Migration von Kurden aus dem Iran, die vor den Folgen der Islamischen Revolution flohen. Auch durch den Libanonkrieg und die antikurdische Politik Saddam Husseins im Irak kam es in dieser Zeit zu kurdischen Fluchtbewegungen.

Wie wirkte sich die Ankunft der Exilanten auf die erste Generation kurdischer „Gastarbeiter:innen" aus?

Die erste Generation kurdischer Gastarbeiter hatte sich mit ihrer Situation abgefunden. Diese Menschen gingen arbeiten, kümmerten sich um ihre Familien und vor allem hatten sie kein Interesse an Politik. Sie sprachen zuhause Kurdisch und in der Öffentlichkeit Türkisch. Die kurdischen Exilanten hingegen waren Teil einer größeren Gemeinschaft von Geflüchteten: Gewerkschafter, Sozialisten, Kommunisten, linke Kulturschaffende, Musiker usw. Alle diese Exilanten wandten sich aktiv an die erste Generation und forderten sie auf, aus ihrer Passivität zu erwachen. Das hat seine Zeit gebraucht, aber nach und nach wurde auch der ersten Generation bewusst, dass es sich lohnt, Ausbeutung und rassistische Strukturen nicht einfach hinzunehmen. Hinzu kam eine neue Situation in den 1980er Jahren. Viele Familien waren sesshaft geworden in Deutschland, und es war klar, dass sie und ihre Kinder hier bleiben würden. Doch sie hatten kaum eine Ahnung davon, welche Rechte ihnen zustanden, und wie man sich organisiert, um seine Rechte durchzusetzen. Die politischen Exilanten waren zum größten Teil Akademiker und kannten sich aus. Sie unterstützten die Familien und machten ihnen gleichzeitig klar, dass sie für ihre Rechte eintreten müssen. Obwohl viele der Exilanten einen alevitischen oder kurdischen Hintergrund hatten, spielte das am Anfang noch keine so große Rolle. Das kam erst einige Jahre später und hatte zwei Gründe: Zum einen eröffnete die freiere Situation in Deutschland den kurdischen Exilanten die Möglichkeit, sich intensiver mit der kurdischen Frage zu beschäftigen. Zum anderen wuchs in den 1980er Jahre die politische kurdische Bewegung.

Was hat sich durch das neue Selbstbewusstsein der kurdischen Bevölkerung geändert?

In den 1980er Jahren entwickelte sich ein bewaffneter Konflikt zwischen kurdischen Gruppen und dem türkischen Militär. Dieser Konflikt hat einerseits zu vielen Opfern geführt, andererseits hat er das kurdische Selbstbewusstsein gestärkt und teilweise den Druck auf viele kurdische Gemeinden durch die türkische Verwaltung und das Militär verringert. Sehr gut kann man das auf den Fotos aus dieser Zeit ablesen. In den 1970er Jahren haben kurdische Kinder und Jugendliche mit hängenden Schultern auf den Boden geschaut, wenn sie fotografiert wurden. Auf den Fotos der späten 1980er und 1990er Jahre lachen die Kinder selbstbewusst und machen mit ihren Fingern das Victory-Zeichen.

Was passierte in der dritten Phase kurdischer Migration aus der Türkei nach Deutschland?

Ab 1993 verschärfte die türkische Politik ihr Vorgehen gegen die kurdische Bevölkerung und die politische Bewegung der Kurden. Aktivisten wurden auf der Straße erschossen. Das Militär brannte Dörfer nieder. Dies führte zunächst zu einer Binnenmigration in den Westen der Türkei und wenig später zu einer weiteren Fluchtwelle nach Europa. Gleichzeitig setzte in den 1990er Jahren noch einmal eine verstärkte Migration von Kurden aus dem Irak nach Deutschland und nach Europa ein. Diese Menschen hatten ein sehr starkes kurdisches Nationalbewusstsein – viel stärker als die Exilanten, die in den 1980er Jahren gekommen waren. Die bisher letzte Phase kurdischer Migration wurde durch den Krieg in Syrien seit 2012 ausgelöst.

Wie entwickelte sich in den 1990er Jahren die kurdische Community in Almanya?

Es kam zu einer massiven Politisierung der kurdischen Communitys in ganz Europa. Das hatte in erster Linie mit dem großen Erfolg der politischen Bewegung der Kurden zu tun, die den Anspruch hatte, alle kurdischen Gruppen zu vereinen – also nicht nur die Kurden aus der Türkei. Die politische Bewegung der Kurden hatte in Europa wirkungsvolle Strukturen aufgebaut. Auch in Deutschland war sie sehr stark. Das war ein zweischneidiges Schwert. Zum einen wuchs das kurdische Bewusstsein immer mehr, und die kurdische Sache wurde nun auch von der Öffentlichkeit wahrgenommen. Zum anderen wurden kleinere kurdische Organisationen verdrängt – zum Teil auch mit gezieltem Druck.

In der Rap-Szene in Deutschland gibt es seit 2010 viele erfolgreiche Künstler:innen, die ihre kurdische Identität betonen und auch Songs mit kurdischen Volkssängern aufgenommen haben.

Ich denke, dass Rap schon immer Menschen in der Diaspora angesprochen hat, Leute, die im Abseits stehen und unterdrückt werden. Daher ist es kein Zufall, dass sich kurdische Jugendliche in dieser Kultur zuhause fühlen. In Deutschland haben diese Kids einerseits Rassismus erfahren und gleichzeitig eine Anfeindung der nationalistischen Türken. Und wenn sie Aleviten waren, dann kam noch eine religiöse Ausgrenzung hinzu. Diese dreifache Diskriminierung brauchte ein Ventil – und das war Rap. Hinzu kommt, dass es im Rap Parallelen gibt zu Formen der oralen Traditionen in der kurdischen Kultur wie zum Beispiel die Degbej. Das sind Volkssänger, die die kurdische Sprache und Kultur seit langer Zeit mündlich überliefert haben.

Ist Rap das neue Sprachrohr kurdischer Identität?

Vielleicht kann Rap etwas dazu beitragen, dass die kurdische Identität weitergetragen wird. Wobei wir auch sehen, dass hier in Deutschland bei der jüngsten Generation die Zugehörigkeit zu einer bestimmten Nation außerhalb von Deutschland eher an zweiter Stelle kommt. Die Jugendlichen sprechen Deutsch, sie rappen auf Deutsch, und wenn es um Diskriminierung geht, nehmen sie sich eher als eine gemeinsame Gruppe wahr, die wegen ihres migrantischen Hintergrunds Rassismus erfährt. Je mehr Generationen vergehen, desto mehr vergeht das Bewusstsein einer ursprünglichen Identität, die die Großeltern oder Urgroßeltern einmal mit in ein fremdes Land gebracht haben.

Dengbej, Rap und Rebellion

Die verborgene Verbindung zwischen einer kurdischen Tradition und HipHop

Je mehr wir uns mit den kurdischen Stimmen im postmigrantischen Straßenrap beschäftigten, desto deutlicher erkannten wir Zusammenhänge zwischen der HipHop-Kultur und den überlieferten Konzepten der kurdischen Tradition. Wir sahen Parallelen zu der türkischen Figur des Aşık, die wir schon kannten, also zu den Geschichtenerzählern und Volksliedsängern, die seit dem 16. Jahrhundert in Kleinasien belegt sind und deren moderne Nachfolger mit der Langhalslaute Saz in den 1960er Jahren in den Fordwerken in Almanya auftauchten. Aşık Metin Türköz durften wir wenige Jahre vor seinem Tod sogar persönlich kennenlernen.

Im Kurdischen nennt man diese Sänger und Erzähler Dengbej. Auch sie blicken auf eine lange Geschichte zurück, die jedoch schlechter dokumentiert ist als die Tradition der Aşık. Spannend ist jedoch, dass es Rap-Artists gibt, die sich auf die Tradition der Dengbej beziehen. Zum einen gibt es zeitgenössische kurdische Rapper in der Türkei, die diese Bezüge herstellen, aber auch DJs, die traditionelle Dengbej-Songs mit HipHop-Beats mixen. Ein beeindruckendes Beispiel hierfür ist der Track „Dengbej Grani In Da Club" von Şakiro feat. 50 Cent – ein postmoderner DJ-Remix, der klassischen Dengbej-Gesang und kurdische Musik mit den Raps und Beats von 50 Cent kombiniert. Eine postmigrantische Style-Explosion, die erstaunlich gut funktioniert und weit über 700.000 Aufrufe verzeichnet.

Aber auch im postmigrantischen Rap in Almanya finden sich Verbindungen. Gazal kommt aus Wien, ist Rapperin und engagiert sich in Sachen Politik und LGBTQI. Gemeinsam mit Sookee veröffentlichte sie 2023 das Buch „Awesome Hip-Hop-Humans". Gazal betont auf ihrer Homepage, dass in ihre Sounds Einflüsse aus alten kurdischen und türkischen Songs und der Dengbej-Tradition einfließen. Und auf YouTube findet man ein bewegendes Video mit dem Titel „Enos Opa singt auf kurdisch". Dort ist der Straßenrapper Eno mit seinem Großvater zu sehen, der in der traditionellen Form der Dengbej ein kurdisches Lied singt.

Unsere Neugierde war geweckt, und wir wollten mehr über die Dengbej-Tradition und ihren Zusammenhang mit der HipHop-Kultur erfahren. Im Netz fanden wir einen Kurzfilm des kurdischen Regisseurs Kazim Öz mit der Kurzbeschreibung „Rapçi ve Dengbej Atışması" („Die Rap-Dengbej Kontroverse"). In dem Film trifft ein alter Mann in der kurdischen Stadt Diyarbakir zufällig auf eine Crew von Breakdancern und Rappern. Der Mann gerät mit den Kids in Streit, und es entspannt sich ein Battle zwischen den beiden Gruppen. Schließlich beginnt der Mann im Stile eines Dengbej gegen die Jugendlichen anzusingen. Die Kids reagieren mit Freestyle-Rhymes und Breakdance-Moves. Es wird eine starke Spannung deutlich zwischen den unterschiedlichen Generationen. Und gleichzeitig erkennt der Zuschauer eine Parallele zwischen den traditionellen Kulturtechniken des Dengbej und den Battle-Ritualen des HipHop.

„Rap lässt sich vom Dengbej inspirieren" Ein Gespräch mit dem kurdischen Regisseur Kazim Öz

Kazim Öz stammt aus Dersim und ist einer der bedeutendsten kurdischen Filmemacher der Gegenwart. Seine Filme „He Bû Tune Bû" („Once Upon A Time") und „ZER" erhielten zahlreiche internationale Auszeichnungen. Seit vielen Jahren beschäftigt sich Kazim Öz auch mit der Tradition der Dengbej. Über Ruşen Cacan konnten wir Kontakt zu Kazim Öz knüpfen und ein Gespräch mit ihm über die Kultur der Dengbej, Oral History und die Bedeutung einer gemeinsamen Erzählkultur für die kurdische Identität führen.

Murat und Hannes: *Kannst du uns etwas über die Tradition der Dengbej erzählen, und welche Funktion sie in der Gesellschaft hat?*

Kazim Öz: Wenn wir heute über die Kurden und ihre Kultur und Musik sprechen, dann spielt die Dengbej-Kultur in den kurdischen Gebieten eine große Rolle. Die schriftliche Literatur ist bei den Kurden nicht sehr ausgeprägt, weil sie noch nie in einem eigenen Staat gelebt haben und es somit keine Institutionen gab, die die kurdischen Traditionen bewahren konnten. Ihre nationale Identität und ihr kulturelles Gedächtnis haben die Kurden im Laufe der Jahrhunderte vor allem über eine mündliche Tradition geschützt und bewahrt. Die Dengbej-Kultur ist meiner Meinung nach die wichtigste Grundlage dieser oralen Tradition und hat einen nicht zu unterschätzenden Wert für die Kurden. Wie auch bei anderen Völkern sollte man die Dengbej-Kultur nicht nur als Musik sehen, sondern als Gedächtnis einer ganzen Gesellschaft. In dieser Tradition stehen also auch Politik, Kunst, Geschichte, Soziologie und weitere Disziplinen, die dort alle zusammenlaufen. Mir ist früh aufgefallen, dass es Parallelen zwischen der HipHop-Kultur und der Dengbej-Tradition gibt. In beiden Kunstformen spielt das rhythmische Sprechen eine große Rolle, aber auch die Art und Weise, wie Ereignisse oder Gefühle performt werden. Am Ende meines Kurzfilms kommt es zu einem lyrischen Widerstreit zwischen dem Dengbej und den jugendlichen Rappern, und das zeigt uns, dass sie Teile eines größeren Ganzen sind. Dengbej hat für die kurdische Kultur eine existenzielle Bedeutung. Ich habe mir vorgenommen, einen Spielfilm über dieses Motiv zu drehen. Für die Hauptrolle wäre meine Wunschbesetzung der Rapper Ezhel, der zur Zeit im Exil in Berlin lebt.

Was für Aufgaben hat ein Dengbej?

Früher war der Dengbej ein Erzähler, der die wichtigen aktuellen Fragen, Probleme und Konflikte in seiner Gesellschaft und seiner Region kommentiert hat. Dabei war er eine gewissenhafte Persönlichkeit, die mit großer Verantwortung über diese Themen gesprochen hat. Wenn wir uns anschauen, was uns überliefert wurde, so war der Dengbej ein Reisender, der von Dorf zu Dorf, von Haus zu Haus zog. Seine Mission war es, das einfache Volk über die Geschehnisse der Welt aufzuklären, aber auch kluge Geschichten oder Märchen zu erzählen. Dabei wechselt er bei seinem Vortrag vom normalen Erzählen zum rhythmischen Sprechen bis hin zum Gesang, ähnlich, wie es heutzutage Rapper machen.

Und was ist der Unterschied zwischen einem Aşık und einem Dengbej?

Vergleichbare Traditionen finden sich in vielen Gesellschaften. Und ein Teil des Aşık steckt auch im Dengbej. Die Dengbej-Tradition ist jedoch umfassender. Ein Dengbej kann zum Beispiel auch politische Ereignisse sehr ausführlich darstellen. Es gibt das Buch „Dengbejler" von Mehmet Uzun, wo er genau diese Dinge beschreibt. Vielleicht kann man die Erzählungen eines Dengbej mit einer Serie auf Netflix vergleichen. Damals nach der Arbeit kamen die Leute zum Dengbej und versammelten sich in einem Haus. Sie hörten der Geschichte zu, aber es gab nie ein abgeschlossenes Ende, so dass die Menschen neugierig blieben und am nächsten Tag die Fortsetzung hören wollten. Ein Freund hat mir erzählt, dass ein Dengbej in sein Dorf kam und einen Monat dort geblieben ist. Jeden Abend gab es eine Geschichte, die sich immer weiterentwickelte. Als die Geschichte zu Ende war, zog der Dengbej weiter.

Wann hast du die HipHop-Kultur in der Türkei kennengelernt?

Ich habe mich zum ersten Mal bewusst mit der Rap-Kultur bei meiner Arbeit zu dem Film „Surların Iki Yakası" („Die zwei Seiten der Mauer") auseinandergesetzt. Für mich war das eine neue Entdeckung. Ab 2003 habe ich auch in Diyarbakir auf der Straße viele Rapcrews gesehen und verstanden, dass es eine ganze HipHop-Kultur gibt, zu der Rap, Breakdance und Graffiti gehören. HipHop war in der Gesellschaft populär und hat sich immer weiter ausgebreitet. Diese Entwicklung gab es überall – in Batman, in Van, überall entstanden neue Gruppen. Wie beim Dengbej erzählten die Rapper von den

Problemen und nutzten dazu Sprache und Rhythmus. HipHop steht der kurdischen Kultur recht nahe, weil es im Rap auch um Rebellion geht. Lange bevor es Rap in Europa oder in der Türkei gab, zeigte Şivan Perwer mit dem Lied „Kî ne em?" aus dem Jahr 1979 eine frühe Form des Sprechgesangs.

Gibt es eine Verbindung zwischen den kurdischen Rappern und der Dengbej-Kultur?

Am Anfang gab es diese Verbindung nicht. Die traditionellen Dengbej haben sich eher von der türkisch geprägten Rapkultur distanziert. In der Türkei wurde eben zuerst auf Türkisch gerappt. In den kurdischen Gebieten wurde türkischer Rap vom Staat sogar als Mittel der Assimilationspolitik genutzt. Aber was ist dann passiert? Die kurdischen Jugendlichen haben sich für Rap begeistert und auf ihrer Muttersprache gerappt. Das war natürlich nicht im Sinne des türkischen Staats. Aktuelle politische Entwicklungen finden immer auch einen Niederschlag im Mainstream des türkischen Rap, und deshalb gibt es bis heute eine nationalistische Tendenz im türkischen Rap und eine Distanz zwischen türkischen und kurdischen Rappern.

Welche Gemeinsamkeiten haben Dengbej und Rap?

Ich habe diese Frage in meinem Film „Surların Iki Yakası" beantwortet. Es beginnt dort mit einem Konflikt, aber im weiteren Verlauf sieht man, wie die beiden Kulturen sich ergänzen. Man kann es so sehen, dass sich Rap vom Dengbej inspirieren lässt. Wir behaupten in dem Film, dass man eine Verbindungslinie zwischen der Rap- und der Dengbej-Kultur ziehen kann. Wir haben viele positive Reaktionen bekommen, obwohl es ein Low-Budget-Film war und wir nicht alles umsetzen konnten, was wir uns vorgenommen hatten. Der Gedanke, dass es hier sowohl um Tradition als auch um Innovation geht, ist beim Publikum angekommen. Genauso wie die Reibung zwischen den Generationen.

Gibt es heute Rapper, die sich heute auf die Dengbej-Kultur beziehen?

Viele kurdische Rapper verbinden sich heute bewusst mit der Dengbej-Kultur, wie z.B. der Rapper Serhado. Ich kenne die meisten Künstler nicht persönlich, aber alles, was ich mitbekomme, zeigt mir: Diese Generation ist an einem anderen Punkt und stellt ihre Kunst nicht mehr – wie vor 15 Jahren – in Opposition zur Tradition. Und diese Entwicklung setzt sich fort, je mehr Forschung und Filme hierzu erscheinen.

Gibt es aktuell in der Türkei eine kurdische Rapszene? Ist es möglich, ohne Einschränkung auf Kurdisch zu rappen?

Es gibt auf dem Markt aktuell ein Interesse an kurdischem Rap. Der Boden dafür wurde mit der erstarkenden kurdischen politischen Bewegung seit den 1990er Jahren gelegt. Seitdem gibt es eine Renaissance der kurdischen Kunst- und Musikkultur und eben auch ein wachsendes Publikum. Und kurdischer Rap hat auch davon profitiert. Verglichen mit Künstlern in anderen Ländern, haben die kurdischen Rapper natürlich trotzdem eine schlechtere Ausgangssituation. Ihnen werden immer wieder Hindernisse in den Weg gelegt und sie haben keinen direkten Zugang zu den Massenmedien.

Rapsongs aus Almanya über kurdische Identität

Azad: Freiheit, Kurdistan

Ebow: Dersim 62

Kurdo: Pismam, Kurdistan

Saru, feat. Sevo, Sertac Kilic: Dersim

Xatar, Bero Bass, Şivan Perwer: Blick Richtung Sonne

Dahabflex : Yan mirin yan azadi

KC Rebell, Merdan Biter: Kurdistan

Muharrem: Le Daye

Diyar23: Kurmancis

Jiyabi: Jiyanamin

Diyar Gerillya: Dieser Kurde

Adem Official: Mein Mahalle

Jiyabi, Bero Bass: Heval

Ebow: Dersim 62

Free my people, free meine Leute
Kurdistan, free meine Träume
Sie nehmen den Platz wie eine Seuche
Wir bleiben da, Wurzeln tief wie die Bäume, tief wie die Bäume

Dersim 62, du weißt, wer jetzt back ist
Kurdi Baby-Babe auf deiner Tracklist
Canê bringt Juice, Canê bringt Technik
Flow so hard, alle werden lesbisch
Jung und in Hektik, Junge, bitte stress nicht
Ihr seid alle Jokes, euer Rap-Biz ist Slapstick
Was mein größter Flex ist? Dass ich ich selbst bin
Wuchs durch Beton, meine Wurzeln sind magic, ah

Free my people, free meine Leute
Kurdistan, free meine Träume
Sie nehmen den Platz wie eine Seuche
Wir bleiben da, Wurzeln tief wie die Bäume, tief wie die Bäume

Ca-Ca-Cancel mich jetzt, spar dir den Stress
Sie schreiben DMs, keine Zeit für deinen Text
Du kannst dir nicht leisten, mit mir zu streiten
Mein einziger Fight ist, dass meine Leute frei sind
Essenz riecht nach Rebellion, dribbel' jeden Hundesohn
Du willst Beef mit der Gang? Komm her und ihn dir hol'n
Zu viel Trouble in der Bubble, spillen Bubble Tea
Alles BIPoC, doch Solidarity – Comedy
Woke-Shit, den keiner checkt, ficke deinen Intellekt
Komm mir nicht mit Uni-Slang, dein Shit bleibt in der Uni häng'n
Reden über Straßen, in denen sie nie waren
Cash auf unsern Nacken, behandeln uns wie Waren

Free my people, free meine Leute
Kurdistan, free meine Träume
Sie nehmen den Platz wie eine Seuche
Wir bleiben da, Wurzeln tief wie die Bäume, tief wie die Bäume

DER DRACHE AUS ANATOLIEN

Comeback von Anadolu Rock

Im Frühjahr 2023 war ich, Murat, auf einem Konzert der Band Altın Gün aus Amsterdam im überfüllten Frankfurter Zoom. Was ich als musikalischen Geheimtipp vermutete, entpuppte sich als Publikumsmagnet. Über 2.000 Fans, die vermutlich zum Großteil kein Türkisch konnten, sangen lauthals die Refrains mit. Einen deutschen Studenten, den ich aus der Universität kannte, sprach ich darauf an. Er lächelte und meinte, dass dies egal sei, da der Sound zähle. Altın Güns Sound steht in der Tradition von Anadolu Rock, einem Genre, das in den 1960er Jahren die Jugend in der Türkei elektrisierte und durch westlich geprägte Artists wie Barış Manço, Erkin Koray, Murat Ses, Cem Karaca oder auch Selda Bağcan entstand. Sie kopierten nicht einfach Jimi Hendrix oder die Beatles, sondern kreuzten Rock mit türkischer Musik und traditionellen Instrumenten wie der Saz (Langhalslaute) oder einer Davul (zweiseitige Trommel). Fast sechzig Jahre später wird dieser Sound von jungen Bands wie Altın Gün, Derya Yildirim, Grup Şimşek, Engin oder Gaye Su Akyol aufgegriffen und elektrisiert wieder junge Menschen.

Anadolu Rock war etwas Neues, das die westliche Tonleiter mit türkischer Volksmusik und Rhythmen verwob. Künstler:innen wie Cem Karaca und auch Selda Bağcan verorteten sich im links-sozialkritischen Milieu. Durch sie wurde der ambivalente Charakter des Begriffs der türkischen Volksmusik deutlich. Der Musikethnologe Martin Greve ordnet dies in seinem Standardwerk „Die Musik der imaginären Türkei" ein: „Die Vorstellung, es gäbe ein türkisches Volk, ist in der Türkei kaum mehr als einhundert Jahre alt. Bis zuletzt hatte sich das Osmanische Reich religiös definiert, als ein Staat (theoretisch) aller Muslime. Ethnizität oder Nationalität waren von untergeordneter Bedeutung." Vor diesem Hintergrund ist die anatolische Volksmusik selbst eine Synthese zahlreicher kultureller Strömungen von kurdischen, persischen oder arabischen Strukturen, die innerhalb des Osmanischen Reiches zirkulierten. Diese Offenheit anderen kulturellen Strömungen gegenüber spiegelt sich auch im Anadolu Rock wider. Im Mittelpunkt des Anadolu Rock steht dabei die Band Moğollar.

Die Geburt des Drachens

Gegründet wurde die Band Moğollar 1967 von den Musikern Murat Ses, Cahit Berkay, Engin Yörükoğlu und Taner Öngür. Die zentrale Figur der

Band ist der Keyboarder Murat Ses, der sich in seiner Biografie als „Vater des Anadolu Pop“ bezeichnet und die meisten Songs der Gruppe komponierte. Kurioserweise wird ihr erstes Album 1971 nicht bei einer türkischen Plattenfirma, sondern bei Concert Hall veröffentlicht, einem US-Label, das Jazz und vor allem Klassik im Sortiment hatte und auch Alben von Größen wie Charlie Parker oder John Coltrane herausbrachte. Unter dem Titel „Les Danses Et Rythmes De La Turquie D'Hier Á Aujourd'hui“ erscheint es in Frankreich und 1972 auch international. Der Titel des Albums klingt in seiner französischen Fassung etwas hölzern und formell: „Die Tänze und Rhythmen der Türkei von gestern bis heute“. Dieses Gestern und Heute spiegelt sich im Tracklisting des Albums wider. Auf der A-Seite sind größtenteils keine eigenen Kompositionen, sondern traditionelle regionale Volkslieder aus Zentralanatolien, die von Murat Ses neu arrangiert wurden. Demgegenüber besteht die B-Seite aus eigenen Kompositionen, die mehrheitlich aus der Feder von Murat Ses stammen. 1971 gewinnt die Band mit ihrem Album den bedeutenden französischen Musikpreis Grand Prix du Disque, den ein Jahr vorher Jimi Hendrix und ein Jahr später Pink Floyd bekommen. Erst 1973 wird das Album auch in der Türkei beim Label Yavuz Plak unter dem Titel „Anadolu Pop“ veröffentlicht. Yavuz Asöcal gründete die Plattenfirma in der Türkei und ist der Bruder von Yılmaz Asöcal, der in Almanya Türküola aufbaute. Das Album von Moğollar gilt bis heute als ein Meisterwerk des Anadolu Rock.

Späte Anerkennung gab es für Anadolu Rock auch aus den USA – noch vor der jüngsten Renaissance. 2009 sampelte der New Yorker Rapper Mos Def für seinen Song „Supermagic“ Selda Bağcans „Ince Ince Bir Kar Yağar“ („Ein feiner, feiner Schnee fällt“). In dem Song verknüpft Mos Def eine Rede von Malcolm X mit Seldas wuchtigen Gitarrenriffs und legt damit eine unsichtbare Linie frei: Auch Selda Bağcan war in den 80er Jahren immer wieder staatlichen Repressalien in der Türkei ausgesetzt. Der Song ist im Original ein Protestlied gegen Armut und Entrechtung und macht auf das Gefälle zwischen Stadt und Land aufmerksam. 2015 sampelte HipHop-Schwergewicht Dr. Dre ebenfalls „Ince Ince Bir Kar Yağar“ von Selda Bağcan auf dem Song „Issues“. Komponiert wurde der Song vom alevitischen Musiker Aşık Mahsuni Şerif, der auch Songs für Cem Karaca schrieb.

Almanya, warum kennen wir das nicht?

„Baba, warum kenne ich das nicht?“, fragte der Mannheimer Musiker Engin seinen Vater, als er spät die türkische Musikkultur der 1960er und 70er Jahre für sich entdeckte. Diese Frage hätte ich auch meinen Eltern stellen können. Doch richtigerweise müsste man fragen: „Almanya, warum kennen wir das nicht?“ In Almanya gab es keine Preise für Moğollar, keinen Plattenvertrag und auch keine Fernsehauftritte. Barry Graeves, ein Musikjournalist, der in den 1970er und 80er Jahren als Radiomoderator für RIAS und andere Radiostationen in Berlin arbeitete, kritisiert in der Dokumentation „Aşk, mark ve ölüm“ von Cem Kaya, dass es kein Problem gewesen wäre, Musiker oder Ensembles aus der Türkei im Radio oder Fernsehen zu präsentieren, um über musikalische Begegnungen fremdartige Zuschreibungen abzubauen und einander zuzuhören. Laut Graeves hätten die Medien versagt und nichts unternommen, das Radioprogramm diverser zu gestalten. Auch die beiden Kulturwissenschaftler:innen Cornelia und Holger Lund kritisieren in ihrem Aufsatz „A history of flops and a new turn: The Turkish-German music interplay“ (2022) Almanyas kulturellen Umgang mit seinen Minderheiten. Sie fragen sich, wie es passieren konnte, dass türkische Popmusik in Deutschland so lange unbekannt geblieben wäre und als unhörbar abgestempelt wurde. Sie führen dies auf mangelndes Interesse zurück. Deutschland hätte die türkische Bevölkerung mit Nachdruck als etwas Fremdes, Muslimisches aus dem Nahen Osten festgeschrieben und somit auch ihre Musik an den Rand der Gesellschaft gedrängt.

Deutschlands musikalischer Kulturraum wäre heute ein anderer, wenn es in den 1960er und 70er Jahren seinen Minderheiten zugehört hätte. Dieses Phänomen des Weghörens sollte sich dreißig Jahre später mit Rap in türkischer Sprache wiederholen. Dafür wurde die Musik mit dem Etikett „Oriental HipHop“ versehen, als etwas Fremdes angesehen und außerhalb der regulären HipHop-Rezeption in Almanya verhandelt.

Frankreich war Prestige

Radiojournalist Francis Gay sieht in Frankreich einen anderen Umgang mit dem kulturellen Output seiner Minderheiten als in Almanya. In der Dokumentation „Deutschlandlieder“ von Nedim Hazar aus dem Jahr 2023 erwähnt er die Neugier an den Kulturen und der Musik von Minderheiten – und somit auch das Interesse an einem Dialog auf Augenhöhe. Das wichtige Raï-Festival in Paris 1986 ging auf eine Initiative des damaligen Kulturministers Jaques Lang zurück. Dieses Festival war die Initialzündung für die spätere Erfolgsgeschichte der Raï Musik in Frankreich und brachte Stars wie Cheb Khaled hervor, der zum Aushängeschild der französischen Musikkultur wurde.

Diese kulturelle Offenheit Frankreichs wusste man auch in der Türkei zu schätzen. Der Musikethnologe Greve erwähnt: „Vor allem Frankreich wurde für viele türkische Musiker:innen Ausgangspunkt für internationale Karrieren.“ Auch die Band Moğollar ging Ende der 1960er Jahre nach Paris. Laut Greve lag der Bezug zu Frankreich in den gewachsenen musikalischen Kontakten und Kollaborationen zwischen französischen und türkischen Musikern. Schon vor der Gruppe Moğollar waren andere türkeistämmige

Musiker:innen in Frankreich erfolgreich wie Tülây German, die seit 1966 in Paris lebte und unter ihrem Künstlernamen Toulai mit großen Chansonniers wie Charles Aznavour, Léo Ferré oder auch Fernand Raynaud zahlreiche Konzerte gab und Alben veröffentlichte. Der wichtige Einfluss von weiblichen Künstler:innen wird auch hier oft zu wenig gewürdigt. Ercan Demirel, Gründer des Duisburger Reissue-Labels Ironhand Records, schreibt im Gespräch mit mir Tülây German die Geburtsstunde für den Anadolu Rock zu. Die Musikerin trat im September 1964 mit ihrem Song „Burçak Tarlası" auf dem zehnten internationalen Balkan Festival auf und gewann den Best Song Award. Der Song legte den Grundstock für die Verknüpfung von westlichen Musikinstrumenten und Harmonien mit der türkischen Volksmusik. Damit begann die Hybridisierung des Anadolu Rock.

Für den Ethnologen Greve spielt auch die Fixierung der türkischen Intellektuellen zu Frankreich eine entscheidende Rolle. Diesen Einfluss spürt man bis heute in der türkischen Sprache, die viele Begriffe aus dem Französischen übernahm. Greve stellt fest: „Viele der Intellektuellen und Künstler, die irgendwann im Laufe des 20. Jahrhunderts nach Frankreich gingen, waren bereits frankophon – während niemand, der nach Deutschland ging, schon vorher Deutsch konnte. Frankreich war Prestige, Deutschland war Arbeit zum Geldverdienen." Auf der anderen Seite speiste sich das französische Interesse für die hybride Musik auch aus der kolonialen Vergangenheit, die oft mit der Brille des Exotismus auf seine Minderheiten blickte. Greve erkennt im Interview mit mir, Murat, selbstkritisch hierbei eine Chance: „In Europa beginnt jede Beschäftigung mit nicht-europäischer Musik mehr oder weniger als Orientalismus und Exotismus, auch die gesamte Weltmusik. Auch bei mir war das so. Dann aber können Menschen lernen, sich diesem Exotismus bewusst zu werden und versuchen, sich davon zu distanzieren."

Elektrizität aus dem Weltall

Wie genau entstand die hybride Musikkultur des Anadolu Rock? Und welchen transformatorischen Charakter kann sie für eine postmigrantische Gesellschaft haben? Naheliegend wäre es gewesen, den erfolgreichen Rocksound von Jimi Hendrix, den Rolling Stones oder den Beatles zu kopieren, statt ihn mit anatolischen Harmonien, Rhythmen und Musikinstrumenten zu kombinieren. Für die beiden Kulturwissenschaftler Cornelia und Holger Lund liegt die Antwort in der Struktur des türkischen Musikmarkts. Sie fanden heraus, dass der türkische Musikmarkt in den 1960er und 70er Jahren weder von internationalen Musikkonzernen, noch von nationalen staatlichen Gatekeepern dominiert, sondern von kleineren und größeren unabhängigen Plattenfirmen getragen wurde. Nach Lund war dies ein unregulierter Markt, der nicht national homogenisiert wurde und dadurch letztendlich experimenteller agieren konnte. Dies ist ein wesentlicher Unterschied auch zu europäischen Märkten, wo internationale Konzerne eher daran interessiert waren, erfolgreiche Künstler ohne großes Risiko national zu kopieren.

Der Politologe Seckin Söylemez schreibt in dem Magazin *Maviblau*, dass gerade der Putsch von 1960 eine liberale Verfassung brachte, die dazu führte, dass ausländische Kulturerzeugnisse frei in die Türkei eingeführt werden konnten. „Zeitgleich zu den ersten Übersetzungen von Marx, Engels und Lenin erscheinen Schallplatten von Elvis, den Beatles und den Beach Boys auf dem türkischen Markt“, so Söylemez. Für die Initialzündung des Anadolu Rock hätten nicht wie im Rock aus dem Westen die Rebellion und das Aufbegehren von jungen Menschen im Vordergrund gestanden, sondern die Experimentierfreude an einer hybriden westlichorientierten Kultur. „Im Weltall ist eine Art Elektrizität entstanden“, sagte der türkischen Rockstar Erkin Koray zur Entstehung des Genres.

Dabei wurde auch die westliche Perspektive auf nichteuropäische Musiktraditionen hinterfragt, wie der Musikexperte Ercan Demirel im Interview mit mir, Murat, herausstellt: „Die Entstehung des Anadolu Rock ist auch eine Art Protest gewesen. Die damalige Pop-Szene bestand aus englischen, französischen Liedern, die türkische Texte bekamen. (...) sogenannte Aranjman-Lieder.“ Für Lund geht dieser Anspruch der Hybridisierung der Kultur bis auf den Staatsgründer Kemal Atatürk zurück, der die Türkei an die westliche Moderne heranführte. Allerdings ging dies auch mit der Homogenisierung der türkischen Musikkultur einher, die ehemals ethnisch diverse Stile national einfärbte. Der Musikethnologe Martin Greve bezeichnet im Interview mit mir, Murat, „türkische Volksmusik“ sei ein ideologischer Begriff, der viel mit der Gründung eines türkischen Nationalstaates zu tun hätte: „Auch das ‚Türkisch‘ bei der Musik ist schwierig, wenn man an die diversen Minderheiten Anatoliens und Istanbuls denkt.“

Angestoßen wurde die kulturelle Modernisierung von der liberal-konservativen Tageszeitung *Hürriyet*, die 1965 einen nationalen Musikwettbewerb namens „Altın Mikrofon“ („Goldenes Mikrofon“) initiierte. Dem Sieger winkte ein Plattenvertrag und eine Anstellung in einem Gazino (Musiklokal). 1967 nahm Cem Karaca mit Apaşlar teil und 1968 Moğollar sowie Erkin Koray. Entscheidende Künstler:innen die das Genre Anadolu Rock prägten, bekamen über dieses Festival eine größere Aufmerksamkeit. Was zunächst als Unterhaltungsmusik entstand, politisierte sich Ende der 1960er Jahre. Im Mittelpunkt standen dabei Künstler:innen wie Cem Karaca und auch Selda Bağcan, die vor allem Themen wie soziale Ungleichheit und die Folgen der feudalen Strukturen thematisierten. Der Politologe Söylemez fasst in dem Magazin *Maviblau* hierbei zusammen: „Das eigentliche Alleinstellungsmerkmal des Anadolu Rock ist sein ambivalentes Verhältnis zu den gesellschaftspolitischen Entwicklungen im Land, welches mitursächlich für die starke Politisierung der Musikform ab 1975 ist. Der Wandel des Anadolu Rock von einer ausdrucksstarken, aber seichten Unterhaltungsmusik hin zum Soundtrack der Protest- und Gegenkultur in der Türkei stellt eine Vielzahl der Songs dieses Genres in eine Reihe mit den Sagen der tradierten anatolischen Volksliteratur: Der Unterhaltungsfokus weicht einer Narration der ungeschönten Lebenswirklichkeiten."

Heutzutage erlebt Anadolu Rock weltweit ein großes internationales Revival. Der anatolische Drache setzt zu einem erneuten Höhenflug an. 2019 wurden Altın Gün für einen Grammy nominiert und touren unter Lobgesängen der *New York Times* weltweit erfolgreich durch große Hallen. Auch für Gruppen wie Derya Yildirim und Engin werden die Konzertsäle immer größer. Und die Szene differenziert sich weiter aus – von elektronischen Ansätzen wie bei Babuko aus Düsseldorf bis zum New Wave von Sinem aus München. Angestoßen wurde dieses Revival auch von DJs wie Burakete. Der Kölner Aktivist bespielt mit seinem Format Süperdisko bundesweit Clubs und Festivals. In einem Interview mit dem *renk* Magazin erklärt Burakete, wie erstaunt er selbst über die Diversität des Publikums ist, das sich von Migrant:innen bis zu „Bio-Deutschen" aus mehreren Generationen erstreckt. Im hybriden Sound von Anadolu Rock spiegelt sich eine postmigrantische Gesellschaft wider, die die Engstirnigkeit der Kohl-Jahre endgültig abgeschüttelt hat.

10 Anadolu Rock Essentials

Ausgewählt von Ercan Demirel, Ironhand Records

Erkin Koray: Elektronik Türküler

Moğollar: Anadolu Pop

Zafer Dilek: Oyun Havaları

Cem Karaca & Kardaşlar: Acı Doktor (7")

Barış Manço & Kurtalan Ekspres: Yeni Bir Gün

Okay Temiz: Drummer Of Two Worlds

Selda: Selda

Selda: Vurulduk Ey Halkım

Mustafa Özkent: Gençlik ile Elele

Ersen & Dadaslar: Bir Ayrılık Bir Yoksulluk Bir Ölum/Yedin Beni (7")

#05

RE MIX KONTRO VERSE

Battles, Konflikte und Debatten

DIE SHISHA BAR IN HANAU

Das Kontinuum rassistischer Gewalt in Almanya

Im November 2020 besuchte ich, Murat, gemeinsam mit einer Freundin die *Initiative 19. Februar Hanau*. Die Initiative wurde unmittelbar nach dem rassistischen Anschlag vom 19. Februar 2020 von den Angehörigen der Opfer gegründet. Die Räumlichkeiten der Initiative befinden sich in direkter Nähe zum Anschlagsort. Man schaut praktisch auf die Shisha Bar drauf, in der der Terroranschlag stattfand. Ein beklemmendes Gefühl und gleichzeitig ein starkes Zeichen, dass man nicht zurückweicht. Ich war mir unsicher, ob es angemessen wäre, die Angehörigen in ihrer Trauer zu besuchen. Denn das Attentat fühlte sich für mich nach neun Monaten immer noch sehr nah an. Allerdings nahm mir meine Freundin die Sorge, als sie direkt mit Çetin Gültekin, dem Bruder des ermordeten Opfers Gökhan Gültekin, sprach. Wir waren willkommen.

Im Vorfeld überlegte ich, was ich den Angehörigen der Opfer sagen könnte, doch ich verwarf alles, denn Sprachlosigkeit entsprach am ehesten meinem Gefühl. Ich entschied mich für das Zuhören. In Gedanken malte ich mir aus, dass die Haltung der Angehörigen eine Form des Rückzugs oder der Inneren Emigration darstellen könnte. Umso erstaunter war ich, dass das Gegenteil der Fall war. Die Tür stand offen. Çetin empfing uns und zeigte uns die Räumlichkeiten. „140 m² gegen das Vergessen" heißt es auf der Homepage der *Initiative 19. Februar Hanau*. Tatsächlich fühlte sich jeder Quadratmeter des Raums wie gelebter Antirassismus an. Wir saßen mit Çetin auf einem breiten Sofa und tranken schwarzen Tee. Er erzählte uns von der Bedeutung der bundesweiten Vernetzungsarbeit mit den anderen Opferangehörigen von rassistischen Übergriffen in Almanya. Auch war es für ihn wichtig zu betonen, dass der Raum der Initiative in die Stadt Hanau hinein strahlen solle. Veränderung ging für ihn mit Begegnung einher. Wir sprachen auch mit Serpil Unvar, der Mutter des Opfers Ferhat Unvar. Sie erzählte von ihrem Projekt, einer Bildungsinitiative, die sie in die Schulen hineintragen wollte. Ihre Vorstellung war Antirassismus in den Schulen zu lehren, die Lehrkräfte zu sensibilisieren und damit auch die Schulen zu verändern. Angetrieben war sie vom Vermächtnis ihres ermordeten Sohnes, der zeitlebens Erfahrungen von Rassismus ausgesetzt gewesen sei, so Serpil. Sie wollte dafür sorgen, dass die nachfolgenden Generationen nicht das gleiche erleben mussten wie ihr Sohn. Während wir mit Çetin und Serpil sprachen, sah ich, wie Niculescu Păun aufgewühlt am Telefon sprach. Man erzählte uns, er spräche mit einem hochrangigen Politiker. Seine Sätze drosch er ins Telefon hinein, am anderen Ende der Leitung hörte Bundespräsident Steinmeier zu. Es ging um konkrete Hilfen, die er für seine Familie forderte. Niculescu verlor am 19. Februar 2020 seinen Sohn Vili-Viorel Păun, der das tat, was die Polizei hätte tun sollen. Niculescus Sohn verfolgte den Attentäter und wählte mehrmals den Notruf, kam jedoch nicht durch. Überzeugende Antworten auf die Frage nach polizeilichen Fehler oder die Übernahme von politischer Verantwortung fehlen bis heute.

An diesem Abend wurde mir klar, dass diese Menschen keine routinierten Betroffenheitsgesten von Politikern erwarteten, sondern konkrete Antworten, Veränderung und nachhaltige Unterstützung. Diesen Angehörigen wurde größter Schmerz zugefügt, sie verloren ihr altes Leben, doch vor allem wurden ihre Familienmitglieder ermordet. Neun unterschiedliche Hanauer Familien, die sich zuvor nicht kannten, jedoch durch dieses rassistische Attentat für immer miteinander verbunden wurden, stellten Forderungen an die Politik. Das war neu, beeindruckend und stark. Gleichzeitig wurde an diesem Abend deutlich, dass sie medizinische, psychische und finanzielle Unterstützung benötigten. Der Schmerz und der Verlust rissen einen großen Teil aus ihren Seelen heraus, dies war deutlich zu spüren. Und trotzdem besaßen sie die Kraft, ihr Hanau, ihr Almanya verändern zu wollen. Ihr Handeln ist ein Gegenentwurf zum rassistischen Weltbild des Attentäters. Hier wirkt im größten Schmerz eine postmigrantische Zivilgesellschaft, die aufzeigt, wie Solidarität Bewusstsein formt. Diese 140 m^2 in Hanau sind anders.

Es gibt keine neutrale oder sichere Position, aus der sich über Hanau schreiben lässt, oder hinter der man sich verstecken könnte. Ich schreibe aus der Position der Angst und Wut heraus. Sowohl meine Familie als auch meine Freunde, die nicht deutsch gelesen werden, können jederzeit und überall zur Zielscheibe eines rassistischen Anschlags werden. Wir sind nicht geschützt vor dem *weißen* Rassismus. Im Gegenteil: Wir sind seine Projektionsfläche. In seiner radikalsten Ausprägung werden wir zu Objekten, die es auszulöschen gilt – und in seiner politischen Form zu Objekten der „Re-Migration" einer rechtsextremistischen AfD. In Solingen war es 1993 ein Wohnhaus, in Hanau 2020 eine Shisha Bar. Die unausgesprochene Botschaft hinter diesen Anschlägen ist, dass wir uns an den Orten nicht sicher fühlen sollen, wo wir Geborgenheit, Vertrautheit und auch Freude empfinden. Am 19. Februar 2020 wusste ich noch nicht, dass ich über einen nahen Menschen in Verbindung zum Täter stand. Kurz nach dem Anschlag besprach ich das Thema mit meiner damaligen Schulklasse, um gemeinsam das rassistische Attentat zu verarbeiten. Dabei erzählte mir ein Schüler mit Migrationshintergrund, dass er mit dem Täter im selben Schützenverein Schießen übte. Auch erzählte er, dass er vom Täter freundlich gegrüßt wurde. Manchmal ist es sehr schwer, Dinge miteinander in Einklang zu bringen.

#saytheirnames

2002 besuchte mich Kofi Yakpo aka Linguist von Advanced Chemistry in Frankfurt und erzählte mir von seinem neuen Rapsong. In dem Song sollten nur die Namen der Opfer von rassistischen Übergriffen in Almanya vorgetragen werden. Dies beeindruckte mich, denn es machte die Opfer zu Subjekten. Denn so unterschiedlich die Opfer in ihren Herkünften auch waren, störten sie allein mit ihrer Existenz das rassistische Bild einer homogenen Nation.

Kofis Song „Ich hab' geträumt (dass sie alle nicht umsonst starben)" bezieht Position aus der Perspektive der Opfer. Ein Song, der 51 Namen von rassistischen Anschlägen ehrt und sie in eine orale Erinnerungskultur einbettet. Kofi kannte diesen Ansatz aus afrikanischen Traditionen, Menschen nicht nur in ihrem Leben, sondern auch nach ihrem Tod zu ehren. In Ghana lernte er auch den Ritus, dass man den Verstorbenen kleine Bücher mit ihrem gesamten Leben verfasste. In diesem Kontext bekam die Nennung des Namens eine bedeutungsvolle Ebene als Würdigung. Doch letztendlich ging es ihm darum, das Schweigen zu brechen, damit diese Menschen nicht vergessen werden. Es ist eine Form der Erinnerungskultur, die sowohl das Opfer sichtbar macht, als auch eine Mahnung an die Zukunft darstellt. Gemeinsam mit dem antirassistischen Musikprojekt Brothers Keepers performte Kofi den Song 2003 auf dem Alexanderplatz in Berlin. Auch gewann er 2004 mit diesem Song den dritten Platz des May Ayim Awards für Schwarze Literatur. „Wir vergessen eure Namen nie", donnerte Kofi seine Botschaft heraus und forderte, dass Schulen und Straßen die Namen der Opfer tragen sollten. Kofi griff mit seinem Song einiges vorweg. Knapp zehn Jahre später wurde dieser Ansatz in den USA aus einer intersektionalen Perspektive gegen brutale Polizeigewalt an Schwarzen Frauen unter dem Hashtag #sayhername aufgegriffen. Seit der Entstehung von Kofis Song 2002 ist die Liste mit den Namen der Opfer rassistischer Anschläge immer länger geworden. Zuletzt kamen am 19. Februar 2020 aus Hanau neun weitere Namen hinzu – #saytheirnames:

Gökhan Gültekin
Sedat Gürbüz
Said Nesar Hashemi
Mercedes Kierpacz

Hamza Kurtović
Vili-Viorel Păun
Fatih Saraçoğlu
Ferhat Unvar
Kaloyan Velkov

Kein Einzelfall sondern einer von vielen

„Hanau war kein Einzelfall" steht als Graffiti in meinem Viertel an Hauswänden. Das wird klar, wenn man Hanau nicht isoliert betrachtet. Denn allein von der Wiedervereinigung bis zum Jahr 2020 starben in Almanya 182 Menschen durch rechtsextreme Gewalt, wie die *Zeit* in einem Dossier feststellte. Die Zeitung erwähnte in einer Ausgabe von September 2020 jeden einzelnen Namen. Wenn man sich die Orte anschaut, an denen die Taten geschahen, so kann man eindeutig sagen, dass es keinen Schwerpunkt in Ostdeutschland gibt, sondern diese Gewalt ein grundsätzliches Problem von ganz Almanya darstellt.

Rückwirkend wird die Liste der Opfer rechtsextremistischer Gewalt in der Geschichte der BRD noch länger, wenn man die 13 Todesopfer des Oktoberfestattentats vom 26. September 1980 hinzunimmt. Auch diese Tat war ein rechtsextremer Anschlag, der von einem Täter verübt wurde. Er gehörte der rechtsextremen Gruppe der Wiking-Jugend an und wollte mit dem Anschlag die Bundestagswahl zugunsten von Franz-Josef Strauß beeinflussen. Dem Attentäter ging es um einen Führerstaat in Almanya mit Strauß an der Spitze. Der damalige Kanzlerkandidat Strauß beschuldigte in einem Interview mit der *Bild am Sonntag* die Falschen: die linksextremistische terroristische Organisation RAF (Rote Armee Fraktion) hätte das Oktoberfestattentat verübt – ohne dafür Beweise vorgelegt zu haben. Ein Seismograf für gesellschaftliche Stimmungen waren auch schon 1980 die Titelseiten des *Spiegel*, der zwei Wochen vor dem Terrorakt in München reißerisch aufmachte: „Ausländer raus? Fremdenhass in der Bundesrepublik".

Auch beim Oktoberfestattentat wurde behauptet, dass es sich um einen Einzeltäter handeln würde. Erst durch eine Wiederaufnahme der Ermittlungen im Jahre 2020 wurde der Anschlag als eindeutig rechtsextremer Terrorakt gewertet. Davor stellten die zuständigen Ermittlungsbehörden nur fest, dass es sich um einen erweiterten Suizid handeln würde. Die Erzählung des amoklaufenden Einzeltäters zieht sich als Muster durch die Geschichte rechtsextremer Gewalt in Almanya. Hanau reiht sich seitens der Ermittlungsbehörden in dieses Narrativ ein. Und wie bei Hanau gab es auch beim Terrorakt in München zahlreiche Ermittlungsfehler, die verhinderten, die rechtsextremen Taten lückenlos aufzuklären.

Die These von einem Einzeltäter entlastet außerdem die politische Sphäre, die überhaupt erst den Boden für eine Entmenschlichung von Migrant:innen legte und gesellschaftliche Probleme mit Einwanderergruppen koppelte. Das wird dann deutlich, wenn man sich die Jahreszahlen mit den meisten Todesopfern rechtsextremer Gewalt anschaut: Sie geschahen von 1990 bis 2000. Allein in diesen zehn Jahren wurden 144 Menschen durch rechtsextreme Gewalt ermordet. Bis 1998 wurde diese Zeit durch die konservativ-liberale Regierung Helmut Kohls mit dem Leitspruch der geistig-moralischen Wende geführt. Dieser Leitspruch betonte explizit, dass Almanya kein Einwanderungsland sei. Auch verknüpfte diese Regierung sozioökonomische Schwierigkeiten mit Einwanderergruppen. Die Lösungen der Regierung Kohl lauteten: Einschränkung des Asylparagrafen und eine Rückführung von Migrant:innen. Die politisch aufgeladene Atmosphäre, die Einwanderer als Bedrohung für das deutsche Sozialsystem markierte, fasst der Historiker Ulrich Herbert in seinem Beitrag: „Asylpolitik im Rauch der Brandsätze" im Sammelband „20 Jahre Asylkompromiss: Bilanz und Perspektiven" 2014 zusammen. Sie manifestierte sich nach Herbert in Aussagen wie „Deutschland vor einer Überflutung zu schützen", so der damalige Berliner Innensenator Heinrich Lummer. Auch gilt dies für Franz-Josef Strauß mit seiner Aussage 1985 im *Spiegel*: „Es strömen die Tamilen zu Tausenden herein, und wenn sich die Situation in Neukaledonien zuspitzt, dann werden wir bald die Kanaken im Land haben." 1999 veröffentliche der ehemalige Berliner Innensenator Lummer seine Streitschrift „Deutschland soll deutsch bleiben: Kein Einwanderungsland, kein Doppelpass, kein Bodenrecht". Hier gibt es eine Tradition rechtsnationaler Berliner Senatoren von Lummer über Jörg Schönbohm bis zu Thilo Sarrazin. Zusätzlich wurde die Stimmung von der *Bild* Zeitung angeheizt, um weiter Druck auf die politischen Parteien auszuüben.

Im Zuge dieser Enthemmung kam es zu Attentaten auf Flüchtlingswohnheime und Unterkünfte von Migrant:innen. Für meine Generation waren die traumatischen Ereignisse von Hoyerswerda, Solingen und Mölln prägend. Denn sie politisierten mich und veränderten meine Raptexte. Auch gaben mir diese Ereignisse den Impuls, auf Türkisch zu rappen. Der erste Rap, der mich auf Türkisch abholte, hatte den Titel „Defol Dazlak" und kam von der Crew King Size Terror aus Nürnberg. Übersetzt bedeutet der Titel: „Verpiss dich, Skinhead". Das entsprach ziemlich gut meinem Lebensgefühl Anfang der 1990er Jahre.

Geistig-moralischer Bankrott

Dass Deutschland kein Einwanderungsland sei, lernte ich durch den ehemaligen Bundeskanzler Helmut Kohl. Kohl unterstrich seinen Glaubenssatz, wo er nur konnte. Als Bundeskanzler nahm er nicht an der Trauerfeier in Mölln am 27. November 1992 teil. Die Begründung lautete, dass man keinem „Beileids-Tourismus" verfallen wolle. Ein Bundeskanzler, der keine Verantwortung übernahm, nicht mal Trost spendete und die Opfer in ihrer Wut und Enttäuschung allein ließ und sogar noch verhöhnte, – das markierte für mich das Ende einer multikulturellen Gesellschaft. Kohls Almanya besann sich auf eine vermeintlich kulturell homogene, nationalstaatliche Gesellschaft. Dort gab es keinen Platz für Migrant:innen. Und seine Politik wirkt bis heute nach, da sie den Grundton bestimmt, den die Beharrungskräfte gegen eine postmigrantische Gesellschaft immer noch anstimmen.

1999 kam ich in direkte Berührung mit den Folgen dieser Politik. Zu jener Zeit organisierte die CDU und CSU eine Unterschriftenkampagne gegen die Reform des Staatsbürgerschaftsgesetzes. Die damalige Rot-Grünen Regierung wollte die doppelte Staatsbürgerschaft für Migrant:innen einführen. Der Titel der Gegenkampagne lautete: „Ja zur Integration – Nein zur doppelten Staatsangehörigkeit", initiiert von Wolfgang Schäuble und Edmund Stoiber. An Brisanz gewann die Unterschriftenkampagne im hessischen Landtagswahlkampf, als auf der Zeil in Frankfurt Informationsstände der CDU aufgestellt wurden, um gegen das Gesetz zu unterschreiben. Kurioserweise fragte mich eine ältere Frau, wo sie gegen die Ausländer unterschreiben könnte. Mich, den Ausländer, erkannte sie dabei nicht als solchen.

Diese politische Enthemmung der Führungselite Almanyas findet seinen Widerhall bis heute in der Einzeltäterthese. Vom Oktoberfestattentat über den NSU bis hin zu Hanau – diese Anschläge sind keine Einzelfälle. Sie sind eingebettet in eine politische Haltung der Abwehr gegen eine Einwanderungsgesellschaft, die das Phantasma einer homogenen nationalen Identität bedroht und die mit autoritären Mitteln bekämpft werden muss. Die geistig-moralische Wende der Kohl-Ära setzt sich heute in der AfD fort und treibt die Beharrungskräfte gegen eine postmigrantische Gesellschaft weiter an.

Weiße Männlichkeit in der Krise

Für die Generation mit Einwanderungsgeschichte, die um die 2000er Jahre zur Welt kam, ist Hanau das prägende Ereignis in ihrem Verhältnis zu Almanya. Um die Geschichte des Rassismus in Almanya zu verstehen, ist es wichtig, die rechtsextreme Gewalt in einer Wechselbeziehung zur politischen Enthemmung zu betrachten. Unmittelbar nach dem Attentat las ich mir das so genannte Manifest des Hanauer Attentäters durch. Sein Text war schwer auszuhalten und trotzdem aufschlussreich, da sich in den wirren Fragmenten ein konkretes Weltbild auftat. Dieses Weltbild war nicht nur rassistisch, sondern auch extrem frauenfeindlich. Eine Welt, die vom Islam bedroht wird, und in der man die *weiße* Frau vor dem muslimischen Mann beschützen muss. Es ist die Welt des „Great Replacement", in unterschiedlichen Kontexten ist auch von „Umvolkung" oder dem „Großen Austausch" die Rede. Hier äußert sich die Angst einer rassistischen *weißen* Gesellschaft davor, die Macht und Deutungshoheit zu verlieren. Dieses Weltbild geht auf den französischen Intellektuellen Renaud Camus zurück. Er ist der Begründer der Idee vom „Großen Austausch". Bevor er zum Vordenker der Neuen Rechten in Frankreich und Deutschland wurde, setzte er sich noch als Student für die Rechte homosexueller Menschen ein. Der „Große Austausch" werde laut Camus durch linke Politiker herbeigeführt, die eine offene Gesellschaft wollen. In seinem Denken paaren sich antisemitische Globalisierungskritik mit einer Islamfeindlichkeit. In diesem System ist eine postmigrantische Gesellschaft ein Angriff auf die vermeintlich nationale Identität. Zahlreiche Attentäter von Hanau über Halle bis Christchurch beziehen sich explizit auf seine Ideen. Seine Bücher sind frei erhältlich und auf Amazon bestens bewertet, man liest Kommentare wie: „Das Buch beschreibt genau das, was momentan mit unserer Gesellschaft los ist und was falsch läuft."

Auffallend bei den rassistischen Anschlägen ist, dass Männer in der Regel andere Männer ermorden. Es ist ein Muster, das sich weltweit beobachten lässt. In dem sehr lesenswerten Sammelband „Rassismus. Macht. Vergessen." von Onur Suzan Nobrega, Matthias Quendt und Jonas Zipf analysiert die Soziologin Rebekka Blum die Verknüpfungspunkte zwischen Männlichkeit und rechtsextremer Gewalt. Blum beschreibt in ihrem Aufsatz die Wechselbeziehung zwischen Antifeminismus und islamfeindlichem Rechtsextremismus. Im Zentrum steht dabei eine vermeintlich bedrohte *weiße* Männlichkeit in der Krise. Blum kritisiert, dass dieser Umstand kaum untersucht wird: „Auffällig ist, dass das Geschlecht bei männlichen Tätern meist nicht diskutiert wird, wohingegen bei Beate Zschäpe ihr Geschlecht Teil der öffentlichen und wissenschaftlichen Debatte ist". Ein weiterer wenig beachteter Aspekt sei laut Blum der sozioökonomische Hintergrund der Opfer. Klassismus spiele bei rassistischen Anschlägen eine entscheidende Rolle. Die meist männlichen Opfer stammen aus einfachen Verhältnissen: „Nicht explizit, aber ideologisch für sich stehend, fällt bei den Morden des NSU auf, dass die aus rassistischen Motiven Ermordeten (Enver Şimşek, Abdurrahim Özüdoğru, Süleyman Taşköprü, Habil Kılıç, Mehmet Turgut, İsmail Yaşar, Theodoros Boulgarides, Mehmet Kubaşık, Halit Yozgat) alles Männer waren, die darüber hinaus noch in ökonomisch selbstständigen Kleingewerben arbeiteten."

Kampf um den Körper

Die größte Risikogruppe für rechtsextreme Täter stellen muslimisch gelesene Männer dar, die aus proletarischen Verhältnissen stammen. Und auch der Anschlag 2004 in der Keupstraße in Köln reiht sich in dieses Muster ein. Demgegenüber sind Akademiker:innen mit Migrationshintergrund kaum Opfer von rechtsextremer Gewalt. Doch auch hier zählen Frauen zu den ersten Opfer von rechtsextremer Gewalt. Dieser Umstand steht oft nicht im Fokus, wenn es um rechtsextreme Täter geht. Blum hebt in ihrer Betrachtung hervor, dass „Massenmörder in der Regel bereits Gewalt gegen Frauen ausgeübt haben, etwa sexualisierte Belästigung oder übergriffiges Verhalten." Es geht hier nicht nur um Massenmord, sondern auch um häusliche Gewalt, die Frauen täglich erleiden können. Im Bundeslagebericht 2023 des Bundeskriminalamts war zu lesen, dass häusliche Gewalt in den letzten vier Jahren stetig zugenommen hat. Allein für das Jahr 2023 wurden 256.276 Menschen Opfer von häuslicher Gewalt registriert. Die Statistik ist hierbei eindeutig: die Täter sind in der Regel Männer und die Opfer Frauen. Die größte Risikogruppe stellen dabei Frauen zwischen 30 und 40 Jahren dar, die Gewalt in der Regel in der Partnerschaft erfahren. Verbale Gewalt führt dabei oft zu körperlicher Gewalt.

Vor diesem Hintergrund ist es wichtig, den rechtsextremen Rassismus intersektional zu denken. Intersektional bedeutet hierbei, dass Mehrfachdiskriminierungen vorliegen wie Antifeminismus, Klassismus und rassistische Zuschreibungen, die häufig auch gleichzeitig zutreffen können. Der Begriff stammt aus der Schwarzen Feministischen Theorie. Die Erkenntnis ist, dass Formen der Diskriminierung nicht isoliert betrachtet werden können. Im Mittelpunkt steht dabei die Wechselbeziehung zwischen Sexismus und Rassismus, die vor allem in einer kapitalistischen Ordnung wirkmächtig ist. Die AfD und andere rechtsextreme Gruppierungen verfolgen nicht nur das Ziel, die Kontrolle über die Nation zu gewinnen, die Migration zu stoppen, sondern auch über den Körper der Frau zu bestimmen. Das dahinter liegende patriarchalische Weltbild macht rechtsextreme Ideologien anschlussfähig für extreme religiöse Gruppierungen, die das Recht auf Schwangerschaftsabbruch und die körperliche Selbstbestimmung von Frauen abschaffen wollen.

Das Potenzial von HipHop

Männliche Härte, Verachtung gegenüber Frauen und ein patriarchalisches Weltbild – Rapper wie Kollegah oder Chris Ares können mit ihren Weltbildern nahtlos an rechtsextreme Phantasien anschließen. Demgegenüber steht ein solidarisches HipHop-Projekt des Rappers Azzi Memo. Der Hanauer Mehmet Seyitoglu aka Azzi Memo verlor bei dem Anschlag in Hanau einen Verwandten und zwei Freunde. Unmittelbar danach veröffentlichte er den Benefizsong „Bist du wach?“ Für diesen Song gewann er 17 namhafte Rapper:innen, um gegen Rassismus aufzustehen – 8 Minuten und 33 Sekunden antirassistische Punchlines, die wachrütteln. Die Einnahmen des Songs gingen an die Amadeu Antonio Stiftung, die die Angehörigen der Opfer in Hanau unterstützt. Im Interview mit dem Online Magazin *Bell Tower* äußert sich der Rapper darüber, wie sich der Ort der Shisha Bar als Treffpunkt für Migrant:innen verändert hat: „Die Menschen sind vorsichtiger, man dreht sich in Shisha Bars zwei Mal um, wenn die Tür aufgeht. Es ist sehr schade, weil niemand will mit so einer Angst leben, dass so eine Tat noch mal passieren könnte.“

Allerdings beschreibt der Hanauer Rapper auch in dem Interview, dass er für seine Stadt Veränderungen wahrnimmt, da die Menschen nun stärker zusammenhalten und gemeinsam gegen Hass und Rassismus vorgehen würden. Und hierbei spielt auch die *Initiative 19. Februar Hanau* eine Rolle, da sie Solidarität und das Potenzial einer postmigrantischen Gesellschaft ins Zentrum stellen. In einem Aufsatz im Sammelband „Rassismus. Macht. Vergessen.“ hebt die Initiative diese zentrale Ebene des Raums hervor:

„Von außen ist es nur ein Laden. Für manche von uns, die wir dort ständig sind, ist es ein Mahnmal, für andere ein Prozesssaal, ein Medium, um die Forderungen der Angehörigen – Erinnerung, Aufklärung, Gerechtigkeit und Konsequenzen – zu erkämpfen. Er ist aber auch ein Wohnzimmer, ein Ort des Gemeinsamen, in dem wir trotz all unserer Verschiedenheit und Differenzen zueinanderfinden und uns gegenseitig zuhören können.“

Solche Räume, Strukturen und Bewegungen sind nicht frei von Widersprüchen. Denn auch hier spiegeln sich Machtverhältnisse, die Kämpfe um Positionierungen und Geschlechterverhältnisse wider. Solidarität ist kein Automatismus unter Minderheiten, sondern muss täglich ausgehandelt werden. Was zählt, ist, diesen Raum zu haben, um auf Augenhöhe Möglichkeiten auszuloten. Wie groß wäre erst das Potenzial, wenn auch postmigrantische Rapper:innen in Almanya einen Raum hätten, um sich zu begegnen, zu diskutieren, zu streiten und in ihren Differenzen zueinander zu finden? Diese 140 m² in Hanau sind anders.

HINTERHOFJARGON

Der Kampf um Sprache im postmigrantischen Raum

Sprache ist eine mächtige Waffe. Sie kann Menschen bloßstellen, verächtlich machen und klein halten. Sie dient dem sozialen und kulturellen Ein- und Ausschluss und steht meist im Dienst der Herrschenden. In der postmigrantischen Gesellschaft kann Sprache auch zur Flaschenpost werden, zur Geheimsprache und zur hybriden Revolte. Dann entgleiten die Worte den Mächtigen, verformen sich und bekommen neue Bedeutungen. Ein neuer Hinterhofjargon taucht aus dem postmigrantischen Untergrund auf und wird zum Leitstern einer jungen Generation, die sich das hybride Multilingo einverleibt und zum Trend hochjazzt. Manchmal begleiten diese neue Sprache neue Kämpfe, manchmal schreibt sie ihre Lieder.

Das aktuelle Verhältnis zwischen Eingewanderten und Altbürger:innen lässt sich vielleicht am besten daran bemessen, wie die Mehrheitsgesellschaft auf die Versuche von Migrant:innen reagiert, sich der neuen Sprache zu bemächtigen. In der Bundesrepublik ist dieses Verhältnis von Beginn an mit starken Emotionen besetzt. Es scheint, als habe es nie einen Moment der neutralen Begegnung gegeben, als sei die Sprache von Beginn an ein Schlachtfeld gewesen, auf dem sich migrantische Selbstbehauptung gegen rassistische Zuschreibungen stemmt. Zwischen 1955 und 2024 lassen sich grob vier Phasen unterscheiden:

1. **Gastarbeiterdeutsch:** Das „gebrochene" Deutsch, das sich die erste Generation alleine beibringt.
2. **Kanak Sprak:** Der Slang der zweiten Generation und die künstlerische Überhöhung dieses Slangs zur sprachlichen Subversion durch Autor:innen dieser Generation.
3. **Kanak-Facing vs. Kanak-Comedy:** Die Verulkung von (post-)migrantischem Slang durch *weiße* Komiker für ein Alman-Publikum nach dem Muster des Blackfacing. Und als postmigrantische Antwort: die Etablierung einer Comedy-Bewegung von Menschen mit hybriden und transnationalen Biografien.
4. **Straßenslang und Kiezdeutsch:** Im Straßenrap tauchen Slangwörter sowie Begriffe und Wendungen aus dem Türkischen, Kurdischen, Arabischen, Polnischen, Russischen oder dem Romanes auf und verhelfen einem neuen subproletarischen Straßenslang zu jugendkultureller

Dominanz. Nach und nach werden Begriffe und grammatikalische Veränderungen des Straßenslangs Teil der deutschen Jugendsprache.

Gastarbeiterdeutsch

Während der ersten Phase der Arbeitsmigration in den Jahren zwischen 1955 und 1973 gab es von staatlicher Seite weder Überlegungen zur Integration noch zur Ansiedlung der neuen, vermeintlich nur temporären Arbeitskräfte. In seinem Song „Der Gastarbeiter" rappt Eko Fresh über die Situation seines Großvaters: „Was für Sprachkurs? Damals wurd' gearbeitet!" Das gebrochene Deutsch, dass sich die erste Generation trotz dieser Umstände aneignete, wurde schnell zum Gespött der Einheimischen und ein Mittel, um die Neubürger:innen lächerlich zu machen. Der „Türkenwitz" machte die Runde. Dort ging es um Knoblauch und Kümmel, aber auch um Mülltonnen und Vergasung. Doch die Gäste wehrten sich. Noch bevor Musiker:innen der ersten Generation wie Metin Türköz und Yusuf in ihren Songs den Gastarbeiterslang als parodistische Waffe einsetzten, machte man sich in den zugewanderten Familien über die Deutschen lustig, die nur Kraut und Kartoffeln kannten und sich auch sonst seltsam verhielten: „Winters wie Sommers saß man in der Gastronomie in dunklen eichenvertäfelten Wirtshöhlen, schaute grimmig drein und aß schwer Verdauliches", beschreibt der Dortmunder Liedermacher und Kabarettist Murat Kayı den Blick auf die Einheimischen.

Einige dieser kleinen Subversionen fanden mit dem Erfolg neuer Comedians wie Kaya Yanar Ende der 1990er Jahre ihren Weg auf die große Bühne. Die Väter des migrantischen Comedys sind die beiden Kabarettisten Şinasi Dikmen und Mussin Omurca, die als „Knobi-Bonbon" 1986 mit ihrem Programm starteten und zwei Jahre später den deutschen Kleinkunstpreis gewannen. Doch schon in den 1970er und den frühen 1980er Jahren machten sich „Gastarbeiter:innen" und Exilant:innen der ersten Generation daran, die Deutungshoheit über ihren Slang zurückzuerobern. Cem Karaca fügte 1984 mit seiner Band Die Kanaken dem rassistischen Lieblingsschmähwort der Deutschen die erste Wunde zu – und es sollten noch viele weitere folgen. In diesem Sinne stehen Haftbefehl und Xatar mit ihrem Song „Kanack" und viele andere Rap-Artists, die sich das K-Wort angeeignet haben, auf den breiten Schultern einer langen, subversiven Tradition.

Wir dürfen also das frühe Gastarbeiterdeutsch durchaus als Vorläufer der Kanak Sprak sehen, die Mitte der 1990er Jahre mit den Romanen von Feridun Zaimoğlu ihren Einzug in die Feuilletons feiert und später bei den Straßenrapper:innen zum Stichwortgeber für die Kiezsprache der deutschen Jugend wird. Dafür sprechen die Umstände, unter denen die Männer und Frauen der ersten Generation sich das widerspenstige Deutsch der Vorarbeiter:innen,

Vermieter:innen und Verwaltungsbeamten:innen zu eigen gemacht haben: Eine Piraterie in schmalen Booten auf der schweren See der fremden Sprache, ein aus der Not geborener subversiver Akt der Sprachermächtigung. Die deutsche Gesellschaft hat ihren „Arbeitsgästen" den Handschlag verweigert, und in dieser Hinsicht ist die Feststellung von Max Frisch – „Wir riefen Arbeitskräfte, und es kamen Menschen" – auch in einem existenziellen Sinne wahr: Die „Gastarbeiter:innen" vor den Toren der deutschen Sprache versauern zu lassen, bedeutete, ihnen die Menschwerdung im Deutschen zu verweigern. Die Fremden sollten dort bleiben, wo man sie als Fremde erkennen konnte: in ihrer Sprache. Yusuf, Ozan Ata Canani, Metin Türköz, Cem Karaca und viele andere blieben dort nicht. Sie sprachen und sangen ihr eigenes Deutsch, ein „kanakisches" Deutsch, das sich selbstständig machte und langsam der Deutungsgewalt der Einheimischen entglitt.

Kanak Sprak

Wie zuvor Helmut Schmidt wollte sich nach 1982 auch Bundeskanzler Helmut Kohl nicht der Tatsache stellen, dass die Bundesrepublik zu einem Einwanderungsland geworden war, in dem eine postmigrantische Gesellschaft keimte. Maßnahmen wie Sprachförderung, Unterstützung migrantischer Unternehmensbildung, Schaffung gleicher Chancen auf gute Jobs und Bildung sowie der Kampf gegen Diskriminierung und Rassismus im Alltag wurden aufgeschoben. So wurden aus den „Gastarbeiter:innen" und ihren Kindern „die Ausländer". Auf der anderen Seite formierte sich in den 1980er Jahren ein breites Bündnis aus Kirchen, Gewerkschaften und alternativen Bewegungen und leistete Widerstand gegen die „geistig-moralische Wende" unter Helmut Kohl. Viele dieser Menschen machten sich auch gegen Rassismus stark und setzten den Rassist:innen die Utopie eines multikulturellen Miteinanders entgegen. So wurden allein zwischen den Jahren 1980 und 1984 siebzehn Anthologien von migrantischen Autor:innen bei deutschen Verlagen veröffentlicht. Die Mehrheitsgesellschaft nahm diese literarischen Wortmeldungen nur am Rande zur Kenntnis und hielt sie auf ästhetischer Distanz, indem sie ihnen das Etikett „Gastarbeiterliteratur" verpasste.

In gewisser Weise reproduzierte sich im Multikulturalismus die konservative Prämisse der Differenz zwischen Deutschen und Migrant:innen: Das Engagement der multikulturellen Aktivist:innen wirkt rückblickend oft paternalistisch, weil sie den „guten Ausländer" auf der Agenda hatten und die (bereichernden) Unterschiede zwischen den Kulturen betonten. „Im Grunde sollten die ethnischen Unterschiede in die große weite Welt der überall sichtbaren Unterschiede von Moden und Lebensstilen aufgenommen werden", stellt Migrationsforscher Dr. Mark Terkessidis in seinem Buch „Migranten" fest. Erst als der Traum einer „Bunten Republik Deutschland" in den Flammen von Rostock, Solingen und Mölln verkohlte, änderte sich der Ton. Mit *Kanak Attak* betritt eine selbstbewusste, politisch-kulturelle Bewegung die Bühne, die sich jeder Identitätszuweisung verweigert: „*Kanak Attak* ist keine Freundin des Mültikültüralizm," heißt es im Manifest von 1998. Und: „Wir verschwenden nicht unsere Power an ein folkloristisches Modell. (...) *Kanak Attak* ist eine Frage der Haltung und nicht der Herkunft." Mit den Büchern „Kanak Sprak" (1995) und „Koppstoff" (1998) veröffentlichte der Schriftsteller Feridun Zaimoğlu zwei Textsammlungen, die sich nicht mehr als „Gastarbeiterliteratur" labeln ließen, und die den deutschen Kulturbetrieb verunsicherten. Zaimoğlus künstlerische Bearbeitung eines vermeintlich „authentischen" Slangs von Menschen der so genannten zweiten Generation ist ein Vorgeschmack auf die sprachliche Straßenrap-Revolte, die zehn Jahre später die deutsche Jugendsprache aufmischen wird.

Kanak Attak politisierte auch Aktivist:innen der HipHop-Generation. Ihr Ziel, den „HipHop-Mainstream durcheinander zu bringen", wurde jedoch in den 1990er Jahren noch nicht erreicht. Die Kids auf der Straße orientierten sich nicht an den dekonstruktivistischen, oft akademischen Strategien von *Kanak Attak*. Im Gegenteil: Die Generation Gangsta Rap wollte vom Bordstein zur Skyline und wählte damit einen Weg, vor dem das Netzwerk in seinem Manifest gewarnt hatte: „Die Figur des jungen, zornigen Migranten, der sich von ganz unten nach oben auf die Sonnenseite der deutschen Gesellschaft boxt." Gleichzeitig brachten die Straßenrapper:innen einen Slang in Umlauf, der so attraktiv war, dass sich bald auch die *weiße* bürgerliche Jugend mit ihm schmückte.

Kanak-Facing vs. Kanak-Comedy

Der afroamerikanische Intellektuelle William Du Bois erklärte den Erfolg der im 19. Jahrhundert verbreiteten Ministrel-Shows, in denen schwarz geschminkte *weiße* Menschen rassistische Stereotype vorführten, damit, dass dem Publikum (vorwiegend *weiße* Arbeiter) durch ihr *Weiß*sein ein Zugewinn zuteil wird. Das „Blackfacing" trägt also zu einer Konstruktion eines *weißen* Bewusstseins bei, das sich als höherwertig erlebt und von der vorgeblich naiven, beschränkten und triebhaften Figur des Schwarzen abgrenzt.

Ende der 1990er Jahre ziehen sich einige deutsche Comedians eine „kanakische" Maske über und sprechen jenen vermeintlichen stereotypen „Ausländer-Slang", der sich auch auf den Pausenhöfen deutscher Gymnasien großer Beliebtheit erfreut. Der Sprachwissenschaftler Thomas Ernst hat dieses in Almanya sehr erfolgreiche Konzept 2013 in seinem Buch „Literatur und Subversion" untersucht und kommt zu dem Schluss:

„Dieses Konstrukt nimmt zwar einige typische Merkmale der Sprache der jugendlichen Migranten auf, unterscheidet sich aber gerade durch zusätzliche, besonders ‚fremd' wirkende Merkmale von der Realität." Der Ministrel-„Kanake" bei Matze Knop, Erkan und Stefan oder bei Mundstuhl zeichnet sich durch eine selbstbewusst zur Schau getragene geistige Beschränktheit aus und lebt in einem sozial prekären Umfeld. Im Lachen über den „kanakischen" Trottel vergewissert sich das *weiße* Publikum seiner deutschen Identität und seines sozialen Vorsprungs. Und im lustvollen Nachahmen des „kanakischen" Pseudoslangs erinnert man sich an die wichtigste Grenze, die die „Kanaken" auf der Seite der gesellschaftlichen Verlierer hält: Die Sprache. Durch sie wird sowohl die soziale als auch die ethnische Zugehörigkeit markiert und reguliert.

Erst mit Kaya Yanar, Bülent Ceylan und dann mit der 2005 gegründeten Rebell Comedy Show von Babak Ghassim und Usama Elyas erobert eine neue Generation von Comedians die Bühnen zurück. In ihrem Programm nehmen diese postmigrantischen Künstler:innen Selbst- und Fremdklischees auf die Schippe und dekonstruieren gesellschaftliche Stereotype entlang einer biographisch-historischen Achse. Inzwischen wird das Comedy-Genre in weiten Teilen von postmigrantischen Artists dominiert. Künstler:innen wie Enissa Amani, Khalid Bounouar, Benaissa Lamroubal, Özcan Coşar, Salim Samatou, Parshad, Datteltäter und viele andere geben in den sozialen Netzwerken humoristisch den Ton an und begeistern ein immer größer werdendes Publikum. Die transnationalen Storys, der hybride Humor und das dauerhafte Spiel mit Sprache und der Erfahrung von Multilingualität sind ein unversieglicher Quell guter Unterhaltung, der seine Effekte nicht durch das rassistische Auslachen erzielt. Stattdessen werden postmigrantische Missverständnisse aufgedeckt, Stereotype überzeichnet und so gemeinsam über kulturelle und rassistische Klischees gelacht. Außerdem werden von postmigrantischen Comedians besonders häufig soziale und gesellschaftspolitische Themen behandelt.

Straßenslang und Kiezdeutsch

Mit dem Erfolg von Aggro Berlin macht sich Straßenrap in Deutschland seit der Jahrtausendwende auf den Weg, den Mainstream aufzumischen. Doch erst die postmigrantischen Protagonist:innen der Generation Xatar und Haftbefehl etablieren einen hybriden Slang, der der postmigrantischen Jugend vertraut ist. Viele deutsche Jugendliche aus bürgerlichen Haushalten bemühen sich, Slang und Haltung ihrer Vorbilder in ihren Habitus einfließen zu lassen. Damit drehen sich die Verhältnisse um: Alle wollen plötzlich reden wie die Straßenrapper:innen in den Videos, doch nicht alle verstehen die Begriffe und Wortspiele ihrer Stars.

Aus dem Straßenslang entsteht spätestens seit 2010 ein postmigrantischer, hoch artifizieller Sprachmix, der immer mehr Straßen-Vokabeln aufgreift, grammatische Strukturen verändert und eine multilinguale Semantik etabliert. Dabei bleibt manchmal unklar, ob die Rapper:innen selbst neue Worte erfinden und diese dann durch die Hörer:innen in Umlauf gebracht werden, oder ob sie Trends aus dem Kiez aufgreifen und mit ihren Songs landesweit populär machen. Als ich im Jahr 2004 das New Yorker Rapduo Dead Prez zu ihrem Album „Revolutionary But Gangsta" interviewte, diktierte mir M-1 folgende Worte in den Notizblock: „Wir definieren, was der Scheiß bedeutet. Wir sagen das so, wie wir es wollen, und die Weißen sind gezwungen, das zu entschlüsseln, sie müssen unseren Worten nachlaufen. Das ist es, worum es im Rap geht. Wir verändern die Bedeutung der Wörter." Mit seiner neuen sprachlichen Deutungsmacht ist Rap auch in Deutschland dort angekommen, wo er laut Dead Prez schon immer hätte sein sollen.

Einige Rapper haben diese Entwicklung früh beobachtet und in ihren Songs kommentiert. Eko Fresh bietet sich in seinem 2011 erschienenen Track „Straßendeutsch/Türkenslang" allen Almans als Übersetzer an und rappt:

> Der Türkenslang, Lan, bring mir bei
> „Hallo, ich will Tee" heißt „Selam, bring mir Çay"
> Diesen Slang sprechen alle in der Stadt
> „Ne iş, moruk" steht für „Alter, was geht ab?"

Ein Jahr später zieht das Frankfurter Rap-Duo Celo & Abdi mit dem Song „Hinterhofjargon" nach und doziert mit einem fetten Augenzwinkern über die neue sprachliche Dominanz im postmigrantischen Raum:

> Abdi aka Oberstudienrat
> Bringt euch Slang bei, „dealen" nennt man „Tijara" (…)
> Ich erkläre Jargon auf Deutsch für Franz und Hans
> Für's ganze Land, ich kann wie ein Duden spitten
> „Haye'd em kurda" heißt „Leben ist'n Rudelficken"

Die Linguistin Heike Wiese beschreibt in dem Artikel „Kiezdeutsch – ein neuer Dialekt" für die *Bundeszentrale für politische Bildung* den postmigrantischen Slang als eigenständigen Dialekt: „Kiezdeutsch ist kein ‚falsches' oder ‚schlechtes' Deutsch. Kiezdeutsch ist eine sprachliche Varietät, die in sich stimmig ist. Wie jeder Dialekt ist es durch Abweichungen vom Standarddeutschen gekennzeichnet, diese sind aber systematisch und nicht bloße Fehler."

Die postmigrantische Sprachrevolution in Almanya wurde eingeleitet von Artists wie Massiv, Xatar, SSIO, Haftbefehl, Celo & Abdi, Schwesta Ewa und einigen anderen – und sie hat ein erstaunlich integrierendes Potenzial. Die Straßenrapper:innen haben ein feines Gespür für gelungene Sprachspiele, greifen regionale Sprachtraditionen auf und inkludieren diese erfolgreich in ihr hybrides Multilingo. Curse und seine Kollegen von Der Klan haben schon in den 1990er Jahren die Mindener Buttjersprache für ihre Lyrics angezapft. Ein weiteres beeindruckendes Beispiel ist die Renaissance der Bi-Sprache aus dem Bonner Raum – eingeleitet durch SSIO und Xatar. Der Dichter Joachim Ringelnatz hatte diese Geheimsprache, bei der man nach jeder Silbe ein „bi" einfügt, mit seinem „Gedicht in Bi-Sprache" in den 1920er Jahren populär gemacht:

Ibich habibebi dibich,
Lobittebi, sobi liebib.
Habist aubich dubi mibich
Liebib? Neibin, vebirgibib

Nach 1945 wurde dieser Slang vor allem von Kindern gepflegt, war aber keinesfalls Teil der Popkultur. Das änderte sich, als der Bonner Straßenrapper SSIO die Bi-Sprache regelmäßig in seinen Lyrics benutzte. Auf dem Track „Don & Fuß" unterhalten sich SSIO und Xatar im Intro in Bi-Sprache:

„Hallo SSIBIO!"
„G-Bi-Funk, was geht?"
„Bruder, ich gefibickt, Bubillen, direkt nebiben mir."
„Wo bist du?"
„Bubillen, Brubider"
„G-Bi-Funk, hör aubif. Ich muss dir was erzäbihlen, das wär' wichtig."

Schon vorher war die Bi-Sprache Teil des lokalen Straßenslangs geworden. Von Xatar und seinen Homies wurde sie als Technik genutzt, um Informationen zu verschlüsseln. Inzwischen hat es die Bi-Sprache sogar in die Kinosäle Almanyas geschafft. In Fatih Akins Spielfilm „Rheingold" gibt es eine herrliche Szene, in der Xatar mit seinen Freunden im Gerichtssaal in Bi-Sprache kommuniziert.

Konkret Finn – Das Fenster zur nächsten Epoche

Lange vor Aggro Berlin und Haftbefehl kamen Konkret Finn, eine Rapcrew aus Frankfurt mit Iz und Tone. Ihre Single „Ich diss dich" kam 1994 auf No Mercy Records heraus und wurde von DJ Feedback produziert. Zu jener Zeit hatten DJ Mahmut, Volkan T., KMR und ich, Murat, unseren Proberaum im Keller des türkischen Volkshauses, wo wir unsere Musik produzierten, Freunde vorbeikamen und gefreestylt wurde. In unserem Proberaum hörte ich zum ersten Mal Konkret Finn. DJ Mahmut legte die Platte auf, der Sound war ruff, nur begleitet von ein paar bedrohlichen tiefen Synthie-Klängen. Tone und Iz nahmen die Härte von Aggro Berlin sieben Jahre früher vorweg – eine Ewigkeit im HipHop. Konkret Finn fegten Hochdeutsch als Rapsprache weg und machten deutlich, dass Rap auf Deutsch auch Straße sein kann. Das war revolutionär und ungehört für Rap in Almanya zu jener Zeit. Ihr Sprachmix war ein Mix aus dem Frankfurter Dialekt, Romanes, Anglizismen und Straßenslang. Das rollte und eröffnete einen Pfad für Haftbefehl und viele andere.

In der ARD-Dokumentation „Dichtung und Wahrheit" über die Frankfurter HipHop-Szene legt Iz großen Wert darauf, dass sie den Begriff „dissen" in Almanya eingeführt haben. Und es waren noch mehr Begriffe, die man bei Konkret Finn auf ihrer Single von 1994 zum ersten Mal auf Schallplatte hörte, und die auch aus dem Romanes stammen: „Ich bin der Chab mit der Farb im Gesicht, die du nicht haben wirst, auch wenn du im Solarium stirbst", rappte Tone. Zum ersten Mal blitzte hier das hybride Potenzial der postmigrantischen Sprache im Rap auf, wie sie heute Standard ist. Das Zusammenfließen von Sprachfamilien war dabei kein ausgedachtes Konstrukt, sondern gelebte Normalität einer multilingualen und proletarischen Community von Jugendlichen, die sich an der Hauptwache in Frankfurt trafen, um zu breaken oder zu batteln.

Defizit wird Superkraft

Konkret Finn praktizierten 1994 Code Switching als Kunstform, indem sie innerhalb eines Satzes zwischen unterschiedlichen Sprachen wechselten und einer eigenen Grammatik folgten. Das erste Mal, das ich Code Switching mitbekam, war bei meinem Vater, der die türkische Grammatik verwendete, wenn er deutsch sprach. Die Satzstellung im Türkischen ist: Subjekt, Objekt, Prädikat. Das waren dann Sätze wie: „Ich nach Hause gehen". Diese Art des Sprechens ist typisch für eine Einwanderungsgesellschaft mit ihren vielen unterschiedlichen Sprachfamilien, in denen der Zugang zur neuen Sprache über die Grammatik der Herkunftssprache hergestellt wird. Dabei entsteht etwas Neues, das ständig im Wandel begriffen ist. Mein Vater erhielt für seine sprachliche Transferleistung keine Wertschätzung – im Gegenteil: Es wurde als gebrochenes Deutsch und Defizit markiert. Es verhinderte, dass er in seiner Fabrik aufstieg. Sprache ist nicht nur ein Kommunikationsmittel, sondern auch ein System, über das Macht ausgehandelt wird und gesellschaftliche Hierarchien des Ein- und Ausschlusses legitimiert werden. Diese Mechanismen sind auch im deutschen Bildungssystem zu beobachten. Als ich in den 1970er und 80er Jahren zur Schule ging, wurden gerade so genannte „Ausländerkinder" mit einer sprachlichen Defizitorientierung betrachtet. Die Lösung für das „Problem" war eine starke Fokussierung auf eine monolinguale Pädagogik. Ich selbst wurde früh in der Grundschule als Legastheniker eingestuft, ohne dass mir erklärt wurde, was das eigentlich wäre. Und auch heute noch ist es so, dass im Zentrum unseres Bildungssystems die Orientierung hin zu einer monolingualen Sprache steht, die auch als Grundlage zur Verteilung gesellschaftlicher Kapitalressourcen dient – mit dem Abitur als Königsdisziplin. Für den Zugang zum Abitur wäre Code Switching ein Ausschlusskriterium. Und bis heute wird auf einigen Schulhöfen darauf geachtet, dass nur Deutsch gesprochen wird.

Das deutsche Feuilleton hatte Mitte der 1990er Jahre noch keinen Schimmer von der sprachlichen Virtuosität der postmigrantischen Rapper. Damals wurden Die Fantastischen Vier mit ihrem monolingualen deutschen Sprechgesang gefeiert. Erst durch Haftbefehl wurde der postmigrantische Sprachmix im Rap auch von den Gatekeepern der Hochkultur gewürdigt, der ohne Konkret Finn nicht denkbar ist. Tone und Iz zeigten, dass hier kein Defizit vorherrschte, sondern eine kraftvolle und innovative Art, Wörter und Sätze aus unterschiedlichen Communities kreativ zu formen und eine neue Jugendsprache zu erfinden.

Ursprünge der „Chabo-Sprache"

Der Mindener HipHop-Journalist Philipp Killmann war der erste, der den multilingualen Slang des Straßenrap systematisch unter die Lupe genommen hat. Schon 2019 veröffentlichte er eine Artikelserie im HipHop-Magazin *All Good* und legte dort seine umfangreiche Recherche offen. Seitdem werden seine Ergebnisse auch von anderen Medien aufgegriffen – allerdings nicht immer so, dass die Herkunft der Quellen journalistisch sauber dargestellt wird. Für REMIX ALAMNYA sprachen wir mit Philipp über seine Erkenntnisse zum Straßenslang der „Frankfurter Schule".

„Alles latscho?"

Von Philipp Killmann

Ich kam auf dieses Thema, weil ich für die *Deister- und Weserzeitung* in Hameln eine Serie über die Sinti-Community der Stadt geschrieben habe. In diesem Kontext habe ich vor allem die Geschichte der Hamelner Sinti-Familie Weiß erzählt. Ich habe mit vielen Familienangehörigen gesprochen und im Stadt-, Landes- und Zeitungsarchiv recherchiert. Die Familie war, wie viele andere Sinti auch, in der NS-Zeit verfolgt worden, und auch in der Bundesrepublik wurde ihnen das Leben nicht leicht gemacht. Im Zusammenhang mit der Serie wurde ich auch auf Rap von Sinti aufmerksam. Da habe ich dann festgestellt: Es gibt eine kleine Sinti-Rap-Szene in Deutschland, sofern man von einer zusammenhängenden Szene sprechen kann, in der auf Romanes (auch Romnes genannt) gerappt wird. Andere lassen nur einzelne Wörter oder Phrasen auf Romanes in ihre Texte einfließen. Jedenfalls waren mir manche Begriffe wie „Chabo", „Chai", „latscho", „nablo", „Prala" oder „mulo" bereits vertraut, weil sie in Hameln und noch viel mehr in Minden auch außerhalb der Sinti-Community zirkulieren. In der Stadt Minden, die ganz in der Nähe von Hameln liegt, haben Rapper wie Curse oder Lord Scan, Italo Reno und Germany von Der Klan einige dieser Wörter schon Ende der 1990er Jahre in ihren Texten verwendet. Auch in den Lyrics von Frankfurter Rappern wie Konkret Finn oder dem Rödelheim Hartreim Projekt entdeckte ich diesen Slang wieder, der ab 2010 durch den Erfolg von Leuten wie Haftbefehl oder Celo & Abdi noch mal prominenter wurde. Das fand ich spannend. Also habe ich mich auf die Suche gemacht, um herauszufinden: Von wem haben all die Nicht-Sinti-Rapper diese Romanes-Begriffe aufgeschnappt?

Im Gespräch mit verschiedenen Hip-Hoppern aus Frankfurt wurde deutlich, dass es in der „Frankfurter Schule" offenbar keinen direkten

Transfer über das Romanes gab, sondern eine Connection zum Rotwelsch, das von Schaustellern, anderen Reisegewerbetreibenden oder sogenannten Jenischen gesprochen wurde. Wobei nicht ganz klar zu sein scheint, ob Rotwelsch und Jenisch als jeweils eigene Sprache oder Soziolekt zu sehen sind. Das Rotwelsch jedenfalls ist ein alter Soziolekt gesellschaftlicher Randgruppen, der bis ins Mittelalter zurückreicht und dessen Vokabular sich aus Begriffen des Romanes, Jiddischen und Plattdeutsch zusammensetzt. Sprecher des Rotwelsch lebten meinen Interviewpartnern zufolge in Dietzenbach bei Frankfurt am Main sowie auf dem Wohnwagenplatz an der Bonameser Straße in Frankfurt-Mitte-Nord. Über Umwege gelangten bestimmte Begriffe aus dem Rotwelsch Mitte der 1980er Jahre an die Hauptwache – den Szenespot der jungen HipHop-Kultur in Frankfurt -, wo sie von manchen als „Chabo-Sprache" bezeichnet wurde. Über diesen Weg sind sie dann in die Jugendsprache eingegangen, wurden von den Asiatic Warriors, Konkret Finn oder Moses Pelham aufgegriffen und später eben auch von der nächsten Generation um Haftbefehl übernommen. Auch davon handelt die Artikelserie über Sinti-Rap, die ich 2019 für das HipHop-Magazin *All Good* geschrieben habe. Demnach wurde die „Chabo-Sprache" zunächst durch den Kontakt zu Jugendlichen, die das Rotwelsch sprachen, zu einem Teil einer lokal begrenzten Jugendsprache. Dann eigneten sich Rapper ein paar der Begriffe und Phrasen an, und durch ihren kommerziellen Erfolg wurden Wörter wie „Chabo" oder „Chai" verbreitet und, wenn man so will, Teil des Vokabulars einer gesamtdeutschen Jugendsprache. Solche Prozesse verliefen unabhängig voneinander. Hier in Hameln und ganz besonders in Minden waren es bestimmte Vokabeln des Romanes, die sich Jugendliche aus dieser Gegend aneigneten, und die über Rap dann überregional bekannt wurden. Wobei in Minden in diesem Zusammenhang von Rotwelsch gesprochen wird, das dort „Buttjersprache" genannt wird.

Es überrascht nicht, dass dieser Slang von Straßenrappern aufgegriffen wurde, also von Menschen, die selbst marginalisiert sind und häufig einen migrantischen Background haben. Denn Sprachen wie das Romanes oder Soziolekte wie das Rotwelsch wurden und werden von Minderheiten gesprochen, die Jahrhunderte am Rande der Gesellschaft gelebt haben. Bestimmte Begriffe werden eben auch deshalb zum Slang, weil diese von Außenstehenden nicht verstanden werden und ihnen eine Art „Coolness" anhaftet. Für mich als Hamelner Jugendlicher war es damals cool zu sagen: „Alles latscho?" anstatt „Alles gut?" Hinzu kam, dass es eben nicht von allen verstanden wurde. Aber mit denjenigen, die es verstanden, hatte man etwas gemeinsam. Das ist für Jugendliche ziemlich attraktiv.

Straßenslang zwischen Jugendsprache und kultureller Aneignung

Die Zeit des ungenierten Kanak-Blackfacing ist vorbei. Der Straßenslang ist längst zur Jugendsprache geworden. Und auch im bürgerlichen Feuilleton hat man spätestens seit 2014 begriffen, dass diese Entwicklung irreversibel ist und nicht ignoriert werden kann. Während die Redakteur:innen in den Kulturredaktionen den neuen postmigrantischen Slang ästhetisch umarmen und ihm Brücken ins Reich der Hochkultur bauen, wollen die *weißen* Jugendlichen an der hybriden Coolness des Hinterhofjargons teilnehmen. Sie übernehmen Redewendungen und Vokabeln aus dem postmigrantischen Straßenrap, passen aber auch ihre Sprachmelodie und ihre Grammatik an, um authentisch zu klingen. Sie tun das nicht mehr, um Menschen klassistisch oder kulturell abzuwerten. Sie möchten – im Gegenteil – möglichst genau so klingen, wie Sil3a, Luciano oder Mero. Freilich teilen diese Jugendlichen weder die soziale Realität ihrer Vorbilder, noch bringen sie in den wenigsten Fällen vergleichbare transnationale Biographien mit. Und sie wissen sehr genau, in welchem Kontext sie mit welchem Sprachcode erfolgreich sein werden, und dass zum Beispiel der Straßenslang beim Bewerbungsgespräch wenig Pluspunkte bringen wird. In gewisser Weise nutzen sie das postmigrantische Kiezdeutsch als Kostüm. Nicht um sich über die Rapper:innen lustig zu machen, sondern um ihren Jargon als kulturelles Kapital in bestimmten Situationen für ihren Vorteil zu nutzen.

Die Wiener Journalistin Melisa Erkurt reflektiert im Juni 2022 in der *taz* diese neue Situation in ihrer Kolumne „Nachsitzen". Als Mensch mit transnationaler Biografie gibt sie zu bedenken: Wenn Menschen ohne Migrationsbiografie „Kiezdeutsch" benutzen, kann das triggern. Erkurt macht auf eine wichtige, bisher wenig diskutierte Dimension des postmigrantischen Slangs aufmerksam: Menschen mit hybriden und transnationalen Biografien bereichern und verändern mit ihrer sprachlichen Varianz nicht nur die Sprachrealität der Mehrheitsgesellschaft. Das postmigrantische Kiezdeutsch ist zugleich ein vertrauter Raum, der Souveränität und Zugehörigkeit vermittelt. Er ist ein lingualer „Safe Space", den Menschen mit postmigrantischen Biografien selbst geschaffen haben. Deshalb betont Melisa Erkurt in ihrem Artikel „Heimat und Sprache", den sie 2022 für die *taz* geschrieben hat:

> *„Kiezdeutsch ist für mich alles andere als gebrochenes, falsches Deutsch, ein Dialekt oder bloß Jugendslang – für mich ist diese Sprache eine Symbiose von*

> *postmigrantischen Identitäten, Grammatiken und Lebenssituationen. (...) Als Migrant*innen sind wir viel aufmerksamer für die vielen Möglichkeiten von Sprache. Wir achten stärker darauf, ob die Worte, die Tonlage, die Pausen uns ein- oder ausschließen. (...) Wenn jemand diese Art zu sprechen also nachmacht, fühlt es sich an, als würde sich die Person über mein Zuhause, meine Familie, meine Art von Heimat lustig machen."*

Als wir mit der Journalistin und Podcasterin Miriam Davoudvandi über das Thema Straßenslang und kulturelle Aneignung sprechen, überlegt sie kurz und sagt dann:

> *„Ich würde das nicht kulturelle Aneignung nennen. Sprache ist ein Ort, an dem schon immer verschiedene kulturelle und soziale Eigenheiten vermischt wurden. Und für Rap gilt das ganz besonders. Dass sich auf dem Schulhof, wo viele unterschiedliche Menschen zusammenkommen, Sprachstile mischen und daraus Slang entsteht, finde ich normal. Die Arroganz sehe ich an einer anderen Stelle: Viele* weiße *Menschen, die Rap feiern und cool finden, pflegen gleichzeitig einen voyeuristischen Blick, der sich mit einem studentischen Besserwissen mischt. Das ist eine seltsame Art der Überheblichkeit: Ich schmücke mich mit einer proletarischen Kultur, weiß aber, dass ich dieses Kostüm jederzeit ablegen kann. Mittlerweile gibt es ja auch erfolgreiche Artists, die genau diese Haltung verkörpern. Dann wird daraus z. B. Partymusik voller Ironie, die die Rap-Attitude für das eigene Coolsein nutzt. Solche Menschen laufen in Jogginghose zum Ethnologiekurs und halten das für subversiv. Sie instrumentalisieren die HipHop-Kultur, um ein* weißes *Bürgertum herauszufordern, von dem sie selbst ein Teil sind. Im Endeffekt steht für solche Menschen nichts auf dem Spiel. Für mich ist das keine kulturelle Aneignung, sondern einfach nur ein bisschen peinlich."*

Bei der Recherche zu diesem Kapitel stießen wir auf Instagram auf das österreichische Online-Medium *Die Chefredaktion*. Das Magazin wurde 2021 von der Wiener Redakteurin Melisa Erkurt gegründet mit dem Ziel, kritischen und diversen Journalismus für junge Menschen attraktiv zu machen. Das Team der *Chefredaktion* besteht vorwiegend aus Schüler:innen und Studierenden. Ein Beitrag hat uns besonders begeistert: Zeinab Benmorsli aus Wien erzählt dort, was es bei ihr auslöst, wenn Almans sich „Migrantenslang" aneignen. Zeinab schrieb den Text, als sie selbst noch Schülerin war. Wir nahmen Kontakt zu ihr auf, und sie erlaubte uns, ihren Text hier abzudrucken.

Wallah, hört auf zu reden wie wir!

von Zeinab Benmorsli

„Wallah, ich hab die Schularbeit voll verkackt", höre ich jemanden an der Bushaltestelle sagen. Ich drehe mich um und sehe ein Mädchen mit blonden Haaren und blauen Augen. Sie schwört auf Gott, dass sie die Schularbeit nicht geschafft hat und verwendet dafür das arabische Wort „wallah". Mittlerweile verwenden viele junge Menschen den „Migrantenslang", auch wenn sie keine Migrant:innen sind. Als Person mit Migrationshintergrund war ich zunächst positiv überrascht: „Endlich ist es normal und nicht mehr ‚primitiv' unsere Wörter zu verwenden."

Seit auch Hipster und Medien Deutschrap für sich entdeckt haben, ist der „Migrant:innenslang" auch in den WGs der verschiedensten Hipsterviertel angekommen. Mittlerweile führt sogar der Duden Begriffe wie „wallah" unter dem Gebrauch „Jugendsprache" und Redewendungen aus arabischen und türkischen Kulturkreisen werden regelmäßig zum Jugendwort des Jahres nominiert. Doch was die Mehrheitsgesellschaft als „Jugendslang" abtut, ist für Menschen mit Migrationshintergrund ein Teil unserer Kultur oder Religion.

Menschen mit Migrationshintergrund werden schief angeschaut oder gar beschimpft, wenn wir in unseren Erstsprachen reden. Ich habe als Kind nie arabische Begriffe verwendet, weil das Risiko bestand als „Scheiß-Kanackin, die kein Deutsch kann", abgestempelt zu werden. Wenn Paul und Emily so reden, sind sie hip und cool. Wenn ich aus dem Haus gehe, muss ich die „gut-integrierte Österreicherin" sein, nur daheim darf ich meine arabisch-nordafrikanische Identität wirklich ausleben. Für uns ist dieser „Slang" kein Trend, der in zwei Jahren vielleicht wieder peinlich ist, sondern Teil unserer Identität.

Ja, der Migrantenslang wurde als Jugendslang teilweise normalisiert – aber hauptsächlich für autochthone Österreicher:innen und Deutsche, für Migrant:innen jedoch nicht. Während die autochthone Gesellschaft unseren „Slang" als Aushängeschild für Diversitäts-Kampagnen ausnutzt und Einzelne damit zeigen möchten, dass sie „Ausländer-Freund:innen" haben, können wir uns noch genau daran erinnern, wie wir oft von denselben Menschen und ihren Eltern für genau diesen Sprachgebrauch ausgegrenzt wurden.

Von Nafris und Talahons

Beim Slang steht es ohne Zweifel 1:0 für die postmigrantische Gesellschaft. Doch wie steht es um den Begriff „Kanake"? Hier zeigt sich ein ambivalentes Bild: Zum einen haben die postmigrantischen Straßenrapper:innen den Rassist:innen ihr Lieblingsschmähwort vollends entrissen und es als stolze Eigenbezeichnung übernommen. Zum anderen haben sie das Wort wieder fest an ethno-soziale Zuschreibungen gebunden. Der „Kanake" ist fast immer der kriminelle Migrant aus dem gefährlichen Viertel, vor dem man sich in Acht nehmen sollte – das versichern einem Summer Cem in „Kanakk", Nazar in „Kanax", KC Rebell, PA Sports in „Kanacken ABC" und auch Haftbefehl und Xatar auf ihrem Track „Kanack". Doch wer genau hinhört, der spürt in diesen Songs einen Nachhall von Yusufs „Türkisch Mann" und von Fresh Familees „Sexy Kanake". Werden hier nicht Stereotype so brutal überzeichnet und unverhohlen als persönliche Identität ausgestellt, dass die Mehrheitsgesellschaft mit ihren eigenen Vorurteilen konfrontiert wird? Fest steht, dass der Begriff „Kanake" von Straßenrapper:innen immer wieder als semantischer Ort aufgesucht wird, um das Verständnis von Selbst- und Fremdwahrnehmung künstlerisch zu verhandeln.

Das Katz- und Maus-Spiel von abwertender Fremdbezeichnung und angeeigneter Selbstbezeichnung ist noch lange nicht zu Ende. Die postmigrantische Rap-Community nimmt sich auch neue Schmähworte vor. Zum Beispiel „Nafri" als die Abkürzung für „nordafrikanischer Intensivtäter" – ein Unwort, dass viele Polizeibehörden seit etwa 2013 intern benutzen „um Kriminalität von allein reisenden Männern aus dem nordafrikanischen Raum zu dokumentieren", wie es im Wikipedia-Eintrag zu dem Begriff „Nafri" heißt. Spätestens seit der Kölner Silvesternacht von 2015 wurde „Nafri" als neurechter Propagandabegriff auch von den großen Boulevard-Medien aufgegriffen. Viele Straßenrapper:innen spielen seitdem bewusst mit dem Begriff und nutzen ihn auch als Selbstbezeichnung. Der Frankfurter Rapper Sil3a veröffentlicht 2023 den Track „Kriminell Nafri", in dem er sich als kleinkrimineller Straßengangsta inszeniert. Und Farid Bang hält in karikaturhafter Überspitzung auf der EP „Nafri Trap" den deutschen Behörden einen Zerrspiegel vor:

Jeder Syrer mit Karies
Feiert ab heute zu Nafri-Trap
Jeder Syrer ohne Aufenthalt (ah)
Möchte heute eine Frau wegknall'n (ich auch)

Im Sommer 2024 geht der Begriff „Talahon" viral, der durch das Lied „Ta3al la hon" des Rappers Hassan bekannt wurde. Damit sind Jugendliche gemeint, die Gucci-Kappen, Designer-Bauchtaschen und Sportkleidung tragen und sich in den Sozialen Medien selbstbewusst präsentieren – gerne E-Roller fahrend oder Schatten boxend. Es ist spannend zu beobachten wie diese Trend-Vokabel schlagartig einen neuen Sprachkampf auf Social Media entfacht. Reflexhaft gibt es Reaktionen von vielen *weißen*, bürgerlichen Influencern, die sich über die Jugendlichen lustig machen. Gleichzeitig finden sich viele liebevolle und humoristische Beiträge, die das Phänomen als skurrilen Trend der Youngsters ernst nehmen und kommentieren. So gibt es einen großartigen Beitrag von Celo & Abdi, die den Style verschiedener „Talahons" einordnen und fachmännisch bewerten. Anders als bei der Schlacht ums K-Wort wird hier deutlich: Die Deutungshoheit der postmigrantischen Community ist enorm gewachsen. Sie hat das Werkzeug und die Power, Sprache zu kapern und selbst zu bestimmen, wie die Worte gelesen werden sollen.

Rap-Hymnen mit dem K-Wort

KC Rebell, Farid Bang: Kanax in Paris

Summer Cem: Kanakk

Haftbefehl: Kanackis

Sido, Joe Rilla: Kanacks & Hools

Celo & Abdi: Kanaken

Haftbefehl, Capo, Veysel, Ezhel: 4 Kanaken

Mert: Kanake mit Para

The Coup (Haftbefehl und Xatar): Kanack

Xatar, Samy: Kanaken

Kianush: Kanake mit Stil

Defkhan, Gekko G: Kanake Numer One

Fresh Familee: Sexy Kanake

Agir: Kanaken

Marcirati, Mohunnid-Ali, CHAWE: Junge Kanaken

Osiriz33: 1000 Kanaken

Animus: Kanaken Freestyle

Olexesh: Russki Kanak

KANAK SPRAK IM UNTERRICHT

Migration und Rassismus im Schulbuch

Auffällig ist, dass viele Rapper:innen gebrochene Schulbiografien haben und nicht den Weg des klassischen Bildungsaufstiegs gegangen sind. Dabei ist die Schule neben der Familie der wichtigste Ort für prägende Erfahrungen. Ich, Murat, lernte in der Grundschule, dass ich anders sein sollte, ein „Ausländerkind“ wäre. Ein Kind, das auf dem Schulweg in den 1970er Jahren „Ausländer raus" an den Wänden las. Ein Kind, dass schon in der ersten Klasse überprüft wurde, ob es genug Deutsch kann. Ein Kind, das als Legastheniker eingruppiert wurde, ohne dass jemand erklärt hätte, was das wäre. Ein Kind, das mit einer Hauptschulempfehlung die Grundschule verließ. Und ein Kind, das keine Ausnahme, sondern leider oft die Regel in Almanya war. Mittlerweile lehre ich in den Bildungswissenschaften an der Goethe Universität in Frankfurt am Main. Meine Biografie war nicht wegen des durchlässigen Schulsystems möglich, sondern trotz dessen. Man könnte auch sagen, ich bin ein Fehler im System. Das Bildungssystem ist die zentrale Scharnierstelle für eine postmigrantische Gesellschaft. Denn hier offenbart sich das kulturelle Selbstbild einer Gesellschaft.

Im Sommersemester 2021 gab ich zum ersten Mal ein Seminar zur Darstellung von Migrant:innen und Migration in deutschen Schulbüchern. Es war ein Seminar, um Lehramtsstudierende für das Thema zu sensibilisieren. Dabei ging es um eine kritische Auseinandersetzung mit historischen und aktuellen Lehrwerken. Denn seit über 40 Jahren wird im Bildungssystem Migration und eine Defizitorientierung miteinander verknüpft. Hannes und ich sind beide erfahrene Lehrkräfte, die wissen, wie das Sprechen über Migration in der Schule Werte, Haltungen und Einstellungen von Schüler:innen formen. Wir spüren diese Verantwortung um sensible Themen, denn eine postmigrantische Gesellschaft beginnt in der Schule. Ich selbst stieß 2004 zum ersten Mal bei *DOMiD* (Dokumentationszentrum und Museum über die Migration in Deutschland) über dieses Thema. Damals recherchierte ich beim *Georg-Eckert-Institut* zur Darstellung von Migration in Schulbüchern. Hierbei stolperte ich über die stereotypen Diskurse und Bilder in den Schulbüchern der 1980er und 90er Jahre in Politik, Erdkunde und Geschichte. In meiner eigenen Schulzeit in den 1980er Jahren besprachen wir Migration im Kontext von Pull- und Push-Faktoren. Also, dass Menschen aufgrund von Armut in reichere Länder zögen. Und hier beginnt dann meist die Scham, wenn man aus solchen

Ländern stammt. Diese Scham kenne ich, und sie ist anstrengend. Als ich Schüler war, gab es noch keinen Haftbefehl oder Apache 207, der dem etwas entgegengesetzt hätte. Heutzutage hören Referendar:innen und Lehrkräfte an Schulen Straßenrapper:innen, die dadurch zu Bindegliedern zwischen den sozialen Schichten werden. Wie Migration in Schulbüchern vorkommt, sagt viel über unsere Gesellschaft aus. Denn Schulbücher verhandeln zentrale Positionen einer Gesellschaft.

Gemeinhin denkt man, dass Lehrwerke ein neutrales Wissen transportieren. Allerdings ist dies nicht richtig. Helmut Geuenich, Lehrer und Bildungswissenschaftler, forschte zu Migration und Migrant:innen im Schulbuch. In seiner Dissertation stellt er 2013 fest: „Auch Schulbücher sind nicht Träger eines objektiven Wissens, sondern konstruieren ein spezifisches Wissen, das von unterschiedlichen Interessen durchdrungen ist." Und in diesem konstruierten Wissen spiegelt sich vor allem in den Fachgebieten Politik, Erdkunde und Geschichte das eigene kulturelle Selbstverständnis als Nation wider. Die Kulturwissenschaftlerin und Trägerin des Friedenspreises des Deutschen Buchhandels, Aleida Assmann, forschte über die Erinnerungskultur und das kulturelle Gedächtnis einer Gesellschaft. In ihrem Buch „Das neue Unbehagen an der Erinnerungskultur: Eine Intervention" hebt sie hervor: „Nur das, was in Museen ausgestellt, in Denkmälern verkörpert und in Schulbüchern vermittelt wird, hat auch eine Chance, an nachwachsende Generationen weitergegeben zu werden."

Das nationale Korsett

Die entscheidenden Fragen für eine postmigrantische Gesellschaft lauten: Wer sind wir, und was wollen wir überhaupt an nachfolgende Generationen weitergeben? Dabei ist das strukturelle Problem eines Nationalstaates, dass stets Ein- und Ausschluss erzeugt wird. Denn selbst jede Integration neuer Bevölkerungsgruppen bedeutet die Abgrenzung von den „Anderen". Ein postmigrantisches „Wir" sprengt das Bild von einer homogenen kulturellen Volksgruppe, das sich noch an der Epoche der Romantik aus dem 18. Jahrhundert abarbeitet, als sich erste europäische Nationen bildeten. Dies gilt auch für Eingewanderte, die an ihrer nationalen Identität festhalten. Als Jugendlicher wurde mir in meiner Familie oft die Frage gestellt: Heiratest du später eine Türkin oder Deutsche? Die gewünschte Antwort war natürlich: Türkin. Ich spürte das enge nationale Korsett, das mir angelegt wurde. In der Kulturanthropologie spricht man von nationalen Containern, die in sich kulturell abgeschlossen sind. Ich spürte, dass dieses nationale Containerdenken oft mit meiner Realität kollidierte. Denn Menschen brauchen eine Geschichte, um sich als Gruppe zu finden. Und die nationale Geschichte funktioniert, da sie einfach zu verstehen ist: Ein

Volk, eine Sprache und ein Land. Es fehlt noch die passende Geschichte, um eine postmigrantische Gesellschaft in den Bildungskanon zu überführen. Denn das „Wir" in deutschen Schulbüchern wird weiterhin als kulturell homogene Volksgruppe markiert. Kinder lernen dies sehr früh. Als meine Tochter im Kindergarten war, lautete ein Arbeitsauftrag die Herkunftsfahne zu malen. Der Hintergrund war die Fußball-Europameisterschaft. Flott malte meine Tochter die deutsche Fahne, wurde jedoch korrigiert, da sie richtigerweise die türkische Fahne malen sollte.

Die beiden Soziologen Prof. Dr. Frank-Olaf Radtke und Prof. Dr. Thomas Kunz gehören zu den ersten, die sich mit dem Bild von Migrant:innen im Schulbuch auseinandersetzten. Ihr Forschungsschwerpunkt lag bei Schulbüchern der 1980er und 90er Jahre. Während in den frühen 1980er Jahren noch die Perspektive im Raum stand, die so genannten Ausländerkinder können nicht richtig Deutsch, verschiebt sie sich gegen Ende der 1980er Jahre zu einem Kulturkonflikt. In den Bildungswissenschaften spricht man hier vom Übergang von der Ausländerpädagogik zur Interkulturellen Pädagogik. Der Ansatz der Interkulturellen Pädagogik war es, Empathie und Verständnis gegenüber den so genannten Ausländerkindern zu fördern. Demgegenüber orientierte sich die Ausländerpädagogik an der Perspektive ihrer Rückkehrorientierung. Dafür stand auch der muttersprachliche Unterricht, den die so genannten Ausländerkinder nach der regulären Schulzeit besuchten. Ich selbst ging in diesen Unterricht, was in der Regel Heimatkunde war. Die Lehrer waren streng. Wir lernten die Nationalhymne, die türkischen Regionen und historische Ereignisse der jungen Republik kennen. Der Unterricht orientierte sich an den Lehrplänen der Herkunftsländer. Demgegenüber kritisierte die Interkulturelle Pädagogik diesen Ansatz und sah den Grund für das Schulversagen weniger im Sprachdefizit, sondern in der kulturellen Zerrissenheit der Kinder. Die Erziehungswissenschaftler:innen Prof.in Dr. Merle Hummrich und Dr. Saskia Terstegen forschen seit langem zu Bildungsprozessen in einer Migrationsgesellschaft. In ihrem Buch „Migration" kritisieren sie: „An die Stelle der Defizitorientierung sollte der Blick auf die Ressourcen gerichtet werden, die Migrant/innen ‚mitbrächten'. Hier knüpft Interkulturelle Pädagogik an. Indem sie sich vor dem Hintergrund der Negativfolie der Ausländerpädagogik entfaltet, entdeckt sie die ‚Kulturen der Migrantinnen und Migranten'."

Zwischen zwei Stühlen

Das Bild, das exemplarisch für den Kulturkonflikt stand, war die Collage „Ausländerkinder zwischen zwei Stühlen". Die Collage zeigt ein Mädchen mit Kopftuch, das zwischen zwei überdimensionierten Stühlen sitzt. In der Zeichnung scheint das Kind fast runterzufallen. Auch entsteht der

Eindruck, dass sich das Kind für einen Stuhl entscheiden müsste. Die Stühle tragen die Nationalfarben Deutschlands und der Türkei. Rechts und links ziehen und stoßen überdimensionierte Hände an den Stühlen. Ebenfalls sieht man an den Rändern Zeitungsausschnitte, die z.T. soziale Probleme darstellen. Auffallend häufig sieht man in dieser Collage die türkische Fahne. Deutlich ist, dass diese Collage Fremdartigkeit eng mit der türkischen Gesellschaft verknüpft. Nicht Spanier, Griechen, Italiener oder Portugiesen, sondern die Einwanderer aus der Türkei mit ihrem Islam werden in Almanya als fremd dargestellt. Nicht zu übersehen ist, dass das Mädchen über der Hose noch einen Rock trägt. Dies ist kein Verweis an einen Modetrend, sondern symbolisiert das Dilemma, zwischen Moderne (Deutschland) und Tradition (Türkei) eingeklemmt zu sein.

Die Collage entstand im Rahmen eines Schülerwettbewerbs von 1980, den die *BpB* (Bundeszentrale für politische Bildung) bundesweit ausschrieb. Der Titel des Schülerwettbewerbs hieß: „Kinder und Jugendliche ausländischer Arbeitnehmer – Deutsche zweiter Wahl?" Radtke und Kunz zitieren in ihrem Buch „Bilder vom Fremden. Was unsere Kinder aus Schulbüchern über Migranten lernen sollen" (2005) einen Text der *BpB*, der als Hintergrundinformation zu diesem Schülerwettbewerb diente: „Worauf sind die schlechten Ergebnisse in ihrer Ausbildung zurückzuführen? Geraten die Erziehungs- und Wertvorstellungen der ausländischen Eltern in Konflikt mit den Erziehungszielen der Schule? Was soll aus diesen Kindern und Jugendlichen werden, wenn ihnen kaum eine Chance gegeben wird, sich zu bewähren? Eine Generation von Nichtstuern, Arbeitslosen – programmiert auf Abstieg und Kriminalität?" Hannes und ich wissen aus unserer langjährigen Erfahrung als Lehrer, wie solche Arbeitsaufträge wirken. Wer einen problembehafteten Arbeitsauftrag stellt, bekommt auch problembehaftete Ergebnisse. Radtke und Kunz kritisieren, dass der Arbeitsauftrag deutsche Schüler:innen als „Helfer" und die ausländischen als „Opfer" adressierte.

Diese Collage startete eine steile Karriere in Deutschlands Schulbüchern und prägte vermutlich mehrere Generationen. Radtke und Kunz fanden sie in unterschiedlichen Schulbüchern. Sie stellen fest: „Ein Grund für die hohe Überzeugungskraft solcher Metaphern ist ihre Allgegenwärtigkeit und ihre Funktionalität. Weil alle so denken, braucht ihr Erklärungswert nicht geprüft zu werden." Die wirkmächtige Collage „Ausländerkinder zwischen zwei Stühlen" zementierte die vermeintliche Zerrissenheit der so genannten Ausländerkinder im öffentlichen Bewusstsein. Die Zuschreibung strahlt bis in die heutige Zeit hinein, auch einige meiner Seminarteilnehmer:innen können sich heute noch mit dieser Metapher identifizieren.

Zahlreiche Bücher und Filme griffen das paternalistische Narrativ in ihren Erzählungen auf. Hierbei entdeckte der deutsche Kulturbetrieb den Feminismus und instrumentalisierte die türkische Frau für eine Opfererzählung, durch die er sich selbst als erstrebenswerte Moderne widerspiegelte. In solchen Narrativen paarten sich eurozentristisches Denken und ein bürgerlicher Feminismus, die die türkische Kultur in der Vormoderne verorteten. Der prägendste Kinofilm zu diesem Narrativ hieß „Yasemin" und wurde 1988 von Hark Bohm gedreht. In der Geschichte verliebt sich Yasemin, die Tochter eines türkischen Gemüsehändlers, in den deutschen Studenten Jan. Der strenge Vater wird von dem hochkarätigen türkischen Schauspieler Şener Şen gespielt. Aufgrund des traditionellen Ehrgefühls des Vaters eskaliert die Liebesgeschichte zwischen Yasemin und Jan. Nedim Hazar Bora, der Vater von Eko Fresh, spielt in dem Film Yasemins Bruder, der diese Liebesbeziehung ebenfalls nicht toleriert. Der Film endet tragisch mit Yasemins Flucht in die Moderne, für die symbolisch Jan steht. Im Hintergrund zu diesem Film flackert deutlich die Collage mit dem Mädchen aus dem Schulbuch auf. Sie wird befreit, und der deutsche Freund hilft ihr dabei.

Märchen auf „Kanakisch"

Eine Studentin machte mich 2022 auf ein Schulbuch aufmerksam, das alles bisherige an Rassismus in diesem Kontext in den Schatten stellte. „Schroedel Abitur – Einführungsphase" wurde 2018 im Westermann Verlag veröffentlicht. In einem Kapitel ging es um Sprachvarietäten. Dabei sollten Schüler:innen der Oberstufe Jugendsprache untersuchen. Eingeleitet wurde diese Auseinandersetzung mit dem Basistext „Kanakisch"(Auszug):

> *„Der kanakische Wortschatz umfasst etwa 300 Wörter. Rund ein Drittel davon entfällt auf Kraftausdrücke aus dem Fäkal- und Sexualbereich, ein weiteres Drittel auf Automarken, deren Modelle und Varianten. Das verbleibende Drittel besteht aus Verbindungsworten, Handytypenbezeichnungen und den restlichen Worten, die unbedingt zum Sprachverständnis notwendig sind. Darunter fallen selbstver- ständlich die typischen Phrasen, die an fast jedes Satzende gehängt werden, wie z.B. „weisstu", „Alder" / „Oider", „isch schwör". Es ist erstaunlich, was sich mit so wenigen Worten alles so ausdrücken lässt, zumal der Kanakisch Sprechende im Alltag oft nur einen Wortschatz von circa 30 Wörtern verwendet."*

Zur Veranschaulichung dieser sprachlichen Einordnung folgt der Märchenklassiker „Hänsel und Gretel", der auf „Kanakisch" verfasst wurde (Auszug):

> *Murat und Aische gehen dursch Wald, auf Suche nach korrekte Feuerholz.*
> *Aische fragt Murat: „Hast Du Kettensage, Murat?"*
> *Murat: „Normal! Hab isch in meine Tasche, oder was!?"*
> *Auf der Suche nach korrekte Baum verirrten sie sisch krass in de Wald.*

Murat: „Ey, scheissse, oder was!? Hast du konkrete Plan, wo wir sind, oderwas!?“
Aische: „Ne scheissse, aber isch riesche Dönerbude!“

Der Arbeitsauftrag zu diesem Text greift vorweg, dass die Schüler:innen über diese Sprachvarietät amüsiert sein sollen und sich über die Fallhöhe von der bürgerlichen Normsprache zum vermeintlich migrantisch-proletarischen Sprechen lustig machen werden. Die Dividende, die proletarischer Straßenslang mittlerweile im deutschen Kulturbetrieb erzielen kann, zahlt nicht auf das Konto im Bildungssystem ein. Die entscheidenden Zertifikate erreicht man hier nur über die korrekte Anwendung der bürgerlichen Bildungssprache, die die Norm darstellt.

Dieses Schulbuch fühlte sich an wie eine Zeitmaschine, die mich zurück in die 1990er Jahre schleuderte. Mein erster Gedanke beim Lesen von „Hänsel und Gretel auf Kanakisch“ war, dass dies niemals eine Person mit Migrationshintergrund geschrieben hat. Denn das war nicht die Sprache, die Einwanderer sprechen. Tatsächlich verfasste 2000 der Schüler Oliver Wunder diesen Text, der das Comedy Duo Erkan und Stefan bewunderte, wie der Stern 2022 herausfand. Hinter Erkan und Stefan stehen John Friedmann und Florian Simbeck, die beide aus Süddeutschland kommen. Es gab noch andere Comedy-Duos wie Dragan und Alder aus Frankfurt oder Supa Richie aus Lippstadt. Diese vermeintlichen Komiker hatten gemeinsam, dass sie den Soziolekt von Migrant:innen imitierten. Sie unterhielten damit keine Einwanderergruppen, sondern ein *weißes* und bürgerliches Publikum. Sie erzeugten dadurch ein rassistisches Lachen, da es Ungleichheit produzierte, Migrant:innen objektivierte und abwertete. Hier erkennt man Anleihen an die rassistischen Minstrel Shows in den USA. Diese Shows waren Mitte des 19. Jahrhunderts sehr populär. Die bekannteste Figur war dabei „Jim Crow“, die Thomas D. Rice spielte. Rice war ein *weißer* Schauspieler, der sich schwarz anmalte und eine stereotypisch rassistische Figur des „Schwarzen“ imitierte. Diese Figur entwürdigte Schwarze Menschen und diente als Unterhaltung für ein *weißes* Publikum. Und Komiker wie Erkan und Stefan, Dragan und Alder oder Supa Ritchie stehen in der Tradition einer Figur wie Jim Crow.

Hannes und ich schrieben vor über zwanzig Jahren in unserem Buch „Fear of a Kanak Planet“ über dieses Comedy-Segment. Mit Freude sahen wir, wie diese Formate mit der Zeit von Comedians wie Kaya Yanar und vielen anderen an den Rand gedrängt wurden. Denn Yanar imitierte keinen Soziolekt. Bei einem Gespräch erklärte mir Yanar sein Verständnis von Humor, das mit Stereotypen spielt. Im Zentrum stand für ihn, nicht über die Menschen, sondern über Stereotypen zu lachen. Yanars Ansatz war das Dekonstruieren von Klischees, was ihm teilweise gelang. Doch Hannes und ich lagen falsch mit der Einschätzung, dass Comedy-Formate wie Erkan und Stefan heutzutage verschwunden seien. Auch lag es außerhalb unserer Fantasie, dieses Format in einem Schulbuch zu finden. Die Quelle zu dem Einleitungstext „Kanakisch" im Schulbuch geht zurück auf den Autor Michael Freidank. Freidank veröffentlichte 2001 ein satirisches Wörterbuch „Kanakisch-Deutsch: Dem krassesten Sprakbuch übernhaupt". Dieses Buch reiht sich ein in die Linie von Erkan und Stefan und war im Buchhandel ein Bestseller. Solche Imitationen und Abwertungen ziehen die Möglichkeiten einer postmigrantischen Gesellschaft ins Lächerliche und machen Gräben auf. Auch Tachi, Mitbegründer der Fresh Familee, kann wenig mit dieser Art von Humor anfangen. Tachi war der erste Rapper, der gebrochenes Deutsch in einem Raptext einsetzte, er kritisiert dieses Comedy-Format:

> *„Ich fand das noch nie so toll, wenn Deutsche das nachmachen. Das hat für mich einen diskriminierenden Touch, nach dem Motto: Haha, die können nicht richtig Deutsch, und ich als Deutscher mach das jetzt nach. Soll so ein Typ wie Richie doch auf Kölsch Comedy machen. Wenn ich so was als Türke mache, dann ist es gerechtfertigt, weil meine Eltern so geredet haben, und mit meinen Homies rede ich fast immer so. Ich mach mich aber über meine Leute nicht lustig."*

Wie konnte dieses rassistische Comedy-Format in ein Schulbuch für dic Oberstufe kommen? Wie kann es sein, dass dies einem führenden Schulbuchverlag nicht auffiel? 2024 traf ich Frank-Olaf Radtke, der mit seiner Schulbuchforschung zur Migration die Bildungswissenschaften geprägt hat. Ich war gespannt auf seine Einschätzung zu diesem Schulbuch. Er lächelte etwas müde und war offensichtlich nicht sehr erstaunt. Darüber hinaus erzählte er mir, dass er seine damaligen Forschungsergebnisse den Schulbuchverlagen zur Verfügung stellte. Allerdings führte dies nach seiner Meinung nicht zu nachhaltigen Veränderungen. Denn hätte es Anfang der 2000er Jahre einen Perspektivwechsel bei den Schulbuchverlagen gegeben, wäre dieses Lehrwerk bei Westermann niemals erschienen. Westermann stellte 2020 den Verkauf dieses Schulbuchs ein und entschuldigte sich in einer Stellungnahme. Jedoch war dieser Schritt nicht einer Selbsterkenntnis geschuldet, sondern der beeindruckenden Initiative eines migrantischen Elternvereins in Duisburg, der gegen den Einsatz des Lehrwerks am Duisburger Krupp-Gymnasium protestierte und Schulbuchverlage eindringlich aufforderte, ihre Materialien auf verletzende Aussagen hin zu überprüfen. Daraufhin ergoss sich ein Shitstorm über den Westermann Verlag, der zu einer breiten Medienberichterstattung führte.

In einem längeren Email-Austausch stand ich in Kontakt mit dem Westermann Verlag, um die Hintergründe zur Entstehung des Schulbuchs zu verstehen. Zur Rechtfertigung bezog sich der Verlag weitestgehend auf curriculare Vorgaben, sich mit dem Phänomen des Sprachwandels zu beschäftigen. Nach ihrer Ansicht stellte der Text eine ironisierende Variante der Jugendsprache dar – eine Aussage, die man in dem Schulbuch nicht erkennt. Der pädagogische Ansatz des Verlages hätte darin gelegen, dass die Schüler:innen sich mit den Unterschieden zwischen der Normsprache und ihren Abweichungen auseinandersetzen sollten. Entscheidend ist jedoch, dass diese Texte weder wissenschaftlich noch fachlich ausreichend überprüft wurden. In einem Beitrag für RTL erklärte Oliver Wunder, der den Text „Hänsel und Gretel auf Kanakisch" schrieb, dass zu seiner Zeit alle so geredet hätten. Ebenfalls erwähnte er im Beitrag, dass sein Text selbst ein Arbeitsauftrag für den Deutschunterricht gewesen wäre. In seinem Statement gab es kein Verständniss für die Kritik oder gar eine Entschuldigung.

Eko Fresh im Schulbuch

Im Oktober 2021 setzte Eko Fresh auf Instagram sichtlich gerührt einen Post ab: „Mit Freuden hab ich erfahren, dass mein Text des Songs ‚Der Gastarbeiter' in einem Schulbuch abgebildet wurde. Opa, der war für dich!" Für Eko Fresh realisierte sich damit ein Stück seines German Dreams. Denn seine Migrationsgeschichte aus seinem Song „Der Gastarbeiter" fand Eingang in ein deutsches Schulbuch. Anerkennung und Stolz schwingen in seinem Post mit, da der Song alleine schon Geschichtsunterricht im Rapformat ist. Eko greift hier Themen aus der Einwanderungsgeschichte seines Großvaters auf, die im Schulunterricht selten vorkommen.

Der Songtext „Der Gastarbeiter" wurde im Schulbuch „Geschichte und Geschehen 10 – Baden-Württemberg" im Klett Verlag 2020 abgedruckt. Man könnte annehmen, dass es in einem Kapitel wie „Deutsche Geschichte nach dem Zweiten Weltkrieg" oder „Arbeitsmigration in der jungen BRD" steht. Aber der Klett Verlag hat Ekos Raplyrics unter „Osmanisches Reich und Türkei" eingeordnet. In dieser Einordnung schwingt immer noch die falsche Behauptung mit, dass Deutschland kein Einwanderungsland sei. Ekos Song hat nichts mit dem Osmanischen Reich zu tun, sondern ist Teil der bundesrepublikanischen Geschichte. Seinen Beitrag für eine postmigrantische Gesellschaft lagerte der Verlag in die türkische Geschichtsschreibung aus und damit außerhalb von Almanya. Darauf angeschrieben antwortete mir der Verlag, dass diese Einordnung mit den curricularen Vorgaben des Landes Baden-Württemberg übereinstimme. Denn diese sähen für den Jahrgang 10 vor, sich mit ehemaligen Imperien zu beschäftigen. Eine solche Einordnung orientiert sich aber klar an den Kriterien „Wir" und die „Anderen". Vor diesem Hintergrund ist der Weg noch lang für eine postmigrantische Gesellschaft im Schulbuch. Und dieser Weg führt direkt über strukturelle Veränderungen in den Verlagen, Ministerien und Schulämtern.

DER VERRAT AN BAHA TARGÜN

Wie der Türküola-Chef den Kölner Ford-Streikführer hinter Gitter brachte

Manchmal ist die Geschichte ein mieser Hundesohn. Und die Menschen, die man gerne als Helden einer postmigrantischen History gefeiert hätte, entpuppen sich als zweifelhafte Charaktere. Als Murat und ich von Yılmaz Asöcal und seinem Label Türküola erfuhren, waren wir begeistert. Die Compilation „Songs of Gastarbeiter" von Imran Ayata und Bülent Kullukcu hatte uns ein Fenster zu einem neuen Universum geöffnet: Die vielfältige und empowernde Musikszene der ersten Generation von „Gastarbeiter:innen" elektrisierte uns, und wir sahen sofort die Verbindungslinien zur jungen HipHop-Kultur der 1980er Jahre. Yılmaz Asöcal, der in den 1950er Jahren als Germanistikstudent nach Köln kam, war ein umtriebiger Unternehmer, kreativer Labelboss und kluger Netzwerker, der es schaffte, die jungen migrantischen Communitys zu vernetzen. Türküola-Stars wie Yüksel Özkasap oder Metin Türköz, die hunderttausende von Tonträgern verkauften, gaben den Sehnsüchten und Hoffnungen der ersten Generation einen emotionalen und politischen Ausdruck. Wir waren verblüfft, dass dieser beeindruckende Unternehmer im kulturellen Gedächtnis Almanyas überhaupt nicht präsent war. In unserer Titelstory „Kölsch Kültür" 2019 für die Kölner *Stadtrevue* stellten wir fest: „Heute erinnert nicht einmal ein Wikipedia-Eintrag an ihn." Wir sahen in Asöcal einen Pionier der postmigrantischen Gesellschaft in Almanya.

Letztendlich war er das auch. Gleichzeitig war er ein radikaler türkischer Nationalist, der für die faschistische Partei MHP arbeitete. Und er war dafür verantwortlich, dass der Arbeiterführer Baha Targün, das Gesicht des großen Kölner Ford-Streiks aus dem Jahr 1973, für fünf Jahre in ein deutsches Gefängnis gesperrt wurde. Dass sich die Biografien dieser beiden Pioniere der postmigrantischen Gesellschaft auf solch dramatische Weise kreuzten, haben wir erst spät herausgefunden. Wir hatten uns vorgenommen, für dieses Buch Baha Targün in einem Porträt als postmigrantischen Pionier vorzustellen. Als wir tiefer in die Recherche einsteigen, stießen wir plötzlich auf den Namen Yılmaz Asöcal. Doch der Reihe nach.

Der Ford-Streik – das Ende der Unterwürfigkeit

Wie ist der Streik bei den Ford-Werken einzuordnen, und welche Rolle spielt Baha Targün in dieser Geschichte? Götz Schmidt hat als Fordarbeiter den

Streik 1973 selbst erlebt. In einem Nachruf auf Baha Targün, der am 17. Juli 2021 bei einer Bergwanderung in der Türkei ums Leben kam, beschreibt der Journalist den Ford-Streik in der Zeitschrift *LunaPark21* als folgenreichen Wendepunkt:

> *„Der Streik bei Ford in Köln im August 1973 war ein tiefer Einschnitt in der Geschichte der Arbeiterbewegung in Deutschland nach dem Zweiten Weltkrieg – der Arbeiterbewegung in Deutschland, nicht der ‚deutschen Arbeiterbewegung'. Der Ford-Streik markierte als Teil der breiten Streikbewegung von Mai bis Oktober 1973 das Ende einer Zeit relativen ‚Klassenfriedens'. Die Periode des oft und gerne verklärten ‚Wirtschaftswunders' war endgültig vorbei. An den ‚wilden' – nicht von den Gewerkschaften geführten – Streiks im Sommer 1973 beteiligten sich 300.000 Arbeiterinnen und Arbeiter. (…) Baha Targün war Streikführer des ‚Wilden Streiks' (1973) bei Ford-Köln, der hauptsächlich von türkischen Arbeitern getragen wurde. In die Geschichte der türkischen Migranten ging dieser Streik als Wendepunkt ein. Er war das Ende des Bildes vom unterwürfigen türkischen ‚Gastarbeiter'. ‚Einfügsam und durchaus brauchbar, wenn man ihn nur richtig anpackt' – so hieß es in einer zeitgenössischen Einschätzung. Für fast alle kam dieser Streik deshalb völlig unvorbereitet. Er war eine ungeheure Explosion, die mit brutaler Gewalt niedergeschlagen wurde."*

Baha Targün kam 1969 als Student nach Almanya. Er schrieb sich an der Universität zu Köln für das Fach Soziologie ein und arbeitete danach in verschiedenen Berufen: Als Schlosser, als Dolmetscher, für eine Versicherung und für die Deutsche Bank. 1973 begann er seine Arbeit bei Ford. Wie der Großteil der Arbeiter:innen aus der Türkei wurde er der berüchtigten Y-Halle zugeordnet. Dort waren die Arbeitsbedingungen besonders hart. Zudem wurden die meisten türkischen Arbeitnehmer:innen geringer entlohnt als ihre deutschen Kolleg:innen. Der siebentägige Streik beginnt am 24. August 1973, weil sich die Kolleg:innen der Spätschicht weigern, an die Montagebänder zurückzukehren. Sie erklären sich solidarisch mit 300 Kolleg:innen, die vom Vorstand aufgrund einer verspäteten Rückkehr aus dem Sommerurlaub gekündigt worden waren. 12.000 Arbeiter:innen beteiligen sich an der Arbeitsniederlegung. Baha Targün wird in die Streikleitung gewählt. Viele Teilnehmende beschreiben Targün rückblickend nicht nur als charismatischen Redner, sondern auch als empathischen und solidarischen Menschen, der die Anliegen aller Beteiligten im Blick hatte.

Der Ford-Streik und die vielen anderen „wilden Streiks" sind inzwischen gut dokumentiert und aufgearbeitet. Das ist vor allem das Verdienst der postmigrantischen Communitys in Almanya, die sich schon in den 1990er Jahren auf Spurensuche begaben und zeigten: Die Geschichte der „demütigen Gastarbeiter:innen“ ist eine Legende. Die Frauen und Männer, die in den 1950er und 1960er Jahren nach Deutschland kamen, setzten sich gegen Ausbeutung und Schikane zu Wehr. Sie waren selbstbewusst und hatten eine Vision von einer postmigrantischen Gesellschaft. Sie forderten Gleichberechtigung, Teilhabe, Solidarität. Und die Erfahrungen, die sie in ihren gemeinsamen Kämpfen machten, ließen diese Vision konkreter werden. Götz Schmidt erinnert sich daran, welch einschneidendes Erlebnis der Streik für die Teilnehmenden war:

> *„Es wurde diskutiert, abgestimmt, gesungen, musiziert, gebetet, getanzt, gemeinsam gegessen, organisiert, einem Erzähler türkischer Märchen zugehört. Noch Jahre später, trotz der furchtbaren Niederlage, berichten Teilnehmer des Streiks: sie haben sich endlich wieder als Menschen gespürt.“*

Der Ford-Streik war ein prägendes postmigrantisches Ereignis. An dem Streik waren türkische, italienische, portugiesische und auch einige deutsche Arbeiter:innen beteiligt. Die Forderungen der Streikleitung bezogen sich explizit auf alle Beschäftigten. Es war ein erster Versuch auf der Ebene der gemeinsamen Arbeit solidarisch miteinander zu sein und die Gemeinsamkeiten zu betonen, auch wenn man kulturell und gesellschaftlich noch kaum etwas miteinander zu tun hatte. Vielleicht erklärt das auch die heftige Reaktion der deutschen Öffentlichkeit und das brutale Vorgehen der Werksleitung. Eine Solidarisierung der Arbeiter:innen und ein möglicher Erfolg des Streiks hätten gezeigt: Almanya ist längst ein Einwanderungsland! Die Hetze der Springer-Presse, die Diffamierung des Aufbegehrens als „wilder Streik“ oder „Türkenterror“ sollten das verhindern. Schon hier zeigen sich die beiden Hauptstrategien der *weißen* Mehrheitsgesellschaft, die sich bis Sarrazins „Deutschland schafft sich ab“ durchziehen: Ethnisierung und Delegitimierung von (post)-migrantischem Protest. Der Ford-Streik ist letztendlich gescheitert. Götz Schmidt schildert das gewaltvolle Ende des Protests:

> *„Mit Gebrüll stürmte die Polizei den Betrieb. Mit dabei: Werkschutz, angeheuerte rechtsradikale Schläger, Gewerkschaftsfunktionäre, Meister, Vorarbeiter. Baha Targün wurde schwer verletzt. Die Werksleitung bedankte sich nach dem Streik öffentlich für den ‚persönlichen Einsatz der Betriebsräte unter der Führung des Betriebsratsvorsitzenden‘“.*

Die seltsame Entführung des Türküola-Chefs

Wie ging es nach dieser Niederlage weiter für Baha Targün? Ali Riza Özkan, ein Freund von Targün, berichtet 2023 in einem Interview mit dem türkisch-deutschen Magazin *Yeniposta*:

„Viele sagen, dass er im Jahr 1973 verschwand. Das stimmt nicht. Baha Targün lag monatelang im Krankenhaus, weil er während des Ford-Streiks brutal zusammengeschlagen wurde. (...) Unmittelbar danach wird ihm eine Falle gestellt. Baha Targün, der von den deutschen Sicherheitskräften überwacht wird, wird als Mitglied einer Gruppe festgenommen, die Yılmaz Asöcal, den damaligen Vertreter der MHP in Deutschland, angeblich gegen ein Lösegeld entführen wollte."

Was steckt hinter dieser Räuberpistole? Und wieso taucht hier plötzlich der Chef des postmigrantischen Plattenlabels Türküola, Yılmaz Asöcal, auf? Noch dazu als Vertreter der rechtsradikalen Partei MHP in Deutschland. Asöcal war zu dieser Zeit bereits ein wohlhabender Geschäftsmann, der mit dem Verkauf von türkischer Musik in Deutschland und in anderen europäischen Ländern viel Geld verdiente. Asöcal hatte vorher schon in einer türkischen Zeitung inseriert, dass er angesichts der Zypernkrise von jeder verkauften Tonbandkassette eine Mark für die türkische Luftwaffe spenden wolle. Ende Dezember 1975 fand in Köln der Kongress des MHP-Europarats statt. Auf der zweitägigen Versammlung wurden auch Wahlen durchgeführt und Yılmaz Asöcal wurde zum Kassenwart der faschistischen Organisation gewählt. Unbestreitbar war Asöcal aktives Mitglied der Auslandsorganisation der rechtsextremen, ultranationalistischen Partei MHP, deren Mitglieder sich auch als Graue Wölfe bezeichnen. Was war das Ziel dieser Partei? In einem MHP-Flugbatt aus dieser Zeit heißt es: „Vereinigt euch gegen die Türkenfeinde, die gottlosen Kommunisten. Kommunisten müssen, wo sie gesehen werden, zertreten werden."

Baha Targün war Kommunist. Er stand nach dem Ford-Streik im Spotlight der deutschen Öffentlichkeit. Sein Gesicht war auf dem Titelbild des *Spiegel* zu sehen gewesen. Mit Sicherheit war er im Blickfeld der MHP und möglicherweise auch des türkischen Geheimdienstes. Wofür wurde Baha Targün nun angeklagt? Angeblich ging er mit einer Pistole bewaffnet in das Büro des Türküola-Chefs Yılmaz Asöcal und brachte ihn gemeinsam mit einem Komplizen in eine Wohnung nach Düsseldorf. Dort soll er 100.000 Mark für die „Türkische Volksbefreiungs-Armee" gefordert und die Familie Asöcals bedroht haben. Mit dieser Geschichte ging Asöcal später in Begleitung eines Privatdetektivs zur Polizei und erstattete Anzeige. Seine Aussage war der einzige verfügbare Beweis.

Als es zum Prozess kam, wurde deutlich, dass die heftigen Anschuldigungen auf wackligen Füßen standen. Selbst die beteiligten Ermittlungsbeamten sagten vor Gericht aus, sie hielten die Story von Asöcal für „zweifelhaft" und „komisch", wie der *Kölner Stadtanzeiger* berichtete. Der Chauffeur Asöcals sagte vor Gericht aus, dass sein Chef Kontakte zum türkischen Geheimdienst habe. Die Aussagen von Asöcals Frau wiederum passten nicht zu den Schilderungen ihres Mannes. Schließlich enthielten die

Ermittlungsakten einen mehrseitigen Bericht eines V-Mannes der Polizei, der den Schilderungen Asöcals in entscheidenden Punkten widersprach. Auch die deutsche Presse, die in mehreren Artikeln über den Prozess berichtete, wunderte sich über diese abenteuerliche Geschichte. Am 6. Mai 1975 erschien im *Kölner Stadtanzeiger* ein ausführlicher Artikel mit dem Titel: „Hat es die Erpressung nie gegeben? Zweifel am Prozess an Baha Targün".

Deutsche Gesinnungsjustiz

Trotz dieser Zweifel wurde Baha Targün zu sechs Jahren Gefängnis verurteilt. Das Strafmaß lag damit deutlich über den Forderungen der Staatsanwaltschaft. Der zuständige Richter begründete sein Urteil mit dem Hinweis darauf, dass Targün als „Gesinnungs- und Überzeugungstäter" zu behandeln sei, der sich für die „Verwirklichung der Ziele des Marxismus-Leninismus" einsetze. Bei näherer Betrachtung wird klar: Der Gesinnungstäter war nicht Targün, sondern der zuständige Richter am Kölner Landgericht, Victor Henry de Somoskeoy.

Schon im Prozess gegen die jüdische Nazijägerin Beate Klarsfeld im Juli 1974 offenbarte de Somoskeoy, für welche Werte er sich stark machte. Klarsfeld hatte versucht, den NS-Schergen und Massenmörder Kurt Lischka nach Frankreich zu entführen. Dort war Lischka 1950 in Abwesenheit zu lebenslanger Zwangsarbeit verurteilt worden. Seit vielen Jahren lebte er unbehelligt von der deutschen Justiz in Köln-Dellbrück. De Somoskeoy sorgte dafür, dass Klarsfeld für zwei Monate hinter Gitter kam. Kurt Lischka dagegen konnte als freier Mann in sein bürgerliches Leben zurückkehren. Im November 1974 verurteilte de Somoskeoy fünf Kölner Antifaschisten zu mehrmonatigen Haftstrafen, die nach einem provokanten Propaganda-Einsatz der faschistischen NPD in eine Schlägerei mit Neonazis geraten waren. Als der Nobelpreisträger Heinrich Böll das Urteil als unverhältnismäßig kritisierte, verklagte de Somoskeoy Böll wegen Beleidigung. Dagegen wurde ein Deutscher, der in einem Streit zwei türkische „Gastarbeiter" mit einem Messer ermordet hatte, von de Somoskeoy freigesprochen – mit der Begründung, dass sich der Alman von den Türken bedroht gefühlt und deshalb aus Notwehr gehandelt habe. Das Urteil erinnert an den Freispruch von Werner P. aus dem Jahr 2003. Der 76-jährige Rentner hatte die Berliner HipHop-Legende Maxim in einem Supermarkt erstochen. Auch hier argumentierte der Richter, der Deutsche habe sich von dem Türken bedroht gefühlt.

Asöcal und Targün – Antipoden der Postmigration

Das brachiale Urteil gegen Baha Targün macht deutlich: Eine postmigrantische Gesellschaft ist nicht automatisch ein harmonischer und solidarischer Raum. Er beherbergt sehr unterschiedliche Menschen, die nicht immer dieselben Ziele verfolgen und die sich mitunter auch bekämpfen und verraten.

Yılmaz Asöcal und Baha Targün hatten viele biografische Gemeinsamkeiten. Beide kamen als Studenten nach Almanya, beide waren charismatische Personen, die andere Menschen aus der migrantischen Community empowern und begeistern konnten. Und beide haben durch ihr Wirken Spuren hinterlassen, die heute Teil der postmigrantischen History in Almanya sind. Die Türküola-Künstler:innen repräsentieren den kulturellen und musikalischen Reichtum der ersten „Gastarbeiter:innen"-Generation. Der Ford-Streik steht symbolisch für den selbstbewussten Kampf der migrantischen Arbeiter:innen gegen Ausbeutung und Einschüchterung. Bis in die Enkel:innen-Generation entfaltet dieses wilde Aufbegehren seine empowernde Kraft. Und doch verbündete sich der Ultranationalist Asöcal mit dem rechtsradikalen Richter de Somoskeoy und sorgte dafür, dass der Streikführer Baha Targün für viele Jahre in der Justizvollzugsanstalt Remscheid-Lüttringhausen verschwand.

Nach seiner Entlassung kehrte Baha Targün in die Türkei zurück und arbeitete dort als Rundfunkautor, Journalist und Reiseführer. Zu den zahlreichen Gedenkveranstaltungen an den Kölner Ford-Streik wurde er regelmäßig eingeladen. Gekommen ist er nie. Am 17. Juli 2020 starb Baha Targün an den Folgen eines Kletterunfalls in einem Krankenhaus in der Türkei. Der Kölner Ford-Streik ist inzwischen Teil der postmigrantischen Geschichte Almanyas geworden – und mit ihm Baha Targün. Zu dieser Geschichte gehört auch der Verrat an Baha Targün und das Trauma, das ihm von einem anderen Pionier der postmigrantischen Community in Zusammenarbeit mit einem deutschen Gesinnungs-Richter zugefügt wurde. Das sollten wir in unserem Gedenken an den Anführer des Kölner Ford-Streiks nicht vergessen.

SCHWARZE MUSIK UND *WEISSE* SCHREIBER

HipHop-Journalismus in einer postmigrantischen Gesellschaft

„Aber du prangerst auch immer gerne viel an, oder?" Diese bemerkenswert einfältige Frage stellte der Host des Video-Podcasts „Einigkeit und Rap und Freiheit", Hubertus Koch, der Journalistin und Moderatorin Salwa Houmsi im Jahr 2019. Houmsi hatte sich auf ihrem Instagram-Kanal kritisch mit einem extrem sexistischen Song des Rappers Nimo auseinandergesetzt, was Hubertus Koch wunderte: „Ich hab' mich gefragt, warum macht sie das? Ist das jetzt so Social-Justice-Warrior-mäßig: ‚Das geht doch alles gar nicht, und ich sag' euch jetzt, wie die Rap-Szene funktioniert.' Weil, die Rap-Szene ist ja zu großen Teilen sehr frauenfeindlich. Das ist ja nix Neues."

Salwa Houmsi verliert trotz dieser patriarchalen Arglosigkeit nicht die Fassung und antwortet: „Also, ‚nix Neues' ist ja nie ein Argument dafür, nichts dagegen zu sagen." Im Folgenden erklärt Houmsi ihrem Gegenüber das Einmaleins einer kritischen Berichterstattung. Sie klärt ihn darüber auf, dass weibliche Stimmen im Rapgeschäft erst seit wenigen Jahren verstärkt Gehör finden. Sie weist ihn darauf hin, dass Journalist:innen eine Verantwortung tragen und hinschauen sollten, wenn Menschen sich diskriminierend über andere Menschen äußern. Diese Selbstverständlichkeiten waren im HipHop-Journalismus über eine sehr lange Zeit alles andere als selbstverständlich.

Aktivisten der ersten Stunde

Das Schreiben über HipHop in Almanya begann Ende der 1980er und in den frühen 1990er Jahren vor allem als Graffiti-Fanzine-Kultur. Wer hier tiefer graben möchte, dem sei Folge 46 des Podcasts „What about Graffiti Media" von Kgee und Crow empfohlen. Die Macher der frühen Fanzines schrieben über eine wachsende Graffiti-Szene, veröffentlichten Bilder besprühter Trains und Walls und beschäftigten sich am Rande auch mit Breakdance und den wenigen Tonträgern, die in dieser Zeit erschienen. Die Bedeutung von allem, was in den USA passierte, war zu dieser Zeit sehr groß und immer wieder wanderte der Blick auch nach Frankreich.

Die Akteure dieses frühen Fanzine-Journalismus waren in der großen Mehrheit *weiße* junge Männer, die selbst Teil der HipHop-Old-School waren. Sie hatten ein hohes Bewusstsein davon, dass HipHop ein Kulturbegriff ist, der Graffiti, B-Boying, Rap und DJing umfasst. Auch empfand man sich am Ende der Old School in Almanya noch als Teil einer globalen, Schwarzen Kultur. Eine gesellschaftliche, soziale oder politische Idee darüber, was HipHop als afro-diasporische Kultur in einem postmigrantischen Raum und einer mehrheitlich *weißen* Gesellschaft in Almanya sein könnte, gab es allerdings nicht. Der Fokus lag zu Beginn der 1990er Jahre, als es immer mehr Tonträger gab und erste Magazine wie *In Full Effect*, *MZEE* oder *Backspin* regelmäßiger erschienen, auf einem technischen Expertenwissen über HipHop und seine Elemente. Einordnung und Bewertung erfolgten über ästhetische Kriterien wie Style, Flow, Reimtechnik usw. Am Ende der Old School und mit dem aufkommenden Charterfolg der Fantastischen Vier spielte außerdem die Frage nach dem „Ausverkauf der Kultur" eine tragende Rolle, die binär zwischen den Polen „Underground" und „Mainstream" verhandelt wurde.

Das Schreiben über HipHop war in dieser Zeit explizit Männersache. Leute wie Ralf Kotthoff und Akim Walta vom *MZEE* Magazin zimmerten ganze Ausgaben im Alleingang zusammen. Ein Bewusstsein dafür, dass nicht alle Leser:innen ein Interesse an den Männerfantasien der verantwortlichen Redakteure haben, existierte nur am Rande. Im November 1992 veröffentlichte die *MZEE* Redaktion in ihrem eigenen Magazin folgenden Text:

> *„Mitglieder der* MZEE*-Redaktion brauchen noch dringend BPM-Zähler (auch Software für PC), Scanner und 3,5" HD-Disketten für PC, DAT-Recorder, gute Mikrophone, 4-Spur (8-Spur). Gute Mixer, (auswechselbare Crossfader usw.) geile Weiber und vor allem Schallplatten aller Art. Wenn du etwas von den oben genannten Gegenständen zu viel hast, dann schicke sie bitte an die* MZEE*-Redaktionsadresse."*

1993 veröffentlichte die Redaktion in der Mai-Ausgabe einen Leserbrief, der sich unter anderem auf diesen Text bezog:

> *„Auf Seite 16 schreibt Akim dann folgendes: ‚Auch setzen sich Consolidated kontinuierlich für die Gleichberechtigung von Frauen, Tieren und Randgruppen (z.B. Homosexuelle) ein.' Setzt man die Aussagen zusammen, ergibt sich das* MZEE*-Weltbild: 1. Schallplatten, 2. Frauen, Tiere usw. (gleichberechtigt), 3. Rest – Leute, mit dieser Art von Pimpin-Ain't-Easy-Scheiße kommt ihr nicht durch. Ich werde euch auch keine ‚blonde Sekretärin' schicken, wie ihr auf Seite 34 fordert."*

Immerhin druckte das *MZEE* den Text ab, konnte sich ein Nachtreten aber nicht verkneifen:

> *„Meine Lebenserfahrung (nicht viel, aber doch) zeigt mir eindeutig, dass es jede Menge ‚geile Weiber' gibt – glaubst du, die ganzen One-Night-Stands kommen nur durch die Überredungskunst der ‚bösen' Verführer-Typen zustande? Und wenn du dich nicht zu dieser Art Frauen zählst (ich nehme mal an, dass du eine Leserin bist), dann ist das doch OK! Du warst also nicht gemeint – was soll's? (Muss diese Rubrik ab jetzt auch ‚LeserInnenreaktionen' heißen!?)"*

Diese Reaktion zeigt: Feministische Kritik an patriarchalen Fantasien – und damit an patriarchalen Strukturen – war für die verantwortlichen Journalisten etwas völlig Überraschendes. Die schroffe Zurückweisung und das Lächerlichmachen der angesprochenen Punkte lassen keinen Zweifel darüber, dass man an seinem sexistischen Weltbild festhalten möchte. Bis sich Frauen und nicht-binäre Personen im HipHop und im Rap-Journalismus ernsthaft Gehör verschaffen können, vergehen mehr als 20 Jahre.

Schreiben im Vakuum – historisch bewusstlos und butterweich

Ende der 1990er Jahre verkümmerte der HipHop-Journalismus in Almanya vollends zu einer politisch und kulturell unbedeutenden Veranstaltung. Die Nationalisierung und *Weiß*waschung der ursprünglich Schwarzen und postmigrantischen Kultur in den 1990er Jahre war in den Redaktionen der Zeitschriften und Portale als Problem überhaupt nicht präsent – und ist es in weiten Teilen bis heute nicht. Das 1997 gegründete *Juice* Magazin feierte bewusst den Begriff „Deutschrap" als ihre Erfindung und schrieb sich die Etablierung dieser Aneignungsvokabel im Mainstream auf die Fahne. Die Leute, die Texte über Rap verfassten, waren weiterhin in ihrer Mehrheit junge *weiße* Männer bürgerlicher Herkunft. Mit dem Erfolg des Berliner Straßenrap führte das zu Beginn der 2000er Jahre dazu, dass eine zunehmend migrantisch-proletarisch geprägte Szene journalistisch in erster Linie von bürgerlichen Almans begleitet und bewertet wurde. Ein Bewusstsein dafür, dass das möglicherweise zu blinden Flecken in der Berichterstattung führen könnte, gab es nicht. Da man – anders als in Frankreich – keine Bezüge zur postmigrantischen History des eigenen Landes hatte und diese auch nicht herstellen wollte, operierte man journalistisch in einem gesellschaftlichen Vakuum.

Die Breaks in der Geschichte von HipHop in Almanya spiegeln sich kaum in den Reflexionen der journalistischen Berichterstattung wider – vor allem nicht als epochale Einschnitte, die in relevanter Interaktion mit der HipHop-Community stehen. Im Gegenteil – die aktuelle Historisierung von

HipHop, an der einige Deutschrap-Journalisten beteiligt sind, erzählt die Entwicklung von Rap als relativ störungsfreie Evolution. Ein Bewusstsein für Veränderung manifestiert sich ausschließlich über die Beschreibung der Weiterentwicklung ästhetischer Kategorien wie Reimtechnik, Flow, Style und Habitus. Die Wechselwirkung mit übergeordneten gesellschaftlichen Ereignissen wird nicht in den Blick genommen. Die Vernetzung mit postmigrantischem Wissen und das Einschreiben in eine Tradition der antirassistischen Kämpfe finden nicht statt. Im Ergebnis führt das zu einer journalistischen Haltung der butterweichen Beliebigkeit, die nicht im Stande ist, eine politische, historische, soziale oder kulturelle Orientierung zu geben.

Die *Juice*, die über viele Jahre das journalistische Flagschiff der Szene war, steht exemplarisch für diese Entwicklung. Dem beeindruckenden Faktenwissen über Musik und szenespezifische Details steht eine erstaunliche Rat- und Bewusstlosigkeit gegenüber, wenn es um die Frage geht, was HipHop in Almanya ausmacht, wofür migrantisch geprägter Rap steht und welche Bürde und emanzipatorische Verantwortung eigentlich *weißen* Menschen zukommt, die regelmäßig über eine Schwarze, afro-diasporische Kultur schreiben. HipHop ist eben nicht irgendeine Jugendkultur. So betont die Journalistin Helen Fares im Gespräch mit der Chefredakteurin Lupa Bader vom *MZEE* Magazin:

> *„Abgesehen davon soll ein HipHop-Journalist meiner Meinung nach auch politische und gesellschaftskritische Themen als Aufgabe seiner Berichterstattung sehen, denn das ist das, was HipHop immer gemacht hat: Ungerechtigkeit vokalisieren. Wenn Journalisten das machen, sind sie für mich umso mehr Teil dieser Kultur.“*

Bis vor etwa zehn Jahren waren die Redaktionen der Magazine und Onlineportale, die sich mit Rap beschäftigten, fast ausschließlich mit Männern besetzt. Das trug nicht nur dazu bei, dass nicht-männliche Artists nur am Rande vorkamen und von den 195 Ausgaben der *Juice* es lediglich vier Frauen auf das Cover schafften. Haiyti war die einzige Rapperin aus Almanya, die je auf einer *Juice* Titelseite zu sehen war. Melbeatz, Schwesta Ewa, SXTN und viele andere Artists gingen leer aus. Frauen wurden journalistisch unsichtbar gemacht. Und es war noch 2015 möglich, dass sich auf einer *splash!-Mag* Diskussion zum Thema „HipHop-Journalismus zwischen RapUpdate und Feuilleton“ sieben Männer gegenüber saßen und niemandem etwas auffiel.

Rap-Medien zwischen Komplizenschaft und Schweigen

Was passiert, wenn ein *weißer* Rap-Journalismus, der selbst nicht weiß, was er ist, auf eine ambivalente, postmigrantische HipHop-Community trifft, beschreibt die Berliner HipHop-Forscherin Heidi Süß 2020 in ihrer Streitschrift „Rapresent Whom“:

> *„Den allermeisten* weißen *Rap-Szene-Journalisten (und einigen selbsternannten Gangsta-Rappern) nämlich mangelt es (freilich glücklicherweise) an realen Erfahrungen herkunftsbedingter Marginalisierung. Anders als Gringo, Capital Bra oder Haftbefehl sind oder waren weder die diskursmächtigen deutschen Szene-Journalisten der ersten Generation wie Marcus Staiger (Royal Bunker/rap.de), Falk Schacht (u. a. Mixery Raw Deluxe), Tobias Kargoll (hiphop.de), Niko Hüls (Backspin) oder Oliver Marquart (rap.de), noch deren Nachfolge-Generation, darunter beispielhaft Jonas Lindemann (hiphop.de), Alexander Barbian (u. a. rap.de/Yo! MTV Raps), Jan Wehn (Juice/ All Good) oder Till Arndt (= skinny/ rap.de) den Spannungen und Risiken an der vordersten Frontlinie sozialer Ungleichheit entlang der Dimensionen race und class ausgesetzt. Das Verhalten dieser* weißen, *männlichen Szenejournalisten gegenüber den von ihnen interviewten (meist männlichen und oft nicht-‚bio-deutschen‘) Rap-Künstlern ist deshalb nicht nur ambivalent, unkritisch und gekennzeichnet durch einen ‚an Unterwürfigkeit grenzende[n] Respekt‘ (vgl. Dietrich/Seeliger 2018). Am Nexus von Männlichkeit und Herkunft ist es quasi doppelt komplizenhaft: Denn die die männliche Hegemonie stabilisierende ‚culture of silcence‘ (Kimmel 2008, S. 61), d. h. das (mehr oder weniger) bewusste Ignorieren oder Verharmlosen des sexistischen Verhaltens anderer Männer zur Vermeidung eigener Männlichkeitseinbußen wird im dt. Rap-Journalismus ganz offensichtlich von einer Überidealisierung marginalisierter (insbesondere nicht-deutscher) Herkunft flankiert.“*

Welche Folgen hat ein Rap-Journalismus, der sich freiwillig auf die arglose Begleitung der Szene und eine Bewertung ästhetischer Kategorien zurückzieht und den Rappern unverantwortlich viel Raum überlässt, um ihre individuelle Sicht auf die Welt und ihren Szene-Beef auszubreiten? Zum einen fehlt das journalistische Korrektiv, die Unabhängigkeit und Distanz, die auch zu Widerspruch führen können und im besten Fall eine vitalisierende Verunsicherung auslösen. Auch Rapper haben das Recht auf eine Routine der Kontroverse. Eine Debatte kann überhaupt nur durch ein Widersprechen ausgelöst werden. Zum anderen führt das Abstellen des journalistischen Seismographen dazu, dass man den Ernstfall nicht mehr erkennt. Als der Rapper Ben Salomo im April 2018 verkündete, dass er sich aus der HipHop-Szene und aus dem von ihm gegründeten Battle-Format „Rap am Mittwoch“ zurückziehen werde, hatte er gute Gründe dafür. Er warf Teilen der Szene Antisemitismus sowie Sexismus und die Verherrlichung von radikalem Islamismus vor – Themen, die schwer wiegen, und über die gesprochen werden sollte.

In diesem Kontext kritisierte Ben Salomo auch die HipHop-Medien: „Die Rapmedien haben sich inzwischen auf die Rolle von Hofberichterstattern zurückgezogen. Sie trauen sich nicht, kritische Fragen zu stellen." Tatsächlich gab es von Seiten der etablierten HipHop-Medien keinen nennenswerten Versuch, dieses Thema relevant zu machen. Stattdessen unterhielten sich MC Bogy und B-Lash in dem Videoformat „100% Real Talk" über die Vorwürfe und kamen zu dem Schluss, dass Ben Salomo Lügen verbreite und alles halb so wild sei. Was hätte in so einer Situation eine Cover-Story der *Juice* ausgelöst? Was wäre passiert, wenn viele Rap-Journalisten über einen längeren Zeitraum hartnäckig Fragen gestellt, Talkrunden organisiert, Kolumnen geschrieben hätten? Viele Rapper hätten sich empört, manche hätten gedroht, sicher. Aber letztendlich hätten sie sich auf die Kritik bezogen, es wäre möglicherweise der Anfang einer Debatte gewesen, aus der alle Beteiligten etwas gelernt hätten.

Ich, Hannes, habe Ben Salomo 2019 in München getroffen. Wir saßen gemeinsam im NS-Dokumentationszentrum am Max-Mannheimer-Platz auf einem Podium und diskutierten über antisemitische Tendenzen im deutschen Gangsta Rap. Organisiert wurde die Veranstaltung von der *Süddeutschen Zeitung*. Im Publikum saßen interessante und interessierte Menschen. Die meisten von ihnen waren in ihrer Jugend eher mit den Beatles und Jimi Hendrix groß geworden. Nach der Veranstaltung sprachen wir über die Reaktionen der Szene auf seine Kritik. Was mir am meisten im Gedächtnis blieb: Seine große Enttäuschung über das Silencing, das Schweigen – in der Szene, aber vor allem in den Reihen derjenigen, die diese Szene kritisch begleiten sollten. Ben Salomo war verbittert, weil er sich nicht ernst genommen fühlte, weil es keine nennenswerte Initiative der HipHop-Medien gab, die sagte: Das ist wichtig, lass uns darüber reden.

Dass die Szene-Medien in Almanya selten einen funktionierenden Werte-Kompass haben, an dem man erkennen kann, was ihre sozialen und politischen Koordinaten in Hinblick auf die afro-diasporische, postmigrantische HipHop-Kultur in Almanya sind, das fällt regelmäßig Journalist:innen anderer Medien auf. Bringen diese dann die strittigen Fragen auf die Agenda und benennen die Kontroversen, sind die Kollegen von den Rap-Medien beleidigt, bilden eine Wagenburg und kontern reflexhaft: Ihr habt doch keine Ahnung. Und das stimmt in manchen Fällen auch. Die Berichterstattung über den „Echo-Skandal" um Farid Bang und Kollegah war teilweise verlogen und oberflächlich. Aber in vielen Fällen halten die externen Redakteur.innen den HipHop-Medien lediglich den Spiegel vor. Frederik Schindler zum Beispiel ist kein Musikjournalist. In seinem Artikel „Vorwürfe gegen Hip-Hop-Medien: Im Rap ist alles erlaubt", der im Juni 2019 in der *taz* erschien, stellt er gut recherchiert und nüchtern dar, wie es um den Rap-Journalismus bestellt ist. Eigentlich zeigt Schindler nur, wie sich Szene-Medien zu bestimmten Themen verhalten bzw. eben nicht verhalten. Er lässt unterschiedliche Akteur:innen aus der Szene zu Wort kommen, zum Beispiel Falk Schacht, Oliver Marquart oder Salwa Houmsi. Das reicht, um klarzumachen: Der Szene-Journalismus hat ein Problem. Er hat seine kritische Distanz zu dem, worüber er berichtet, verloren.

Das alles hatte der Journalist Jan Wehn schon 2014 in dem *All-Good*-Artikel „Irgendwann schrieb ich nur noch nett" angesprochen und als die größte Herausforderung im Rap-Journalismus benannt:

> *„HipHop-Journalismus in Deutschland hat diesen Namen 2014 so gesehen gar nicht verdient. Weil sich eigentlich ausnahmslos alle – Journalisten, Künstler und Plattenfirmen – für die kritische Auseinandersetzung viel zu gut miteinander verstehen und einen vernünftigen und angeregten Diskurs damit beinahe unmöglich machen. (...) Die Frage ist: Wollen wir das? Wollen wir eine HipHop-Szene, in der eine ernsthafte journalistische Auseinandersetzung mit der Kunst – also der Diskurs, die Diskussion oder Draufsicht – möglich ist? Ich finde schon. Wir sollten die kritische Auseinandersetzung mit HipHop – egal, ob in Form von Interviews, Rezensionen oder Diskussionen – nicht immer anderen Medien überlassen."*

Eine feministisch-postmigrantische Wende

In Deutschland gibt es „keine Tradition eines engagierten, konfrontativen Musikjournalismus – zumindest nicht im HipHop." Das erzählte mir Marcus Staiger, als ich ihn im Dezember 2014 in Berlin traf. Es scheint, dass sich daran etwas geändert hat. Immer mehr Journalist:innen äußern sich seit einigen Jahren selbstbewusst und kritisch. Sie bringen eine Vorstellung davon mit, was eine postmigrantische HipHop-Szene in Almanya sein könnte und konfrontieren die Protagonist:innen mit ihrer Kritik und ihren Visionen. Sie betreten die HipHop-Arena als Gestalter:innen und verändern damit auch die Haltung der Künstler:innen und ihren Blick auf die Welt. Das Online-Portal *rap.de* hat zum Beispiel dazu beigetragen, dass wieder Themen auf die Agenda kamen, die man sich lange nicht anzufassen getraut hatte. Oliver Marquarts Kommentar „Deutschrap braucht ein #metoo" benannte endlich den Elefanten im Raum und ermutigte andere, über das Thema Sexismus und Missbrauch zu sprechen.

Es waren schließlich vor allem junge Frauen und nicht-binäre Personen, darunter viele mit transnationalen Biografien, die in den letzten Jahren den Raum für kritische Debatten geöffnet haben. Helen Fares, Josi Miller, Nina Damsch, Jule Wasabi, Miriam Davoudvandi, Lisa Ludwig, Leyla Yenirce, Melisa Erkurt, Hengameh Yaghoobifarah, Vanessa Seifert, Heidi Süß, Lina Burghausen, Tooka Tajali-Awal, Lupa Bader, Naima Limdighri,

Daniela Ammermann, Visa Vie, Zina Lu, Salwa Houmsi, Veronika Vielrose, Tamara Güclü, Aida Baghernejad und viele andere haben mit ihren unzähligen Posts, Interviews, Podcasts, Kolumnen und Videobeiträgen eine bemerkenswerte Diversität in die Berichterstattung und die kritische Begleitung der postmigrantischen HipHop-Kultur gebracht. Hier werden plötzlich Fragen (post-)migrantischer Identität in Almanya erörtert, toxische Männlichkeit angesprochen und problematisiert (gemeinsam mit Straßenrappern!) und eine neue feministische und transnationale HipHop-Geschichte erinnert. MCs und Aktivistinnen wie Lady Bitch Ray werden in ihrer Bedeutung für die Entwicklung von Rap in Almanya neu eingeordnet und gewürdigt. Rapperinnen wie Lee, Jazzy und Ricky von Tic Tac Toe werden mit Sabrina Setlur, Cora E., Schwesta Ewa und SXTN in eine Reihe gestellt und als wichtige Vorbilder für (Schwarze) Frauen anerkannt.

Die Journalistin und Podcasterin Miriam Davoudvandi beschreibt, welche Folgen der wachsende Einfluss von Frauen und nicht-binären Personen im Rap-Journalismus auf die Gesprächskultur hatte:

> *„Rap-Journalismus in Deutschland war lange ein Fanboy-Journalismus. Ab ca. 2016 fing es an, dass vor allem von Frauen* vermehrt kritische Fragen gestellt wurden. Man hat richtig gemerkt: Das waren die Artists gar nicht gewohnt. Umso wichtiger ist die Frage, warum die männlichen Kollegen das nicht schon viel früher gemacht haben. Für die wäre das wahrscheinlich einfacher und auch nicht so riskant gewesen wie für eine Frau*. Als im Rap-Journalismus dann endlich ein paar Frauen* präsent waren, mussten wir das auffangen und die Artists daran gewöhnen, dass wir nicht als Fan-Journalist:innen angetreten sind. Das war ja für uns existenziell. Hätten wir das nicht gemacht, wäre uns sofort der Vorwurf gemacht worden: Ihr seid doch nur Fan-Girls oder Groupies! Unkritisch zu sein, war für uns zu dem Zeitpunkt gar keine Option.“*

Bücher wie „Awesome HipHop Humans“ von Sookee und Gazal aus dem Jahr 2021 über queer-feministischen Rap im deutschsprachigen Raum katapultieren ein ganzes Universum an Diversität und Innovation ins Hier und Jetzt der postmigrantischen Community. Die vielfältigen Beiträge, Interviews, Biografien, Analysen und Lyrics zeigen: Die Ränder sind und bleiben das kreative Zentrum der HipHop-Kultur. Im Vorwort zu ihrem Buch schreiben Sookee und Gazal:

> *„Es heißt, Rap sei Männersache. So vermitteln es zumindest wortführende Protagonisten im Rap-Mainstream ohne jede Reflektion seit Jahrzehnten in ihren Tracks, ihren Promostrategien, ihrer Bildersprache. So sagen es auch weite Teile des Feuilletons, der sozialpädagogischen Draufsicht und der akademischen Be-*

> *trachtung; sie meinen es kritisch und übersehen dabei im nicht selten moralisierend-sensationalistischen Aufschlag mindestens eine komplette Szene."*

Murat und ich, Hannes, haben selbst über viele Jahre hinweg vor allem einen Fokus auf Männer im Rap gelegt. Es war nicht unsere Absicht, nicht-männliche Protagonist:innen auszublenden – aber faktisch haben wir das gemacht. Weil wir auf unseren Lesungen ständig in der Diskussion mit unserem Publikum waren, konnten wir unsere Perspektive nach und nach hinterfragen und HipHop in einer viel vitaleren Dimension entdecken. Die Menschen, mit denen wir im Austausch waren, haben uns gezeigt: Der postmigrantische Raum ist größer, als wir ihn bisher gezeichnet hatten. Wie wichtig die Sichtbarmachung von ausgeblendeten Akteur:innen ist, zeigt die Umtriebigkeit der Promoterin, Managerin und Journalistin Lina Burghausen. Mit ihrem Blog 365 female MCs und ihrem all:female Label 365xx records zeigt sie, was möglich ist, wenn Menschen, die sich mit HipHop beschäftigen, einen klaren Werte-Kompass für ihre Arbeit mitbringen. Im Interview mit dem Online-Magazin *Herzkampf* erzählte sie, wofür sie sich stark macht:

> *„Für eine diverse, gleichberechtigte Welt. Ich wünsche mir, dass jede Person die gleichen Möglichkeiten hat, unabhängig von Hautfarbe, Religion, Herkunft, Geschlecht. Mein Aktivismus findet vor allem in der HipHop-Szene statt, weil das der Bereich ist, wo ich zu Hause bin und entsprechend gut Einfluss nehmen kann. (...) Bei meiner Arbeit als Musikpromoterin ist es mir besonders wichtig, keinem Bullshit eine Plattform zu geben – rassistische, antisemitische und frauen*feindliche Tracks promote ich nicht."*

Haltung erfordert ein Bekenntnis zu gesellschaftspolitischen Visionen und den Mut, das offen auszusprechen, andere Menschen zu konfrontieren und Widerspruch auszuhalten. Diese Attitude bringen in den letzten Jahren vor allem nicht-männliche Protagonist:innen ein. Und sie zeigen, dass sie damit nicht nur eingeschworene Communitys erreichen, sondern auch ins Gespräch mit etablierten Künstler:innen kommen. Miriam Davoudvandi hat mit Haftbefehl über Depressionen und postmigrantische Traumata gesprochen. In ihrem Podcast „Danke, gut" bei COSMO spricht sie regelmäßig mit Rap-Artists wie Sido, Casper, Curse, Liz, Disarstar oder Loredana über psychische Gesundheit. Die Journalistin und Aktivistin Helen Fares lädt in ihre Sendung „Hayat" Künstler:innen dazu ein, mit ihr über Gefühle zu reflektieren. Unter anderem tat sie das mit Kool Savaş und PA Sports, die in diesen Dialogen erstaunlich nachdenklich und kritisch auf ihre eigene Geschichte schauen. Nina Damsch begründete mit ihrem Podcast „Queens of Rap" ein lebendiges Archiv der postmigrantisch-feministischen Rap-Geschichte. Sie sprach mit

Nura, Sabrina Setlur, Badmómzjay, Juju, Lisa Ludwig, Miriam Davoudvandi und Schwesta Ewa über anti-Schwarzen Rassismus, kulturelle Aneignung, Feminismus und Sexismus in der Rap-Szene, Frauen als Rolemodels und weibliches Empowerment. Die Wiener Journalistin Melisa Erkurt reflektiert in ihren Artikeln die Vereinnahmung postmigrantischer Kunst durch ein *weißes* Kultur-Establishment, und Salwa Houmsi hält Rap-Redakteuren wie Hubertus Koch den Spiegel vor und weist sie auf die blinden Flecken ihrer männlichen Perspektive hin.

Letztendlich profitieren von dieser feministisch-postmigrantischen Wende alle Beteiligten. Die Künstler:innen werden nicht mehr ausschließlich von schreibenden Fanboys gebauchpinselt und bekommen ein ehrliches Echo auf ihre Lyrics und Statements. Sie lernen, wie es ist, wenn jemand ihrer maskulinen Weltsicht widerspricht und zu einem kritischen Dialog einlädt. Straßenrapper:innen können sich über ihre Ängste, ihre Unsicherheiten, ihren Schmerz austauschen und feststellen, dass sie das letztendlich stärker macht. Künstler:innen und Journalist:innen mit transnationalen Biographien lernen, dass Solidarität im postmigrantischen Raum und Vernetzung mit postmigrantischem Wissen empowernd sind und eine gemeinsame Stimme ein großes Gewicht im gesamtgesellschaftlichen Diskurs haben kann. Die feministisch-postmigrantische Wende in der öffentlichen Berichterstattung über HipHop hat das Potenzial, eine neue Tradition des engagierten und konfrontativen Musik-Journalismus zu begründen.

RAP-JOURNALISMUS VS. RAP-FORSCHUNG

Über ein kompliziertes Verhältnis in noch komplizierteren Zeiten

Von Dr. (phil.) Heidi Süß und PD Dr. rer. soc. Marc Dietrich

In den USA gibt es eine Art Standardwerk im Bereich der HipHop-Forschung: den „HipHop-Studies-Reader“ von Murray Forman und Mark Anthony Neal (2012), der auch in der deutschsprachigen Forschung häufig zitiert wird. In ihren Überlegungen, was HipHop-Forschung eigentlich genau ist, und wer daran beteiligt ist, schreiben sie unter anderem, dass es sich hierbei um ein Diskursfeld handelt, in dem sowohl Wissenschaftler:innen, als auch Aktivist:innen und Journalist:innen tätig sind. Diese Bestimmung ist insofern spannend und progressiv, als dass die „Studies“ – als ein eigentlich akademisches Konzept – dezidiert mit Blick auf den Abbau von Hierarchien entworfen werden. Anders gesagt: Wir alle bearbeiten das HipHop-Feld zwar aus unterschiedlichen Blickwinkeln, agieren aus unterschiedlichen Feldlogiken und Motivationen heraus, aber wir tun dies gemeinsam, auf Augenhöhe, in gegenseitigem Austausch und Respekt für die Arbeit der jeweils anderen Partei. Wie verhält sich das in Deutschland? Anders, würden wir sagen, und genau davon handelt dieser Essay.

Let's talk about Rap – ein kurzer historischer Abriss

Während das Feld der deutschsprachigen Rap-Forschung, ihre Disziplinen, Themen und Perspektiven, inzwischen recht gut beschrieben ist, ist eine systematische Rekonstruktion der Geschichte, Strukturen und Entwicklung des deutschsprachigen Rap-Journalismus bislang weitestgehend ausgeblieben. Auch wir werden dies hier nicht leisten können und begnügen uns deshalb mit ein paar kurzen Ausführungen.

Rap-Journalismus im Sinne einer regelmäßigen Form der Berichterstattung über rap-assoziierte Themen ist ein Produkt der frühen 1990er Jahre. Oftmals angefangen als so genannte „Fanzines“ kristallisierten sich im Printbereich vor allem zwei Magazine, *Backspin* und *Juice*, als große rap-journalistische Instanzen heraus. Auch bis in die Mitte der 2010er Jahre sollte sich daran wenig ändern. Ebenfalls Anfang der 1990er etablierten sich im deutschen Musikfernsehen Formate wie *Freestyle*, *Word Cup*, *Fett MTV* und *Mixery Raw Deluxe*. Um die Jahrtausendwende leitete sich dann ein, was inzwischen als abgeschlossene Entwicklung gelten kann, nämlich die sukzessive Ablösung all dieser Formate durch den digitalen Journalismus. Zu nennen sind hier Websites wie *mzee.com*, *hiphop.de*, *rap.de*, *backspin.de* sowie *16bars.de* oder *splashmag.de*. Für die letzten Jahre ist kennzeichnend, dass sich zunehmend Kanäle etabliert haben, die in Konkurrenz zu den angestammten rap-journalistischen Medien stehen und v.a. als Videojournalismus bei YouTube (teilweise auch twitch) stattfinden. Dabei handelt es sich entweder um Formate der Künstler:innen selbst (z. B. „DirTea Talk“ von Shirin David) oder aber um solche, die stärker auf Entertainment und Boulevardinhalte fokussieren wie z.B. „tvstrassensound“ oder „Mr. Rap“. Zeitgleich und mit Herausbildung der Musik-Streamingdienste konnte sich Mitte der 2010er Jahre zudem das Medium Podcast als neue Größe etablieren. Auch diese Entwicklung wird von den zuvor beschriebenen Dynamiken begleitet, gesellen sich neben dezidiert rap-journalistisch ausgewiesene Formate, wie etwa den *All Good*-Podcast, doch längst auch wieder solche, die von Rapper:innen, Aktivist:innen oder anderen Akteur:innen betrieben werden (z.B. „Ein Podcast namens Bernd“ von MC Rene). Für rap-journalistisch arbeitende Akteur:innen ergeben sich hierdurch verschärfte Bedingungen und Konkurrenzverhältnisse, die teilweise problematische Praktiken nach sich ziehen und nachfolgend beleuchtet werden.

Rap-Journalismus in der „neuen Öffentlichkeit"

Bevor wir zu einer kleinen Rundumkritik am zeitgenössischen Rap-Journalismus ausholen, wollen wir ein paar Dinge vorwegschicken: Uns ist klar, dass Wissenschaft und Journalismus unterschiedlichen Feldlogiken unterliegen und sich die Arten und Weisen der Wissensproduktion und -distribution beider Felder unterscheiden – tatsächlich haben wir beide schon journalistisch gearbeitet und kennen die Abläufe und Logiken beider Felder also auch aus eigener Erfahrung. Wissenschaftliches Arbeiten ist zeitbezogen komfortabler angelegt. Bachelor- und Masterarbeiten, Dissertationen oder über Jahre angelegte Forschungsprojekte fokussieren oftmals sehr spezifische oder grundsätzliche Aspekte von HipHop und bearbeiten diese über einen längeren Zeitraum hinweg. Dieser Auseinandersetzung liegen dann auch entsprechende Arbeits- und Darstellungstechniken zugrunde. So gilt es zum Beispiel maßgeblich an bereits bestehende Literatur, Forschungsstände und Methoden anzuknüpfen. Wissenschaftliche Perspektiven müssen sicherstellen, dass die eigene Idee oder Erkenntnis unter Bezugnahme auf Vorleistungen hervortritt. Oder anders: Wissenschaftler:innen sind grundsätzlich angehalten, zugrundeliegende und relevant gewordene Quellen und Diskurse offenzulegen. Das Publikum muss nachvollziehen können, wer wann was gesagt oder geschrieben hat und worin die Eigenleistung besteht – ohne dass dieses Gewebe aus fremdem und eigenem Wissen ein Publikum irgendwie besonders zu unterhalten hätte oder auch direkt finanziell einträglich wäre.

Im Journalismus läuft das anders. Hier herrschen andere Logiken, Arbeitsweisen und Konventionen. Journalist:innen müssen thematisch überwiegend gut anschlussfähige Texte, spannende Features oder informative Reportagen liefern. Wenngleich es gerade zu den Hochzeiten des Heft-Journalismus immer auch um Wissensvermittlung, Initiierung und Weiterführung von Diskursen und Kunstkritik ging, so liegt das Ziel tendenziell und v.a. gegenwärtig darin, bestmöglichen Unterhaltungswert zu bieten. Dabei steht in erster Linie die Exklusivität eines Beitrags oder aber die Bearbeitung eines aktuellen Themas im Vordergrund. Diese Logik begünstigt eher kurzfristiges und reaktives Arbeiten, was sich angesichts gewachsener Konkurrenz im Kampf um (digitale) Aufmerksamkeit derzeit verstärkt. Eine systematische, gar monate- oder jahrelange Beschäftigung mit Einzelaspekten von Rap ist unter diesen Bedingungen jedenfalls kaum möglich. Auch deshalb nicht, weil Rap-Journalismus in Deutschland seit jeher unterfinanziert und seit der Digitalisierung stark auf Werbeeinnahmen und Sponsoring angewiesen ist, wodurch sich neue Abhängigkeiten und ja, Kuriositäten ergeben (zum Beispiel als Festivalreportagen getarnte Fastfood-Werbespots).

Wie bereits angedeutet ist das Feld des klassischen (lies: Qualitäts-)Rap-Journalismus aufgrund verschiedener Dynamiken in letzter Zeit besonderen Herausforderungen ausgesetzt: Die starke Ökonomisierung und Eventisierung der Szene, vor allem aber die Digitalisierung setzt das Feld sowie die in ihm arbeitenden Akteur:innen unter enorme Spannung und Performancedruck: Rap-Journalismus 3.0 findet im Kontext einer digitalen Öffentlichkeit mitsamt neuer konkurrierender Akteur:innen statt, so dass die schon traditionell prekäre journalistische Arbeit unter besonders verschärften Bedingungen erfolgen muss. All dies ist wiederum kein Exklusivmerkmal des Rap-Journalismus, sondern Teil einer größeren, die gesamte Gesellschaft betreffenden Transformation. Der Sozialphilosoph Jürgen Habermas (2022) hat diese vor Kurzem als erneuten „Strukturwandel der Öffentlichkeit" beschrieben. Grob gesagt ist damit gemeint, dass die klassischen Leitmedien (Printjournalismus, Radio, TV) mit der Etablierung des Internets und vor allem der sozialen Plattformen sukzessive ihre einstige Gatekeeper-Funktion verlieren und zwar deshalb, weil in den neuen Medien praktisch alle zu „Autor:innen" werden können (wie Habermas dies nennt). Die vormaligen Leitmedien büßen also ihre Vormachtstellung bei der Hervorbringung von Öffentlichkeit ein, weil prinzipiell jede:r Content platzieren und damit potentiell Deutungsmacht beanspruchen kann – eine Entwicklung, die längst kritisch diskutiert wird, z.B. in Debatten um „Fake News".

Es lässt sich also festhalten: Durch die Beteiligung von Menschen, die vormals nie journalistisch tätig waren, geschweige denn journalistisch vor- oder gar ausgebildet sind, verschlechtern sich die Qualitätsstandards guter journalistischer Praxis zusehends. Zwar konnten rap-journalistische Formate aufgrund ihres ursprünglich autodidaktischen „Fanzine"-Charakters den etablierten journalistischen Qualitätsstandards bereits zu Hochzeiten der klassischen Leitmedien nicht immer genügen. Wenn sie sich neuerdings aber auch noch gegen eine ganze Armee semi-professioneller Entertainer:innen und Rapper-turned-„Journalisten" behaupten müssen und dies zusätzlich auf einem Markt der begrenzten Aufmerksamkeiten stattfindet, dann gilt es Strategien zu entwickeln, um diesen neuen Anforderungen gerecht zu werden.

Clickbaiting, Biting und Paraphrasieren

Wer die Pforten nicht direkt schließen will oder vom Verlag wegrationalisiert wird – wie im Falle der *Juice*, versucht wohl oder übel mit der neuen Konkurrenz in den Ring zu steigen und sich den aufmerksamkeitsökonomischen Anforderungen bestmöglich anzupassen. Notgedrungen verfolgen viele rap-journalistische Medien diese Strategie, die darin besteht, ebenfalls permanent Content zu produzieren, diesen auf Schauwerte zu reduzieren und in Kombination mit wenig Einordnung möglichst schnell zu distribuieren. Das hat unter anderem zur Folge, dass problematische Aspekte an einem Produkt oder einer Aussage unbemerkt bleiben und/oder unkritisch durchgewunken werden (wie etwa misogyne Zeilen im neuen Track von Rapper XY, der im Rahmen des „Release Friday" auch gerne mal prominent auf Social Media platziert wird – Stichwort Clickbaiting). Dem eigenen Verständnis als (etabliertes) rap-journalistisches Qualitätsmedium entsprechend muss jedoch gleichzeitig versucht werden, sich von den übrigen Spieler:innen auf dem Feld abzuheben und etwas Singuläres anzubieten, das einen Unterschied zur (Amateur-)Konkurrenz aus YouTuber:innen, Influencer:innen und Co. ausmacht. Gerade bei klassischen Rapmedien beobachten wir im Onlinebereich den Trend, rap-assoziierte Phänomene in einen größeren sozialen Zusammenhang einzuordnen und den Versuch, diese anspruchsvoller zu diskutieren, als die neue Konkurrenz. Themenkomplexe wie „HipHop und Medien", „HipHop und Diversität" oder „HipHop und Politik" werden sodann im Rahmen von Texten, (Podcast-)Features oder auch YouTube-Gesprächsrunden verhandelt und – mal mehr, mal weniger differenziert – erörtert. Das ist schade, weil es sich hierbei um DIE Themen der Rap-Forschung handelt, und es sich lohnen würde nachzufragen, wie HipHop in Kultur und Gesellschaft eingebettet ist, und wie letztere wiederum auf die Szene zurückwirkt. Als Verbündete:r kommt die zugehörige Forschung aber offenbar nicht in Frage, stattdessen werden ihre Akteur:innen und Erkenntnisse seit Jahrzehnten mehr oder weniger hartnäckig geghostet. Stattdessen begnügt man sich beinahe ausschließlich mit Personal aus der eigenen journalistischen Bubble oder dem:der ein oder anderen reichweitenstarken Szeneprotagonist:in. Aus Gründen der Aufmerksamkeitserzeugung ist das natürlich nachvollziehbar, Expert:innen für die Analyse größerer Zusammenhänge von Gesellschaft und (Rap-)Kultur holt man sich damit aber nicht ins Boot. In ihrer Rolle als Autor:innen oder Hosts inszenieren sich Rap-Journalist:innen in derartigen Formaten stattdessen gerne im Gestus des wohlinformierten „Diggers", der auch identitätspolitisch brisante Themen behutsam zu handeln und in angemessenes (zuweilen soziologisches) Vokabular zu kleiden weiß.

Was dabei unseren Beobachtungen nach ausbleibt und gleichzeitig das Zentrum unserer Kritik bildet, ist die Einhaltung einiger wesentlicher Kriterien guter journalistischer Praxis und hier vor allem der Transparenz im Hinblick auf verwendete Quellen. Stattdessen wird eine Technik genutzt, die es in der Wissenschaft zwar auch so ähnlich gibt, die aber mittlerweile in Verruf gekommen ist und auch nicht von ungefähr eine prominente Rolle in Plagiatsverfahren spielt: Die Rede ist von der Paraphrase, also der umschreibenden Zusammenfassung fremder Wissensbestände mit eigenen Worten. Wenn die Paraphrase in der Wissenschaft immerhin noch mit einem, oft diffusen, Quellenbeleg versehen wird, so muss dies im Rap-Journalismus (und Musikjournalismus generell) offenkundig überhaupt nicht (mehr) erfolgen. Gerade bei Beiträgen, die sich mit forschungsseitig gut abgebildeten, übergeordneten gesellschaftlichen Fragestellungen befassen, avanciert die Technik der Paraphrase in letzter Zeit zu einem Instrument, das aus unserer Sicht deutlich zu häufig genutzt wird. Der Umfang ihres Einsatzes variiert dabei zugegebenermaßen: Er reicht von ganzen Kapiteln in erfolgreichen popjournalistischen Büchern von (Berliner) Pop-Feuilletonisten, bei denen bei näherem Hinsehen klar wird, was wo kreativ „adaptiert" wurde, bis zum knappen Medienstatement, wo das ein oder andere Sprachspiel zur „Mehrfachdiskriminierung" von XY, „Habitus" oder „Kapitalsorten" bereits anzeigt, dass hier (trotz aller Diffusion dieser Vokabeln in den Mainstream) andere Sprachregister angezapft werden. Die Paraphrase birgt schließlich – so könnte man etwas böswillig sagen – die Option, eigene Perspektiven mit fremden Wissensbeständen zu einem gelehrig klingenden Brei zu verrühren und eine Position zu behaupten, die sich aus dem Meer an digitalen Konkurrent:innen abhebt. Aus Sicht von Rap-Forschenden werden Rap-Journalist:innen dann allerdings zu Übersetzer:innen, die sich tendenziell als Primärquelle präsentieren, was irritierend, oft sogar ärgerlich ist. Die Tatsache, dass auch

Rap-Journalist:innen häufig Akademiker:innen sind und Diskurse des Rap gesellschaftlich einzuordnen versuchen, ändert daran wenig – vielleicht macht es das Ganze sogar schlimmer.

Einseitige Liebesbeziehung

Während außerszenische Medien längst erkannt haben, dass Rap-Forschung eine wichtige Vermittlungsinstanz in der Einordnung und Bewertung von Szenediskursen abgibt, gehen Szenemedien und ihre Akteur:innen weiterhin auf Distanz. Warum das so ist, darüber kann man spekulieren. Vielleicht wähnen sich Rap-Journalist:innen bei Themen, die doch eher die Kernkompetenz der Rap-Forschung betreffen, im besseren (weil szene-näheren?) Wissen. Vielleicht traut man Forschenden nicht zu, ihre Erkenntnisse breitentauglich kommunizieren zu können, weswegen man Teile dieses akademischen Wissens dann lieber selbst platziert. Möglicherweise unterstellt man Rap-Forschenden aber auch einen zu abgehobenen Sprachgestus, was wir allerdings für unwahrscheinlich halten: Längst gibt es zahlreiche gut lesbare bis populärwissenschaftlich gehaltene Publikationen, die neben klassischen wissenschaftlichen Beiträgen auch Interviews mit Rapper:innen, Producer:innen oder eben Journalist:innen enthalten – von dutzenden (eben nicht-szenemedialen) Radio- oder Magazinbeiträgen ganz zu schweigen. Es ist deshalb auch ausgeschlossen, dass deutschsprachige Rap-Journalist:innen die Existenz der Rap-Forschung nicht auf dem Schirm haben. Im Gegenteil versorgen wir viele davon seit Jahren kostenlos mit Belegexemplaren, weil die Verteilung von Wissen an Multiplikator:innen im akademischen Betrieb längst obligatorisch ist. Apropos Brückenschläge: Sowohl für unsere eigene Arbeit, als auch die Arbeit vieler unserer Kolleg:innen aus dem akademischen Betrieb stellt die Expertise von Rap-Journalist:innen seit Anbeginn eine wichtige Informations- und Kontextquelle für rap-wissenschaftliches Arbeiten dar. Ablesen lässt sich dies an zahlreichen Interviews, Zitationen oder anderweitigen Bezugnahmen und Referenzen. Aber auch abseits von Publikationen gibt es Brückenschläge vom rap-wissenschaftlichen in das rap-journalistische Feld, zum Beispiel, wenn wir Studierende in direkten Kontakt mit Akteur:innen aus dem Rap-Journalismus bringen (z.B. für Expert:inneninterviews in Bachelorarbeiten) oder die Akteur:innen selbst als Moderator:innen oder Speaker:innen zu Konferenzen oder Podiumsgesprächen einladen.

Ende des Ghostens

Man kann also festhalten, dass die Rap-Forschung recht aktiv daran arbeitet, journalistisches Wissen in den wissenschaftlichen Raum zu transferieren, dort sichtbar zu machen und damit auch als legitime Wissensquelle anzuerkennen. Leider handelt es sich hierbei aber um eine einseitige Liebesbeziehung, denn bis heute werden Rap-Forschende und ihre Arbeiten aus den meisten journalistischen Zusammenhängen geradezu systematisch ausgeschlossen. Unserer Meinung nach ist die rap-journalistische Abwehr- und Exklusionshaltung weniger Ergebnis bewussten Taktierens oder subjektiv motivierter Bösartigkeit. Vielmehr lässt sie sich historisch herleiten und strukturell begründen: Wie generell typisch für Jugend- und Subkulturen, so herrscht auch im Bereich der HipHop-Kultur ein generelles Misstrauen gegenüber Autoritäten von „außen" bzw. „oben". Damit einher geht die Unterstellung, Personen, die wissenschaftlich arbeiten, würden „HipHop bloß als Illustration einer bestimmten kultur- oder sozialwissenschaftlichen Theorie heranzieh[en], ohne die tatsächlichen Relevanzstrukturen der Kultur zu kennen", wie es ein Kollege von uns, Jannis Androutospoulos, bereits 2003 beschrieben hat. Dass sowohl außerszenischen Journalist:innen als auch Forschenden eine legitime Sprecher:innenposition in der Auseinandersetzung mit Rap abgesprochen wird, weil sie nicht „in der Szene gewachsen und mit ihr organisch verbunden" sind (ebd.), ist im rap-wissenschaftlichen Diskurs tatsächlich ganz gut beschrieben (auch in den USA, z.B. bei Forman 2007). Erkenntnistheoretisch gesehen ist dieses Argument aber blödsinnig. Man muss nicht Teil einer Szene sein, um sie verstehensmäßig zu durchdringen. Wer allerdings selbst hiphop-sozialisiert ist, findet sich in dieser Anti-Haltung durchaus wieder: Wer kennt nicht das Unbehagen, dass eine:n überkommt, wenn Außenstehende ohne Szene-Bezug meinen, über HipHop reden oder gar fachsimpeln zu müssen – angefangen bei Eltern und Lehrer:innen bis hin zu Tagesschausprecherinnnen, die das neue Jugendwort verkünden.

Auf dem Wissenschaftsparkett machen wir übrigens ähnliche Erfahrungen und haben das bereits unabhängig voneinander beschrieben, Stichwort: „Yo yo yo, rappen Sie uns jetzt was vor?" Wenn man mal genauer überlegt, ist eine klare Trennung zwischen akademischem Diskurs und Szenediskurs aber schon immer schwierig, weil die Übergänge beider Sphären fließend sind (man denke an mehrseitige, verkopfte Features in früheren *Juice*-Ausgaben oder hochpolitische Kulturkritiken auf Freundeskreis- oder Negroman-Alben etc.). Zudem sind die Profs, Habilitierten, (Post)Dokorand:innen, Master- und Bachelorleute die heute an deutschen Uni-Schreibtischen sitzen nach 40 Jahren Rap in Deutschland längst selbst hiphop-sozialisiert und wissen schon ganz genau, worüber sie da referieren, schreiben und forschen. Auch das, denken wir, ist hinlänglich bekannt, weshalb wir zum Ende hin nochmals auf die strukturelle Ebene und Habermas' Strukturwandel der Öffentlichkeit zurückkommen wollen.

Wir haben uns innerhalb der letzten Jahre mit vielen Personen aus dem (Musik-)Journalismus, Aktivismus, der Wissenschaft, Szene oder auch der

Musikindustrie unterhalten. Mit unserer Kritik und unserem Unbehagen über die oben geschilderten Praktiken (Paraphrasieren ohne Quellenangabe, etc.) sind wir dabei auf offene Ohren gestoßen. Oder anders: Was wir hier beschreiben, scheint uns weit mehr zu sein, als Einzelerfahrungen oder das subjektive Gefühl zweier Rap-Forschender. Und: Die Problematik strahlt weit über den Rap-Kosmos hinaus! Clickbaiting, Biting, Paraphrasieren und hartnäckiges Ghosten, all das sind letztlich Strategien der Existenzsicherung im Kontext des Strukturwandels einer gänzlich durchökonomisierten Öffentlichkeit, auf deren Markt der begrenzten Aufmerksamkeiten sich immer neue Konkurrenzverhältnisse (re)produzieren. Mit guter (und das bedeutet für uns auch immer: kritischer) journalistischer Praxis hat das leider immer weniger zu tun. Wer fremde Erkenntnisse leugnet oder ohne Credits übernimmt und als die eigenen ausgibt, arbeitet zudem nicht nur unsauber, sondern zeigt damit auch die Geringschätzung der oft jahrelangen Arbeit anderer an. Dabei ist HipHop nicht nur in den Staaten ein Bereich, der seit Anbeginn von Akteur:innen unterschiedlicher Felder beschrieben, beforscht, gesellschaftlich eingeordnet und kritisiert wird. Mit Rekurs auf unsere US-Kollegen Forman und Neal würden wir uns deshalb auch hierzulande mehr Anerkennung und gegenseitigen Austausch im deutschsprachigen Rap-Diskurs wünschen. Ein erster Schritt in diesem Prozess wäre es, das Ghosten einzustellen und in einen längst überfälligen Dialog zu treten.

#06

RE MIX RE VIEWS

HipHop-Narrative in den Medien

DOKUS, FILME, SERIEN UND PODCASTS

In den letzten Jahren ist eine Fülle von Büchern, Filmen, Serien und Podcasts mit durchaus steilen Thesen zur Entwicklung von HipHop in Almanya produziert worden. Einigen dieser Geschichten und Hypothesen stimmen wir begeistert zu, andere reizen uns zum Widerspruch. Wir haben uns 14 Produktionen der letzten zehn Jahre vorgenommen. Mit unserem postmigrantischen Blick checken wir diese Narrative im Stile der guten alten Plattenkritik. Wir hoffen, dass unsere Reviews Widerspruch auslösen und Debatten anstoßen – denn im aktuellen Rap-Journalismus wird sehr wenig über die politischen und gesellschaftlichen Vorannahmen gestritten, die hinter den Geschichten stehen. Dabei ist die HipHop-Kultur eine gute Arena für Battles und Kontroversen in der postmigrantischen Gesellschaft.

We Wear the Crown: 40 Jahre Rap aus Deutschland

Könnt ihr uns hören? Eine Oral History des deutschen Rap

Dichtung und Wahrheit

Germania

Blacktape

Almost Fly

Queens of Rap: der Female Rap-Podcast

Nullerjahre – Jugend in blühenden Landschaften

Wenn der Vorhang fällt: Hinter den Kulissen der deutschen Rap-Szene

Capital B. Wem gehört Berlin?

25 Jahre splash!-Festival – Größer als Hip-Hop

Made in Germany

HYPE

Rheingold

We Wear the Crown
40 Jahre Rap aus Deutschland

Regie: René Kästner
Doku-Web-Serie, Red Tower Films/ Arte (2021)

Die *Arte*-Doku hat den Anspruch, die Geschichte von Rap in Deutschland zu erzählen. Alleine zu dem Titel der Web-Serie kann man gratulieren, denn das Unwort „Deutschrap" muss draußen bleiben. Das Narrativ allerdings bleibt der Idee verhaftet: Damit eine eigene deutsche Rap-Szene entstehen kann, muss sie sich vom amerikanischen Einfluss emanzipieren. Thomas Gottschalk, Die Toten Hosen, die Erste Allgemeine Verunsicherung und weitere Gruppen, die mit der Entstehung der HipHop-Kultur in Almanya nichts zu tun haben, kommen in Interviews und alten Fernsehausschnitten prominent zu Wort. Dabei wird über vieles gesprochen, nicht aber über kulturelle Aneignung. Zu Beginn einer jeden Folge sieht man den Rap-Journalisten Falk Schacht an einem großen Holztisch sitzen, im Hintergrund ein Regal mit verschiedenen Plattencovern. Mit dem Charme eines Oberstudienrats steckt Schacht die musikhistorischen Koordinaten der jeweiligen Folge ab. Dabei bekommt man den Eindruck: Rap in Almanya entwickelt sich in einer rein von künstlerisch-ästhetischen Kriterien durchwehten Bubble. Was sozial, politisch und ökonomisch so los ist in Deutschland, und welchen Einfluss das möglicherweise auf die Entwicklung einer postmigrantischen Kultur hat? Die *Arte*-Doku weiß es nicht. Dass die Wiedervereinigung und die Nationalisierung der Szene in den 1990er Jahren ein tiefgreifender Einschnitt sind, fällt unter den Tisch. Die *Weiß*waschung einer postmigrantischen und Schwarzen Old School zum nationalen Erfolgsprodukt „Deutschrap" wird nicht reflektiert. Stattdessen werden die Umbrüche in der Szene auf die Kommerzialisierung geschoben und auf eine Dynamik von Mainstream versus Untergrund verkürzt. Es gibt in der Serie ein paar großartige Statements einiger Künstler:innen, die kurze Schlaglichter auf die politisch-gesellschaftliche Dimension von Rap in Almanya werfen. Das Drehbuch weiß damit leider nicht viel anzufangen. Die Idee, dass Rap in einer ambivalenten Wechselwirkung mit der Geschichte des Landes steht, in dem er stattfindet, bleibt den Autoren fremd. *hl*

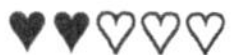

Könnt ihr uns hören? Eine Oral History des deutschen Rap

Autoren: Jan Wehn, Davide Bortot
Sachbuch, Ullstein (2019)

Mit „Könnt ihr uns hören?" ist den Rap-Journalisten Jan Wehn und Davide Bortot ein zeitloses Buch gelungen. Aus unzähligen Zitat-Schnipseln ganz unterschiedlicher Protagonist:innen haben die Autoren als Zeitzeugen-DJs in bester HipHop-Manier eine Story von den

1980er Jahren bis in die Gegenwart gemixt. Wehn und Bortot haben auch ein Kunstwerk im handwerklichen Sinne geschaffen: Die beiden Autoren treffen den richtigen Ton. Sie geben die Interviewschnipsel nicht wörtlich wieder, sondern gleichen sie sprachlich an, so dass ein angenehmer Sound entsteht. Es gelingt ihnen an vielen Stellen eine Montage, die bei Leser:innen den Eindruck hinterlässt, als unterhielten sich die unterschiedlichen Interviewpartner:innen miteinander am runden Tisch. Das Buch birgt viele aufregende und ergreifende kleine Geschichten, die von den Autoren würdig platziert werden. Man erfährt neue Dinge und wird angeregt, über Fragen nachzudenken, die man vorher nicht auf dem Schirm hatte. Die Aufmachung des Buchs – Cover, Schriftsatz, Papier – das ist alles sehr schön gemacht, liegt gut in der Hand und liest sich angenehm. In der Gesamtschau entsteht ein versöhnliches, harmonisches und harmloses „Deutschrap"-Narrativ. Brüche und Kontroversen werden eher rückblickend geglättet als kritisch aktualisiert. Hier koppelt die Form des Zitat-Mixens mit einem Fokus auf Flow und Kontinuität tückisch auf den Inhalt zurück. Wehn und Bortot wollen eigentlich mehr als nur ein flowendes Leseerlebnis liefern. Sie möchten die „History des deutschen Rap" erzählen. Sie rekonstruieren jedoch die Historizität von HipHop in Almanya nicht als gesellschaftliches und kulturelles Phänomen. Der Vielklang der Stimmen erzeugt im Arrangement ihres Mixes eine Erfolgsgeschichte, die sich ständig mit sich selbst unterhält. Die Höhen und Tiefen dieser Geschichte sind die Ausschläge ästhetischen Gelingens oder Versagens. Der gesellschaftliche Blick auf Rap in Almanya, das Bewusstsein für Handlungsspielräume für die Gestaltbarkeit von Gegenwart und Zukunft – also für das, was Geschichtsschreibung leisten sollte – all das findet nicht statt. Insgesamt ist das Konzept einer thematisch geordnet-gemixten Quellensammlung charmant, und die Autoren setzen es überzeugend um. Die Kehrseite ist, dass sie sich mit Bewertungen und Einordnungen nicht mehr einmischen können (oder wollen) und ein gewisser Klang der Beliebigkeit entsteht, der es allen recht macht. Letztendlich findet jeder die Zitate, die ihm gefallen, und es wird niemandem auf den Fuß getreten. Dennoch: Das Buch lohnt sich und ist ein echtes Leseerlebnis – für alle, die sich für die Kultur interessieren und neugierig sind auf viele neue ungehörte Samples. *hl*

♥♥♥♥♡

Dichtung und Wahrheit

Regie: Mariska Lief & Wero Jägersberg
Dokumentation, *Hessischer Rundfunk*
(2021)

Eine Review über eine Doku zu schreiben, in der man selbst vorkommt, ist wie ein Ritt auf einer Rasierklinge. Allerdings habe ich mich trotz Interessenkonflikt dazu entschieden, da „Dichtung und Wahrheit" eine bahnbrechende Produktion ist. Diese vierteilige HipHop-Dokumentation kann mit Netflix-Serien konkurrieren und war ästhetisch und inhaltlich ein Novum für den *Hessischen Rundfunk* – und den ganzen öffentlich-rechtlichen Rundfunk. Jede HipHop-Doku muss sich seither an dieser Blaupause messen. Die Doku zeichnet glänzend fokussiert die Entwicklung der HipHop-Kultur in Frankfurt nach. Der Blick wird nicht auf Rapper:innen verengt, es kommen auch Sprüher, DJs, Breakdancer, Produzenten und Clubbetreiber zu Wort. Dabei arbeiten die beiden Regisseurinnen Mariska Lief und Wero Jägersberg gezielt die enge Verbindung von amerikanischen Militärangehörigen, Clubkultur und der jungen HipHop-Szene in Frankfurt heraus. Im Zentrum steht der ehemalige amerikanische Soldat Edwin Enrico Lopez jr. aka Rico Sparx, der mit seinem Wissenstransfer direkt aus New York ordentlich Benzin in die Glut der Subkultur goss. Historische Filmmaterialien gehen fließend in Interviews mit Künstler:innen über. Die Doku setzt vor allem gesellschaftliche Großereignisse wie z. B. die rassistischen Anschläge Anfang der 1990er Jahre in Beziehung zur HipHop-Kultur in Frankfurt. Thematisiert werden außerdem die städtebaulichen Hintergründe der Nordweststadt, der Heimat zahlreicher Rapper:innen. Die Stärke dieser Doku ist, die Entwicklung der Frankfurter HipHop-Szene in ihren sozialen Verhältnissen zu verankern. Denn die Aktivist:innen dieser Kultur kommen in Frankfurt allesamt von den Rändern der Gesellschaft. Den beiden Regisseurinnen gelingt es, elegant unterschiedliche Rap-Generationen miteinander ins Gespräch zu bringen und auch Themen wie Sexismus auszuleuchten. Erfrischend ist, dass auch hinter der Kamera HipHop-Aktivist:innen mitgewirkt haben – für den gelungenen Schnitt war Erol Nagel aka DJ Feedback zuständig, der auch für die legendäre Frankfurter Rapcrew Konkret Finn Beats produzierte. Die HipHop-Dokumentation „Dichtung und Wahrheit" setzt Frankfurt ein verdientes Denkmal – und die Messlatte für alle folgenden Musikdo kumentationen ziemlich hoch. *mg*

♥♥♥♥♥

Germania

YouTube-Portraits, funk/ZDF/ Hyperbole (2016–2023)

Germania? Almanya! Wer einen Eindruck von der postmigrantischen Vielfalt und den unzähligen transnationalen Biografien in Almanya bekommen möchte, dem sei die YouTube-Reihe „Germania" von funk, dem Content-Netzwerk von ARD und ZDF, ans Herz gelegt. Das Format lässt seit 2016 die unterschiedlichsten Personen aus Musik, Kunst, Sport und Unterhaltung im Rahmen eines sehr persönlichen Settings zu Wort kommen. Fragen nach Heimat und „deutscher Identität" stehen im Mittelpunkt. Viele HipHop-Artists sind auf Germania mit starken Beiträgen vertreten. Allerdings bleibt das ästhetisch hervorragend produzierte Format an der Pforte der postmigrantischen Gesellschaft stehen und richtet seinen Blick in die Vergangenheit. Die Leitfrage von Germania lautet: „Wie lebt es sich mit und zwischen mehreren Kulturen?" Hier schimmert der vergilbte Multikulturalismus der 1980er Jahre durch. Die Summe der einzelnen „migrantischen" Biografien wird als positives Supplement einer „deutschen Identität" verstanden. Hybride und transnationale Identitäten sind bei jungen Menschen jedoch inzwischen eher die Regel. Der wiederkehrende Abgleich, das Sichbeziehen auf eine „normale" deutsche Identität und die Abgrenzung davon, wirkt aus der Zeit gefallen und wird der Realität einer postmigrantischen Gesellschaft nicht mehr gerecht. Almanya ist nicht mehr Germania. *hl*

♥♥♥♡♡

Blacktape

Regie: Sékou Neblett
Mockumentary, Gifted Films (2015)

Spätestens nach vier Minuten „Blacktape" wird man stutzig. Der ehemalige MTV-Moderator Steve Blame tritt als Kronzeuge auf und gibt den Deutschquotenverfechter: Den Deutschen fehle die gemeinsame Identifikation über die Sprache. MTV sei zwar tolles Musikfernsehen, aber letztendlich doch eine „amerikanisch-britische Invasion". Die Erfindung von „Deutschrap" schließlich „sorgte dafür, dass eine ganze Gesellschaft zusammenwachsen" konnte. Aus dem Off ertönt die Stimme von Sékou Neblett, dem Regisseur von „Blacktape". Er greift Blames Vorlage auf: „Der Knoten war geplatzt und der deutsche HipHop geboren. Er war durch nichts mehr aufzuhalten und entwickelte sich über die Jahre zur kraftvollsten und einflussreichsten Jugendbewegung überhaupt. Es war mehr als nur Musik. Es war ein kultureller Befreiungsschlag." Wovon? Und vor allem: Für wen? Der Berliner Rap-Journalist Marcus Staiger wird in Minute 6 als Mastermind der Berliner Straßenrap-Ära eingeführt. Gemeinsam mit Falk Schacht macht er sich auf die Suche nach dem ominösen Rapper Tigon, der den beiden Rap-Journalisten ein Tape geschickt hat. Die Story, um die sich „Blacktape" bis zum Schluss krampfhaft drehen wird: Tigon muss gefunden werden. Tigon, die Legende, der erste deutsche Rapper, der in den 1980er Jahren auf einer G.I.-Jam vermummt die Stage stürmte und einen Track auf Deutsch performte. Tigon machte das so großartig und technisch versiert, dass die Schwarzen G.I.s es nicht akzeptieren konnten, „dass ein Deutscher kam und ihre ureigene amerikanische Kultur komplett entwurzelt und denen vor die Füße geworfen hat", so Thomas D. Die Aufregung unter den G.I.s ist groß: „What the fuck, there's a fucking German kid on stage!" Ein

Soldat stürzt sich auf Tigon, verprügelt ihn, die Party eskaliert, und zum Schluss kommt die Polizei. Das Narrativ der Mockumentary: Tigon hat eine Revolution gestartet. Sein genialer Rap auf Deutsch hat die Befreiung von der amerikanischen Dominanz eingeleitet. Puh! Natürlich ist diese Geschichte erfunden. „Blacktape" will als Mockumentary keine reale Geschichte erzählen. Was allerdings sehr real ist: Das Narrativ eines deutschen Empowerments gegenüber einer Schwarzen amerikanischen Kultur. Die historisch absolut schräge Behauptung, die G.I.s in Almanya hätten mit ihrer Dominanz die Entstehung von „deutschem Rap" unterdrückt, ist fahrlässig und steht im Widerspruch zu den Erfahrungen und Berichten zahlreicher Old-School-Aktivist:innen. Die G.I.s waren die Geburtshelfer der HipHop-Kultur in Almanya. Sie haben durch ihr Wissen und ihre Expertise junge Kids aus Almanya empowert. In vielen Städten kam es zu Kooperationen. Auf der Premiere von „Blacktape" im Kölner Cinedom fragte ich Sékou, wie er auf diese hanebüchene Erzählung gekommen sei. Die Antwort war banal: Er hätte den Eindruck gehabt, den Deutschen habe damals das sprachliche Selbstbewusstsein gefehlt. Sékou nahm dieses Gefühl als Grundlage für einen Film, der ein nationalistisches Narrativ reproduziert: „Deutschrap" als das Ergebnis einer Revolution der „Krauts With Attitude". Warum sich die Rap-Journalisten Falk Schacht und Marcus Staiger dazu hinreißen ließen, für diese Story als Main Character mitzuwirken, bleibt ihr Geheimnis. *hl*

♥♡♡♡♡

Almost Fly

Drehbuch: Florian Gaag

TV-Serie, Wiedemann & Berg (2022)

Die „4 Blocks"-Produzenten Quirin Berg und Max Wiedemann treffen auf Florian Haag, den Regisseur des Graffiti-Klassikers „Wholetrain". Das ist geballte HipHop-Knowledge. „Almost Fly" ist eine fiktive Erzählung über die Entstehung von Rap in Deutschland – genauer gesagt: von Rap in deutscher Sprache. Die beiden Freunde Ben (unehelicher Sohn eines Schwarzen G.I.s) und Walter (Sohn eines Tankstellenbetreibers) leben im Provinzkaff Eichstädt und wollen Rapper werden. Anders als in „Blacktape" spielen die in Eichstädt stationierten Schwarzen G.I.s eine entscheidende Rolle für die Teenager: Sie sind einerseits bewunderte Vorbilder. Andererseits empowern und unterstützen sie Ben und Walter. Zum Schluss stehen die Kids sogar mit den G.I.s in der US-Kaserne auf der Bühne und rappen gemeinsam mit ihnen. Es wird deutlich: Obwohl die Provinz-Teenager eine völlig andere Geschichte haben als die amerikanischen Soldaten, sind sie Teil einer gemeinsamen Kultur. Sie rappen nicht auf Deutsch, weil sie sich von den Amerikanern emanzipieren wollen. Sie rappen auf Deutsch, weil sie kaum Englisch sprechen. Dabei werden sie getragen von starken Schwarzen

Schultern. Die Abschlussparty in Folge 6 ist ein ergreifendes Sinnbild für die Impulse und den Support, die amerikanische Soldaten der HipHop-Szene in Almanya mit auf den Weg gegeben haben. Was „Almost Fly“ auch andeutet: Die Rolle des Jugendhauses für die Entstehung von HipHop. Der ziemlich stereotyp gezeichnete örtliche Sozialarbeiter öffnet die Pforten für alle, die kommen wollen. So treffen sich im Jugendhaus Menschen, die sich sonst vielleicht nie begegnet wären. Andere Narrative in „Almost Fly“ hängen eher schief. Die Fixierung auf die deutsche Wiedervereinigung als Hintergrundfolie für alle Handlungsstränge führt zu einer Parallelisierung von Ereignissen, die mit der tatsächlichen HipHop-History nichts zu tun haben. 1990 war die Old School längst europäisch vernetzt. Auf den Jams wurde in allen möglichen Sprachen gerappt – auch auf Deutsch. Die Provinz war schon in den 1980er Jahren ein lebendiger Bestandteil der Szene: In Budenheim, Gießen, Aschaffenburg oder Lüdenscheid fanden genauso Jams statt wie in Hamburg, Dortmund, Frankfurt oder München. Ben, Walter und ihr nerdiger DJ sind super sympathisch. Sie erinnern an die jungen Beginner. In „Almost Fly“ sind sie Pioniere eines unbedarften, kreativen „Deutschrap“. Die Fixierung auf die deutsche Sprache als Startpunkt für die Freisetzung von kreativer Energie und lyrischer Entwicklung bleibt letztendlich einem sehr bürgerlichen und monolingualen Verständnis verhaftet. Hier stolpert Deutschland, die alte Kulturnation, durch die Kulissen. Die transnationale und hybride Kraft der jungen HipHop-Kultur, die Ansätze von Slang und die postmigrantische Power der Old School bleiben unerzählt. Abseits dieser Kritik ist „Almost Fly“ eine gut produzierte Serie mit starken Darsteller:innen. Der Münchner Rapper Roger Rekless spielt überzeugend die Rolle des G.I.-DJs Nasty D und steuert darüber hinaus Lyrics für die Rap-Texte bei. Angenehm ist außerdem, dass die Geschichte sich langsam entwickelt, und man Zeit hat, die Charaktere kennenzulernen. *hl*

♥♥♥♡♡

Queens of Rap
Der Female Rap-Podcast

Host: Nina Damsch
Podcast, RTL+ (2023)

Jede der sieben Folgen des „Queens of Rap“-Podcasts ist ein Augenöffner. Host Nina Damsch spricht mit Miriam Davoudvandi, Lisa Ludwig, Badmómzjay, Nura, Juju, Pilz, Sabrina Setlur und Schwesta Ewa „über Frauen und Weiblichkeit im Rap und in der deutschen Gesellschaft“. Dabei wird bei diesen Gesprächen die bisher ausschließlich von Männern erzählte HipHop-History umgeschrieben und neu justiert. Was bedeutet es, wenn man als Schwarze Frau in den 1990er Jahren zum Star wird? Wie reagieren irritierte Straßenrapper, als plötzlich eine Frau mit harten Lyrics die Szene aufmischt? Welche Chancen bietet Social Media jungen Frauen, um in männlich dominierten Strukturen mitzumischen? Die Journalistinnen und Rapperinnen, die bei Nina Damsch zu Gast sind, sprechen offen an, was ihnen nicht passt, wo und warum sie gegen die gläserne Decke des Patriarchats gestoßen sind, und wie ihnen weibliche Netzwerke und Solidarität geholfen haben. Als Zuhörer:in ist man erstaunt und beschämt zugleich: Wieso ist das alles kaum bekannt? Man erinnert sich an das Männermagazin *Juice*, das es geschafft hat, 189 von 193 Covern an Typen zu vergeben. Man denkt auch an die eigene Rolle, und wie man es sich in der Vergangenheit ziemlich leicht gemacht hat. „Queens of Rap" ist ein erster Aufschlag, Rap-Geschichte und Geschichten aus der Welt des Rap eine neue Perspektive zu geben: abseits von Männern, die sich mit Männern über Männer unterhalten – hin zu einer Sichtbarkeit und Teilhabe aller Menschen, die diese Kultur gestalten und verändern. *hl*

♥♥♥♥♥

Nullerjahre – Jugend in blühenden Landschaften

Hendrik Bolz

Roman, Kiepenheuer & Witsch (2022)

„Nullerjahre" von Hendrik Bolz aka Testo, Rapper bei Zugezogen Maskulin, ist ein uneingeschränkt großartiges Buch. Ein Stück Hip-Hop-Geschichte aus den Gebieten der ehemaligen DDR. Eine ostdeutsche Hillbilly Elegy. Ein hämmernder, fast unerträglicher Flow, zärtlich und brachial zugleich. Eine große Sehnsucht und Verletzlichkeit inmitten einer Tristesse von Drogen, Angst, Gewalt und unbedingtem Dazugehörenwollen. Die Lektüre tut manchmal weh und schickt einen auf die Bretter. „Nullerjahre" ist eine minutiöse Laborstudie, die uns die Kurz- und Langzeitfolgen eines Lebens im Labyrinth toxischer Männlichkeit vor Augen führt. Niemand hat bisher so eindrücklich und plausibel erzählt, warum gerade der migrantisch geprägte Aggro-Rap der Nullerjahre für die Jugend im *weißen*, proletarisch geprägten Osten Almanyas so bestimmend war. Bolz unterbricht seine Erzählung regelmäßig mit sachlichen Ausführungen über die wirtschaftlichen und politischen Entwicklungen in Almanya und beschreibt, wie sie sich auf die soziale Situation der Menschen auswirken. Er verknüpft die ästhetische Attraktivität des aufkommenden Berliner Straßenraps mit den gesellschaftlichen Auswirkungen der deutschen Politik auf die neuen Bundesländer und hier vor allem auf eine desillusionierte männliche Jugend. „Nullerjahre" ist eine Geschichte, die erzählt werden musste. Und Hendrik Bolz ist ein Rapper, der richtig gute Prosa schreibt. *hl*

♥♥♥♥♥

Wenn der Vorhang fällt Hinter den Kulissen der deutschen Rap-Szene

Regie: Michael Münch
Dokumentation, muenchfilms & Nordpolaris (2017)

Was kommt zum Vorschein, wenn der Vorhang fällt? Um das herauszufinden, hat Michael Münch mit 23 Männern gesprochen, von denen 19 Exemplare ihre goldene Zeit in den 1990er Jahren hatten. Das überraschende Ergebnis: Die „Deutschrap"-Künstler feiern sich selbst, halten ihre eigene Epoche für das Maß aller Dinge und vieles, was danach kommt, für schwierig und qualitativ fragwürdig. Die Nationalisierung und *Weiß*waschung der HipHop-Kultur in den 1990er Jahren wird ausgeblendet. Einzig Moses P. hinterfragt mit seinen Beiträgen das Narrativ von Happy-Deutschrap-Land. Ein Tiefpunkt der Doku ist ein Beitrag von dem Beginner DJ Mad, der sich über das Aufkommen des „dummen Gangstarap" echauffiert. Um zu verdeutlichen, wie sehr ihn die beginnende Aggro-Ära geärgert hat, äfft er im Erkan-und-Stefan-Stil vermeintlichen Straßenslang nach. Denyo und Max Herre stimmen in diesen Chor ein: Der neue Straßenrap sei laut und aggressiv gewesen und habe ihre musikalischen Ansprüche nicht mehr erfüllen können. Um sich diesen Epochenbruch zu erklären, greift man auf Kalendersprüche zurück und vermutet: Die Neuen mussten das wohl machen, um sich abzugrenzen. MC Rene erkennt immerhin: Die Wucht und die Intensität der New Kids on the Block hatte auch damit zu tun, „dass man immer die letzte Geige in der Gesellschaft war." Michael Münch lässt die Künstler, die in seiner Doku zu Wort kommen, unbehelligt um sich selbst kreisen. Die Regie hat keine Idee davon, warum sich HipHop in Deutschland so und nicht anders entwickelt hat. Man bekommt den Eindruck, dass ein Deutschrap-Fan der 1990er Jahre seinen Lieblingsartists den Hof macht und mit allem zufrieden ist, was er zu hören bekommt. Besonders bitter an „Wenn der Vorhang fällt" ist: nicht-männliche Menschen kommen in der Doku überhaupt nicht vor. Weder als Interviewpartner:innen noch als relevante Artists, über die gesprochen wird. *hl*

♥♡♡♡♡

Capital B. Wem gehört Berlin?

Regie: Florian Opitz
Doku-Serie, Port au Prince Film & Kultur, Fruitmarket (2023)

Die fünf Teile der Dokumentation „Capital B" lassen einen staunend und wachgerüttelt zurück. Nach 210 Minuten fragt man sich: Wie konnte das passieren? Warum gab es keinen Proteststurm, als diese schöne Stadt an private Großinvestoren verscherbelt wurde? „Capital B" erzählt keine Rap-Geschichte. Aber die Serie erzählt die politischen und wirtschaftlichen Entwicklungen von der Wende bis heute, ohne die man die Entstehung von Straßenrap in Berlin nicht verstehen kann. Die Wiedervereinigungseuphorie der 1990er Jahre, deren nationale Dynamik zum Ausschluss „nichtdeutscher" Bevölkerungsgruppen führte. Das Verramschen von Staatsvermögen und die radikale Privatisierung und Entsolidarisierung in den Nullerjahren, die unzählige Familien in prekäre Lebensverhältnisse trieb. Die Arroganz und Selbstverliebtheit von Politgangstern wie Eberhart Diepgen und Rüdiger Landowsky, die das Berliner Tafelsilber im Gully versenken und danach achselzuckend sagen: „Das war vielleicht zu ehrgeizig, kann sein." Florian Opitz synchronisiert den wirtschaftlichen Ausverkauf von Berlin klug mit dem kulturellen Pulsschlag der Hauptstadt. Während die junge Technoszene die Privatisierung ihrer Stadt feiernd im Keller verpennt, spiegelt sich im Aggro-Rap der Nullerjahre die neue Hartz-Realität am Block. Die astronomische Verschuldung Berlins, die Landowsky durch seine korrupten Bankgeschäfte zu verantworten hat, mussten die Berliner:innen bezahlen: Radikale Sozialkürzungen, Einschnitte im Bereich öffentlicher Leistungen, Kriminalisierung von Armen und Migrant:innen. Später feiert Klaus Wowereit sich für seinen Satz „Arm, aber sexy!" – arm war allerdings nicht er geworden, sondern sehr viele seiner Bürger:innen. In „Capital B" kommen auch Protagonist:innen der Rap-Szene zu Wort. Unter anderem kommentieren Sookee, Kool Savaş und Peter Fox den sozialen Niedergang der Hauptstadt und beschreiben, was das für die Gesellschaft und die Berliner Kulturszene – auch die Rap-Szene – bedeutete. Wie Opitz es geschafft hat, die Schwergewichte aus Wirtschaft und Politik vor die Kamera zu holen und sie dann noch dazu zu bringen, sich selbst zu zerlegen, bleibt ein großes Rätsel und eine Meisterklasse im Schnitt. Die Aggro-Jahre leuchten vor dem Hintergrund von „Capital B" als soziokulturelles Ausrufezeichen. Und Sido, Fler und Bushido schrumpfen im Schatten der echten Berliner Polit-Gangsta auf die Größe von Gartenzwergen. *hl*

♥♥♥♥♥

---

25 Jahre splash!-Festival
Größer als Hip-Hop

Regie: René Kästner
Dokumentation, Red Tower Films / MDR, ARD Kultur, RBB (2024)

„25 Jahre splash!-Festival" erzählt in zwei Folgen die aufregende und wechselhafte Geschichte von Europas größtem HipHop-Festival. Vom Ursprung in der vitalen Chemnitzer HipHop-Szene bis hin zum Umzug auf die Halbinsel Ferropolis werden die wichtigsten Stationen der Entwicklung des splash! nachgezeichnet. Zu Wort kommen viele Artists, die das Festival geprägt und über lange Zeit begleitet haben, aber auch aktuelle Rapstars wie Badmómzjay oder Ski Aggu. All das wird kurzweilig und bilderreich erzählt. Aus dem Off führt die Stimme der Rap-Journalistin Visa Vie durch die Hochs und Tiefs der Festival-Geschichte. Aus HipHop-historischer Sicht werden mindestens zwei Narrative präsentiert, die, sagen wir mal, erstaunlich sind. So wird die Zeit zwischen 1995 und 1997 von den Autor:innen des Drehbuchs als eine Art Szene-Archaikum dargestellt, in dem HipHop in Almanya nur einigen wenigen Eingeweihten bekannt war. Die Kultur sei angeblich noch fest an das Dogma der vier Elemente gefesselt gewesen und habe vor allem im Jugendhaus stattgefunden: „Eine nischige Jugendkultur, die auf Veranstaltungen in Jugendzentren zelebriert wurde – den Jams." HipHop war angeblich in der zweiten Hälfte der 1990er Jahre „noch so klein, man muss schon genau hinsehen, wo was wann abgeht." Man reibt sich verdutzt die Augen und fragt sich: Meinen die Autor:innen vielleicht die 1980er Jahre? Denn alles andere wäre Unsinn. Spätestens 1993 war die HipHop-Szene in Almanya so groß, dass die „nischige" Jugendhauskultur der 1980er Jahre verschwand und vor allem Rap immer größer wurde. Natürlich fanden weiterhin Jams statt, aber eher als Zitat der Old-School-Zeiten. Aus Stuttgart oder Hamburg starteten Crews ihren Weg in die Charts und kamen spätestens 1997/98 dort an. Die Vierfaltigkeit der HipHop-Old-School zerbrach schon in der ersten Hälfte der 1990er Jahre. Das Battle of The Year wurde von Thomas Hergenröther 1990 ins Leben gerufen, und die Graffiti-Szene hatte ebenfalls früh eigene Strukturen aufgebaut, bei denen Rap keine Rolle mehr spielte. Rap marschierte ab 1995 im Alleingang Richtung Mainstream. Die Doku nutzt dieses historisch falsche Narrativ fahrlässig, um eine Fallhöhe zu schaffen, die den schlagartigen Erfolg des splash! als überraschende Erfolgsstory erscheinen lässt. Das wäre nicht nötig gewesen: Die Geschichte des Festivals ist erstaunlich genug. Ein blinder Fleck in der Doku zeigt sich außerdem in der Erklärung des Übergangs zwischen der „Deutschrap"-Phase und dem postmigrantischen Straßenrap 1.0 zu Beginn der 2000er Jahre. Die Macher:innen der Doku nehmen das Publikum des Festivals als Repräsentant:innen „der Rap-Szene" in Deutschland wahr. Tatsächlich waren die Jugendlichen, die das Festival Ende der 1990er Jahre groß gemacht haben, in erster Linie bürgerliche Kids, die mit dem „Deutschrap" der 1990er Jahre groß geworden sind. Die urbane postmigrantische Jugend aus Berlin, Frankfurt oder anderen deutschen Großstädten war auf den Zeltplätzen und vor den Bühnen des splash! alles andere als repräsentiert. Gemessen an den Erfolgen der Aggro-Artists dauerte es erstaunlich lange, bis diese überhaupt auf das Festival eingeladen wurden. 2004 durften Bushido, Sido und Die Sekte zum ersten Mal auf dem splash! auftreten – wurden allerdings auf eine eigene Stage jenseits der Hauptbühne abgeschoben. Sido sagt in der Doku den wichtigen Satz: „In

Deutschland ist es bisher noch nicht der Fall gewesen, dass jemand von der Straße Musik gemacht hat." Dieser klassenpolitische Wink mit dem Zaunpfahl wird von den Autor:innen nicht weiter aufgegriffen. Die Veranstalter des Festivals erklären, dass für sie das aggressive Auftreten der Berliner Artists zum Problem wurde – was aus ihrer Sicht verständlich ist. Aber woher kommen die Aggression und das fordernde Auftreten einer neuen Generation von MCs, die offenbar nicht mehr in erster Linie einen *weißen*, bürgerlichen Rap repräsentieren? Die Musikmanagerin Marina Buzunashvilli beschreibt die Stimmung gegenüber den Berliner Artists in dieser Zeit mit einem eindrücklichen Vergleich: „Das ist ja wie: Ich wurde gestern ausgeraubt, der Mensch hatte Migrationshintergrund, jetzt habe ich Angst, nach Neukölln zu gehen." Es wäre spannend gewesen, wenn die Macher von „Größer als HipHop" sich gerade an dieser historischen Schnittstelle mehr getraut hätten. *hl*

♥♥♡♡♡

Made in Germany

Regie: Negar Ghalamzan, Thorsten Ernst, Banu Kepenek, Onur Kepenek, Nele Thumser, Anna Breer, Christoph Kaufmann, Max Rainer
Doku-Serie, Gebrueder Beetz Filmproduktion / NDR (2024)

Die vierteilige HipHop-Dokumentation „Made in Germany" der Brüder Beetz, die vom SWR und vom NDR koproduziert wurde, hat einen historischen Anspruch. Dabei geht ihr Ansatz neue Wege, um auch für jüngere Menschen anschlussfähig zu sein. „Made in Germany" erzählt HipHop über einen Generationen-Talk. Das ist erfrischend und sorgt für einige erhellende Momente. Allerdings bleiben die Gespräche oft auf der Ebene von Nostalgie über die vergangenen Zeiten und Respekthuldigungen zwischen Jung und Alt stecken. Dramaturgisch werden die vier Teile mit einem Mercedes Benz 230 TE verbunden. Das Auto ist nicht nur der Ort für den Generationen-Talk, sondern auch eine Referenz an die Migrationsgeschichte. Ein Mercedes war der ultimative Beweis für den Erfolg der so genannten Gastarbeiter:innen in Almanya. Es sind diese versteckten Hinweise, die man sofort versteht, wenn man Migrationsgeschichte mit HipHop verknüpft. Allerdings greift die Dokumentation diesen spannenden Faden nur zaghaft auf. Es werden zwar historische Filmaufnahmen gezeigt, die jedoch für die 1980er Jahre den Ost-West-Konflikt, den Aufstieg der Grünen und die Friedensmärsche zeigen. Diese Sequenzen dienen der historischen Atmosphäre – was genau das mit der Entwicklung von HipHop zu tun hat, verrät die Dokumentation nicht. Auch verortet die Dokumentation den Beginn von HipHop in Almanya dramaturgisch in Heidelberg, was historisch nicht richtig ist. Was ist mit Ratingen-West und der Crew Fresh Familee? Warum kommt Tachi nicht zu Wort, der den ersten Rap auf Deutsch veröffentlichte? Wo sind L.S.D. aus Köln mit den Rappern Rick Ski, Future Rock, Ko Lute und DJ Defcon, die 1991 ein bahnbrechendes HipHop-Album herausbrachten? Die Liste wird noch länger, wenn man nach Frankfurt zu Cutmaster GB, Bionic Force oder zum Universal Movement schaut. Stattdessen wird auch hier Thomas Gottschalk mit einem Einspieler bemüht, der den vermeintlichen Funkenschlag gesetzt hätte, auf Deutsch zu rappen. Und hier fällt auf: Das Band, das alle Rapper:innen in der Doku miteinander verbindet, ist das Rappen in deutscher Sprache. Dadurch schafft man es einerseits, Migrant:innen und Afrodeutsche in die Familie des Deutschrap zu integrieren. Andererseits wäre gerade die Auseinandersetzung mit Sprache zentral gewesen, um die Mechanismen von Ein- und Ausschluss im HipHop aufzuzeigen. „Made in Germany" – also in Almanya entstanden – sind doch gerade Multilingualität, gebrochenes Deutsch, Straßenslang und vor allem Rap auf Türkisch. Ein Killa Hakan aus Berlin hätte viel zu erzählen gehabt. Erfrischend an der Doku ist die starke Präsenz von Frauen. Gerade Lady Bitch Ray und Heidi Süß zeigen, dass die Entwicklung von HipHop keine geradlinige Erfolgsstory war, sondern mit Ausschluss und Sexismus einherging. Zu Wort kommt auch die Rapperin Kitty Kat, die einzige Frau bei Aggro Berlin. Ihr Album wurde nicht veröffentlicht, weil sie nach eigener Darstellung nicht dem sexistischen Schönheitsideal der Labelmacher entsprach. Dies ist einer der stärksten Momente in der Doku, der aber nicht weiterverfolgt wird. Genauso, wie der Faden, den Ali Bumaye legt, wenn er davon spricht, dass Serien wie „4 Blocks" stereotypische Zuschreibungen über sein Viertel verstärken würden. Damit macht der Rapper klar, dass Faszination und Rassismus eng beieinander liegen. Auch das wäre „Made in Germany" gewesen: den bürgerlichen Blick auf die sozialen Ränder auszuloten. Auf der anderen Seite ist es gelungen, Akteur:innen in der Doku zu Wort kommen zu lassen, die von außen auf die HipHop-Kultur blicken, wie etwa Publizist Michel Friedman, auch wenn die Auswahl bisweilen etwas beliebig wirkt. Die Doku-Serie gewinnt immer dann, wenn gesellschaftliche Ereignisse an die Entwicklung von HipHop gekoppelt werden. Jedoch wäre es dabei notwendig gewesen, stärker herauszuschälen, was Großereignisse wie die Wiedervereinigung oder auch der 11. September in dieser Kultur in Almanya auslösten. Besonders stark wird die Doku mit Celo & Abdi und Liz, als es um den rechtsextremen Anschlag in Hanau geht. In diesen Momenten zeigt sich, was es wirklich bedeutet, ein:e Migrant:in zu sein. Übrigens schaffte es der Mercedes aus der Doku nicht in ein zukünftiges Migrationsmuseum als Ausstellungsstück, sondern steht in einem Autohaus für 13.000 Euro zum Verkauf. *mg*

♥♥♥♥♡

HYPE

Regie: Esra und Patrick Phul
Rap-Musical-Serie, COSMO, WDR (2022)

„Hype“ ist das Regiedebüt des Kölner Ehepaars Esra und Patrick Phul. Die fiktionale Web-Serie spielt in Köln-Porz und erzählt die fiktive Geschichte von Musa und Neila, die beide aus Porz stammen und auf unterschiedliche Weise mit dem Viertel und seinen Menschen verstrickt sind. Das Drehbuch ist eher konventionell und erzählt eine Rap-Story, die schon häufig durchdekliniert wurde: Der kreative und ehrliche Weg der Kunst wird herausgefordert durch die unmoralische Verlockung des schnellen Geldes. Auf dieser Ebene erfährt man in „Hype“ nichts Neues. Das Außergewöhnliche an der Kurzserie ist etwas anderes. Esra und Patrick Phul erzählen „Hype“ konsequent aus der Perspektive der Peripherie. Die Zuschauer:innen schauen mit den Figuren von den Rändern aufs Zentrum und erleben, wie sich Armut und der permanent abfällige Blick der Mehrheitsgesellschaft anfühlen. HipHop wird in Hype zu einem kulturellen Grundrauschen, das alle Winkel durchdringt und die Menschen auf verschiedene Arten empowert. Insofern erzählt „Hype“ keine HipHop-Geschichte, sondern bildet überzeugend das zeitlose Masternarrativ der Kultur ab: Marginalisierte Menschen gelangen durch Rap in eine Subjekt-Position und erzählen von diesem Standpunkt aus ihre eigenen Geschichten. Köln-Porz, angeblich ein „sozialer Brennpunkt“, wird in „Hype“ zu einem solidarischen und umsorgenden Sozialraum. Unsolidarisch und nicht-sozial sind die Druckwellen, die vom Zentrum aus auf die Ränder prallen. „Hype“ ist als Musical angelegt – ein mutiges Arrangement, das auch nach hinten losgehen kann. Die eingeschobenen Rap-Szenen jedoch wirken stark und authentisch und verleihen der Produktion etwas Besonderes. Hier zahlt sich aus, dass Esra und Patrick Phul mit Laienschauspieler:innen gearbeitet haben und vor wie hinter der Kamera Menschen mit transnationalen Biografien und Charisma am Werk sind. In diesem Sinne ist „Hype“ eine postmigrantische Produktion, an der sich viele andere Autor:innen ein Beispiel nehmen können. *hl*

Rheingold

Regie: Fatih Akin
Spielfilm, bombero international und Warner Bros. Film Productions Germany (2022)

Die Sensation des Jahres 2022 gelang Fatih Akin mit seinem Kinofilm „Rheingold“. Akin verfilmte das glutvolle Leben des Rappers Xatar und knackte geschmeidig die Marke von einer Million Kinobesucher:innen. „Rheingold“ basiert auf Xatars Autobiografie „Alles oder nix“ aus dem Jahr 2015. Schon in den ersten fünf Minuten des Filmes wird deutlich, warum Xatar ein Unikat ist. Seine faszinierende Geschichte führt in eine leidvolle Welt, die kurdische Familien in der Diaspora kennen. Es ist die Geschichte von Flucht, Vertreibung, Heimatlosigkeit und dem Kampf um die eigene Identität. Akin erzählt ehrlich und mit großem Herz für seine Figuren, die zwar von Gewalt gezeichnet sind, doch einen guten Kern besitzen. Rasant und irrwitzig verfilmt Akin das Gangsta-Rap-Epos im Stile eines Martin Scorsese. An vielen Stellen im Film möchte man die beiden Antihelden Xatar und Samy einfach nur in den Arm nehmen und ihnen zuflüstern: Ich küsse eure Herzen! Familie und Freundschaften spielen in „Rheingold“ zentrale Rollen, die allerdings meist männliche Strukturen widerspiegeln. Strukturen, die Xatar vom Gangster zum erfolgreichen Rapper transformieren. Die wenigen Frauen, die vorkommen, sind allesamt starke Charaktere. Der Fahrstuhl zum sozialen Aufstieg ist die HipHop-Kultur, die auf dem festen Fundament der Straße steht. Spannend ist die Multilingualität, die als Hintergrundmelodie im Film mitschwingt und die Wirklichkeit der postmigrantischen Gesellschaft abbildet, wie sie nur selten im Kino zu sehen ist. Die berührendste und stärkste Filmszene ist am Ende, als die Tochter den Vater wegen seiner kriminellen Vergangenheit zur Rede stellt. Zur Erklärung stellt Xatar seiner Tochter die Frage, was ihre frühesten Kindheitserinnerungen wären. Als sie Disneyland antwortete, erwidert Xatar, dass seine das Gefängnis war. Deutlich wird in diesem ergreifenden Dialog, wie soziale Realitäten Menschen formen. Denn Gewalt, Kriminalität und zerrissene Familienstrukturen sind treue Begleiter von Flucht und Vertreibung. Akin erzählt diese Geschichte, ohne zu verherrlichen. Am 28. Oktober 2022 sah ich „Rheingold“ in einem ausverkauften Frankfurter Kinosaal. Außergewöhnlich war, dass der Saal voll mit uns Kanaken war. „Rheingold“ ist postmigrantisches Kino par excellence, und Fatih Akin ist unser bester Erzähler. *mg*

♥♥♥♥♥

#07

RE MIX UTO PIA

Postmigrantische Perspektiven

Eko Fresh

Rapper, Schauspieler und Entertainer

Ich weiß, dass es in unserer Gesellschaft Spaltung und Streit gibt und viele Sachen, die nicht gut laufen. Mir ist es wichtig, einen positiven Blick auf die Welt zu behalten. Ich schaue auf die Dinge, die jetzt schon funktionieren, ich betone den Zusammenhalt, den ich jetzt schon sehe. Ich möchte positive Headlines schreiben. Wenn die Fronten verhärtet sind, dann frage ich: Okay, was machen wir jetzt? Wo ist der Ausweg? Lasst uns dranbleiben und nicht hier aufhören – nur weil wir noch nicht die perfekte Lösung haben. Für meinen Sohn wünsche ich mir, dass Rassismus gar kein Thema mehr sein wird. Die Schule, die er aktuell besucht, repräsentiert einen ziemlich guten Querschnitt der Bevölkerung in Almanya. Solch eine Mischung finde ich gut, denn da lernst du fürs Leben wie du mit unterschiedlichen Menschen klarkommst. Du lernst Leute aus verschiedenen gesellschaftlichen Schichten und mit verschiedenen Biografien kennen, du kommst mit Menschen zusammen, die Wurzeln in unterschiedlichen Ländern haben – und das finde ich gut. Im Idealfall kommen alle Kids in der Schule der Zukunft gut miteinander klar, weil sie sich kennen und gemeinsame Erfahrungen machen. Herkunft und sozialer Status werden dann weniger wichtig. Trotzdem dürfen wir nicht aufhören, uns für eine Veränderung der Gesellschaft stark zu machen. Die Wahrheit ist nie zu Ende errungen.

Prof. Dr. Naika Foroutan

Wissenschaftlerin und Autorin

Der Druck ist groß, rechte Parteien werden immer stärker, rassistische Narrative etablieren sich. Es ist an der Zeit, dass wir – und jetzt öffne ich ein postmigrantisches Wir, also eines, das über die Spaltung in Migrant:innen und Einheimische hinausweist – etwas anbieten und Perspektiven aufzeigen, für die es sich lohnt einzutreten. Von der Idee, etwas anzubieten bis zu einer Utopie als Gegenentwurf, ist es kein weiter Weg. Ich denke, die Zeit für reale Utopien ist gekommen Eine reale Utopie zeichnet sich dadurch aus, dass ein Teil von ihr im wirklichen Leben immer schon stattfindet. Vieles davon ist im Rap Realität: Die migrantischen Rapper:innen haben sich ihre Anerkennung selbst erarbeitet, sie haben ihre Lieder mit randständigen Themen in den Mainstream katapultiert, sie haben eine neue Sprachlichkeit vorgegeben – letztendlich haben sie definiert, was heute Mainstream ist und damit auch noch Geld gemacht. Postmigrantische Rapper:innen sind heute Role-Models für eine ganze Generation geworden. Und was oft übersehen wird: Im Straßenrap steckt eine nicht zu unterschätzende Intellektualität. Die Kompetenz und Kunstfertigkeit Sprache, Rhythmik und Metrik auf diese Art lyrisch zu verarbeiten und dann auch noch politische, soziologische, psychologische Themen zu reflektieren – das ist anspruchsvoll und steht letztendlich in der Tradition deutscher Hochkultur. Als Schiller „Die Räuber" schrieb, war er für den Mainstream ein sprachlicher Prolet. Wir können zwei Sachen festhalten: Diese Kids empowern sich selbst und haben unglaublichen Erfolg. Und dann gibt es als zweites dieses Umarmende und das Angebot: Schau mal, wir verändern die Sprache, und du kannst mitmachen, wenn du möchtest.

Giwar Hajabi aka Xatar

Rapper, Produzent und Unternehmer

Ich lebe sehr in meiner Bubble. Und in dieser Blase ist der Traum von einem utopischen Almanya schon Realität. Natürlich kriege ich mit, dass die Menschen Ängste haben und mit Sorge auf die aktuelle gesellschaftliche Entwicklung schauen. Ich komme aus den Neunzigern und weiß, was da alles passiert ist. Aber damals waren wir noch nicht auf dem kulturellen Level, auf dem wir jetzt sind. Ich sehe heute viele Situationen, wo sehr unterschiedliche Menschen gut miteinander klarkommen, Menschen mit den verschiedensten Biografien. Ich sehe das Publikum, das sich „Rheingold" im Kino anschaut und staune. Eine so diverse Mischung von Leuten in einem Kinosaal – das ist großartig, das ist schon ein Teil des Traums. Die junge Generation hat das Potenzial dazu, und HipHop ist eine Kultur, die sie begleiten kann. Meine Vision für dieses Land sieht aus wie ein Moshpit auf einem Haftbefehl-Konzert: Die unterschiedlichsten Menschen kommen zusammen, erleben einen großartigen Moment, und niemand wird verletzt.

Ebow

Rapperin, Künstlerin und Schauspielerin

Es wurde uns immer wieder versprochen, dass sich die Dinge ändern, dass Deutschland ein anderes Land wird. Es wurde uns gesagt: Ihr seid die neue Generation, ihr werdet studieren, und ihr werdet ein selbstverständlicher Teil dieser Gesellschaft sein. All diese Versprechen wurden nie eingelöst. Wir merken: Es spielt keine Rolle, ob wir perfekt Deutsch sprechen, ob wir studiert haben, ob wir für den Oscar nominiert werden. Das postmigrantische

Almanya sieht aktuell so aus, dass wir in zwei verschiedenen Welten leben. Gerne hätte ich gesagt: Ich wünsche mir, dass sich alle Menschen verstehen und gut miteinander klarkommen. Aber wenn man zu lange in einem Zustand verharren muss, der dich immer wieder runterzieht, dann erlöschen deine Wunschvorstellungen. Ich glaube, in diesem Zustand befinden sich aktuell viele Menschen. Es ist wie ein Trauma, das ständig getriggert wird und keinen Raum dafür lässt, Wünsche überhaupt zu formulieren. Wir wissen gar nicht mehr, wie ein solcher Wunsch aussehen könnte. Wir stellen uns die Frage: Wohin gehen wir, when shit goes down?

Dr. (phil.) Heidi Süß

Wissenschaftlerin und Autorin

Ich glaube, dass uns in Zukunft vor allem das Thema Queerfeminismus, Männlichkeit und auch die Generationenfrage im Rap beschäftigen werden. Aktuell drängt ja eine neue und ganz anders sozialisierte Rap-Generation in den Diskurs, und das finde ich ganz spannend, was da so passiert. Ich beobachte gemischtgeschlechtliche Crews in Rapvideos, ich lese von Lebensentwürfen des gemeinsamen Lebens und Besitztümerteilens in Raplyrics, ich höre sehr sehr viel über das Thema Mental Health, und auch die Corona-Pandemie hat so ihre Spuren im Rap und im Soundbild hinterlassen, Stichwort Ski Aggu oder auch Tiefbasskommando. Auf der anderen Seite des Altersspektrums haben wir gerade so eine kleine Grown-Man-Rap-Welle zu verzeichnen. Es gibt zum Beispiel neue Releases von Ferris MC oder Curse, auch das Projekt von Samy Deluxe und Morlockk Dilemma würde ich hier einordnen. Also Hedonismus und Techno-Beats auf der einen, Retrospektion und Boom Bap auf der anderen Seite, ganz grob überschlagen. Und zum Thema queerfeministischer Rap: Ich denke, dass wir auch aus diesem Spektrum in Zukunft noch sehr viel zu erwarten haben und vor allem Geschichten hören werden, die wir so noch nicht gehört haben. Zum Beispiel, wie es so ist als homosexueller oder auch als Trans-Mann mit Rap aufzuwachsen. Natürlich tauchen gerade in diesem Spektrum wieder neue alte Fragen auf, die ausgehandelt werden müssen: Wollen wir überhaupt, dass diese Geschichten im Mainstream stattfinden? Steht die Kommerz- und Verwertungslogik der Rap-Industrie nicht in einem inneren Widerspruch zu unserer antikapitalistischen, patriarchatskritischen Grundüberzeugung, der Kritik an Genderbinaritäten, Heteronormativität usw.? Das sind auf jeden Fall Spannungen, die man aushalten muss. Übrigens haben wir es hier auch nicht mit einem homogenen Kollektiv zu tun, das mit einer Stimme spricht. Auch hier sind die Lesarten sowohl von

HipHop, als auch von Feminismus sehr unterschiedlich gelagert. Da wird auf der einen Veranstaltung nur PC-Rap von FLINTA*Personen gespielt und sogar addeN aus der Playlist entfernt, weil die einigen zu toxisch ist, und auf dem nächsten Event läuft dir jemand mit SSIO-Shirt über den Weg.

Kozarth
Rapper

Ich wünsche mir, dass sich HipHop weiterhin den Charakter einer Subkultur erhält, auch wenn er gleichzeitig kommerzielle Popkultur ist. Dieser Untergrund unter dem Mainstream soll lebendig und produktiv bleiben. Wir haben in der Vergangenheit viele Subkulturen gesehen, die aufgrund der Kommerzialisierung gestorben sind. Ich wünsche mir ewiges Leben für HipHop. Dann wünsche ich mir, dass wir weiterhin darüber sprechen, dass Schwarze Communitys in Almanya existieren, und dass diese Menschen sichtbar werden und auf Konzerte gehen. Dass man seinen Schmerz zeigen und miteinander teilen kann. Ich wünsche mir, dass es weiterhin Künstler gibt wie Afrob oder Megaloh, die diesen Schritt ins Politische gehen, und die uns Alben schenken, die uns berühren. Und ich wünsche mir, dass diese Künstler mit solchen Alben erfolgreich sind und dafür gefeiert werden.

Megaloh
Rapper und Produzent

Für mich bedeutet postmigrantisch auch postnational. Die Reduzierung von Menschen auf einzelne Nationen ist rückständig. Es gibt hier unglaublich viele verschiedene Kulturen, die alle wertvoll sind, und die alle das Recht haben zu existieren. In einer postmigrantischen Gesellschaft darf es keinen Zwang geben, sich an irgendeiner Leitkultur orientieren zu müssen, die definiert, was „richtig deutsch“ ist – das weiß ja sowieso keiner.

Adé Bantu
Musiker, Rapper und Aktivist

Ich glaube, dass wir einen großen Schritt weiter sind, wenn das Unwort „Deutsche mit Migrationshintergrund“ aus dem Sprachgebrauch und aus dem Gedächtnis verschwindet. Das Almanya, das ich mir vorstelle, sieht die Vielfalt des Deutschseins als Normalität an und hinterfragt sie nicht ständig. Diese Fragen: Wo kommst du her? Wie lange bleibst du? Das muss verschwinden. Das ständige Hinterfragen, warum Menschen hier sind, muss aufhören. Das ist anstrengend, es schlaucht und zermürbt. Es stimmt mich traurig, dass meine Kinder so etwas noch erleben müssen. Und es macht mich wütend. Wir haben schon so viel gekämpft und müssen doch immer wieder bei Null anfangen. Wieso diese Obsession mit dem „Anderen" dem „Fremden"? Das gibt es in dieser Form in keinem anderen Land. Ich sage das als Außenstehender, der Deutschland aus der Ferne betrachtet. Und aus dieser Perspektive sieht man bestimmte Dinge sehr deutlich. Manche sagen: Deutschland hat nicht diese migrantische Identität wie die USA oder Frankreich. Come on! Das ist Bullshit. Irgendwann muss man sich weiterentwickeln. Wir haben in der HipHop-Kultur zu Beginn der 1990er Jahre schon sehr diverse und multikulturelle Szenen gehabt. Wir haben uns ausgetauscht, Wissen geteilt, und unsere Utopie gelebt in einer Zeit, als Rap noch belächelt wurde. Für uns war HipHop damals nicht insular deutsch, sondern eine globale Kultur. Ich habe über die Lyrics meiner Freunde Einblick in deren transnationale Biografien bekommen. Da haben sich Türen in die Türkei, den Balkan oder nach Haiti geöffnet, weil das die Lebensrealitäten der Menschen waren. Was wäre aus uns geworden, wenn wir die HipHop-Kultur nicht gehabt hätten? Ich würde mir heute mehr Kommunikation zwischen den Generationen wünschen. Die junge Generation der Rapper schuldet mir gar nichts. Es ist aber wichtig, dass ein Austausch stattfindet und wir uns von unseren Erfahrungen berichten können. Wie ist diese Kultur entstanden? Wie hat sie sich entwickelt, und was ist daraus geworden? Wenn du nicht im Bilde bist über deine eigene Geschichte, dann kannst du auch nichts verändern und gestalten. Unsere Vielfalt ist unsere Stärke. Aber dafür braucht es ein Bewusstsein und einen Dialog. Ich habe selbst erlebt, welche Kraft ein solcher Austausch haben kann. Uchenna (Megaloh) hat mich auf der Suche nach seiner Geschichte in Nigeria besucht. Und im Rahmen des BSMG-Projekts haben Uchenna, Musa und Ghanaian Stallion mich gebeten, das Intro zu dem Song „Lang lebe Afrika" zu sprechen, der dann auf dem „Platz an der Sonne"-Album erschienen ist. Sie haben sich bewusst in eine lange Tradition gestellt - von Brothers Keepers bis Theodore Wonja Michael. Das ist für mich ein Paradebeispiel eines gelungenen Dialogs. Wenn wir mehr solcher Foren erschaffen, in denen sich die Generationen austauschen können, dann wird das eine große Kraft entfalten und die Gesellschaft verändern.

Miriam Davoudvandi
Journalistin, Moderatorin und Podcasterin

Es ist schwer, eine Utopie zu haben, während wir in einer Dystopie leben – sowohl in Deutschland als auch global. Dass so viele gerade – halb ernst, halb im Spaß – über Auswanderung nachdenken, ist kein Zufall. Deshalb fällt es mir schwer, in solch einer Situation eine positive Zukunft zu imaginieren. Natürlich wünsche ich mir, dass alle Menschen sich als gleichwertig betrachten und alle sicher und friedlich in Almanya leben können. Im Moment bin ich mir unsicher, ob das so möglich ist.

Die P
Rapperin

Ich wünsche mir, dass es noch mehr junge Schwarze Künstler und Künstlerinnen gibt, und dass die sich zusammentun und die Community insgesamt wächst. Ich wünsche mir, dass mehr junge Menschen den Mut haben, Themen anzusprechen, die jenseits der harten Straßenlyrics liegen. Dass es MCs gibt, die wieder Message Rap machen, die Knowledge kicken, die uns ermutigen und uns zeigen, dass es um mehr geht. Wir kommen schließlich alle aus der Subkultur HipHop. Es geht darum, seinen Schmerz zu teilen, zu teachen, zu preachen, den Jüngeren etwas mitzugeben. Es geht darum, der Kultur etwas zurückzugeben.

Apsilon
Rapper

Wenn du in Neukölln zur Schule gehst, ist es unwahrscheinlich, dass du mit einem Buch oder einem Gedichtband nach Hause gehst. Trotzdem ist es für die kollektive Identität der Menschen unglaublich wichtig mitzubekommen, dass es diese vielfältigen Biografien gibt, und dass die jetzt Teil einer gemeinsamen Erinnerung sind. Ich habe früher viele Gedichte gelesen und lese in letzter Zeit auch vermehrt Lyrik von türkischen oder kurdischen Dichtern wie Ahmed Arif, Hasan Hüseyin oder Nazim Hikmet. So ist mein Song „32 Zähne“ inspiriert von einem Gedicht von Ahmed Arif, in dem es heißt: „Mit 32 Zähnen lachen“. Mein Medium ist Musik. Darin kann ich die emotionale Dimension meiner Geschichten am besten erzählen, und das werde ich auch weiter tun.

Afrob

Rapper und Schauspieler

Ich wünsche mir für meine Kinder, dass sie absolut unabhängig werden. Also auch unabhängig von dem Ort, an dem sie aktuell leben. Sie sollen in der Lage sein, überall auf der Welt für sich selbst sorgen zu können – nenn' es kosmopolitisch, wenn du willst. Meine Schwester ist in dieser Hinsicht ein Vorbild für mich. Natürlich wünsche ich mir, dass der Lebensmittelpunkt meiner Kids Deutschland sein wird. Es gibt sehr viele gute Menschen in diesem Land. Die neue Generation ist ja zum Teil richtig smart, die mischen das Maskuline mit Empowerment und Aktivismus. Deshalb rappe ich ja auch: „Es wird nie ein von Schwarzen befreites Deutschland geben, ich habe 1.000 deutsche Homies, Widerstand mit ihrem Leben." Ich sehe das auch auf meinen Shows. Die wissen, dass es einen gemeinsamen Nenner gibt. Es gibt viel zu reparieren, und wir können das schaffen. Jeder Mensch hat ein Anrecht auf Würde, diejenigen, die neu kommen genauso wie die, die schon sehr lange hier leben. Wir brauchen eine Idee von diesem Land, in der sich alle wiederfinden. Das kann ein neues Grundgesetz sein – es ist nur wichtig, dass dabei alle mitgenommen werden. Dazu brauchst du Mut, Pathos und Ehrlichkeit. Wenn die Rechten sich empören und sagen: Schaut her, die Rentner in unserem Land müssen im Müll nach Pfandflaschen wühlen. Dann müssen wir ehrlich sein und sagen: Das ist für alle empörend, und das darf nicht sein! Und nicht nur das. Gebt den Kids gute Bildung und gute Arbeit. Lehrt ihnen Respekt. Wenn es den Menschen gut geht, dann sind sie auch gut zueinander. Ich habe als Kind und Jugendlicher hier in Deutschland viel Support vom Steuerzahler bekommen, und das Agreement muss sein: Ich gebe das zurück. Findet eine Idee für ein Land, mit dem sich alle identifizieren können, auch die Arschlöcher.

Tice

Rapperin

In meinem Almanya werden die Menschen unabhängig von ihrer Herkunft, Leistung und Arbeit gleich geschätzt. Und vor allem gilt unabhängig vom Geschlecht eine Gleichstellung beim Lohn. Außerdem wird der interkulturelle Austausch gestärkt, damit Parallelgesellschaften sich auflösen. Auch wohnen und leben unterschiedliche Ethnien Haustür an Haustür friedlich miteinander.

Melissa Kolukisagil

Autorin und Veranstalterin

Wir sind dabei, uns neue Räume und Rollen zu erschließen. Leider gibt es auch Rückschläge, die uns verunsichern und wütend machen. Wenn Politik und Gesellschaft nicht endlich dazulernen, riskieren sie, uns als aktive Gestalter:innen dieser Gesellschaft zu verlieren. Es kann nicht sein, dass Gespräche über Auswanderung zur Norm werden, weil die Situation hier unerträglich wird. In den letzten Monaten hatte ich oft den Gedanken, dass dieses Land uns nicht verdient hat. Deshalb fällt es mir schwer, ein positives Bild zu zeichnen. Hier gibt es viel zu tun, da es grundlegende Veränderungen in Sicherheit, finanzieller Unterstützung und Anerkennung braucht. Eine entscheidende Maßnahme ist der konsequente Kampf gegen rassistische Gewalt und Diskriminierung, sowohl auf der Straße als auch in den Institutionen, um migrantische Communities zu schützen. Anerkennung spielt ebenfalls eine zentrale Rolle. Die Beiträge von Migrant:innen müssen selbstverständlich in den öffentlichen Diskurs integriert und mit dem gleichen Respekt und der gleichen Sichtbarkeit gewürdigt werden. Das sind grundlegende Punkte. Es ist bedauerlich, dass wir über existenzielle Dinge sprechen müssen, die eigentlich selbstverständlich sein sollten. Deutschland muss hier besser performen.

Kutlu Yurtseven

Rapper und Aktivist

Ich habe zwei Kinder. Meine Tochter ist jetzt 15 Jahre alt, mein Sohn 11. Manchmal habe ich Flashbacks und muss an den kleinen Kutlu denken, weil ich mich selbst in meinen Kindern sehe. Nachdem großflächig über das Treffen von AfD und CDU Leuten berichtet wurde, die in Brandenburg über Re-Migrationspläne diskutiert haben, kam mein Sohn zu mir und fragte mich: Baba, was soll das bedeuten? Hat das etwas mit uns zu tun? Auch in meiner Arbeit in der Schule habe ich große Verunsicherung bei den Kids gespürt. Es gab ganz reale Ängste. Kinder kamen zu mir und fragten: Aber ich kann doch gar nicht richtig Arabisch sprechen, wieso soll ich zurückgehen? Da habe ich vor meinem inneren Auge den kleinen Kutlu gesehen, der das auch alles durchgemacht hat. Und ich schüttle den Kopf und sage mir: Nach 35 Jahren sollten wir eigentlich einen Schritt weiter sein. Auf der anderen Seite hat sich vieles verändert. Auf meinen Lesungen sehe ich heute ein bunt gemischtes Publikum, auch viele Familien mit einer transnationalen Geschichte – und die sehen sich überhaupt nicht als

Migranten! Das ist ein neues Selbstverständnis, was mir Hoffnung macht. Es gibt inzwischen eine gelebte postmigrantische Realität. Ich erinnere nur an die großartige Revue für Metin Türköz, an Cem Kaya und seinen Film „Aşk, Mark ve Ölüm" oder an Künstler:innen wir Ebow, Tice oder Apsilon. Das findet heute viel mehr im Mainstream statt und nicht mehr nur auf der Jahresfeier zum 60. Jahrestag irgendeines Anwerbeabkommens. Meine Utopie von einem postmigrantischen Almanya findest du in der Notaufnahme einer Kinderklinik. Dort kommen die unterschiedlichsten Menschen zusammen, Menschen, die sich vielleicht im Alltag nie begegnen würden. Alle sind in Sorge um ihr Kind. Man ist zugewandt und spricht miteinander: Wie geht es ihrer Tochter? Wir wünschen Ihrem Kind Gesundheit und Glück! Möge es bald vorüber sein! Alles Gute für Ihre Familie! Respekt, Fürsorge, Menschlichkeit und Demut sollten das Fundament unserer Gesellschaft sein. Das mag pathetisch klingen. Aber den Pathos haben wir viel zu lange den Rechten überlassen.

OUTRO

Bigger Than HipHop

Mit diesem Buch haben wir gezeigt, wie Rap in Almanya eine neue postmigrantische Kultur und eine hybride Jugendsprache erschaffen und damit die gesellschaftliche Realität verändert hat. Haftbefehl, Xatar, Schwesta Ewa, SXTN und viele andere trugen dazu bei, dass ein neues Verständnis von „cool" zu einem Massenphänomen wurde, mit dem sich sowohl Almans als auch Menschen mit transnationalen Biografien und Familiengeschichten identifizieren konnten. Dieses postmigrantische, oft ironisch gebrochene und humorvolle Lebensgefühl durchflutet heute die Social-Media-Kanäle und ist in vielen Bereichen zum kulturellen Pulsgeber geworden.

Gleichzeitig formiert sich seit einigen Jahren eine starke gesellschaftliche Bewegung, die darum kämpft, die rassistischen Traumata der Vergangenheit sowie den (post-)migrantischen Widerstand nicht in Vergessenheit geraten zu lassen. Die Anschläge und Morde von Hoyerswerda, Rostock-Lichtenhagen, Solingen, die NSU-Mordserie, der Terroranschlag von Hanau – viele Netzwerke, Hinterbliebenen-Vereine, Verbände und Gruppen aus postmigrantischen Milieus leisten seit Jahren hartnäckige Arbeit gegen das Vergessen und für die Einbettung dieser Ereignisse in eine kollektive postmigrantische Erinnerungskultur. An dieser Wissensproduktion haben sich auch einige Rapper:innen beteiligt, jedoch bleibt der Beitrag aus der HipHop-Community zu diesen Themen bisher überschaubar. Hier liegt ein großes Potenzial für Wachstum und Vernetzung. Was wäre, wenn sich die Arbeit migrantischer Elternvereine, die kulturell-politische Wissensproduktion postmigrantischer Schriftsteller:innen und Filmemacher:innen und das antirassistische Engagement vieler Verbände mit der kulturellen Power der postmigrantischen Rap-Szene vermischen würde?

Unsere HipHop-Geschichte endet hier nicht. Denn wir sehen unser Buch als ein Puzzlestück innerhalb einer größeren Geschichte, die sich gerade entfaltet. Und diese Geschichte geht weit über HipHop hinaus. Wir verstehen REMIX ALMANYA als Beitrag zu einer realen Utopie der postmigrantischen Gesellschaft. Der Berliner Rapper Megaloh hat recht, wenn er sagt, dass postmigrantisch auch postnational heißen muss. Wir wissen: Es verunsichert viele, ihre nationalen Erzählungen – egal ob sie deutsch, türkisch oder arabisch sind – hinter sich zu lassen. Vielleicht sind wir naiv. Doch unsere HipHop-Geschichte zeigt: Hybride Identitäten sind das neue Normal. HipHop ist die ideale Kultur, um wie in einem Labor diese größere

Idee durchzuspielen – als Experiment, das wir in vielen Abwandlungen weltweit beobachten können. Und wir sehen deutlich, dass eine homogenisierende nationale Erzählung mit einer vielfältigen Einwanderungsgesellschaft nicht harmonieren kann.

Almanya ist eine verspätete Einwanderungsgesellschaft, und darin liegt unsere Hoffnung. Wir sind überzeugt: Almanya kann hier vorangehen, weil Migration dieses Land unwiderruflich verändert hat. Rapper:innen erschaffen neue Erzählungen aus unterschiedlichen Biografien und Herkünften, die nicht plump addiert werden, sondern sich zu einem neuen Sound remixen lassen. Um diese Versatzstücke in eine reale Utopie zu überführen, müssen wir uns von unseren alten nationalen Erzählungen verabschieden, Teilhabe einfordern und das Leben gemeinsam gestalten. Klar ist, eine postmigrantische Gesellschaft ist keine friedliche Oase des Glücks. Auch hier warten Ungleichheit, Widerspruch und Streit. Doch mit REMIX ALMANYA rufen wir: Habt keine Angst! Seid solidarisch und bildet Allianzen! Dann ist eine postmigrantische Gesellschaft möglich, die sich für alle Menschen lohnt.

Murat und Hannes

SHOUT-OUTS

Murat und Hannes: Wir danken unserem Lektor und Produzenten Uh-Young Kim, ohne den REMIX ALMANYA in dieser Form nicht möglich gewesen wäre. Sein unermüdlicher Einsatz und seine wertvollen Impulse haben dieses Buch zu etwas Besonderem gemacht. Ein großer Dank geht an Dr. Monika Koch von Hannibal, die an REMIX ALMANYA geglaubt und dieses Buch ermöglicht hat. Wir danken Michael Bergmeister, unserem Grafiker, der mit viel Geduld und einer abgeklärten Wiener Gelassenheit unsere Vorstellungen in ein großartiges Layout verwandelt hat. Props gehen raus an Dirk Kels, dessen grafischer Kompetenz wir ein tolles Buchcover zu verdanken haben. Wir danken Ruşen Cacan für seine Übersetzungsarbeit und den Kontakt zu Kazim Öz, außerdem Jörg Huwer für seine Infos zu Baha Targün und Kofi Yakpo für seine Impulse zu dem Kapitel „Fear of a Black Germany". Jeanette Petri und Bruno Alexander danken wir für hinreißende Murat & Hannes-Fotos. Wir danken allen Artists, Expert:innen und Gastautor:innen, die an REMIX ALMANYA mitgewirkt haben: Eure Energie und eure Attitude machen dieses Buch zu einem postmigrantischen Manifest.

Murat: Ich danke Serap, Esna und Elin für ihre unermessliche Geduld, ihr Verständnis und ihre Liebe. Auch danke ich meiner Mutter, die das Fenster dieser Geschichte vor vielen Jahrzehnten öffnete. Danke auch meinem Bruder, der mich liebevoll unterstützte.

Hannes: Ich danke Silke, Thale und Linus für ihre liebevolle Unterstützung und ihre Geduld. Grüße gehen raus an Gertrud und Fred, meinen Bruder Benni und Onkel Heiner. Shout-Outs an meine Jungs von Anarchist Academy – ohne euch hätte ich HipHop nie in seiner ganzen Schönheit kennengelernt. Props an die Soltani Bros Babak & Iman, die immer ein offenes Ohr für meine Fragen haben, und an die Heliosschule in Köln, an der man jetzt schon einen Hauch postmigrantischer Utopie im Schulsystem erleben kann.

LITERATUR

20 Jahre „Mein Block". Interdisziplinäre Perspektiven auf ein popkulturelles Ereignis. Hrsg: Raja Möller, Martin Seeliger, Fabian Wolbring. Beltz, 2024

35 Jahre HipHop in Deutschland. Hannes Loh, Sascha Verlan. Hannibal, 2015

Agit-Pop. Schwarze Musik und weiße Hörer. Günter Jacob. Edition ID-Archiv, 1993

A history of flops and a new turn: The Turkish-German music interplay. Cornelia Lund und Holger Lund. OpenEdition Journals, 2022

Anadolu Rock dünyasına bir yolculuk. Seçkin Söylemez. Maviblau, 2021

Angriff der Algorithmen. Cathy O'Neil. Hanser, 2016

Awesome HipHop Humans. Queer*Fem*Rap im deutschsprachigen Raum. Hrsg.: Sookee, Gazal. Ventil, 2021

Bilder vom Fremden. Frank-Olaf-Radtke, Thomas Kunz, Thomas Höhne. Johann Wolfgang-Goethe-Universität, 1999

„Black and white, unite and fight". Die deutsche 68er-Bewegung und die Black Panther Party. Pablo Schmelzer. Hamburger Edition, 2021

Black Diaspora and Germany: Deutschland und die Schwarze Diaspora. Hrsg: BDG Network Edition Assemblage, 2018

Can't Stop, Won't Stop. A History of the Hip-Hop Generation. Jeff Chang, Picador, 2005

Das Gedächtnis der Migrationsgesellschaft. Manuel Gogos. transcript, 2021

Deutscher Gangsta-Rap II. Popkultur als Kampf um Anerkennung und Integration. Marc Dietrich, Martin Seeliger. transcript, 2017

Die bösen Rapper sind schuld. Das Image von HipHop in den deutschen Printmedien. Stefan Burkard. Grin, 2012

Die Frankfurter Nordweststadt. Geschichte einer Großsiedlung. Andrea Gleiniger. Campus 1995

Die Macht der Diaspora: Die unbekannte Geschichte der Emigranten in Deutschland seit 1945. Alexander Clarkson. Propyläen, 2022

Die Musik der imaginären Türkei. Martin Greve. J. B. Metzler (2. Auflage), 2022

Die neue Heimat. Eine sozialdemokratische Utopie und ihre Bauten. Andres Lepik und Hilde Strobl. Edition Detail, 2019

Die postmigrantische Gesellschaft: Ein Versprechen der pluralen Demokratie. Naika Foroutan. transcript (2. Auflage) 2021

Die Saiten der Saz in Deutschland. Nedim Hazar. In: Fremde Heimat. Eine Geschichte der Einwanderung. Hrsg.: Aytac Eryilmaz, Mathilde Jamin. Ruhrland Museum Essen, DOMIT, 1998

Frauen im deutschen Hip-Hop: Die unsichtbare Schwarze Rapper*in. Laura von Asseburg. Blaxmag, 2021

Down Town Berlin. Geschichten aus der Unterstadt. Hrsg.: Gangway e.V. Archiv der Jugendkulturen, 2010

Eine ehrenwerte Familie: Die Microphone Mafia - Mehr als nur Musik. Kutlu Yurtseven, Rossi Pennino. PapyRossa, 2019

Erziehung zur Mündigkeit: Vorträge und Gespräche mit Hellmut Becker 1959 bis 1969. Theodor W. Adorno. Suhrkamp, 1971

Es wäre einmal deutsch. Über die postmigrantische Gesellschaft. Naika Foroutan. Ch.Links, 2023

Farbe bekennen: Afro-deutsche Frauen auf den Spuren ihrer Geschichte. Hrsg.: Katharina Oguntoye, May Ayim, Dagmar Schulz. Orlanda, 2021

Fear of a Kanak Planet. HipHop zwischen Weltkultur und Nazi-Rap. Hannes Loh und Murat Güngör. Hannibal, 2002

„Fear of a Black Planet". The Transnational Racial Politics of Hip-Hop in France, 1990-1991. Samir Meghelli. In: Hip-Hop en Français. Hrsg.: Alain-Philippe Durand. Rowmann & Littlefield, 2020

Female HipHop. Realness, Roots und Rap Models. Hrsg.: Anjela Schischmanjan und Michaela Wuensch. Ventil, 2007

French Connection. HipHop-Dialoge zwischen Frankreich und Deutschland. Sascha Verlan. Hannibal, 2003

Gebrandmarkt: Die wahre Geschichte des Rassismus in Amerika. Ibrahim X. Kendi. C. H. Beck, 2021

Geschichte antirassistischer Bewegungen in der Bundesrepublik Deutschland nach 1945. Pablo Schmelzer. Bundeszentrale für politische Bildung, 2023

Ghetto Patrimony. Rap and Racialization in France. Paul A. Silverstein. In: Hip-Hop en Français. Hrsg.: Alain-Philippe Durand. Rowmann & Littlefield, 2020

Graue Wölfe der MHP in der Bundesrepublik: Organisation, Finanzen, Kontakte. Hrsg.: FIDEF. Türkei-Informationen, 1981

Haftbefehls Einbruch in den Feuilleton-Olymp. Marc Dietrich. All Good, 2014

Hip-Hop – die vergessene Generation Westberlins. Die Entstehung einer Kultur in den 1980er Jahren zwischen Rezeption und Praxis. Issa Franke. Waxmann, 2023

HipHop zwischen Istanbul und Berlin. Verda Kaya. transcript, 2015

Influencer: Die Ideologie der Werbekörper. Ole Nymoen, Wolfgang M. Schmitt. Suhrkamp, 2021

Intersektionalität und erzählte Welten. Hrsg.: Maria-Theresia Leuker et al. WBG Academic, 2023

Kiezdeutsch. Ein neuer Dialekt entsteht. Heike Wiese. C. H. Beck, 2012

Könnt ihr uns hören? Eine Oral History des deutschen Rap. Davide Bortot, Jan Wehn. Ullstein, 2019

Kurdische Migration in Deutschland. Historisch-politischer Hintergrund und aktuelle Situation. Ruşen Cacan. Studylab, 2015

„Lerne nicht, aber..." – zur Tanz- und Lernkultur Breaking. Michael Rappe, Christine Stöger. Waxmann, 2023

Literatur und Subversion. Thomas Ernst. transcript, 2013

Migranten. Mark Terkessidis. Rotbuch, 2000

Migration und Migrant(inn)en im Schulbuch. Helmut Geuenich. Springer VS, 2013

Migration. Merle Hummrich und Saskia Terstegen. Springer Fachmedien, 2020

Mobilizing Black Germany: Afro-German Women and the Making of a Transnational Movement (Black Internationalism). Tiffany N. Florvil. Ul Press, 2020

Nasil Kazandilar. Doğan Püstü. Gül Yayınları, 1998

Nullerjahre. Jugend in blühenden Landschaften. Hendrik Bolz. KiWi, 2022

Opposing Colonialism, Antisemitism and Turbo-Nationalism: Rethinking the Past for New Conviviality. Hrsg.: Marina Gržinić, Jovita Pristovšek, Sophie Uitz. Cambridge Scholars Publishing, 2020

Rap & Geschlecht: Inszenierungen von Geschlecht in Deutschlands beliebtester Musikkultur. Heidi Süß. Beltz, 2021

Rap & Rassismus. Zur Aushandlung von Rassismus in Musikvideos, (Szene-)Medien und Social Media. Heidi Süß, Marc Dietrich. Beltz, 2023

Rapresent whom? Über Selbstreflexion, situiertes Wissen und Androzentrismus in der deutschsprachigen HipHop-Forschung. Ein Kommentar. Heidi Süß. www.heidisuess.de, 2021

Rassismus. Macht. Vergessen. Onur Suzan, Matthias Quent, Jonas Zipf. transcript, 2021

re/visionen - Postkoloniale Perspektiven von People of Color auf Rassismus, Kulturpolitik und Widerstand in Deutschland. Hrsg.: Kien Nghi Ha, Nicola Lauré al Samarai. Unrast, 2016

Sicher in Kreuzberg: Constructing Diasporas: Turkish Hip-Hop Youth in Berlin. Ayhan Kaya. transcript, 2001

Sinti im Rap: Auf der Suche nach den Chabos. Philipp Killmann. All Good, 2019

Style and Society - Istanbul´s Music Scene in the 1960s and 1970s. Cornelia Lund und Holger Lund. transcript, 2015

The hidden history of Turkish independent labels in Germany. Holger Lund, DHBW Ravensburg, 2021

Türken vor Nürnberg! Imran Ayata. Die Beute 2, 1994

Unser Deutschlandmärchen. Dinçer Güçyeter. Mikrotext, 2022

Victor Henry de Somoskeoy. Richter am Kölner Landgericht. Hrsg: Hartmut Schmidt. Rote Hilfe, 1977

Vom neuen deutschen Sprechgesang zu Oriental HipHop. Dietmar Elflein. In: Aus der neuen Welt, Streifzüge durch die amerikanische Musik des 20. Jahrhunderts. Hrsg.: Annette Kreutziger-Herr, Manfred Strack. Lit, 1997

Weibliche Selbstinszenierung im Deutschrap. Marlene Ames. Bachelor of Arts – Ostfalia Hochschule, 2018

Weißt du was ich mein? Vom Asylheim in die Charts. Nura Habib Omer, Jan Wehn. Ullstein, 2022

Wie klingt die neue Mitte? Rechte und reaktionäre Tendenzen in der Popmusik, Martin Büsser. Ventil, 2001

Zum Tod von Baha Targün. Ein Nachruf auf den Sprecher der Streikleitung des Ford Streiks 1973. Götz Schmidt. LunaPark, 2021

INDEX

Symbole

A

B